中华人民共和国海船船员适任考试培训教材

船舶管理

（驾驶员）

中国海事服务中心组织编写
中华人民共和国海事局审定

人民交通出版社
China Communications Press
大连海事大学出版社
Dalian Maritime University Press

图书在版编目(CIP)数据

船舶管理：驾驶员／中国海事服务中心组织编写．-- 北京：人民交通出版社；大连：大连海事大学出版社，2012.4

中华人民共和国海船船员适任考试培训教材

ISBN 978-7-114-09727-0

Ⅰ.①船… Ⅱ.①中… Ⅲ.①船舶管理－技术培训－教材 Ⅳ.①U692

中国版本图书馆 CIP 数据核字(2012)第 058085 号

中华人民共和国海船船员适任考试培训教材

书　　名：船舶管理（驾驶员）
著 作 者：张　晓　龚雪根
责任编辑：钱悦良
出版发行：人民交通出版社
地　　址：(100011) 北京市朝阳区安定门外外馆斜街 3 号
网　　址：http://www.chinasybook.com
销售电话：(010)64981400，59757915
总 经 销：北京交实文化发展有限公司
印　　刷：北京鑫正大印刷有限公司
开　　本：787×1092　1/16
印　　张：21
字　　数：506 千
版　　次：2012 年 5 月　第 1 版
印　　次：2020 年 9 月　第 17 次印刷
书　　号：ISBN 978-7-114-09727-0
定　　价：65.00 元

编委会成员

前言

《中华人民共和国海船船员适任考试和发证规则》(简称11规则)已于2012年3月1日起生效,新的《中华人民共和国海船船员适任考试大纲》也将于2012年7月1日开始实施。为了更好地指导帮助船员进行适任考试前的培训,进一步提高船员适任水平,在交通运输部海事局领导下,中国海事服务中心组织全国有丰富教学、培训经验和航海实际经验的专家共同编写了与《中华人民共和国海船船员适任考试大纲》相适应的培训教材。本教材编写依据STCW公约马尼拉修正案,采用图文并茂的形式,改变了长期以来以文字为主的教材编写方式。本教材的创新模式对今后的船员适任培训具有重要的指导意义。

本套教材知识点紧扣考试大纲,具有权威、准确、系统、实用的特点,重点突出船员适任考前培训和航海实践需掌握的知识,旨在培养船员具备在实践中应用知识的能力,并可作为工具书帮助船员上船工作使用。

本套教材由航海英语、船舶操纵与避碰、航海学、船舶结构与货运、船舶管理(驾驶)、(高级)值班水手业务、高级值班水手英语,轮机英语、船舶动力装置、主推进动力装置、船舶辅机、船舶电气与自动化、船舶管理(轮机)、(高级)值班机工业务、高级值班机工英语,电子电气员英语、船舶电气、船舶机舱自动化、信息技术与通信导航系统、船舶管理(电子电气员)、电子技工业务、电子技工英语组成。

本套教材在编写、出版工作中,得到了各直属海事局、各航海院校、海员培训机构、航运企业、人民交通出版社、大连海事大学出版社等单位的关心和大力支持,特致谢意。

中国海事服务中心

2012年3月

编者的话

本书是根据中华人民共和国海事局制定的《中华人民共和国海船船员适任考试大纲》和《STCW 公约》马尼拉修正案编写的。适用于无限航区和沿海航区500总吨以上海船大副、二/三副适任证书考试培训使用。本教材也可作为航海院校师生的教学参考书。

本书编写的指导思想是能够覆盖《中华人民共和国海船船员适任考试大纲》的全部内容，兼顾课程体系的系统性和完整性，注重理论和航海实践相结合，反映了当前船舶与船员管理最新知识和信息，能有效地帮助和指导参加海船驾驶员适任证书考试的学员掌握相关的船舶与船员管理知识。

本书第一章“驾驶员职责”，介绍大副、二副和三副的职务职责；第二章“船舶安全生产规章制度”，介绍与船舶安全生产有关的规章、制度；第三章“国际海事公约”，介绍国际海上人命安全公约、海船船员值班、培训与发证公约、2006年海事劳工公约等国际海事公约及劳工公约；第四章“国内海事行政法规”，介绍我国海上交通安全法、海船船员值班规则、船舶安全检查规则、船舶签证管理规则、海上交通与污染事故调查处理规定等国内海事行政法规；第五章“船舶检验”，介绍船舶法定检验、船级检验和公证检验等船舶检验知识；第六章“海洋与海洋环境保护”，介绍海洋法基础知识、国际防止船舶造成污染公约、国内海洋环境保护法规等船舶防污法规与知识；第七章“船舶应急”，介绍船舶应急的组织与准备、船舶应急行动、船舶应急演习与训练等船舶应急知识；第八章“船舶资源管理”，介绍人为失误与情境意识、通信与沟通、团队管理、决策与领导力等船舶资源管理知识；第九章“远洋货运单证”，介绍船舶在装货港和卸货港使用的远洋货运单证知识；第十章“定期船运输”，介绍班轮运输和集装箱运输知识；第十一章“不定期船运输”，介绍航次租船和定期租船合同条款；第十二章“沿海运输有关法规、规范与实务”，介绍国内水路货物运输规则和水路包装危险货物运输规则等规定；第十三章“船舶修理”，介绍修船工程组织和准备、修船工艺与修船工程的验收等船舶修理知识。

本书由青岛远洋船员职业学院张晓和上海海事大学龚雪根担任主编。张晓编写了第一章、第二章、第四篇、第七章、第八章、第九章、第十章、第十一章；龚雪根编写了第三章、第五章、第六章、第十二章；青岛远洋船员职业学院张钢编写了第十三章。全书由张晓统、定稿，中远散货运输有限公司李建国担任全书除第八章以外章节的审稿，上海海事大学方泉根担任第八章审稿。中国海事服务中心的朱耀辉参与了教材的主要审定工作。

为了便于读者的学习，在本书的编写过程中力求概念清楚、理论正确、重点突出、条理清晰、文字通顺、理论结合实际，并运用了相关的实际案例。由于编者水平有限，时间仓促，不足之处和差错在所难免，竭诚希望前辈、同行和读者批评指正。

编　者

2012 年 3 月

目录

第一章
驾驶员职责

第一节　大副职责

一、大副的基本职责

大副为甲板部部门长。除参加航行和停泊值班外，在船长的领导下全面负责甲板部的工作，主管货物运输和甲板部的维修保养。

大副的基本职责包括：

(1)主持甲板部的日常工作，制订并组织实施甲板部各项工作计划。

(2)负责甲板部的安全生产，保证安全管理体系在甲板部的有效运行。

(3)保证甲板部工作的高效、优质、安全，以及和轮机部门的良好协作。

(4)履行规定的船舶航行和停泊值班职责，协助船长做好航行安全工作。

(5)熟悉并遵守值班、联系制度，以及航行安全、技术操作方面的规章。

(6)主管货物运输工作，负责货物的配载、装卸和运输管理，签署大副收据，并在船长指令下交接货物。

(7)严格遵守有关国际公约以及国内强制性法律、法规，执行 IMO、主管机关、船级社、行业组织推荐的规则、标准和指南，遵守港口国有关法律、法规。

(8)严格遵守 MARPOL 公约以及地区性或港口国防止船舶污染的特殊规定，防止甲板部发生任何形式的污染海域事故。

(9)负责组织船体结构、甲板设备及属具的维修保养、检查和记录。

(10)负责编制甲板部的年度、季度和航次保养维修计划。

(11)负责汇总和编制甲板部的船舶修理计划和修理单，领导厂修时甲板部的监修和自修。

(12)负责并督促做好甲板部备件、物料、工具、劳保用品的申领、验收、保管和使用。负责上报甲板部物料消耗报表。

(13)负责保管甲板部的有关图纸、技术资料、业务单证以及全船备用钥匙或通用钥匙。

(14)负责保管航海日志、垃圾记录簿以及油船上的油类记录簿、原油洗舱手册等。

(15)按规定审阅和签署航海日志,检查并指导二副和三副正确记载航海日志。

(16)督促三副和水手长做好救生、消防、堵漏设备和各种应急器材的养护工作。

(17)负责淡水舱、压载水舱、污水舱的测量记录和管理。

(18)在船舶应急演习和应急时,担任现场指挥(现场在机舱除外)。

(19)开航前做好开航准备和相关检查工作。

(20)航行和锚泊时值0400~0800、1600~2000班,系泊时,值白班。

(21)进出港口、靠离移泊和抛起锚时,在船首瞭望,并按船长指示指挥抛起锚和船首系解缆作业。

(22)制定甲板部船员在船培训计划并组织落实。

(23)负责安排和具体指导驾驶实习生完成实习任务。

(24)对甲板部船员的业务水平以及工作责任心情况进行考核和鉴定,提出对他们的奖惩、任免建议。

(25)负责船舶伙食管理和全船卫生管理。

(26)在未配备医生的船上,兼任医生的工作。

(27)当船长因病或其他原因不能履行职务或新接任船长未到任前,临时代理船长职务。

(28)完成船长交与的其他工作。

二、大副的具体职责

1.船舶安全管理职责

在船舶安全管理方面,大副应:

(1)领导甲板部船员贯彻执行公司的安全管理方针。

(2)带领甲板部船员严格执行与甲板部有关的各种管理和控制程序,确保船舶航行安全,防止海洋环境污染,保证货物运输质量完好,保证甲板部各种设备操作与维护正常。

(3)根据体系文件的要求,对本部门的缺陷、不符合规定、事故、险情进行调查、分析,采取纠正或预防措施,并将有关情况向船长报告。

(4)制定措施,不断完善本部门的安全管理工作,结合在船运行的安全管理体系要求,探讨改进和完善在船运行的安全管理体系的具体途径。

(5)配合船长对安全管理体系在船上运行的情况进行评价,并向船长报告甲板部执行过程中遇到的问题和建议。

(6)根据程序和船长指令,组织甲板部船员学习有关的安全管理体系文件,并配合船长对他们进行考核。

2.甲板部日常管理职责

甲板部的日常管理是大副的基本职责,其具体工作有:

(1)处理好甲板部日常工作中出现的各种问题。

(2)做好甲板部船员的思想工作,搞好部门内部和部门间的团结与协作。

(3)经常检查甲板部各项管理制度和技术操作规程的执行情况。

(4)注意发现甲板部在日常工作中存在着的不安全因素,及时采取相应的纠正措施。

(5)注意检查每天淡水消耗量和储存量,必要时拟定节水措施和应急供水办法。

(6)根据航次任务、伙食标准以及伙委会的意见,审核伙食采购计划。

(7)督促大厨合理安排周食谱,督促有关人员定期进行伙食盘点和核算,公布伙食账目。

(8)经常检查和督促厨师、服务员保持个人卫生以及做好各自负责区域的清洁卫生。

(9)根据本部门船员的业务和技术能力以及工作表现,提出对他们的奖惩和任免意见。

(10)负责向船长提出甲板部船员的公休和下地参观、购物计划。

(11)经常向船长汇报甲板部的工作情况。

3.船员培训职责

大副在船员培训方面的职责主要有:

(1)按有关程序和船长指示,结合实际,有针对性地组织甲板部船员学习有关的安全管理体系文件,并配合船长对他们进行考核。

(2)按船长要求,根据全船总的船员在船培训计划,制定出甲板部的具体船员在船培训计划,并组织实施。

(3)定期、有计划地组织本部门船员学习船舶安全生产规章、制度以及船舶防污、应急方面的知识与技能和货运管理知识等。

(4)经常给予二、三副以及水手长等业务上的指导,不断提高他们的业务能力和技术水平,不断提高他们执行关键性操作的能力。

(5)具体指导驾驶实习生按计划完成实习任务。

(6)负责记录与保管甲板部船员在船培训记录。

4.开航准备职责

大副在开航前应做好下列开航准备工作:

(1)按照“离港准备工作检查表”或“开航前检查表”做好各项开航前准备工作。

(2)检查与本港装卸货物有关的并应由自己负责留存或保管的货运单证是否已全部收到。

(3)根据IMDG规则、IMSBC规则描述的货物理化特性,对货物安全运输的监控与应急措施进行相应布置与准备。

(4)检查船舶开航吃水,确认船舶吃水、吃水差、稳性与强度、浮态等符合安全开航的要求。

(5)检查航次所需的淡水是否已备足。

(6)督促二、三副做好开航准备工作,确认主要消防、救生设备及助航仪器处于良好状态。

(7)检查货舱封舱情况,检查水密门窗的关闭情况,检查舷梯和引航员梯的收放情况。

(8)检查甲板上装载的货物以及易移动物件的绑扎、加固情况。

(9)检查本部门船员是否已全部回船,通知无关人员离船。

(10)检查本部门所辖区域,防止偷渡人员、走私物品和违禁物品上船。

(11)向船长报告开航检查和开航准备情况,并将开航检查和开航准备的有关情况记入航海日志。如有程序文件要求,填妥"开航准备报告"交船长。

5. 靠离移泊时的专项职责

靠离移泊时,大副在船首指挥。要求大副:

1)靠离移泊前应了解船长的靠离移泊的计划和要求。

2)靠离移泊前做好以下靠离移泊的准备:

(1)为对讲机充足电并将其调至商定频道,试验对讲机的通话质量。

(2)督促木匠检查锚机设备是否工作正常,检查导缆滚筒和缆桩有无异常。

(3)靠泊前,督促木匠、水手备妥锚球、撇缆、系缆、拖缆、碰垫、防鼠挡以及系浮筒时使用的回头缆、卸扣等,并检查各设备状态。

(4)检查参加靠离移泊人员穿戴是否符合安全操作的要求。

(5)向船首参加靠离移泊人员交待船长的靠离移泊计划和自己的具体执行方案,确定人员分工。

(6)根据靠泊计划,指挥预先在甲板上铺放好一定长度的系缆。

(7)离泊和移泊前检查船首系缆状况,保证能顺利解缆。

(8)通知机舱送锚机电和锚链水。

(9)联系港方遣离船首附近影响离泊和移泊的船只。

(10)通知驾驶台船首靠离移泊的准备情况。

3)在靠离移泊过程中:

(1)根据船长指示和现场情况,正确地指挥现场操作,注意现场操作人员和船舶的安全。

(2)及时向船长报告距他船、码头、浮筒的距离以及船首附近他船的动态及距离,及时向船长报告缆绳系带情况、收绞情况、现场操作情况等。

(3)靠离泊时严格按照船长命令送出或解除船首系缆,第一根缆上桩或最后一根缆解除时应立即报告船长,在收绞缆绳的过程中应随时向船长报告缆绳收绞情况。

(4)根据船长指示以及靠离泊时现场实际情况,保持与船尾靠离的协调。

(5)根据船长的命令及时抛、起锚,并显示锚灯(悬挂锚球)或关闭锚灯(降下锚球)。

(6)根据船长指示,及时系、解协助靠离泊的拖船缆绳。

4)靠离移泊后应督促木匠关闭有关电源,收藏好靠离移泊操作用的器材并清理好现场。

5)靠泊后应督促水手挂好防鼠挡,调整系缆,使其均匀受力;指挥木匠绞起抛锚或调整开锚的受力。油船、化学品船和气体运输船应在外档舷备妥钢丝应急拖缆,或将应急拖带装置准备好。

6)离泊后应盘放好缆绳(自动绞缆机上已盘好的缆绳除外),加罩并系固,或将缆绳收入专用舱室,通知机舱停送锚机电和锚链水。

7)经船长同意后方可离开船首靠离移泊操作现场。

6. 航行中的专项职责

除认真履行航行值班职责,保证船舶航行安全外,大副还应:

(1)只要天气条件许可,应利用天文、陆标等测量罗经差,并做记录。

(2)做好货物的途中保管工作。

(3)督促木匠每日按时测量淡水舱、压载水舱和污水井,必要时增加测量次数。

(4)每日检查测深记录簿并将测量数据记入航海日志,发现问题及时处理。

(5)根据需要或“压载水管理计划”,注、排和移驳压载水,及时排出货舱污水。

(6)每日清晨,根据当天的气象、海况等,安排甲板部船员的日常维修保养工作。

(7)大风浪来临前,督促水手长和木匠认真检查锚、舷梯、救生艇、吊杆、货物、易移动物件,并予绑固;亲自检查舱口盖的水密性和牢固情况,有问题及时采取措施;督促木匠等甲板部船员关闭货舱通风口和水密门窗,并认真疏通甲板排水孔。

7. 货运职责

大副主管货运工作,负责货物的配载、装卸、交接和途中保管。

大副的货运职责主要有:

1)负责编制货物在船上的配载计划

(1)在充分了解和熟悉船舶情况、航次货载情况以及港口和航线情况的基础上编制货物配载计划。

(2)在确保船舶安全的前提下,考虑货舱结构、船舶稳性和强度,以及航次航经水域、港口吃水限制,精确计算航次最大货运量,以便充分利用船舶的容积能力和载重能力。

(3)根据计划装运货物的种类、数量、特性、卸港顺序,合理编制货物在船上的配载计划,并明确衬垫、隔票、平舱和绑扎的要求以及装卸注意事项,经船长审批后要求装卸部门严格执行。

2)负责货舱适货

(1)在货物装船前,认真做好货舱准备工作,保证货舱适货。率领或督促值班驾驶员以及甲板部其他船员检查货舱和垫舱物料的清洁、干燥情况,使其符合所载货物的要求;检查污水沟(井),清除杂物,保持畅通;检查舱内电线、消防管系、测量管、空气管、火警探测装置以及测温、测湿、通风和装卸等装置或设备,保证其处于正常的技术状态。

(2)在装运对货舱有特别要求的货物前,应率领甲板部船员对货舱进行认真清扫、检查和处理,确保货舱能通过商检部门的检验或货主、租家的认可。

3)负责货物装卸现场管理

(1)在货物装船过程中,加强监督,督促港方装卸部门严格按照配载计划将货物装船,未经船方同意,不得任意变动配载计划。

(2)装货过程中如发现货物残损、短缺、包装破损、标志不清、不当等,应要求港方或货主立即处理,并及时做好现场记录。

(3)对于精选矿、煤和其他易流态化货物,如果发现其含水量超过适运水分限量时,应拒装。

(4)根据需要,安排甲板部船员做好看舱理货工作,防止货损、货差和偷盗事故的发生,防止装卸工人违章作业造成货损。

(5)掌握本船装卸设备及属具的安全负荷和操作规程,收放重吊时应亲临现场监督指导。

(6)装卸危险品、重大件和贵重货物时,应在现场监督、指导,必要时应亲自指挥。

(7)装载危险品时,督促值班驾驶员严格执行 IMDG 规则中的有关规定和“危险货物装运准单”以及《船舶危险品适装证书》中的具体要求。

(8)装载货物单元时，督促值班驾驶员和水手或指导装卸部门，按货物系固手册中的规定完成货物单元的积载和系固。

(9)督促值班驾驶员和值班水手经常注意装卸工人是否正确操作，如因操作不当而造成损坏，应及时要求港方予以确认，并修复或赔偿。

(10)装货临近结束时，亲自或指导值班驾驶员使用预留的货物调整船舶的浮态、稳性、吃水差、强度及拱、垂状态。

4)正确签署货运单证和理货报表

(1)同港方装卸和理货部门保持良好沟通和配合，做好货物的交接工作。

(2)每天认真核实并签署货运单证和理货报表。

(3)根据货物装船时的表面状况，如实、准确地批注大副收据。

5)认真履行谨慎管货的责任

(1)在运输途中应根据冷暖航区的变化和外界天气条件正确进行货舱通风，使货舱不致产生大量汗水。

(2)按时检查污水沟(井)测量记录，及时排除污水，不使其外溢而浸湿、污染了货物。

(3)遇恶劣天气，舱口盖、通风筒必须严密封闭，使上甲板的海水不致渗漏舱内。

(4)对特种货物，如冷藏货、活牲畜、危险品应按承、托双方的协议妥善管理。

(5)在贵重货物运送过程中，组织甲板部船员认真看管货物，防止货物被窃。

(6)运送对管理要求较高的货物(如纸张等)时，应制定专门的、相应的管理方案。

(7)大风浪天气，注意检查货物的系固情况，特别注意检查甲板上积载货物的系固情况。

(8)发现货物汗湿、霉变、破损、移位等情况时，及时采取必要措施。

(9)根据货物理化特性，按照 IMDG 规则、IMSBC 规则的要求和货运文件，进行测温、外观检查并安排必要防范措施。

6)遵守 MARPOL 公约以及地区性或港口国防污法规的规定，严禁违章将残余货物，垫舱物料等物品抛弃入海。

8. 淡水、压载水及污水管理职责

大副在淡水、压载水及污水管理方面的职责有：

(1)根据船长的指示，备足航次所需的淡水。

(2)根据船长的指示或情况的需要，按照“压载水管理计划”，负责安排淡水舱、压载舱的注入、排出和移注，如需机舱执行，应以书面形式通知机舱完成。

(3)每日安排木匠测量淡水舱、压载舱、污水沟(井)等两次，必要时可增加测量次数。

(4)每日检查淡水舱、压载舱、污水沟(井)的测量记录，并记入航海日志，发现异常应立刻查明原因并进行处置。

(5)负责管理淡水的储备和消耗，拟定节水措施和应急供水办法，经船长批准后实施。

(6)除锅炉及动力机械所需冷却水外，机舱大量动用淡水应经大副同意。

(7)将造水机制造的淡水尽可能单独存放，避免与饮用水混合。

(8)遵守 MARPOL 公约以及地区性或港口国防污法规的规定，严禁违章排放含油及污染物的压载水和洗舱水。

9. 航海日志的记录与管理职责

大副关于航海日志的记录与保管之责主要有：

(1)在新启用航海日志前，认真检查该航海日志是否有空页、重页和缺页，是否与机舱日志启用时间保持一致，并将经船长认可的船舶资料填入簿首。

(2)按航海日志记载要求认真记录航行和作业情况，以及每天的淡水、压载水的测量记录。

(3)按规定每天审阅和签署航海日志，发现问题及时向记录者指出并要求改正。

(4)对于航海日志中的严重的错记、漏记，应告知船长，以便船长亲自在航海日志的重大记事栏内进行更正和补记。

(5)航海日志最后一页记完后，负责留船保存 2 年，然后送交船公司保存。

10. 船舶维修保养职责

大副在船舶维修保养方面的职责主要有：

(1)负责编制甲板部的年度、季度、航次维修保养计划，经船长审批后，组织船员按计划实施。

(2)按照甲板部维修保养计划，督促、协调、推进甲板部维修保养工作。

(3)率领甲板部船员做好船体、货舱、上层建筑、装卸设备、系离泊设备等的检查、维修、保养、记录工作。

(4)督促二副做好航海仪器的日常与定期的维修保养工作。

(5)督促三副和水手长等做好救生、消防、堵漏设备的日常与定期维修保养工作。

(6)每航次结束，填写甲板部航次维修保养工作报告。

(7)对属于二副、三副负责管理的仪器、设备的日常维修保养，根据实际需要，大副应合理安排甲板部船员协助二副、三副完成。

(8)负责汇总和编制甲板部的计划修理工程和航次修理单，经船长审批后上报公司。

(9)在实施船舶维修保养工作系统的船舶，负责本部门的船舶维修保养工作系统的运转、执行以及信息的录入、接收与反馈。

11. 船舶修理职责

大副有关船舶修理职责主要有：

(1)负责汇总和编制甲板部的计划修理工程和航次修理单，经船长审批后上报公司。

(2)做好修船的各项准备工作，备妥甲板部修船时所需要的各种图纸资料。

(3)制定并落实甲板部在修船过程中的防火、防爆、防盗、防冻、防污染、防偷盗等具体防范措施。

(4)组织监修，认真检查、核实、验收修理工程，正确签署修船有关单证。

(5)根据厂修进度，妥善安排自修工程。

(6)进坞后、出坞前，会同船长和轮机长检查船壳及水线下各种装置；结合船检部门意见，确定坞修工程和验收要求；完工后亲自做好甲板部坞修工程的验收。

(7)坞修时，做好下列检查和记录：船壳锈蚀情况；更换钢板的位置；锚链的情况；锌板情况；助航仪器船底部分情况；吃水标志情况；油漆情况；进出坞情况以及坞修过程中的天气情况等。

(8)修理工程竣工后,对甲板部厂修工程的明细项目进行检查核对、验收签字,同时向船厂索取测量记录、试验报告等有关技术资料。

12. 接收新建或购买的船舶时的职责

接收新建或购买的船舶时,大副应在船长领导下:

(1)制定甲板部接船方案,召集本部门有关人员研究并熟悉与接船有关的资料。

(2)督促二、三副做好各自职责范围内所管设备、器材的对口交接和验收。

(3)认真验收、清点属于自己管理的图纸、说明书、检验报告、稳性、强度与装载计算资料和配载仪器等。

(4)督促二副、三副、水手长、木匠认真验收、清点属于各自管理的物料、备品及工具等。

(5)掌握货舱、压载舱、淡水舱的位置和情况,各种管系的分布及走向。

(6)掌握通风设备、污水系统、测量管和空气管、消防管系的位置和情况。

(7)掌握锚泊、系泊、装卸等设备及操舵装置的特点、技术状况和操作规程。

(8)组织甲板部船员迅速掌握属于本部门管理的各种设备的操作和使用。

(9)对在接船过程中发现的危及船舶、货物、人员安全的缺陷和海洋污染隐患,应立即报告船长,并采取必要的临时性措施。

(10)协助船长做好试车、试航或系泊试验。

(11)与轮机长协商并负责拟定全船舱室和库房的分配使用方案,经船长同意后执行。

(12)开出所需物料清单和需加装的淡水数量,根据船长的要求,做好受载及甲板部的开航准备工作。

另外,在接收购买的二手船时,还应特别注意:应尽可能要求交船方告知或设法查清各舱室的分布及管系走向;尽可能设法了解船体以及甲板部所属设备、设施存在的主要问题和缺陷。必要时应要求交船方现场操作。

13. 医疗职责

如在船上未配专职的医生,大副应负责全船的医疗工作。其主要职责包括:

(1)负责医疗室和病房的管理,保持医疗器械设备正常完好。

(2)检查药品的有效期,负责药品的申领、保管和发放,并建立药品清单。

(3)按麻醉品管理规定,做好麻醉品的保管、使用和申报工作。

(4)负责患病船员的急救、医护,按规定填写船员就医登记本,发现急危病情况及时报告船长。

(5)发现船员患有急重病或负重伤时,应立即报告船长、政委,采取有效措施。

(6)发现传染性疾病,应立即采取有效的隔离和预防措施,防止疾病蔓延。

14. 应急职责

1)在消防应急中的职责

(1)担任现场指挥(现场在机舱除外),组织船员采取应急行动。

(2)率人迅速了解火场被困人员、火灾部位、火灾性质、火势发展趋势、是否有爆炸危险等情况,并迅速报告船长。根据船长指示确定灭火方案。

(3)在港停泊时发生火灾,如船长不在,全权指挥灭火工作。在消防队到达前,应率领船员积极自救,同时向港口主管当局及(或)消防机关报警。

(4)在灭火过程中,应随时保持与船长的联系,报告火势与灭火情况;组织搜索、救助火场被困人员;探明火情,隔离火场,移开易燃、易爆物品;选择适宜的灭火设备、器材灭火,并根据火情和船长指示随时调整灭火方案。

(5)在决定使用固定灭火系统时,应通知身在拟释放灭火剂舱室里的人员立即撤离;组织封闭释放灭火剂的舱室,断绝通风并切断通往该舱室的油路和电路;正确地启闭各路阀门;根据船长的命令,一次性向火灾舱室施放规定剂量的有效灭火剂。

(6)灭火结束后,在船长指导下,将起火时间及火灾部位、起火原因、灭火经过及采取的措施、火势受控和全部扑灭的时间、受火灾影响的货物受损程度、船体及机器设备损伤、人员伤亡情况等,谨慎、详细地记入航海日志。

2)发生触礁、搁浅时的应急职责

(1)担任现场指挥,组织船员采取应急行动。

(2)到达现场后,应立即安排水手长测量船舶周围水深,安排木匠测量各淡水舱、压载舱、污水井的水位,通知机舱测量各油舱的油位;尽快查明发生触礁或搁浅的部分,是否造成船体破损,进水情况等。将掌握到的情况迅速报告船长。

(3)派专人不断观察、记录前后吃水和干舷高度的变化,根据木匠测量的数据,前后吃水变化和横倾情况估算实际进水量,比较船舶排水能力,充分估计险情发展并报告船长。

(4)根据船长的意图确定起浮、脱浅方案。

(5)如需等待外援,在候援期间,应尽量调整载荷或使用锚具来固定船位,警惕潮水和风流对船体强度和稳性的不利影响,防止船舶破损、破裂、打横、推向高滩、严重横倾乃至倾覆。

(6)如因触礁、搁浅而造成船体漏损,立即按漏损应急部署进行应急,如因触礁、搁浅而造成溢油,立即按油污应急计划进行应急。

(7)应急结束后,在船长指导下,将发生触礁或搁浅的时间及船位、发生触礁或搁浅的原因、应急行动及采取的措施、船体受损程度、机器设备损伤和人员伤亡情况等,谨慎、详细地记入航海日志。

3)发生漏损时的应急职责

(1)担任堵漏现场指挥,组织船员采取应急行动。

(2)组织人员迅速查找漏损部位,确定破洞大小及进水情况,并向船长报告。安排木匠测量各淡水舱、压载舱、污水井的水位;通知机舱测量各油舱的油位。

(3)迅速组织关闭漏损舱室四周的水密装置。

(4)必要并有可能时,对漏损舱室的邻近舱壁进行加固。

(5)对于尺度较小的破洞,立即组织船员用堵漏毯限制进水。

(6)用注入、排出、移驳方法保持船体平衡。

(7)采取并实施行之有效的堵漏措施。

(8)正确地估算实际进水量,并与排水能力相比较,结合尚存干舷高度充分估计险情发展,尤其是在舱内水面接近限界线时。

(9)当船舶倾斜严重时,按船长指示派人将救生艇及时放出舷外。

(10)将抢救情况及时报告船长。如船体下沉难以控制,应及早报告船长,以便船长决策是否需要抢滩或请求外援乃至弃船。

(11)应急结束后,在船长指导下,将漏损及抢救的有关情况,谨慎、详细地记入航海日志。

4)发生油污时的应急职责

(1)会同轮机长担任现场指挥。

(2)按油污应急计划组织船员采取相应的应急措施:关闭油阀,塞堵漏油孔,使用集油器或木屑、吸油毡和围油栏、消油剂(需经过主管机构批准),将油污损害控制到最低程度。

(3)应急结束后,在船长指导下,将油污应急的有关情况,谨慎、详细地记入航海日志。

5)在弃船应急时的职责

(1)听到弃船应急警报信号后,应携带对讲机迅速赶到应急部署表中规定的救生艇旁,履行艇长职责。

(2)到达指定救生艇后,应立即做好放艇准备工作。

(3)放艇前,清点人数,检查登艇人员救生衣穿着及携带物品情况。做好救生艇内的备品的检查工作,并向船长报告:艇底塞是否塞牢(常规艇);淡水、食品是否充足;机动艇燃油柜是否装满燃油,发动机试车是否正常;各种属具是否齐备;各种吊艇装置(包括控制开关和制动器)的技术状态是否良好;是否准备好艇的首系缆;船边有无影响救生艇降落的障碍物等。

(4)在登艇前,向船长请示:本船遇难地点;是否发出遇难求救信号及遇难求救信号是否有回答;可能遇救的时间、地点;驶往最近陆地或交通线的航向、距离;放多艘救生艇后的救生艇集合地点;是原地等待还是驶向指定的地点;各艇之间的通信联络约定;其他有关救生方面的指示。

(5)按船长命令放下救生艇,如无法放下救生艇应立即组织释放救生筏,组织船员和旅客有秩序地登艇(筏),并要求各艇(筏)载足乘员后迅速驶离大船,至安全距离(至少200米)以外指定地点集合。

15.职务交接

因公休或奉调离船,在进行职务交接时,交、接班大副有下列职责:

1)交班大副应向接班大副介绍:

(1)船舶的操纵性能;

(2)船体结构、强度、腐蚀情况,上次坞内检查水线以下船体和装置的技术状况;

(3)锚泊设备、系泊设备、装卸设备及索具、货舱通风设备、开关舱设备等的技术状况;

(4)货舱分布、吊杆负荷、系固设备和索具情况,货舱基本情况,有无隐患;

(5)各淡水舱、压载水舱的位置、情况,测量管和空气管的锈蚀情况;

(6)各种助航仪器的性能、技术状况和误差等,配载仪的工作情况;

(7)救生、消防、堵漏设备以及其他应急设备的分布情况和技术状况;

(8)甲板部维修保养计划及其执行情况,计划修理和修理中需要解决的主要工程项目;

(9)任期内本部门或涉及本部门在安全生产上所发生的问题,及其经验和教训;

(10)本部门船员的基本情况,他们的技术和业务水平以及工作责任心情况;

(11)目前装卸进度,配载计划执行情况,下航次的货运任务,开航准备情况等;

(12)本港物料、备件、淡水的补充和接收情况。

除(11)以外的上述介绍,最好形成书面文字(交接班备忘录),以便接班大副备查。

2)交班大副应向接班大副移交:

(1)甲板部总的备件、物料清册。

(2)甲板部维修保养计划表、甲板部修船记录、甲板部工程验收单以及检验报告。

(3)本港货物配载图、理货报表、货物交接单证以及特殊货物清单等。

(4)大副室内的船舶图纸与资料、货运管理方面的图书与资料、稳性报告书及计算资料。

(5)危险品适装证书复印件、甲板设备说明书、起重及吊货设备检验簿、甲板检修记录簿、货物装载手册、货物系固手册、积载仪操作手册、安全活动日记录簿、船员培训记录簿、大副工作记录簿、各种安全检查表、船舶垃圾管理计划、船舶压载水管理计划、船舶垃圾记录簿、船舶油类记录簿(仅限油轮),以及在大副处存放的安全管理体系文件等。

(6)全船备用钥匙及通用钥匙、医疗器材和药品、个人保管使用的工具、物品及库房钥匙。

3)填写交接班报告或职务交接单。

4)职务交接完毕后,在航海日志重大记事栏内概述并共同签署,要求船长予以签署证明。

第二节　二副职责

一、二副的基本职责

(1)在船长、大副的领导下,履行规定的船舶航行和停泊值班职责,并主管航海仪器设备(包括驾驶台各种助航仪器、操舵装置、气象仪表和GMDSS设备等)和航海图书资料。

(2)熟悉并遵守值班、联系制度,以及航行安全、技术操作方面的规章。

(3)管理驾驶台航海仪器设备,并负责其正确使用和养护,排除一般故障。

(4)向新到任的船舶驾驶人员介绍航海仪器设备的性能和操作注意事项。

(5)负责在驾驶台张贴有关图表、资料,如驾驶台规则、航海仪器设备操作说明等。

(6)负责提出所管航海仪器设备及其备件、耗材的添置、更新、申领报告。

(7)负责管理天文钟和船钟,及时校正船钟。

(8)管理国旗、信号旗、号灯、号型和白昼信号灯、应急航行灯等设备。

(9)负责保持驾驶台、海图室和所管库室的整洁。

(10)负责保持在驾驶台内存放的救生信号和器材的充足及有效性。

(11)负责申领并管理海图、航海图书资料及各种驾驶台记录簿等,并及时登记、改正。

(12)开航前,按船长指示备妥所需的国旗、海图及有关资料,设计计划航线。

(13)航行和锚泊时值0000～0400、1200～1600班,系泊时,与三副轮值夜班。

(14)进出港口、靠离移泊时,在船尾瞭望,并按船长的指示指挥船尾系解缆作业。

(15)每天填写并与机舱交换正午报告,航次结束后及时填报航次报告。

(16)装卸货期间,按配载计划和大副的具体布置,现场监督货物装卸、积载、系固等。

(17)修船时,做好所管航海仪器设备修理项目的自修、监修与验收工作。

(18)如被指定为船上的GMDSS操作员,按规定履行相应的无线电通信和遇险报警职责。

(19)完成大副指派的其他工作。

(20)当大副因病或其他原因不能履行职务时,临时代理大副职务。

二、二副的具体职责

1. 开航准备职责

二副在开航前应:

(1)按照“离港准备工作检查表”或“开航前检查表”做好各项开航前准备工作。

(2)备齐航次所需的国旗及改正好的海图、航海图书资料(航路指南及其补篇、进港指南、灯标表、潮汐表、航海天文历及其附表等)和其他航海出版物。

(3)检查确认驾驶台已按规定张贴布置船舶操纵要素图表、磁罗经自差表、重要航海仪器设备的操作规程、驾驶台规则、驾驶轮机联系制度等。

(4)检查确认已按规定在指定场所放置航海日志、车钟记录簿、VHF 守听与通话记录簿、狭水道航行记录簿、测天记录簿、磁罗经自差记录簿、天文钟误差记录簿、雷达使用记录簿、陀螺罗经工作保养记录簿等文书。

(5)检查确认驾驶台救生信号均在有效期内。

(6)按船长指示,在海图上划妥计划航线,并标出每一段航程的航向和航行距离以及转向点的经纬度。在拟定计划航线时,如有疑问,应及时请示船长。

(7)根据船长指示在船舶开航前完成航次计划,交船长审核。将经船长签字确认的航次计划存放在驾驶台专用文件夹内。

(8)检查和试验驾驶台航海仪器设备、气象仪表,及早启动陀螺罗经,开启并调整好雷达、GPS 等助航设备,AIS 录入航次信息。如需负责管理和使用 GMDSS 设备,开启并调整相关该设备。

(9)取出望远镜、EPIRB 等在停泊时暂时收藏的设备和物品,置于规定处所。

(10)书面将需在国外购置的海图、仪器备件、记录纸以及救生信号等的清单交给船长。

(11)向大副和(或)船长报告开航准备情况。如有程序文件要求,填妥“开航准备报告”交船长。

2. 靠离移泊时的专项职责

靠离移泊时,二副在船尾指挥。要求二副:

1)靠离移泊前应了解船长或引航员的靠离移泊计划和要求。

2)靠离移泊前做好以下靠离移泊的准备:

(1)为对讲机充足电并将其调至商定频道,试验对讲机通话质量。

(2)督促水手长检查船尾绞缆机是否工作正常,检查导缆滚筒和挽缆桩有无异常。

(3)督促水手长和水手备妥撇缆、系缆、拖缆、回头缆、卸扣、碰垫、防鼠挡等,并检查各设备状态。

(4)检查参加靠离移泊人员穿戴是否符合安全操作要求。

(5)向参加靠离移泊人员交待船长靠离移泊计划和自己的执行方案,确定人员分工。

(6)根据靠泊计划,指挥预先在甲板上铺放好一定长度的系缆。

(7)离泊前检查船尾系缆状况,保证能顺利解除。

(8)联系港方遣离船尾附近影响离泊的船只和岸上机械。

(9)报告驾驶台船尾靠离移泊准备情况。

3) 在靠离移泊过程中

(1) 根据船长指示和现场情况，正确地指挥现场操作，注意现场操作人员和船舶的安全。

(2) 及时向船长报告：船尾有无影响动车的障碍物；距他船、码头、浮筒的距离；船尾附近他船的动态及距离；缆绳系带情况或收绞情况；现场操作情况等。

(3) 靠离移泊时严格按照船长命令送出或解除船尾系缆。第一根缆上桩或最后一根缆解除后应立即报告船长，最后一根缆绳绞离水面后也应立即报告船长。在收绞缆绳的过程中应随时向船长报告缆绳收绞情况。

(4) 根据船长指示以及靠离移泊时现场实际情况，保持与船首的协调。

(5) 根据船长指示，及时系、解协助靠离移泊的拖船缆绳。

4) 靠离移泊后，督促水手长关闭有关电源，收藏好靠离移泊操作用的器材并清理好现场。

5) 靠泊后，督促水手挂好防鼠挡，调整系缆，使其均匀受力。

6) 离泊后应盘放好缆绳（自动绞缆机上已盘好的缆绳除外），加罩并系固，或将缆绳收入专用舱室。

7) 经船长同意后方可离开船尾靠离移泊操作现场。

3. 航行中的专项职责

除认真履行航行值班职责，保证船舶航行安全外，二副还应：

(1) 每天中午与机舱对时，并互换正午报告。

(2) 每天中午统计航行时间和累计航程，并将其填入航海日志。

(3) 按船长指示准备临时要用的海图和航海图书资料。

(4) 正确设置 C 站 EGC 和 NAVTEX 航海警告接受信息，阅签无线电航行警告。重要的无线电航行警告应立即报告船长，同时用铅笔标注于海图上，并提醒其他驾驶员注意。负责将航行警告装订备查，保存 1 年。

(5) 负责航行中航海仪器设备出现的一般故障的排除。

(6) 在被指定履行无线电操作员的部分职责时，按规定完成无线电通信任务。

4. 驾驶台管理职责

二副的驾驶台管理职责有：

(1) 负责保持驾驶台、海图室的整洁、有序。

(2) 禁止无关人员擅动置于驾驶台内的各种航海仪器设备以及航海图书资料。除非经船长批准，禁止任何人将置放于驾驶台的航海图书资料及有关文件销毁或携出驾驶台。

(3) 靠泊中，驾驶台无人值守时，应将可携带走的贵重物品妥为收藏，锁闭驾驶台门窗。

(4) 未经船长批准，禁止无关人员随意进出、参观驾驶台。如需外来工程师检修、安装位于驾驶台内的航海仪器设备，应陪同并予以协助。

(5) 负责在驾驶台内张贴驾驶台规则和驾驶台操作指南、驾驶与轮机联系制度、操舵装置使用说明方框图、船舶破损控制图、船舶操纵资料、航海仪器设备操作规程、磁罗经自差表、引航员登船装置布置图、船舶号灯号型示意图、中国沿海港口信号规定、值班安排表等。协助三副在驾驶台内张贴应急部署表、救生衣穿着示意图等。

5. 航海仪器设备的管理职责

1) 为了保证航海仪器设备（包括气象仪表，下同）处于正常的技术状态和得到有效的管

理,二副应:

(1)按照仪器说明书,建立航海仪器设备的使用、养护、检修记录簿和误差校测记录簿,认真做好相关记录。

(2)负责各种航海仪器设备的正确使用和养护,并定期对其进行清洁、加油、检查。及时更换驾驶台内各种记录仪器的记录纸,及时更换航海仪器设备的损坏部件,检查并根据需要更换陀螺罗经液体。及时排除航海仪器设备的一般故障,保持其处于良好工作状态。

(3)负责编制主要航海仪器设备的操作规程,妥善保管各种航海仪器设备的使用、操作说明书。

(4)将驾驶台主要航海仪器设备的操作规程张贴或悬挂在操作岗位附近醒目位置,提醒值班驾驶员严格按照操作规程和安全注意事项进行操作。

(5)负责向新来的驾驶员详细介绍主要航海仪器设备的性能、特点、技术现状、误差情况、操作规程,使用方法等。禁止无关人员擅自动用航海仪器设备。见习人员学习使用航海仪器设备时,应亲自或要求其他驾驶员现场指导。

(6)船舶开航前,应对位于驾驶台的主要航海仪器设备进行一次检查和工作试验,发现不正常现象应予消除,或报告船长及时申请修复。

(7)如某航海仪器设备故障或误差过大,以致不能正常工作,应及时查找原因、排除故障,若不能排除,应及时申请修理。必要时,在征得船长同意的情况下,通知其他驾驶员停止使用该仪器设备。

(8)保证标准罗经、陀螺罗经复示器、雷达、无线电定位仪等在不用时罩上防潮、防尘的罩盖。保证望远镜、六分仪和方位仪等非固定或手持使用的精密仪器,在停港时锁存柜内并放置干燥剂。保证陀螺罗经主体周围清洁、干燥、通风,保证磁罗经周围无铁块及磁性物质。

(9)定期养护操舵仪,经常核对装在驾驶台而属于轮机部管理的仪表的正确性,发现异常现象应立即通知轮机部有关人员检修。

(10)负责全船公共场所的船钟拨时、上弦、换电池、校正和检修。负责管理天文钟,按时上弦、换电池、校正和记录误差。发现天文钟误差过大,应立即报告船长,若出现不规则的快慢变化,应及时检查修理。

(11)修船期间,做好所管航海仪器设备修理项目的验收工作。进坞后和出坞前,应对测深仪和计程仪发射接收体的水下部分进行检查、保养,并做好记录。外来工程师上船检修航海仪器设备时,应陪同、协助,并做好监修和验收工作。

(12)建立自己所管的仪器、设备、备件、工具和资料的清册,交接时按册清点。负责向大副提出所管航海仪器设备及其备件、耗材的添置、更新、申领、修理报告。

2)如船上没有专职的无线电操作员,而指定二副履行无线电操作员的部分职责时,二副还应:

(1)负责无线电通信设备有关资料的申领、改正、保管工作,保持齐全有效。

(2)负责 GMDSS 通信设备和其他通信设备的周期性试验、检查、保养、维修工作,并记入无线电日志。

(3)无线电通信设备经修理、安装或更新后,做好调试、验收工作。

(4)负责 GMDSS 设备和其他通信设备有关物料、备件的申领、保管工作,并建立台账。

(5)开航前,保持通信设备处于良好工作状态,GMDSS 各种设备打印纸齐全。

(6)负责通信费用的统计工作。

(7)负责保管有关文件、图纸、说明书、报底、电稿、账单和无线电日志。

(8)负责对船员进行无线电遇险通信设备使用的培训,并记入无线电日志。

6. 航海图书资料的管理职责

在航海图书资料的管理方面,二副有下列职责:

(1)负责管理、登记、保管、改正、清点和领、退航海图书资料(包括海图、航海书籍、航海参考资料、航行通告、航行警告、航海仪器技术说明书、各种记录簿等)。负责登记并保管航海图书资料清册,职务交接时移交该清册。

(2)根据本船情况,负责将全部海图分成中文版图、外文版图、专用图、常用图和其他图等几类,按图号顺序,妥善地存放在不同的海图抽屉内。航次结束后,将不再使用的海图根据图类和海图号插回原存放位置。作为海事证明用的海图应交船长保管。

(3)经常检查、清点航海图书资料,熟悉各种航海图书资料在驾驶台或海图室内的具体放置位置,如发现遗失,查找原因并立即报告船长。未经船长同意,不允许其他人将航海图书资料携出驾驶台或海图室。督促他人将从驾驶台或海图室临时借出的航海图书资料及时送回。

(4)尽可能从船公司领取航次所需的各种航海图书资料。来不及从公司领取且急需的航海图书资料,可先报船长批准后通过代理购买,事后补办申领手续。

(5)收到新的中、外文版航行通告及补篇后,应立即在海图卡片中进行登记,然后根据轻重缓急,首先改妥本航次所用海图,尽快改妥常用海图,抓紧改正其他海图。

(6)将航行通告及补篇按年份及中、外文版分别装订保管。航行通告内所涉及的其他图书资料也应建立修改卡片,并参照修改海图的精神,分别轻重缓急,予以改正。

(7)阅签收到的无线电航行警告,并根据内容和需要用铅笔在相关海图上标注,然后将无线电航行警告专卷装订备查,保存 1 年。

(8)执行公司文件规定,报经船长批准,对更新后的废旧航海图书资料进行处理。

7. 应急职责

二副在应急中的职责有:

(1)航行中无论发生何种应急情况,应继续在驾驶台负责航行值班,并协助船长应急。如正在休息,听到应急警报后,应立即上驾驶台接替值班驾驶员负责航行值班,并协助船长应急。

(2)若船舶在航行中发生火灾应急,二副应负责操控位于驾驶台的 CO_2 释放控制系统,并在大副确认具备释放条件以后按船长的命令一次性施放。

(3)若在航行中发生触礁、搁浅、漏水等应急,二副应在驾驶台负责瞭望、定位、记录重要事项,负责应急现场、船长(驾驶台)、机舱之间的通信联络以及船岸间的 VHF 联系,并按船长指示协助做好其他工作。

(4)航行中发现船上有人落水时,应立即向人落水一侧操满舵甩开船尾,就近抛投救生圈并派人高处瞭望跟踪落水人员,停车并鸣放人落水警报,记录人员落水船位;停泊中发现有人落水时,就近抛投救生圈,鸣放人落水警报。

(5)弃船时,在驾驶台协助船长定位、记录、通信联络,发出遇险警报。在证实机舱锅炉熄火,机电设备全部停止运行、海底阀和应急遥控阀全部关闭后向船长报告。协助船长降下国旗并携带国旗、航海日志、相关海图、重要文件与物品等离船。检查各救生艇是否携带 VHF 及雷达应答器。

(6)若船舶正在搜救遇险船舶,二副应立即上驾驶协助船长执行协调搜救任务。

8. 职务交接职责

因公休或奉调离船,在进行职务交接时,交、接班二副有下列职责:

1)交班二副应向接班二副介绍并交代清楚:

(1)所管航海仪器设备的技术性能、现状及操作应注意事项;

(2)海图及航海图书资料的改正情况;

(3)所管航海仪器设备的维护保养计划以及近期修理计划;

(4)驾驶台救生信号和器材的存放位置及有效期;

(5)应申请购买的海图及航海图书资料、航海仪器备件及耗材等;

(6)与停泊值班、装卸值班以及开航准备有关,需要特别交代的事项;

(7)船长、大副交办的事项等。

如有必要,上述有关介绍最好形成书面文字(交接班备忘录),以便接班二副备查。

2)交班二副应向接班二副移交:航海仪器设备清册;航海仪器说明书清单;航海仪器设备养护记录簿;海图登记卡片和登记簿;航海图书资料清册;驾驶台书籍与记录簿清单;本人管理的国旗、信号旗、救生信号等清单;本人保管的物料清单;本职所使用的工具、物品及库房钥匙等。

3)填写交接班报告或职务交接单,以及 GMDSS 设备交接报告。

第三节　三副职责

一、三副的基本职责

(1)在船长、大副的领导下履行规定的船舶航行和停泊值班职责,并主管船舶救生、消防设备。

(2)熟悉并遵守值班、联系制度,以及航行安全、技术操作方面的规章。

(3)负责管理消防设备和器材以及火灾探测和报警系统,定期养护、检查、换剂。

(4)负责管理并能熟练地操作固定式灭火系统。

(5)负责管理救生(助)艇、救生筏及其属具、备品,定期更换淡水和食品等。

(6)负责保持各种救生信号的有效期(驾驶台由二副管理的除外)。

(7)对船上各处配置的救生衣应经常检查,发现损坏,应及时修复或更换。

(8)负责船舶各种救生、消防器材、设备的登记并作好检查、修理、更换的记录。

(9)负责救生、消防设备及器材的更新、添置、定期检验和厂修的申报。

(10)按规定向船员讲解救生、消防知识和各种救生、消防设备与器材的操作使用方法。

(11)按规定向接班船员及第一次上船的新船员介绍其应急岗位、应急职责和主要消防、救生器材的使用。

(12)开航前,如有船员变动,重新编制新的船舶应急部署表和船员应急任务卡。

(13)张贴或悬挂经船长批准的新的船舶应急部署表。

(14)按规定在船上有关场所布置船舶救生、消防操作规程、示意图、符号和标志。

(15)航行和锚泊时值0800～1200、2000～2400班,系泊时,和二副轮值夜班。

(16)进出港口、靠离移泊和抛起锚时,在驾驶台执行瞭望和传达船长的指令。

(17)装卸货期间,按配载计划和大副的具体布置,现场监督货物装卸、积载、系固等。

(18)修船时,做好所管项目的自修、监修和验收。

(19)完成大副指派的其他工作。

(20)当二副因病或其他原因不能履行职务时,临时代理二副职务。

二、三副的具体职责

1.开航准备职责

三副在航次开航前应:

(1)按照"离港准备工作检查表"或"开航前检查表"做好各项开航前准备工作。

(2)当船上人员发生变动时,重新编制并布置妥船舶应急部署表和船员应急任务卡。

(3)对在救生、消防设备日常检查中发现的缺陷的纠正情况进行必要的开航前复查。

(4)对可能在开航前移动过的救生、消防设备和送岸检验(修)设备进行检查,及时复位。

(5)巡视检查救生艇、救生筏及其降落设备的状况。

(6)检查救生艇内属具(包括淡水、干粮、救生信号等)的情况。

(7)检查救生圈是否按规定配备齐全,自亮浮灯及救生绳情况是否正常。

(8)检查灭火系统是否正常;检查所有通风筒上的防火挡板是否活络;检查所有消防栓是否活络,消防皮龙等是否放置在规定位置。

(9)对船舶火灾探测和报警系统进行必要的检查、试验。

(10)巡视检查下列图表及规章的布置情况:消防布置总图、防火控制图;船舶应变部署表、应变任务卡;训练手册;日常防火防爆守则;安全防火巡回路线图;固定灭火系统操作规程;救生艇起落操作规程;救生筏释放示意图;救生衣穿着示意图;逃生路线标志;其他有关救生、消防的重要须知和图解、标志等。

(11)向大副和(或)船长报告开航准备情况。如有程序文件要求,填妥"开航准备报告"交船长。

2.靠离移泊时职责

三副在船舶靠离移泊时应:

(1)在驾驶台协助船长、引航员瞭望,维持驾驶台秩序。

(2)执行船长、引航员的车钟令,记录过浮时间、车钟令、重要船位和有关情况。

(3)传达船长、引航员给船首、尾的指令及逆向报告。

(4)负责驾驶台与机舱的联系以及VHF通信。

(5)督促并检查一水及时、正确地显示有关号灯、号型和旗帜。

(6)监视有关仪器、仪表的工作情况及有关数据,监视操舵装置的工作情况及操舵情况。

(7)执行船长的其他指示。

(8)将靠离移泊全过程的主要情况记录在航海日志记事栏内。

3. 消防设备的管理与检查职责

三副在船舶消防设备管理与检查方面的职责有：

1)负责对由甲板部管理的消防设备、器材进行养护、检查和换剂，按规定定期申报岸基检验，发现故障及时修复或报修。

2)负责保持火灾探测和报警系统工作正常，发现故障及时修复或报修。

3)负责保持固定灭火系统的管系以及分路阀的铭牌、标志鲜明，分路阀阀门活络。

4)保证各种消防设备、器材色泽鲜明醒目，放置地点有明显的标志，且便于取用。

5)冬天负责检查并排放甲板消防管路中的残水。

6)三副应经常对消防设备、器材以及消防员装备进行检查，以保证：

(1)CO_2 间内整洁、干燥、通风设施良好、无影响操作的杂物；室内有适当的照明和有效的通信设备，应急灯工作正常，门上贴有 IMO 标识，门外备有备用钥匙；所有 CO_2 气瓶放置牢固；瓶中的 CO_2 重量符合规定，没有渗漏现象；CO_2 气瓶称重与管路吹通证书均在有效期内；CO_2 气瓶管道连接正确，管道接头和放气喷头完好，不堵塞，CO_2 专用释放扳手均放置在固定位置处；瓶头阀销正确放置，大型灭火系统管系控制阀门活络，分路阀铭牌标志鲜明。

(2)消防总管通畅并正确标识，消防泵或应急消防泵启动后能正常向消防总管送消防水；消防总管上放水阀与减压阀(如装有)状况良好，可以随时排出管中的存水；所有消防栓阀门活络，手轮转动自如，无滴漏现象；所有消防皮龙(水带)无破裂、磨损和漏水现象，皮龙表面清洁，卡箍无锈蚀；所有消防皮龙能被迅速连接和断开，接头处垫圈完好；消防皮龙箱编号、IMO 标识齐全，箱内配有 F 扳手，消防皮龙在箱内盘放正确。

(3)消防员装备符合要求。呼吸器性能良好且保持有足够的气压；呼吸器面具不漏气，在低压区有报警声；防护服、头盔、手套、靴子等消防员装备完好无损；安全索摆放整齐，没有任何缠绕；防爆电筒内的电池有足够的能量。

(4)太平斧、火钩完好无损，随时可用；消防水桶保持足够盛水且无杂物；沙桶、沙箱经常盛有足够的沙且保持干燥、松散、无杂物。

(5)通风系统挡火(烟)闸开关正常；自闭式防火门工作正常；测爆仪或可燃气体指示器可正常使用；货舱、机舱及各舱室的烟火探测装置及火灾报警系统工作正常。

7)三副应定期进行船舶消防布置的检查，以保证：

(1)特定的场所已按船舶防火控制图的要求配置了消防设备、器材和(或)消防员装备。

(2)消防设备、器材没有被挪作他用；凡使用过的消防器材已按规定经过检查、晾晒、充剂、保养后放回了原位。

(3)消防皮龙和水枪放置在一起，国际通岸接头存放在防火控制图中指定的地方，并和配套工具存放在一起，船上的消防员装备被分别放置在两处存放。

(4)防火控制图及安全防火巡回路线图已按规定编制，并在有关场所张贴；防火控制图上的设备标识与实际相符；防火控制图的副本或 1 本含有防火控制图的小册子，已装入甲板室外有醒目标志的风雨密盒(筒)内。

(5)舷梯口已悬挂禁烟、禁带火种的警告牌，货舱内“NO SMOKING”字样清晰。

(6) CO_2 灭火系统标志清楚并附有操作说明，管系阀门上已标明了所通往的舱室。

(7)存放消防装备、器材的储藏间有明显标志。

8)对在维护保养和检查中发现的一般问题，三副应负责解决。对在维护保养和检查中发现的重大问题，应立即向大副或船长报告，并在他们的安排和协助下，给予解决。

4.救生设备的管理与检查职责

三副在船舶救生设备、救生器材以及其属具和备品管理与检查方面的职责有：

1)负责管理救生(助)艇、救生筏、救生圈、救生衣、保温救生服等救生设备及其属具、备品。

2)负责管理救生信号(驾驶台内由二副管理的除外)，保持各种救生信号的有效期。

3)负责救生设备及其属具、备品的清点、登记、保养，以及更新、添置、修理、检验的申报。

4)保证所有救生设备标记正确、清晰，保证所有救生设备都配置或保存在规定的场所。

5)做好以下工作(如有需要，可请求水手长和水手配合)：

(1)按照公约规定进行救生艇的周检查与月度检查，并按时申请岸上检验；定期进行救生艇、吊艇架、吊艇机的除锈、油漆工作；经常清除救生艇内的污秽和积水；严寒时，做好淡水箱和艇用磁罗经的防冻工作；发现救生(助)艇、救生筏、救生圈、救生衣等的标志不再清晰时，应予以重新喷刷。

(2)定期给吊艇架、吊艇机、滑车等活动部分以及吊艇索和其他钢索加(抹)油，必要时应对滑车做拆装检查。

(3)如发现救生艇反光带破损、脱落、反光效果不佳时，应予以更换。

(4)救生艇用各种缆、索平时均应用帆布罩盖，避免裸露，发现磨损、腐蚀应及时调换。救生艇的吊艇索应按规定进行换新。

(5)保持救生衣、保温救生服的清洁干燥，标识正确，并按要求进行配备；受潮后应予以晾晒，避免高温烘烤。

6)三副应经常对救生设备进行检查，以保证：

(1)救生艇艇身油漆以及船名、船籍港、艇号、定员、规格等标志清晰并符合有关规定。

(2)救生艇燃料和润滑油已按有关规定备足。

(3)救生艇淡水、食品、属具、备品等已按有关规定配足或配齐，并保持有效。

(4)救生艇、吊艇装置、脱钩、脱缆装置和艇机状况良好。

(5)气胀式救生筏的静水压力释放器已按要求连接好。

(6)救生衣、救生服、救生圈等已按规定配备，救生圈、救生衣的标志清晰并符合有关规定。

(7)抛绳器、救生信号等已按规定配备且有效。

7)三副应经常对船舶救生的布置进行检查，以保证：

(1)救生艇存放位置周围没有堆放会妨碍救生艇起落及操作的物件。

(2)除 VHF 无线电话和雷达应答器平时需存放在驾驶室内外，所有艇用属具均放置在救生艇内并系固，没有被挪作他用。

(3)救生艇旁的救生艇起落操作规程已布置，张贴于应急照明下并清晰。

(4)救生筏旁的救生筏施放示意图已布置并清晰。

(5)单舷配置可移动救生筏时,在连通甲板上没有影响该救生筏移动的障碍物。

(6)救生圈、救生衣、救生信号、抛绳器、保温服等放置在规定位置。

(7)有关场所及船员居室已布置救生衣穿着示意图。

(8)大风浪航行时临时加绑的救生圈不妨碍其紧急取用,风浪过后已及时恢复原状。

8)三副应提醒船长安排,将气胀式救生筏及静水力释放器按规定的时间间隔,送检修站检修。

9)对在维护保养和检查中发现的一般问题,三副应负责解决;对在维护保养和检查中发现的重大问题,应立即向大副或船长报告,并在他们的安排和协助下,给予解决。

5. 应急职责

三副在应急中的职责主要有:

1)航行中无论发生何种应急情况,应将航行值班职责移交给二副,并立即履行应急部署表中规定的职责。

2)发生火灾时,在火灾现场协助现场指挥(大副或轮机长)工作。如需使用CO_2等大型固定式灭火系统,按船长命令负责释放,并解决施放中遇到的技术问题。如需使用来自岸上的消防水时,负责准备好国际通岸接头,操纵隔离阀。

3)发生船体漏水时,协助大副寻找漏损部位。按大副指示带领水手关闭属于甲板部舱室的水密门、窗,加固薄弱的水密舱壁。

4)航行中发现船上有人落水时,应立即向人落水一侧操满舵甩开船尾,就近抛投救生圈并派人高处瞭望跟踪落水人员,停车并鸣放人落水警报,记录人员落水船位;停泊中发现有人落水时,就近抛投救生圈,鸣放人落水警报。

5)弃船时,如放两艘救生艇,担任其中一艘救生艇的艇长,并履行下列职责:

(1)带好对讲机迅速赶到应急部署表中规定的救生艇登乘处。

(2)做好放艇前的检查工作,并在准备就绪后向船长报告。

(3)协助船长检查有关人员是否按应急部署表的规定,携带其应携带的物品登艇。

(4)在登艇前,向船长请示:本船遇难地点;是否发出遇难求救信号及遇难求救信号是否有回答;可能遇救的时间、地点;驶往最近陆地或交通线的航向、距离;放多艘救生艇后的救生艇集合地点;是原地等待还是驶向指定的地点;各艇筏之间的通信联络约定;其他有关救生方面的指示。

(5)按船长命令放下救生艇(筏),组织船员和旅客有秩序地登艇。

6)若船舶正在搜救遇险船舶,三副应按船长的命令备妥救生艇,在必要时放下救助艇前往搜救遇难船舶和人员。

6. 职务交接

因公休或奉调离船,在进行职务交接时,交、接班三副有下列职责:

1)交班三副应向接班三副介绍并交代清楚:

(1)救生、消防设备的分布情况、技术状况及有关产品证书、检验报告;

(2)救生、消防设备养护、检修、检验情况及有关记录;

(3)救生、消防设备待修、待检项目;

(4)开航前救生、消防设备的检查及其他准备工作情况;

(5)与停泊值班、装卸值班以及开航准备有关需要特别交代的事项；

(6)船长、大副交办的事项等。

如有必要，上述有关介绍最好形成书面文字(交接班备忘录)，以便接班三副备查。

2)交班三副应向接班三副移交：救生、消防设备清册；消防、救生设备检查养护登记簿；应急设备试验、检查、修理记录簿；CO_2 钢瓶称重和管路吹通记录；本职所使用的工具、物品及库房钥匙等。

3)填写交接班报告或职务交接单。

第二章
船舶安全生产规章制度

第一节　船舶安全生产规章

一、船舶日常防火守则

1. 防火原则

船舶消防工作应坚持“防消结合，以防为主”的原则，并从船舶日常工作和日常防火抓起，有效控制火灾发生的源头，减少和杜绝重大火灾事故的发生。

2. 防火规定

（1）船上应建立防火巡视、检查制度，制定防火巡视路线图并在驾驶台张贴。每班至少按规定的防火巡视路线巡视检查一次，检查情况记入航海日志。

（2）船舶应在货舱、机舱、油漆间、氧气间、乙炔间、电瓶间以及甲板上等禁烟场所设立明显的禁烟标志，禁止在上述场所吸烟和进行未经许可的明火作业。

（3）禁止躺在床上吸烟，烟头必须放在注水烟缸里，禁止向舷外乱丢烟蒂。禁止在船上燃放烟花爆竹，禁止玩弄、施放过期救生信号。

（4）废弃的面纱头，破布必须放在指定的金属容器内，不得乱丢乱放。潮湿或油污的棉毛织品应及时处理，不能放在闷热的地方。船上使用的垃圾桶应不燃、有盖、可封闭，桶内需注水。船员不得私自存放易燃、易爆物品，船用油漆等易燃、易爆液体应存放在油漆间或专门处所。

（5）人员离开居住舱室、工作场所要随手关灯。禁止使用任何物品遮盖照明装置或取暖装置，禁止在电热器具上烘烤衣物。不准任意接、拆、移船舶电器线路，不得擅自拉线装灯或乱拉收音机天线。

（6）电水壶、电暖瓶、电磁炉等加热装置使用时不得离人，严禁使用明火电炉（封闭式电炉

仅限工作使用)，禁止船员携带电热杯等电热器具上船使用。严禁私自拉接电源线，各类电源线头必须进行绝缘包扎，不得暴露，防止漏电或短路。

(7)室外各类照明灯具应保持水密，防止因上浪、下雨致使电线短路引发火灾，物料仓库照明灯具垂直下方不得放置易燃物。

(8)船舶进厂修船前，全船应进行一次防火安全教育。厂修期间甲板和机舱值班人员应按照规定进行安全巡视并做记录，每天收工后值班人员负责检查清理施工现场。

(9)明火作业应遵守船舶劳动作业安全操作规范和“明火作业审批表”的要求。船舶在港期间需进行明火作业，必须向主管机关申报，得到批准后方可进行。

二、驾驶台规则

1. 驾驶台范围

驾驶台是船舶航行的指挥中心，属保安限制区域，其范围包括操舵室、海图室、GMDSS 设备室、两翼甲板和标准罗经甲板等处所。航行中，除当值人员外，其他人员非工作需要，不得进入。

2. 驾驶台管理

(1)驾驶台必须保持内外整洁。航行中，每天 0400 ~ 0800 班的值班水手负责驾驶台内外清洁。离港前 1 小时，值班驾驶员应通知值班水手进行全面的清洁和整理。

(2)航行中，驾驶台的门窗任何时候不可全部关闭，尤其在能见度不良时，瞭望人员应在两翼甲板值守。夜间航行时，严禁有碍正常航行和瞭望的灯光外露。锚泊中，值班人员应根据船长指示，保持 VHF 无线电话 24 小时值守。

(3)驾驶台各种仪器、仪表、设备、航海图书资料、来往报文等，无关人员不得擅动。未经船长许可，不得任意销毁或更改航海图书资料或携带资料出驾驶台。

(4)操舵装置和标准罗经附近，不可放置铁质或磁性物件。

(5)驾驶台无人值守时，二副应将可携带的贵重仪器和重要物品收藏柜内并加锁，驾驶台所有门窗均应闭锁。未经船长批准，驾驶台不准外人参观。倘有外人参观、检修、检查时，应派有关人员专门陪同。

(6)值班驾驶员有责任维持驾驶台秩序，保持驾驶台的整洁，严格执行驾驶台规则。

3. 驾驶台常规命令

航行期间，以下驾驶台常规命令中对值班驾驶员的要求，应视为驾驶台规则的一部分。

(1)经常检查和确认号灯、号型以及其他航行设备、操舵装置、标准罗经和陀螺罗经、GMDSS 设备、AIS 设备等的工作状况和误差情况。

(2)始终遵守海上避碰规则、港口规章及特殊水域的特别规定，严格执行船长的常规命令和特殊指示，确保船舶航行安全。

(3)保证对在值班期间获悉或发生的所有与船舶航行安全有关的每一信息进行处置。

三、船长夜航命令簿规则

为了保证船舶夜间航行以及锚泊期间的安全，正确地执行航次计划，设船长夜航命令簿(目前有部分船公司设船长命令簿，其作用与船长夜航命令簿相似)。船长夜航命令簿用完后由船长或二副负责保存,保存期为1年。

1. 命令的发布

(1)在夜间航行、锚泊或其他必要时,船长应在就寝前将有关航行、锚泊要求及注意事项详细而明确地写入船长夜航命令簿中,并放在海图室内规定的地点。

(2)当船长夜航命令簿发生有写错字或内容时,应按航海日志要求改正,内容不得随意涂改。

(3)船长临时增改命令内容时,应通知值班驾驶员,并在更改处签字。

2. 命令的执行

(1)值班驾驶员接班时必须阅读并充分理解船长夜航命令簿内各项指示,阅读后用钢笔签字,并严格执行。

(2)值班驾驶员如对船长夜航命令有任何疑问时,应立即请示船长。

(3)值班驾驶员在执行船长夜航命令簿内指示时,如遇情况变化,执行有困难时,应及时报告船长,以便船长修改命令。

四、航海日志的记载与管理规则

航海日志是船舶重要的法定文件之一。航海日志既是船舶运行全过程的原始记录,又是分析、总结航海经验和判断处理海事的重要依据。船长、驾驶员必须严格、认真地做好航海日志的记载与管理工作。

1. 航海日志记载的基本要求

(1)航海日志的记载必须真实,不得弄虚作假,隐瞒重要事实,故意涂改内容。

(2)航海日志的记载,应当明确反映出船舶航行、停泊、作业或修理的基本情况。

(3)船舶主要资料经船长审查后,由大副或二副负责填入航海日志簿首。

(4)值班驾驶员应使用不退色的蓝或黑色墨水,用中文(地名、人名、船名等可写原文)和规定的航海名词缩写代号或符号记载,字体要端正、清楚,词句要准确、简练,不得随意删改或涂抹。如果记错或漏写,应将错误字句用红墨水笔画一横线删去,被删字句仍应清楚可见,改补字句写在错漏字句的上面,改正人在其后加括弧签字。

(5)航海日志的左、右页应依时间顺序进行记录,不得间断,每日终了,左、右页应同时换新页后继续记录。

2. 航海日志左页和右页的记载

1)航海日志左页的记载

航海日志左页记载的内容包括:航行记录、气象和海况记录、水舱测量记录、中午测算四个部分。

(1)航行记录

除每班记录一次外,当航向、风流压差值、罗经改正量有变动时,也应记录。如航向、航速变动频繁时,可写"船长(或引航员)领航,航向、船速不定"。

(2)气象、海况记录

正常情况下,航行及锚泊中每4小时记录一次。如遇恶劣天气或天气突变,应增加观测和记录次数。

(3)舱水测量记录

航行或锚泊时,正常情况下每日记录两次(0800、1600 时),必要时可增加测量次数。木匠负责测量,大副负责记录。

(4)中午测量

航行中,每天中午由二副负责记载前一天中午至当天中午的统计。实际航程是指根据实测所得的航迹线上的实际里程。轮机长应提供主机的平均转数,燃料的消耗与存量。

2)航海日志右页记事栏的记载

(1)无论航行、停泊或修理,凡有关船舶的动态、现象及动作,值班驾驶员均应按时间顺序在航海日志右页记事栏内逐行详细记载,交班时应紧接本班记载之后签字以示负责。

(2)航海日志记事栏内具体记载内容包括:

①抵、离港前的准备情况,如:对影响航行安全的主要航行设备的核对或检查时间与结果;船舶备车情况;船舶抵、离港时的首、尾吃水等。

②靠、离码头(浮筒)泊位时的船舶操纵措施,如:引航员姓名及其上下船时间及地点;拖轮船名及靠上和解拖时间及动态;系上第一根缆和靠妥时间;开始解缆和解掉最后一根缆的时间;抛锚及锚抛妥或开始绞锚及锚离底的时间;泊位名称;锚位以及水深;抛左锚还是右锚,以及出链长度;备车、完车和定速时间及船位等。

③航行中与航行安全及船舶定位有关的情况,如:船位,包括观察与推算时间、定位手段、位移差等,测天、卫星定位和交接班船位用准确到分以下小数点一位的纬度和经度记载,陆测、测深、雷达和无线电助航仪器等船位,应记其观测数据,若出现位移差时,应记其数据,以及采取的措施;经过重要物标的时间、方位和距离;经过重要航标的时间、正横距离;进出通航分道、船位报告点、交通管制区的时间;改变航向的时间、船位和计程仪读数;开始或停止使用风流压差的时间;气象和海况发生突变的时间以及按章所采取的安全措施;舵工作情况检查及结果;货舱的检查结果和已采取的保管货物措施;船舶安全巡回检查的情况;日出、日没、开关航行灯、升降国旗及各种信号的时间;发生海事的时间、船位、经过情况;自救或救助他船的经过、措施及效果等。

④停泊时与停泊安全及装卸作业有关的情况,如:货物装卸的开工、停工、复工、完工时间;开工舱口数、工班数及变化情况;停工原因及停工舱室;各舱货物装卸情况;他船靠离本船时间、来由;燃油、淡水、物料补给时间及数量;压载水的排注时间、舱别及数量;货舱检验及通过时间;升降国旗时间以及显示号灯、号型时间;船舶首尾吃水;船舶系泊安全巡查时间及情况。

3)航海日志右页重大事项记录栏的记载

航海日志右页重大事项记录栏,记载船上非经常性及较重大事件,以及国际公约要求航海日志记载的内容。重大事项记录栏由船长、大副填写,航海日志记载中严重错漏的更正应由船长亲自填写。

下列情况应填写航海日志重大事项记录栏:船舶交接与试航的情况;发生海事、人员伤亡事故、船员严重失职和违纪现象;自然人的出生与死亡;海难救助与共同海损措施;船舶遭遇司法扣押或被主管机关滞留的基本情况;对救生、消防器材检查的时间和情况;应急演习的时间、地点及详细情况;到离港时的货物、燃料、淡水、压载的总数(如有旅客,包括旅客人数),以及到离港时的船舶六面吃水、初稳性高度值;船长和大副职务交接情况概述及交接手续办理完毕

的时间;航海日志记载中有严重错漏的更正等。

3. 航海日志的管理

(1)中国籍国际航行船舶和500总吨以上的沿海船舶必须使用我国国家海事局监制的航海日志,由国家海事局统一编号,船舶每次可申请签发4册。空白航海日志需经国家海事局授权机构签发(盖章)后才可投入使用。

(2)航海日志每册为100页,启用前大副应对其进行认真检查,保证漆封完好,没有漏页、重页和装订错误。启用新本航海日志时,应与轮机日志核对页数,并保持一致。

(3)船舶驾驶员负责按规定记载航海日志。大副应每天查阅航海日志记录是否符合要求,并应逐日签署。船长对航海日志的记载全面负责,应经常检查、指导航海日志的记载,并应及时逐页签署。

(4)大副负责用完的航海日志的保管。航海日志用完后应留船保存2年,然后送公司保存。

(5)船舶发生海事时,船长必须将航海日志及有关海图妥善保存,弃船时要将航海日志带下,以供海事调查之用。

五、车钟记录簿记载和管理规定

车钟记录簿是船舶的重要法定文件之一,发生海事时,可供海事调查之用,见表2-1。

车钟记载符号

表2-1

符号	符号内容	符号	符号内容	符号	符号内容
⊙	校对时钟、车钟		微速前进		微速后退
⊗	备车		慢速前进		慢速后退
×	停车		半速前进		半速后退
○	完车		快速前进		快速后退
	定速				

1. 车钟记录簿记载的基本要求

(1)车钟记载符号应按记录簿首页规定的符号记录。

(2)每次备车前,驾驶台与机舱应准确对时,航行中,驾驶台应在正午时刻与机舱对时,以避免驾驶台与机舱车钟记录簿所记载的时间存在误差。

(3)记录车钟的时间,驾驶台以摇车钟令的时间为准,机舱以回车钟令的时间为准。时间应以船钟显示的时间为准,用时和分来表示,精确到1/4分钟。

(4)在使用车钟记录簿时,不能留有空格,更不能随意涂改。若填写错误,应用笔清晰划掉,并重新更正后签名。每次车钟使用完毕后,值班驾驶员和值班轮机员应及时在各自的车钟记录簿上签名。

(5)凡有车钟自动记录设备的船舶,在使用该设备时,应对时间进行校准,以保持与船时一致,并认真检查自动记录设备工作是否正常。在驾驶台操纵主机时,有车钟自动记录设备的船舶,允许车钟记录簿上只记录对钟(包括对时钟和车钟)、备车(包括冲车和试车),以及完车或定速航行的时间,不必记录每一车钟令。车钟记录纸每卷用完后应进行整理,并妥善保存。

2. 车钟记录簿的管理要求

(1)每艘船舶应配备2本车钟记录簿,驾驶台和机舱各一本,同时启用和使用。

(2)启用新的车钟记录簿之前,应认真检查记录簿的页数,如有空白,缺页等,则不能使用。

(3)车钟记录簿启用前应在封面填上船名、部门,并盖上船章。

(4)车钟记录簿用完后,由船长、轮机长负责保存,保存期为2年,如涉及海事,需保存至海事处理完毕。

六、自动舵使用规定

1. 自动舵使用时机

1)自动舵的使用由船长根据船舶所处的通航环境和情况等视情决定,必须确保航行安全。值班驾驶员和水手未经船长同意,不得擅自使用自动舵。

2)下列情况不论昼夜均不得使用自动舵:

(1)能见度不良时;

(2)进出港口,航经狭水道、分道通航区、冰区和船舶密集水域时;

(3)当船舶处在避让状态、改变航向或他船追越距本船较近时;

(4)其他不宜使用自动舵时。

2. 自动舵使用规定

(1)自动舵使用中,船长或值班驾驶员根据需要可以随时下令终止使用,改用手操舵,操舵水手必须坚决迅速执行。

(2)操舵水手和驾驶员必须能够正确和熟练地进行手动/自动/应急舵的转换操作。在转换操作时,值班驾驶员应认真进行监督和检查,如有不当,应立即予以纠正。

(3)值班水手要认真监督自动舵的运转情况,密切注意电、磁罗经航向和舵角的变化,发现不稳定或异常情况应立刻报告值班驾驶员并换转为手操舵。

(4)使用自动舵期间,值班人员更应认真瞭望,需要避让时,应及时改换手操舵。

(5)值班驾驶员至少每小时检查自动舵的运转情况并核对电、磁罗经的航向是否正确;

(6)每班至少进行一次手操舵、自动舵转换试验,并记入航海日志。

(7)抵港或过运河前,应进行手操舵试验,并记入航海日志。

(8)使用手操舵的应是一位合格的值班水手。水手如要练习手操舵,应先征得值班驾驶员同意。

七、系离泊作业规定

1. 系离泊准备

(1)船舶在确知进、出港的时间后,应认真做好系离泊准备工作。有关人员应认真检查主机、副机(发电柴油机,下同)、舵机、锚机、绞缆机。驾驶和轮机值班人员要密切配合,按驾驶、轮机部门联系制度,做好对时、对车钟、对舵、冲车、试验汽笛、检查号灯、号型和备车等工作。

系泊所需的撇缆、引缆、制动索(链)、卸扣、碰垫、锚球等用品应提前备妥,系缆、拖缆均应置于随时可用之处。三副应会同大、二副试验对讲机以保证联系畅通。离泊前,值班驾驶员在观察船舶开航水尺的同时,应检查首、尾系缆情况,以保证能顺利解除。

(2)船长应将确定了的系离泊操作步骤和有关安全注意事项向大、二副交代清楚。船长如需改变原定的系离泊的操作步骤,应尽可能及早通知大、二副。船长应将和引航员共同商定的靠离泊计划及时通知大、二副和机舱,以便提前做好靠离泊的准备工作。

2. 系离泊操作要求

(1)系离泊操作时,全体操作人员必须戴安全帽、防护手套,穿着防滑工作鞋。操作人员要提前到达现场,做好准备工作,禁止无关人员进入现场。

(2)收带缆时,应严格执行驾驶台的命令,动作要正确、迅速,并注意作业安全。

(3)大副在船首指挥,木匠协助。应注意船速、有无障碍物及其与船舶的距离,并随时将上述情况通知驾驶台。

(4)二副在船尾指挥,水手长协助。应注意有无障碍物、障碍物与船舶的距离、船尾是否清爽等,并随时将上述情况通知驾驶台。

(5)三副在驾驶台按船长或引航员命令操纵车钟、汽笛、记录船舶动态,传达船长的车、舵令并监督水手操舵。

(6)当船贴近码头时,船首尾应注意配合,不要盲目快绞,以使得船舶在最后靠泊阶段平行贴近码头。

(7)船舶靠妥后,缆绳必须上桩(自动缆除外)。若系于双柱上,则挽"8"字花不得少于4道。缆绳不得挽于绞缆机或锚机的非专用滚筒上。

(8)根据船舶的吨位、装载情况、风流等因素决定系缆的根数。系泊缆绳应有足够的安全强度,并应有一定数量的备用缆绳。在风大、流急的情况下,应停止使用自动张力绞缆机的自动张力装置。在台风季节,凡有可能受到台风威胁的船舶,应酌情加带系缆。

3. 系离泊作业善后

系离泊作业完成后,应清理现场,将工具收回放妥。靠妥泊位后,在缆绳和导缆孔接触处应垫衬帆布或麻袋,以防磨损缆绳,并在每根系缆上装妥防鼠挡。离泊后,锚机刹车要刹紧,合上制链器并盖好防浪盖。如需长时间在海上航行,应将缆绳收藏到库房里保存,或用帆布罩盖并绑扎牢固。

八、高处作业安全规定

高处作业又称高空作业,凡在坠落高度基准面2米以上(含2米)有可能坠落的地方进行的作业,均为高处作业。

1. 作业准备

(1)在进行高处作业前,应对作业进行严密的组织,强调安全注意事项。

(2)在进行高处作业前,应确认参加高处作业的船员身体健康,无妨碍从事高处作业的疾病。酒后、过度劳累、情绪异常的船员不得从事高处作业。

(3)从事高处作业的船员应认真做好各项准备工作,并对高处作业使用的绳索、滑车、跳板、座板、脚手架、活动梯、安全带、保险绳等进行认真检查。有需要时,应张挂安全网。安全带

的系挂点必须牢固,不准将安全带系在活动物件上,也不得将多根安全带系挂在同一系挂点上,亦不得将安全带和座板或跳板系在同一系挂点上。

(4)从事高处作业的船员必须戴好安全帽并系紧帽带,穿着连体工作服,穿着防滑软底鞋(不得穿着长筒靴、塑料底鞋以及拖鞋、凉鞋)并系紧鞋带,佩带好安全带。

(5)若要在汽笛、无线电天线、雷达附近进行高处作业,负责的现场指挥应通知驾驶台,确保相关设备停止使用,直到作业完成。

(6)如作业区有冰、雪、霜冻,或砂石、油脂等时,须在作业前清扫(除)干净,防止滑跌。夜间进行高处作业,应保持整个作业现场有足够的照明。

2. 作业安全注意事项

(1)甲板部在进行高处作业时,大副或水手长必须亲临现场检查、指导或担任指挥;轮机部在进行高处作业时,轮机长和机工长必须亲临现场检查、指导或担任指挥,必要时,应请水手长到现场进行指导。

(2)在进行高处作业时,现场应安排专人负责照看。高处作业下方的可能坠落范围内禁止有人从事其他作业。根据作业高度 H 的不同,可能坠落范围的半径 R 也不同。当 H 为 2 ~ 5 米时,R 为 2 米;H 为 5 ~ 15 米时,R 为 3 米;H 为 15 ~ 30 米时,R 为 4 米。

(3)高处作业使用的工具、材料及零部件必须用吊桶、吊袋、吊绳系好后再进行上下传送,禁止抛掷。上下梯子时必须面向梯子双手握牢,禁止一手携物,一手扶梯上下。使用舱内的壁梯上下时不得手持工具或物品。禁止两人在同一梯子上紧跟上下,或两人站在同一梯子上作业。

(4)正在从事高处作业的船员不得将工具放置在容易跌落的地方。暂时不用的工具和物料应放置在专用容器内,并置于稳当、可靠的位置。

(5)高处作业应使用安全可靠的登高工具,严禁使用一般起重设备吊运或采用攀爬的方式登高。如果作业的地方是船员通常不能触及的地方,应使用梯子、跳板或座板。用活动梯子上高或登箱作业时,必须有专人扶住梯子,以防止梯子倾滑。

(6)在舱盖未关闭的舱口围上作业应视为高处作业,需采取相应的安全措施。舱盖未关闭时,禁止在舱口围上行走。船舶二层舱舱口围四周由于无围栏,因此在船舶二层舱的舱口附近作业时应特别小心,防止意外坠落底舱。

(7)高处作业的现场指挥,应随时检查作业情况,纠正违章行为。发现危险情况有权立即停止作业。在作业过程中,现场指挥不应离开作业现场。

(8)除特殊情况外,雷雨、大雾或阵风风力达 6 级或 6 级以上等恶劣天气条件下,应停止高处作业。

九、舷外、水面作业安全规定

舷外作业指在空载水线以上的船体外部进行工作。水面作业是指在飘浮于水面的浮具(包括艇筏)上进行的作业。

1. 作业准备

(1)在进行舷外、水面作业前,应对作业进行严密的组织,强调安全注意事项。

(2)从事舷外、水面作业的船员必须身体健康,无妨碍从事舷外或水面作业的疾病。酒后、过度劳累、情绪异常的船员不得从事舷外或水面作业。

(3)从事舷外、水面作业的船员应认真做好各项准备工作,并对舷外、水面作业如绳索、滑车、跳板、座板、安全带、保险绳等进行认真检查。

(4)在舷外高处作业应穿好救生衣,并且准备一个具有足够长度绳索的救生圈;水面作业必须穿好救生衣,备妥救生圈。

2. 作业安全注意事项

(1)作业时,大副或水手长应在现场检查、指导或担任指挥。现场应有专人负责照看。

(2)上下跳板或浮具时,应使用软梯,禁止攀爬跳板的吊索,禁止人员随同浮具起落。工具、材料等必须用吊桶、吊袋、吊绳系好上下传送,禁止抛掷。

(3)船舶在航行中禁止进行舷外作业。在有风浪的情况下,即使船舶处于停航状态,也不应安排舷外或水面作业。若情况特殊,停航期间必须在有风浪的情况下进行舷外或水面作业,应将救助艇准备妥当,以便随时用于救助,水手长必须在现场紧密监视和照看。夜间不得进行舷外、水面作业。

(4)在进行水面作业时,船上应悬挂慢车信号,并注意过往船舶掀起的波浪。如果过往船舶的船行波较大,应及时通知和提醒浮具或艇筏上的作业船员,以防发生意外。

(5)舷外、水面作业的现场指挥,应随时检查作业情况,纠正违章行为。如发现危险情况,现场指挥有权立即停止作业。在作业过程中,现场指挥不应离开作业现场。

十、进入封闭舱室作业规定

1. 船上的封闭舱室

船上的封闭舱室是指诸如液货舱、压载舱、淡水舱、污水舱、污水井、燃油舱、滑油舱、空隔舱、泵间、箱形龙骨、锅炉内部、主机扫气道、大型压缩空气瓶内、尾轴弄,以及油船的空舱、散装化学品船和液化气船罐体内等这样一些封闭或基本封闭的舱室、场所。

2. 封闭舱室潜在的危险

(1)空舱或其他封闭舱室若已封闭了一段时间,里面的氧气含量可能非常少。

(2)船舶燃油舱、油柜、锅炉内部、主机扫气道、罐体、容器等封闭空间,和装载木材、粮食、鱼粉、生铁、松节油等耗氧货物的二层柜、大舱,以及通风不良的泵间等,都具有潜在的或明显的缺氧危险,并可能伴随其他有害气体,如一氧化碳等。

(3)由于货物泄漏,泵间、空隔舱、箱形龙骨等船上的封闭舱室可能有有毒、有害、可燃、可爆的气体存在。

(4)与货油舱、燃油舱以及装载危险货物的舱室或舱柜相毗邻的舱室或其他封闭舱室,也都可能存有有毒、有害、可燃、易燃的气体。

(5)曾载运过油类、化学或气体货物的货舱或其他舱柜,仍可能遗留有有毒、有害、可燃、可爆的气体。

3. 作业准备

(1)由一名高级船员(通常为部门长)负责拟定行动计划,并报船长批准。行动计划应包括:拟进入封闭舱室的名称;拟进入封闭舱室人员的名单;封闭舱室外守护人员名单、封闭舱室内外人员之间的通信联络手段;预计完成作业的时间;封闭舱室内通风系统及通风情况、备用

的进出口、紧急信号和紧急撤离程序、应急救人计划等。

(2)在进入封闭舱室前应对该场所进行彻底地、不间断地通风，然后进行空气质量测定。

(3)在作业前把进入封闭舱室的安排告知值班驾驶员和轮机员。并在封闭舱室入口处挂上“里面有人”的警告牌。

(4)在进行封闭舱室作业前，应对作业进行严密的组织，强调安全注意事项。在进行封闭舱室内作业的船员应无影响安全作业的疾病或身体不适。

(5)对封闭舱室内外人员之间的通信联络手段进行测试，确定安全可靠。

(6)把救援设备放置在封闭舱室的入口处。这些救援设备应包括自给式呼吸器连同备用气瓶、救生索、救援带，以及可以在易燃、易爆空气中使用的防爆手电筒和低压防爆工作灯。如有必要，需要准备好将体力不支人员吊离场地的器材和设备。

(7)对需要使用的呼吸器做好气压和供气量、低压警报、面具正压和密封性测试。

4. 作业安全注意事项

(1)所有进入封闭舱室的船员应熟悉紧急信号和紧急撤离程序。

(2)未经船长或指定负责人的许可，任何人不得进入封闭舱室。进入封闭舱室的船员数量，只限于真正需要在该场所内作业的人数。当有人员在封闭舱室内作业时，应至少有一名船员在入口处守护。

(3)当有人员在封闭舱室内作业时，应通知有关部门封妥有关设备和控制阀，并贴上“禁止启动”或“禁止打开”告示或安全标志牌，防止因误操作而危及舱室内作业船员的人身安全。

(4)当有人员在封闭舱室内作业时，场所内必须保持不间断的通风，同时必须定时测试场所内的空气情况。当空气中的氧气含量低于标准，或有毒、有害气体的含量高于标准，或空气情况正在变差，或通风系统发生故障而不能正常进行通风时，必须通知场地内的所有船员全部撤离。封闭舱室内各处的氧气含量应不低于18%，CO_2 含量应不高于2%，有毒有害气体的含量应为零。

(5)除非为处理紧急事故或在封闭舱室内的行动会严重受阻，否则进入封闭舱室内的船员应能够获得两种及两种以上供气方式。如果只需在封闭舱室内做短暂停留，可采用单一供气方式，但在这种情况下，戴上呼吸器进入封闭舱室的人员必须身处适当的位置，以便一旦发生意外时可以马上将其拉出。

(6)由于自给式呼吸器供气时间有限(一般不超过1个小时)，因此，当需要在封闭舱室内长时间的作业时，应使用供气式呼吸器，由场外为场内的作业船员连续提供新鲜的空气。但使用供气式呼吸器时，必须采取安全措施，以免场外的空气供应中断，若空气是由机房供应，更需特别留意。

十一、船舶明火作业安全规定

明火作业也叫动火作业，在船上，明火作业是指使用电焊、气焊、气割等手段进行焊接、切割与烘烤等热工作业，作业地点可以是在甲板、货舱、深舱内，也可以是在机舱内，其特点是在作业过程中有明火焰产生。

1. 明火作业申请

船上在进行明火作业前应填写明火作业申请并征得船长同意，港内明火作业还需按规定

提前向海事管理机构书面报备。

2. 明火作业前的环境考察

(1)对不属于危险区域的开敞甲板,必须考查以作业点为中心,10 米为半径,向上 2 米,向下至平台或甲板的柱形空间。

(2)对危险区域的开敞甲板,必须考查从作业点向首尾延伸 15 米,以船舶宽度为界,向下至平台或甲板,向上 2 米的柱形空间。

(3)对不属于危险区域的舱室内,必须考查以作业点为中心,5 米为半径的空间。

(4)对危险区域的舱室内,必须考查作业舱室及毗邻的舱室。

3. 明火作业必须满足的技术条件

(1)可燃气体浓度不大于爆炸下限的 1%,相对风速小于 13.8 米/秒。

(2)施工现场,须清除易燃易爆物品,备妥足够有效的消防器材,并有防止火花扩散的安全措施。

(3)明火作业前,应拆除作业现场内有影响的电缆或切断其电源并对其安全遮盖。

(4)在隔热舱壁或间架板上进行明火作业前,必须拆除距焊割边缘 0.5 米内的一切可燃物,对 0.5 米以外的可燃物,应采取防止焊割热传导的措施及有效遮盖。

(5)可以拆除的管子等机件,应移至电焊间或安全地点焊补,对无法拆除的油管、污水管等,应进行有效清洗,使管内可燃气体达到本标准的要求,或采取充满惰性气体、水,或拆开管子接头,对作业点两端进行有效隔堵。

(6)在长期封闭的舱室或空间狭小通道明火作业前,必须提供足够的通风,使空气中含氧量达到 18% 以上。

(7)明火作业前,必须查清作业面的反面和周围,并确认无易爆物品。

(8)燃油、润滑油舱(柜),油船供油舱、泵舱、隔离舱、压载舱等进行明火作业前,必须封闭与其相连的所有管系、阀门,并经洗舱除气、铲除硫化铁锈皮、油泥,取得船舶检验部门签发的“船舶可燃气体清除证书”。

(9)测爆合格的舱室或处所,明火作业必须在 4 小时之内开工,否则,应重新测爆认可。作业前和作业中,应有专人对施工区域及有影响处所,随时复测可燃气体浓度。

(10)明火作业的设备在使用前,必须确认其技术状态良好。

(11)焊工必须持有主管机关认可的合格证书。

(12)明火作业时,必须有人负责监护。作业完毕,必须彻底清理现场,在确认无残留火种时,监护人员方可撤离。

4. 不可进行明火作业的情形

(1)对作业环境条件无法进行考察或违反明火作业技术条件要求的。

(2)进行加油、涂刷油漆等有火灾危险的工作现场。

(3)盛有或残存易燃易爆油、气的容器和管道、未经泄至正常气压的压力容器。

(4)正在装卸易燃易爆或产生易燃易爆粉尘货物的船舶,禁止明火作业和火种作业。

(5)油船在装卸、洗舱、除气和压载作业时,禁止明火作业。

(6)航行中的油船,在货油舱和货油管上,禁止明火作业。

十二、救生艇安全操作规定

1. 何时可用救生艇

除演习及应急外，不得随意使用救生艇。救生艇使用须经船长同意，港内用艇还应征得港口主管当局的批准。

2. 放艇前的检查

(1)操作人员应穿工作服、工作鞋，戴安全帽、手套，随艇上下人员应穿救生衣。

(2)放艇前，应检查备齐艇内属具及备品，塞上艇底塞，检查首缆绳以及定位索的固定情况，检查其他属具与物品的固定情况。机动艇应检查储油是否充足，并发动艇机一次。吊艇机械应进行检查试验，制动器应完好，稳艇索、保险钩等已处于无妨碍位置，艇摇把已取下，每个导向滑车、吊艇滑车、钢丝缆及吊艇钩均应检查确认无损，艇下方至水面清爽。

(3)按船舶应急部署同时放艇时，由各艇长分别负责检查和指挥，放一艘艇时，由大副和水手长负责检查指挥，机械部分由轮机长派人检查。

(4)负责检查和指挥放艇的艇长，应向船长报告放艇前的准备工作情况，经认可并确认艇下方无障碍物，在船长下达放艇的指令后，方可放艇。

3. 救生艇释放的一般规定

(1)在使用救生艇时，应严格按起落操作规程进行救生艇的起落。任何人员不应站在艇下方无护栏保护的甲板边缘以及吊艇钢丝一旦崩断可能回甩伤人的地方。

(2)航行中放艇，船长应掌握放艇时机，要在停车后余速不大时，才可放艇入水。

(3)一般情况下应放大船下风舷的艇，大船偏顶浪20°～30°，稳定航向，将艇放至水面后，迅速解脱吊艇钩。

(4)应尽可能做到同时解脱前后钩。大船有进速时应避免先脱前钩。目前大多救生艇上配备有联动脱钩装置，当艇着水后拉动脱钩装置，首、尾吊艇钩同时解脱。

(5)救生艇在降落时应备有碰垫，同时用艇篙支撑，防止艇与大船之间的碰撞。

(6)对吊艇索下的滑车，脱钩后应及时拉紧，防止其晃动伤人。

(7)机动救生艇的艇机应在落水之前启动起来，脱掉吊艇钩后立即驶离大船。

4. 封闭式救生艇释放操作程序

封闭式救生艇的吊艇架一般都为重力式，放艇操作程序为：

(1)解除救生艇的稳索，打开救生艇的舱门，松开外接充电电源插头，打开吊艇架的安全插销；

(2)全体登艇人员依次登艇坐好系好安全带，只留1人在艇甲板；

(3)留下的1人解开外面的系索后登艇；

(4)艇长检查全体艇员登艇后关闭救生艇舱门；

(5)艇长再次检查确认登艇人员的就位情况后，于驾驶位发动艇机，挂空档；

(6)艇长发出放艇指令和警报并提示登艇人员注意；

(7)拉动艇内释放手柄或钢丝，使吊艇机闸松动，降下救生艇；

(8)救生艇降到水面后，采用承载或正常释放方式脱开艇钩；

(9)拉动艇缆脱离装置的控制杆，解掉艇缆，操纵救生艇离开难船。

5. 自由降落式救生艇释放一般规定

自由降落式救生艇的释放规定与封闭式救生艇释放规定基本相同,其放艇操作程序为:

(1)解除救生艇的稳索,打开救生艇的尾部舱门,松开外接充电电源插头,摘除艇尾部的释放钩,检查确认放艇通道和艇落水区域无障碍物;

(2)全体登艇艇员依次登艇,由前至后顺序坐好,系上安全带;

(3)艇长最后登艇并在艇内关闭尾门;

(4)艇长再次检查确认登艇人员的就位情况后,于驾驶位发动艇机,挂空档;

(5)艇长发出放艇指令和警报并提示登艇人员注意;

(6)艇长启动液压施放装置,救生艇靠自身重力沿滑道自由下滑降落入水,然后从水中浮起;

(7)艇长开动艇机,操纵救生艇离开难船。

6. 其他要求

(1)救生艇在行驶中应保持与大船的联系,大船值班人员应加强瞭望,注意救生艇动态。

(2)救生艇返回大船后应立即吊起,放尽积水。救生艇不准在水上过夜。

(3)使用救生艇,应将艇号、使用原因及时间详细记入航海日志。

7. 特殊环境和条件下释放救生艇应注意事项

在大风浪等恶劣天气条件下放艇以及船舶在有较大横倾时的放艇注意事项,请参阅第七章第二节。

第二节　船舶安全生产制度

一、船舶开航准备和检查制度

为保证船舶航行安全及适航要求,开航前,船舶应做好以下开航准备和检查工作:

1. 证书

检查并确认船舶和船员证书齐全有效。检查并确认船员配备符合最低安全配员要求。

2. 航海出版物

备齐本航次所需海图,并改正到最新。备齐本船应配备的航海出版物,并改正到最新。

3. 航次计划

(1)根据航路指南和有关航海图书资料提供的所经海区的水文、气象、助航标志、危险障碍物、分道通航制、航行规章以及航区的政治情况等,结合本船性能、设备技术状态和人员的技术水平及经验,制定航次计划、航行计划和计划航线。

(2)检查并确认已备妥足够的燃油、淡水、伙食和物料等。

(3)及时接收航行警告并阅签与标识。及时接收天气预报,并进行气象分析。

4. 救生、消防设备

(1)检查并确认救生艇外观良好;艇内属具及备品齐全、救生信号在有效期内;救生筏外观良好、证书有效;救生圈、救生衣及保温服齐全并无破损。

(2)检查并确认大型灭火系统处于有效工作状态;灭火器放置在规定位置,可以随时使用;消防管系、消防栓、消防水带无破损、泄露、锈死;国际通岸接头及配件齐全;消防员装备齐全、并分开放置;探火、失火警报装置正常;防火门自闭装置及通风筒防火挡板开闭正常。

(3)船员有变更时,修改应变部署表并报船长批准后公布。

5. 航海仪器、信号设备

1)检查、试验、测试并确认:

(1)雷达调试图像清晰正常;

(2)陀螺罗经的主、分罗经误差不超过 ±0.5°;

(3)磁罗经经校正后的剩余自差标准磁罗经不超过 ±3°,操舵磁罗经不超过 ±5°;

(4)测深仪测试零点显示准确,其深度误差浅水不超过 ±1 米,深水不超过 ±5 米,或指示深度的 ±5%,取其大者;

(5)卫星通信设备功能正常;

(6)GPS 工作正常;

(7)AIS 已输入本航次相关数据;

(8)GMDSS 中高频收发信机功能正常;

(9)DSC 能在 70 频道上正常工作;

(10)双向 VHF 无线电话收、发信正常,有备用电池;

(11)EPIRB 检测正常;

(12)NAVTEX 接收、打印清晰;

(13)SART 测试正常;

(14)VDR/SVDR 测试正常;

(15)ECDIS 工作正常;

(16)各类报警装置测试正常。

2)检查、试验并确认:

(1)航行灯、号灯及其报警功能正常;

(2)号型、信号旗齐备;

(3)音响信号齐备,汽笛使用正常;

(4)遇险求救信号及抛绳器齐备并在有效期内。

6. 锚、舵等装置

(1)开航前 12 小时内,对操舵装置进行检查和试验。

(2)开航前 1 小时进行备车和对舵,并测试车钟、校对船时。

(3)检查确认锚设备、甲板水密装置、大舱进水报警装置及排水系统无异常。

(4)检查确认吊货索具已固定,舱盖已关严并密封。

(5)检查引航员登、离船装置及照明均正常。

7. 船舶开航状态

(1)检查确认船舶吃水没有超过与当时季节、航行水域相适应的载重线标志。

(2)确认船舶稳性符合稳性规范或港口当局对稳性的要求。

(3)检查确认船舶横倾角不超过 1°,吃水差适当。

(4)检查确认舱内货物已采取必要的防止移动的措施。

(5)检查确认装载机械、车辆、集装箱、卷钢、大件货及甲板货已采取可靠的绑扎、固定或防止移动的措施。

8. 其他

(1)确认 PSC、FSC 检查缺陷项及影响航行安全的缺陷均已纠正。

(2)确认对主管机关开出的其他缺陷均已制定出纠正措施。

二、船舶在能见度不良水域中航行安全制度

1. 进入能见度不良水域航行前的准备

(1)严格执行安全管理体系文件中的相关规定,并按照"能见度受到限制水域航行检查表"认真进行检查,完成各项安全准备工作。

(2)及时抄收天气预报,气象传真,航海警告和雾航警报。

(3)船长和驾驶员应充分掌握雾情资料、航区特点、潮流情况、通航密度和选用合适的定位方法等。

(4)船长应督促驾驶人员对各种航行仪器、雾号和航行灯进行检查,以确保在能见度不良水域中航行时正常使用。

(5)船长应督促有关人员检查排水和水密设备,使之处于良好状态。

(6)轮机长应按船长要求备足供主机变速的燃油。

(7)值班驾驶员在雾袭来以前,应抓紧时机测定船位并观察海面周围情况。

2. 能见度不良水域中航行

(1)驾驶人员应保持正规瞭望,仔细观察,从灯光、水天线、目标等的变化中判断是否视线正在恶化,船舶是否正在进入能见度不良水域。

(2)当能见度小于 5 海里,并且能见度在进一步降低时时,即认为能见度不良,船舶应处于航行戒备状态,并做好一切船舶在能见度不良水域中航行的准备,驾驶员应报告船长并通知机舱,开启雷达,将雷达调整到最佳工作状态并正确使用,注意守听 VHF16/70 频道和加强瞭望。

(3)当能见度小于 3 海里时,即认为能见度严重不良,应按规定施放雾号,通知船长上驾驶台,不得以任何理由迟叫或不叫船长。通知机舱备车,进行雷达标绘、系统观测。不论白天、夜间必须开启航行灯。

(4)能见度严重不良时,船长必须立即到驾驶台指挥或指导船舶操纵,坚持在驾驶台值守。值班驾驶员应将船位、四周环境和已采取的措施报告船长。船长应研究核实能见度不良水域航行安全措施的实施情况,督促值班驾驶员认真瞭望,勤测船位。

(5)机舱接到备车航行通知后,应立即报告轮机长,轮机长应下机舱检查核实机舱操纵的一切准备,并严格执行驾驶台的备车、用车命令。

(6)每一船舶在任何时候均应使用安全航速行驶,以便能采取适当而有效的避碰行动,并能在适合当时环境和情况的距离内把船停住。

(7)全船应保持肃静,禁止喧哗,以免干扰驾驶员的听觉。船舶在能见度不良水域中航行,必须利用一切有效手段保持正规瞭望,禁止与工作无关的交谈,打开驾驶台门窗,充分利用视觉、听觉观察可疑动向和音响。

(8)当航经近岸、船舶密集、狭窄水道等复杂水域遇雾时,应视情派员瞭头。瞭头人员应及时将所发现或听到的情况及疑点报告驾驶台。

(9)连续守听 VHF16/70 频道,并使用 VHF16/70 频道在通话空隙中发布本船雾航警报。雾航警报用中、英文交替发出,力求简明。内容包括船名、时间、船位、航向、航速、意向并提醒过往船舶注意,并充分利用 AIS 相关功能获取来船的动态与信息,以便协调避让。

(10)能见度不良水域中航行,严禁使用自动舵。

(11)船长和值班驾驶员应对危险来船进行雷达连续观测和标绘,以判断来船动向及最近会遇距离,对危险来船实施预操作。

(12)为确保船舶能见度不良水域航行安全,当视线恶劣、渔船密集、避让困难、航道复杂及船长对航行安全无把握时,在条件许可的情况下,船长有权择地锚泊或滞航,切勿盲目航行。

三、船舶在大风浪水域中航行安全制度

1. 进入大风浪水域航行前的准备

(1)严格执行安全管理体系文件中的相关规定,并按照“大风浪水域航行检查表”认真进行检查。

(2)根据本船情况、航次任务、航区、货种特点,认真做好大风浪航行前的各项准备工作。

(3)高度重视大风浪中航行安全的重要性,力戒麻痹和松懈思想,研究安全措施,明确各自的职责。

(4)及时抄收天气预报、气象传真、航海警告和大风浪警报。

(5)密切注视气象变化,制订周密的航行计划。

(6)做好货物的绑扎加固,对甲板和舱内的货物进行再检查、再加固。

(7)将吊货设备、锚设备、舷梯、救生艇筏以及一切没有固定的物件绑牢;对机舱可以移动的设备进行加固;将所有堆放的大缆放入舱室内。

(8)检查甲板开口封闭的水密性;检查各水密门是否良好;关闭大舱舱盖、天窗、舷窗、道门;将通风筒关闭并加盖防水布;锚链筒盖好,防止海水灌进锚链舱。检查排水管系、排水泵、分路阀、规定配备的潜水泵等,保证处于良好工作状态;清洁污水沟(井),保证黄蜂巢、甲板上的排水孔畅通。

(9)在甲板装设甲板扶手绳,保证甲板巡视人员和其他作业人员安全。

(10)检查日常通信设备和应急通信设备,保障通信畅通。检查助航仪器,确保在正常状态。

(11)备妥和查阅航线附近的海图以及航海图书资料,预选适当的避风锚地。

(12)对主机、副机和舵机进行认真的检查,防止在大风浪中发生故障。

(13)检查并保证驾驶台和机舱、船首、舵机室在应急情况下的通信畅通。

(14)必要时,对空船进行压载。

2. 大风浪中航行

(1)及时抄收天气预报,气象报告、气象传真等气象资料,根据获取的气象信息,科学分析航行区域当时的天气情况和大势。如天气恶劣,每天要加收天气报告,以便及时地掌握天气变化要素。

(2)每天至少2次测量油水舱,以便及时发现隐患,及时采取措施。

(3)加强检查,保证主机、副机、舵机的正常运转。

(4)根据实际海况及船舶当时的具体情况,正确地选择航向和航速,以防止出现大倾角的横摇或出现谐摇。应避免全速顶着较大涌浪航行。

(5)坚持安全巡回检查,检查的结果记入航海日志。

(6)停止甲板工作,严格限制在甲板上的活动。

(7)如船舶稳性欠佳,横摇周期长,有条件者应立即压进足够的双层底压舱水,以改善稳性。

(8)加强甲板设备、货物绑扎情况的检查,对可能发生移动或倒塌的物件必须及时采取有效措施,消除安全隐患。定时检查货物情况,防止因货物移动而影响船舶安全。

(9)避免大舵角旋回或避让。一旦发生因操舵引起的船舶倾斜,应避免急速回舵。

(10)合理地操纵船舶,降低船舶在波浪中的弯矩和剪力。

(11)必要时调整航线,以避开恶劣海况区域。

(12)定时检查并保证甲板开口的水密性,检查排水管系,保证排水畅通。

(13)大风浪中掉头应慎重,时机应恰当,避免盲目不顾后果。

四、船员职务交接制度

船员公休、事假、因故奉调离船或在船职务变动,有接替船员到船接任时,应按职责将分管工作认真交接清楚,保证船舶正常工作秩序。

1. 对交班船员的要求

(1)交班船员接到交班通知后,应做好交接准备,在休假离船前必须按“交接班报告表”的内容向接班人员交待清楚与职责相关的所有情况,操作级和管理级船员还应备妥“交接班备忘录”,对船舶营运情况、设备存在的问题、未完成的工作等,应在备忘录中详细说明。

(2)交班船员应帮助接班船员熟悉本船安全、消防、救生、应急设备与设施,应急部署和本人在应急部署中职责、任务。

2. 对接班船员的要求

(1)接班船员应按交接班报告表所列内容和交接班备忘录的内容逐项确认,对机械设备的性能和所存在的问题应作好详细记录,只要条件允许,应进行试操作。

(2)接班船员应尽快熟悉所主管的设备、操作程序,以及为正确履行其职责应熟悉的其他安排。

3. 交接班报告

(1)交、接班的操作级以上(含操作级)船员必须填写交接班报告表,双方同意后在报告表上签字,并由船长或轮机长签署。

(2)船长、轮机长、大副完成交接后,应分别在航海日志、轮机日志上共同签署。其他船员交接完毕后报告部门长。

4. 代为交接

凡接班船员到船而交班船员已先离去,未能对口交接者,应由船长或由其指定人员代为交接。

第三章
国际海事公约

国际海事组织(IMO)对海上交通安全非常重视,其制定的一系列公约对引导船旗国和港口国政府、船舶所有人和经营人、船长和船员的行为,保证船舶航行安全起到了非常重要的作用。

第一节　国际海上人命安全公约

一、公约简介

1. 功用

《国际海上人命安全公约》(The International Convention for the Safety of Life at Sea, SOLAS)是一个旨在对船舶及设备、船员操作、公司管理和船旗国管理等实施有效控制从而保障海上人命安全的国际公约,也是保障海上人命安全方面最古老、最重要的公约。现行 SOLAS 公约为《1974 年国际海上人命安全公约》(SOLAS 1974),该公约于 1980 年 5 月 25 日起生效。我国政府于 1980 年 1 月 7 日核准了该公约。SOLAS 1974 的 78 年议定书和 88 年议定书分别于 1981 年 5 月 1 日和 2000 年 2 月 3 日生效。

SOLAS 公约每年均有诸多修正案,这些修正案大多按照"默认程序"生效。

截止到 2012 年 1 月 31 日,SOLAS 1974 有 161 个缔约国,占世界船队总吨位的 98.91%。

2. 构架

SOLAS 公约的结构为:公约正文条款、1988 年议定书条款、公约附则、公约附件、附属于公约的单项规则。

SOLAS 1974 的附则共十二章,即:第Ⅰ章 总则;第Ⅱ章 构造;第Ⅲ章 救生设备与装置;第Ⅳ章 无线电通信;第Ⅴ章 航行安全;第Ⅵ章 货物装运;第Ⅶ章 危险货物的装运;第Ⅷ章 核能船舶;第Ⅸ章 船舶安全营运管理;第Ⅹ章 高速船的安全措施;第Ⅺ-1 章 加强海上安全的特别措施;第Ⅺ-2章 加强海上保安的特别措施;第Ⅻ章 散货船的附加安全措施。

鉴于SOLAS公约内容的迅速扩充,现多采用简单明了的公约附则,而将其技术细则集中成单项规则置于公约附则之外的做法。这些单项规则包括:国际消防安全系统规则(FSS规则)、救生设备规则(LSA规则)、国际海运危险货物规则(IMDG规则)、国际海运固体散装货物规则(IMSBC规则)、货物积载和系固安全操作规则(CSS规则)、船舶装运木材甲板货安全操作规则(CTDC规则)、国际散装谷物安全装运规则(IBGC规则)、散货船安全装卸操作规则(BLU规则)、国际散装运输危险化学品船舶构造和设备规则(IBC规则)、国际散装运输液化气体船舶构造和设备规则(IGC规则)、国际高速船安全规则(HSC规则)、国际船舶安全营运和防止污染管理规则(ISM规则)、国际船舶和港口设施保安规则(ISPS规则)、完整稳性规则(IS规则)等。

3. 适用范围

SOLAS 1974仅适用于从事国际航行的船舶,但不适用于总吨位小于500总吨的货船、军用舰艇和运兵船、非机动船、制造简陋的木船、非营业性的游艇和渔船。

SOLAS 1974各章节的适用范围有所不同,需见各章节的具体规定。

二、船舶检验与证书

SOLAS 1974要求缔约国无论采取何种方式,都应充分保证船舶检验和检查的全面性和有效性。对非缔约国船舶,保证不给予更为优惠的待遇。

1. 检验的种类

1)客船的检验

客船应接受初次检验、换证检验以及必要时的附加检验。

2)货船救生设备和其他设备的检验

500总吨及以上的货船救生设备和其他设备应接受初次检验、换证检验、年度检验、定期检验以及必要时的附加检验。

3)货船无线电装置的检验

300总吨及以上货船的货船无线电装置应接受初次检验、换证检验、定期检验以及必要时的附加检验。

4)货船结构、机器和设备的检验

500总吨及以上的货船结构、机器和设备应接受初次检验、换证检验、中间检验、年度检验、船底外部检查以及必要时的附加检验。

2. 检验后状况的维持

(1)应保持船舶及其设备状况符合本公约的各项规定,以确保船舶在所有方面保持适合于出海航行而不危及船舶及船上人员。

(2)对船舶进行的任何检验完成后,未经主管机关许可,已经检验的结构布置、机器、设备及其他项目均不得作任何变动。

(3)当船舶发生事故或发现缺陷,对该船的安全或其救生设备或其他设备的有效性或完整性产生影响时,该船船长或船东应尽早向负责签发有关证书的主管机关、指定的验船师或认可的组织报告。该主管机关、指定的验船师或认可的组织应立即着手调查以确定是否需要进行必要的检验。

3. 船舶安全证书的签发及其有效期

1) 安全证书的签发

(1) 船舶经初次检验或换证检验，符合 SOLAS 公约要求的，主管机关签发下列证书：客船安全证书；货船构造安全证书，货船设备安全证书，货船无线电安全证书（货船安全证书，可取代货船构造安全证书，货船设备安全证书，货船无线电安全证书）；免除证书。

(2) 船舶安全证书均由主管机关或其正式授权的任何个人或组织签发，还可委托另一缔约国政府代为签发证书，但无论由谁签发，主管机关都应对证书完全负责。

2) 安全证书的有效期

客船安全证书的有效期自签发之日起不应超过 12 个月。货船构造安全证书、货船设备安全证书和货船无线电安全证书的有效期应由主管机关规定，但自签发之日起不得超过 5 年。免除证书的有效期不得超过与该证书相关的证书的有效期。

除客船安全证书外，如果所发证书的有效期限少于 5 年，在进行相应检验的情况下，主管机关可延长证书的有效期至其最长期限。

如果证书期满时船舶不在应进行检验的港口，在正当合理的情况下，主管机关可延长该证书的有效期，但此项展期仅以能使船舶完成其驶抵上述港口航次。展期期限不得超过 3 个月，船舶抵达后必须换妥新证书方可驶离。

发给短途航行船舶的证书未按规定展期的，主管机关可给予自该证书期满之日起至多 1 个月的宽限期。

三、构造

1. 驾驶台对推进机器的控制

(1) 来自驾驶台对推进机器的指令，应能在主机控制室或适当的推进机器控制位置显示。

(2) 对推进机器的遥控在同一时间只能在一处进行。在每一控制地点应有一个指示器以指明哪个控制地点正在控制推进机器。

(3) 对于安全操作船舶所必需的所有机器，即使自动或遥控系统的任何部分发生故障，也应能就地进行控制。自动遥控系统的设计应使其发生故障时能报警。当推进系统即将降速或停机时，自动遥控系统应能向驾驶台值班人员报警。

(4) 驾驶台应安装指示器，以指示固定螺距螺旋桨的转速和转动方向、可调（变）螺距螺旋桨的转速和螺距位置。

2. 驾驶台与机器处所之间的通信

从驾驶台到机器处所或集控室至少应设置两套独立的通信系统，其中一套应为在机器处所和驾驶台均能直接显示指令和回令的车钟。在其他任何可以控制推进器速度和方向的位置处，也应配备适当的通信系统，以便接收来自驾驶台和机舱的指令。

3. 应急电源

(1) 船舶应设有一独立的应急电源。当船舶横倾达 22.5°、或纵倾达 10°、或在这些范围内的任何组合的倾角时，能向规定的场所全额、定功率供电。应急供电时间客船应能保证 36 小时、货船应能保证 18 小时，但货船的救生艇、筏登乘集合地点、登乘地点及其舷外的应急照明的供电时间只需保证 3 小时。

(2)应急电源可以是一台独立的发电机,当主发电机发生故障时应急发电机应能自动起动。应急电源也可以是一组蓄电池。

4. 破损控制资料

(1)驾驶室应设有永久展示或随时可用的控制图,用于指导船上负责的高级船员,图上应清晰显示每层甲板及货舱的水密舱室限界面,上面的开口及其关闭装置和任何控制位置,以及扶正由于进水产生的横倾的装置。此外,还应给船上高级船员提供包含上述资料的小册子。

(2)应收入资料的一般预防措施应包括主管机关认为在船舶正常营运时为保持水密完整性所需的设备、条件和操作程序清单;特殊预防措施应包括主管机关认为对船舶、乘客和船员的生存至关重要的各种事项(即关闭装置、货物系固和听觉报警等)。

5. 稳性资料

(1)每艘客船以及船长 24 米及以上的每艘货船应在完工时作倾斜试验,并确定其稳性要素。

(2)应向船长提供:确证符合有关完整稳性要求和最小营运初稳性高度(GM)对吃水的关系曲线,或最大许用重心高度(KG)对吃水的曲线,或与这些曲线等效的其他资料;扶正因浸水产生横倾的装置的操作说明;破舱后维持稳性所必需的所有其他数据和辅助措施。

6. 货船破舱稳性控制

(1)水密舱壁上的开口数量应减至最少。

(2)水密舱壁上的所有滑动门和铰链门都应设有指示器,在驾驶室应给出这些门是开启还是关闭的指示。此外,舷门或主管机关认为任其开启或未能适当紧固会导致严重浸水的其他开口。也应设置此类指示器。

(3)为确保内部开口的水密完整性而设置的门必须是滑动水密门,该门能从驾驶室遥控关闭,也能从舱壁的每一边就地操纵。在控制位置处应装设指示器,显示门的开启和关闭状态,并且在门关闭时发出声响报警。每一个动力操纵的滑动水密门应有一个独立的手动机械操纵装置。该装置应能从门的两侧用手开启和关闭该门。

(4)为确保内部开口的水密完整性,在航行时应关闭的出入门和舱盖,应在该处和驾驶室装设显示这些门的开启或关闭状态的设施,而且该处必须附贴一个公告牌,警示不能让它开着。

(5)为保证外部开口水密完整性,在海上须保持永久关闭的其他关闭装置,应有一个通告牌贴于其上,警示必须保持关闭。

7. 水密装置的关闭操作

(1)位于甲板以下的船壳外板上的开口,在海上应保持永久关闭。

(2)为了船舶的操纵需要并且不损害船舶的安全时,经主管机关同意,可根据需要打开某些特殊的门。

(3)用作大型货物处所内部分隔的水密门或坡道应在开航前关妥,并应在航行中保持关闭。

(4)用以确保内部开口水密完整性的出入门和舱盖的使用应经值班驾驶员批准。

四、消防

1. 消防员装备

消防员装备应符合 FSS 规则。

1）消防员装备的数量

所有船舶至少应携带 2 套消防员装备。此外，在客船每层旅客处所和服务处所的甲板长度每 80 米应备有 2 套消防员装备和 2 套个人配备；载客超过 36 人的客船，每一主竖区内应另增加配备 2 套消防员装备，并应为每套呼吸器配备 1 只水雾枪，水雾枪应邻近于该呼吸器存放；液货船应有 2 套消防员装备。

2）消防员装备的存放

消防员装备和个人配备应储存于易于到达之处和随时可用，消防员装备和个人配备多于 1 套时，储存位置应尽量远离。在客船上，应在任一存储位置均可获得 2 套消防员装备和 1 套个人配备，每一主竖区内至少应存放 2 套消防员装备。

2. 防火控制图

（1）所有船上应有固定展示的防火控制总布置图，作为对船上高级船员的指导。图上应标明每层甲板的控制站，A 级、B 级分隔围蔽的各防火区域，探火和失火报警系统、灭火设备，各舱室和甲板出入通道的细节以及通风系统，包括风机控制位置、识别号码、挡火闸位置等细节。控制图和小册子的说明应用船旗国官方文字书写并译成英文或法文，并保持与当时实船情况一致，如有改动，应尽可能立即更正。

（2）所有船上应有 1 套防火控制图或具有该图的小册子的复制品，永久性地置于甲板室外面有醒目标志的风雨密盒子里，以有助于岸上消防人员取用。

3. 消防演习

1）在制定消防演习计划时，对在根据船型和货物类型而可能发生的各种紧急情况下的常规做法，应给予充分考虑。

2）每次消防演习应包括：

（1）向集合站报到，并准备执行应变部署表所述的任务；

（2）起动一个消防泵，要求至少射出两股水柱，以表明该系统是处于正常的工作状况；

（3）检查消防员装备和其他个人救助设备；

（4）检查有关的通信设备；

（5）检查演习区域内的水密门、防火门和防火闸以及通风系统主要进出口的工作情况；

（6）检查供随后弃船用的必要装置。

3）演习中使用过的设备应立即恢复到完好的操作状况；演习中发现的任何故障和缺陷，应尽快予以消除。

4. 消防设备的配备要求

每艘船舶应配备符合要求的消防泵、消防总管、消火栓和消防带。

1）所有船舶应按下列要求配置独立驱动的消防泵：

（1）4000 总吨及以上的客船至少 3 台；

（2）4000 总吨以下的客船和 1000 总吨以上的货船至少 2 台；

(3)1000 总吨以下的货船,至少 2 台消防泵,其中一台应为独立驱动。

卫生泵、压载泵、舱底泵或通用泵均可接受作为消防泵,但它们通常不得用于抽送油类,且如其偶尔用于驳运或泵送燃油时,应装设合适的转换装置。

2)消防水带

(1)客船上每只消火栓上至少配备 1 根消防水带;

(2)1000 总吨以上货船上所需的消防水带数目应为每 30 米船长 1 根,备用 1 根,但总数不得少于 5 根;这一数字不包括机舱或锅炉舱所要求的水带;

(3)1000 总吨以下的货船,按上述方式计算,但总数不得少于 3 根;

(4)载运危险货物的船舶还应另外再配备 3 根水带和配套的水枪。

3)水枪

(1)每条消防水带应配有一支水枪和必要的接头。除非船上每一消防栓配备有 1 根消防水带和 1 支水枪,否则各消防水带接头与各水枪应能完全互换使用;

(2)船上配备的水枪应为设有关闭装置的水雾/水柱两用型。

4)手提灭火器

(1)船舶的起居处所、服务处所、控制站内应配备数量足够的手提灭火器。1000 总吨及以上的船舶,至少应配备 5 只。在起居处所内不应布置 CO_2 灭火器。在控制站和其他设有船舶安全所必需的电气或电子设备或装置的其他处所,所配备灭火器的灭火剂应既不导电也不会对设备和装置产生危害。

(2)灭火器应位于易于看到的位置并随时可用。该位置应在失火时能迅速和便于到达,且灭火器所处位置应不会使其可用性受到天气、振动或其他外部因素的影响。手提式灭火器应配有表明其是否已被用过的标志。

(3)灭火剂数量:每个干粉或 CO_2 灭火器的容量至少应为 5 公斤,而每一泡沫灭火器的容量至少应为 9 升。所有手提式灭火器的质量应不超过 23 公斤,而且必须有至少相当于一个 9 升液体灭火器的灭火能力。

(4)备用灭火剂:能在船上重新充装的灭火器,其备用灭火剂的数量应按前 10 个灭火器的 100% 和其余灭火器的 50% 进行配备。备用灭火剂的总数不必超过 60 份。船上应备有充装说明。

对于不能在船上重新充装的灭火器,应额外配备上述规定所确定的相同灭火剂量、型式、容量和数量的手提式灭火器以代替备用灭火剂。

5)固定 CO_2 气体灭火系统

(1)装货处所所备 CO_2 气瓶的数量应足以放出体积至少等于该船最大货舱总容积的 30% 的 CO_2 气体。

(2)机器处所应备有足够的 CO_2 气瓶数量,放出的 CO_2 气体体积至少等于下列两者中的较大值:

①被保护的最大机器处所总容积的 40%;

②被保护的最大机器处所包括机舱棚在内的全部容积的 35%。

(3)机器处所的固定管系应能使 85% 的 CO_2 气体在 2 分钟内注入该处所。

(4)应设置两套独立的控制装置,以将 CO_2 气体释放至被保护处所,并确保警报装置的启

动。一套控制装置用于开启将气体输送到被保护处所的管路上的阀门,另一套控制装置用于将气体从贮存的容器中放出。

(5)两套控制装置应位于一个标明具体控制处所的释放箱内,如果放置控制装置的箱子上加锁,则一把钥匙应放在位于控制箱附近明显位置的设有可击碎玻璃罩的盒子里。

6)国际通岸接头

每艘500总吨及以上的船舶至少应配备1只符合FSS规则的国际通岸接头。

五、救生设备与装置

1.救生艇筏

1)救生艇筏的配备

(1)从事非短途国际航行的客船,每舷救生艇的总容量应能容纳船上人员总数的50%,此外,每船还应配备能容纳船上人员总数25%的救生筏。

(2)货船每舷救生艇的总容量应能容纳船上人员总数的100%,此外,还应配备1只或多只气胀式或刚性救生筏,其存放在一个能在单层开敞甲板上方便地作舷对舷转移的地方,并且其总容量能容纳船上人员总数。如果上述救生筏不是存放在能在单层开敞甲板上方便地作舷对舷转移的地方,则每舷可用的总容量应能足以容纳船上人员总数。

(3)货船也可配备下列救生艇筏,以满足上述要求:

①1艘或多艘能在船尾自由降落下水的救生艇,其总容量应能容纳船上人员总数。

②船舶每舷另有1只或多只气胀式或刚性救生筏,其总容量应能容纳船上人员总数。至少一舷的救生筏应使用降落设备。

(4)如救生艇筏的存放地点距船首或船尾超过100米,还应配备1只救生筏尽量靠前或靠后放置;或配备2只救生筏,一只尽量靠前,另一只尽量靠后存放。

(5)货船应至少配备1艘救助艇。如救生艇也符合对救助艇的要求,则可以接受此救生艇作为救助艇。

(6)油船、化学品液货船和气体运输船,应配备耐火救生艇以替代全封闭救生艇。

2)救生艇筏的配员与监督

(1)船上应有足够数量的船员(可以是驾驶员或持证人员)来操作救生艇筏及其降落装置。

(2)每艘要使用的救生艇筏,均应设置1名驾驶员或持证人员负责指挥。但主管机关经适当考虑到航程的性质、船上人数和船舶的特点后,可以准许精通救生筏操纵和操作的人员来代替具有上述资格的人员负责指挥救生筏。如为救生艇,还应指派1名副指挥。

(3)救生艇筏负责人应有1份该救生艇筏船员名单,并应确保在其指挥下的船员是熟悉他们的各项任务的。救生艇的副指挥亦应有1份该救生艇船员名单。

(4)应为每艘机动救生艇筏指派1名能操作发动机和进行小调整的人。

(5)船长应确保上述所指人员妥善地分配到本船救生艇筏中。

3)救生艇筏的布置与存放

(1)每艘救生艇应设有一台能降落和回收该救生艇的设备。

(2)每艘救生艇筏的存放应处在连续使用的准备状态,应使2名船员能在5分钟内完成

降落和登乘准备工作。

(3)在任一降落站,救生艇筏的准备和操作不应妨碍任何其他降落站的任何其他救生艇筏或救助艇的迅速准备和操作。

(4)吊艇索应有足够的长度,以便船舶在最轻载航行时在纵倾至10°和任何一舷横倾至20°时,可使救生艇筏到达水面。如配备封闭救生艇,应装设吊艇架横张索,在其上设置不少于2根足够长度的救生索,以便船舶在最轻载航行时在纵倾至10°和任何一舷横倾至20°的不利情况下,可使救生艇到达水面。

(5)救生筏的存放应能在用人工将其从系固装置上解脱时,一次释放1只筏。每只救生筏的存放应将其首缆牢固地系在船上。每只救生筏或救生筏组的存放应设有一个自由漂浮装置,以使每只救生筏能自由漂浮。

(6)吊艇架降落的救生筏应存放在吊筏钩可到达的范围内,除非设有某种转移设施。

(7)用于抛出舷外降落的救生筏的存放,应能容易地转移到船舶的任一舷降落,除非船舶每舷已按要求的总容量存放了救生筏,且能在任一舷降落。

4)救生艇筏的降放

(1)客船上所有救生艇筏,应能在发出弃船信号后30分钟内载足全部乘员和属具后降落水面,货船上所有救生艇筏应能在发出弃船信号后10分钟内载足全部人员和属具后降落水面。

(2)救生艇应能在船舶于平静水面上前进航速达5节时降落下水。

2. 个人救生设备

1)救生圈

(1)货船上配置的救生圈应:

①分布在船舶两舷易于拿到之处;

②分放在所有延伸到船舷的露天甲板上;

③至少有1个应放在船尾附近;

④能随时从其存放处迅速取下,而不应以任何方式永久系牢。

(2)对于不同船长(L)的货船,救生圈配备数量至少应满足$L<100$米,8只;100米$\leqslant L<150$米,10只;150米$\leqslant L<200$米,12只;200米$\leqslant L$,14只的要求。货船每舷至少有1个救生圈应设有可浮救生索,其长度不少于其存放处在最轻载水线以上高度的2倍,或30米,取较大者。

(3)货船上配置的所有救生圈中至少有一半应设有自亮灯(配备在液货船上的救生圈自亮灯应为电池型),其中至少2个还应设有自发烟雾信号,并应能自驾驶台迅速抛投。设有自亮灯以及同时设有自亮灯和自发烟雾信号的救生圈(不包含装有救生索的救生圈),应均等地分布在船舶两舷。

(4)每个救生圈应以粗体罗马大写字母标明其所属船舶的船名和船籍港。救生圈反光带应按4个等距离,沿径向两两对称环绕粘贴。

2)救生衣

(1)在货船上,应为船上每个人配备1件救生衣。另外还应配备足够数量的救生衣,以供值班人员使用,并供设置在远处的救生艇筏站使用。供值班人员使用的救生衣应存放在驾驶

台、机舱控制室和任何其他有人值班的地方。救生衣应放在容易到达之处，其位置应予以明显地标示。

(2)除自由降落救生艇外，用于全封闭救生艇上的救生衣应不妨碍人员进入救生艇或在艇内就座，包括系好安全带。为自由降落救生艇选用的救生衣及其存放和穿着方式应不妨碍人员进入救生艇、乘员安全或该艇的操作。

(3)每件救生衣应配备一只救生衣灯和一只用系绳系牢的哨笛。每件救生衣应贴反光带(5×10cm 至少 8 块)，并以粗体罗马大写字母标明其所属船舶的船名和船籍港。

3)保温救生服

(1)货船上每艘救生艇应配备至少 3 件保温救生服。

(2)如主管机关认为必需和可行时，应为货船上每人配备 1 件保温救生服。如未能为货船上每人配备 1 件保温救生服，则应为货船上未配有保温救生服的人员配备保温用具。

(3)对于配有全封闭或部分封闭救生艇，其总容量能容纳船上人员总数，并且能从存放地点直接登乘和降落，或船舶一直在主管机关认为无需低温保护的低纬度的温暖气候区域航行，则不必配备这些保温救生服和保温用具。

3. 其他救生设备

1)无线电救生设备

(1)双向甚高频(VHF)无线电话设备

每艘客船和每艘 500 总吨及以上的货船，应至少配备 3 台双向 VHF 无线电话设备。每艘 300 总吨及以上，但小于 500 总吨的货船，应至少配备 2 台双向 VHF 无线电话设备。

(2)搜救定位装置

每艘客船和每艘 500 总吨及以上的货船，每舷应至少配有 1 套搜救定位装置——雷达应答器。每艘 300 总吨及以上，但小于 500 总吨的货船应至少配有 1 套。该装置存放位置应确保迅速置于救生艇筏，也可以每个救生艇筏直接配备 1 套这样的装置(不包括船首的救生艇筏)。设置 2 套装置，并配备自由降落救生艇的船舶，其中 1 套装置应放在自由降落救生艇内，另一套放置在驾驶台附近。搜救定位装置能在 9GHz 频带或 AIS 特定频率工作。

2)遇险火焰信号

应配备不少于 12 支火箭降落伞火焰信号，并应存放在驾驶室或其附近。

3)船上通信与报警系统

(1)应配备 1 套固定式或手提式设备构成的或由这两种型式构成的应急设施，供船上应急控制站、集合站和登乘站及要害位置之间的双向通信联系使用。

(2)应配备通用应急报警系统，以供召集乘客与船员至集合站和采取应变部署表所列行动之用。该系统应以公共广播系统或其他适宜的通信设施作为补充。当通用应急报警系统启动时，娱乐声响系统应自动关闭。

(3)客船通用应急报警系统应在所有开敞甲板上都能听到。

(4)配备海上撤离系统的船舶应确保登乘站和平台或救生艇筏之间的通信联络。

4. 应急部署与应急演习

1)应急部署

(1)应为船上每位船员配备一份在紧急情况时必须遵循的明确的须知。如为客船，这些

须知应使用船旗国的语言或船旗国要求的语言以及英语写成。

(2)应急部署表和应急须知应展示在全船各明显之处,包括驾驶台、机舱和船员起居处所。

(3)应在乘客舱室内张贴配有适当文字的示意图和应急须知,并在集合地点及其他乘客处所明显地展示出来,以告知乘客:他们的集合地点;紧急情况时必须采取的必要行动;救生衣的穿着方法。

有关应急部署表与应急须知较为详细的介绍,见第七章"船舶应急"。

2)应急训练与演习

有关船舶应急训练与演习的规定,见第七章"船舶应急"。

六、航行安全

1. 船舶配员要求

适用公约的每艘船舶,应备有一份由主管机关签发的最低安全配员证书或等效文件。船舶实际配员不得低于最低安全配员证书或等效文件的要求。

2. 船载航行系统和设备的配备要求

1)不论船舶尺度,所有船舶应具有:

(1)1 台不依赖于任何动力的标准磁罗经;

(2)1 只不依赖于任何动力的方位盘或罗经方位装置;

(3)用于随时按真实值校正首向和方位的装置;

(4)纸海图和航海出版物,或电子海图显示与信息系统(ECDIS);

(5)海图和航海出版物的功能全部或部分由电子装置来完成时,需配置 ECDIS 的后备装置,如合适的对开纸质航海图;

(6)1 台全球导航卫星系统或陆地无线电导航系统的接收机;

(7)若船舶驾驶台是完全封闭的和除非主管机关另有规定,1 套声音接收系统,使得值班驾驶员能够听到声音信号并确定其方向;

(8)1 部电话,用于同应急操舵位置交换航向信息。

2)所有 300 总吨及以上的国际航行船舶、500 总吨及以上的非国际航行货船以及不论尺度大小的客船,应配备 1 台自动识别系统(AIS),该设备应:

(1)自动向配有相应设备的岸台、其他船舶和飞机提供信息,包括船舶识别码、船型、船位、航向、航速、航行状况以及其他与安全有关的信息;

(2)自动从其他装有类似设备的船舶接收这种信息;

(3)监视和跟踪其他船舶;

(4)与岸基设施交换数据。

3)所有 500 总吨及以上的船舶,还应设有:

(1)1 台陀螺罗经;

(2)1 台陀螺罗经首向复示器;

(3)1 台陀螺罗经方位复视器;

(4)舵、螺旋桨、推力、螺距和工作模式指示器。所有这些指示器都应在指挥驾驶位置清

晰可读；

(5)1台自动跟踪仪。

4)所有3000总吨及以上的船舶，还应设有：

(1)1台3GHz雷达，或第2台9GHz雷达；

(2)第2台自动跟踪仪。

5)所有10000总吨及以上的船舶，还应设有：

(1)1台自动雷达标绘仪，与1台指示船舶相对于水的航速和航程的装置相连，用于自动标绘至少20个其他目标的距离和方位；

(2)1套艏向或航迹控制系统。

6)所有50000总吨及以上的船舶，还应设有：

(1)1台回转速率指示仪，用于确定和显示回转速率；

(2)1台航速和航程测量装置，用于指示船舶前进方向和横向的相对于地的航速和航程。

7)从事国际航行的所有客船、客滚船以及2002年7月1日或以后建造的3000总吨及以上的所有其他船舶，应按要求配备航行数据记录仪(VDR)。从事国际航行的未配备VDR的现有货船，应配备简易的航行数据记录仪(SVDR)。

8)对从事国际航行的客轮和300总吨及以上的货船，应配备船舶远程识别和跟踪设备(LRIT)。船长在特殊的情况下可以关闭LRIT设备或不提供LRIT信息。

3. 引航员登离船装置

1)一般规定

(1)供引航员登离船使用的所有装置均应能达到使引航员安全登离船的目的。它们只能用于人员的登离船。

(2)引航员登离船装置的安放和引航员的登离船，应由负责的驾驶员进行监督。该驾驶员应配有能与驾驶台联系的通信设备，还应安排和护送引航员经由安全通道前往和离开驾驶台。

2)登离船装置

(1)应提供使引航员在船舶的任意一舷都能安全地登离船的装置。

(2)所有船舶，当从海平面至船舶入口或出口处的距离超过9米，并欲将舷梯或引航员机械升降器或其他安全方便的装置与引航员软梯一起供引航员登离船使用时，应在每舷装有这种设备，除非该设备可被移动以供任一舷使用。

(3)引航员软梯应：

①爬高不小于1.5米，离水面高度不超过9米；

②避开任何可能的船舶排放孔；

③在平行船体长度范围内，并尽可能在船中半船长范围内；

④每级踏板稳固地紧靠船舷；

⑤单根长度应能从船舶的入口或出口处抵达水面，应为所有装载状况和船舶纵倾及15°的不利横倾留出充分的余量；

⑥水面至入口处的距离超过9米时，应用一个舷梯或其他同样安全方便的装置与引航员软梯相连。舷梯的设置应导向船尾。

3)船舶甲板入口

应采取措施确保从引航员软梯、舷梯或其他登船和离船设施的上端到船舶甲板之间有一个安全、方便和无障碍的通道,供任何人员登船和离船。这种通道通过下列设施来达到:

(1)在栏杆或舷墙中开门,并应设有适当的扶手。

(2)舷墙梯。应设有2根扶手支柱,其根部或接近根部以及另一较高点与船舶结构系固。舷墙梯应牢固地固定在船舶上,以防翻转。

4)舷门

供引航员登离船用的舷门不应朝外开。

5)引航员机械升降器

如引航员通过机械升降器登离船舶,在该升降器附近应安装引航员软梯,并可供立即使用。引航员软梯应可从其进入船舶的地点到达海面。

6)相关设备

在人员登离船时,应准备好下述设备以便随时可用:两根直径不小于28毫米的安全绳、带有自亮灯的救生圈、撇缆绳、支柱和舷墙梯。

7)照明

应配备适当照明,以照亮舷外的登离船装置、甲板上人员的登船和离船位置,以及引航员机械升降器的控制装置。

4. 遇险通信义务及程序

(1)处于能提供援助位置的船舶的船长在收到来自任何方面的关于海上人员遇险的信息后,有义务立即全速前往提供援助,如有可能并通知遇险人员或搜救机构,本船正在全速前往援助中。

(2)遇险船舶的船长或有关的搜救机构在尽可能与应答过遇险信号的各船船长协商后,有权召请其中被遇险船舶的船长或搜救机构认为最有能力给予援助的1艘或数艘船舶,被召请的1艘或数艘船舶的船长有义务履行应召,继续全速前往援助遇险人员。

(3)当船长获知1艘或数艘其他船舶已被召请并正在履行应召,而其船舶未被召请时,应予解除前往援助的义务。

(4)当一艘船舶的船长从遇险人员或搜救机构或已抵达遇险人员处的另一船舶的船长处获知不再需要提供援助时,应予解除立即前往援助的义务,如果其船舶已被召请,则予解除履行应召义务,继续全速前往援助遇险人员。

5. 操舵装置的试验和演习

1)船舶开航前12小时之内,应由船员对操舵装置进行核查和试验。

2)核查和试验应包括:

(1)按照所要求的操舵装置能力进行操满舵试验;

(2)操舵装置及其联动部件的外观检查;

(3)驾驶室与舵机舱之间通信手段的工作试验。

3)在驾驶室及舵机舱内,应有永久显示操舵装置遥控系统和操舵装置动力装置转换程序的简单操作说明,并附有方框图。

4)所有与操舵装置的操作和/或维修有关的船舶驾驶员,应熟悉装在船上的操作系统的

操作以及从一个系统转换到另一系统的程序。

5)除上述常规核查和试验外,至少每3个月应进行一次应急操舵演习,以练习应急操舵程序。操舵演习应包括在操舵装置室内的直接控制,与驾驶室的通信程序,以及转换动力供应的操作(如适用时)。

6)对于从事短期航行的船舶,主管机关可免除上述开航前的核查和试验的要求,但这些船舶每周至少应进行一次这样的核查和试验。

7)进行核查和试验日期,以及进行应急操舵装置演习的日期和详细内容应作记录。

6.船长决定权

船东,租船人,船舶经营公司,或任何他人均不得阻止或限制船长根据其专业判断作出或执行为海上人命安全和保护海洋环境所必需的任何决定。

七、船舶安全营运管理

1.适用

ISM规则适用于下列各类船舶(不论其建造日期):

(1)客船(包括高速客船);

(2)500总吨及以上的油船、化学品液货船、气体运输船、散货船和高速货船;

(3)500总吨及以上其他货船和海上移动式钻井平台。

2.安全管理要求

(1)公司和船舶应符合ISM规则的要求。

(2)船舶应由持有符合证明的公司营运。

3.发证

(1)应为每一符合ISM规则要求的公司签发符合证明。该证明文件应由主管机关、主管机关认可的组织或应主管机关的请求由另一缔约国政府签发。

(2)船上应存有一份符合证明的副本,以使船长在被要求验证时出示。

(3)主管机关或主管机关认可的组织应为每艘船舶签发SMC证书。在签发SMC证书前,主管机关或其认可的组织应验证该公司及其船上管理系按经认可的安全管理体系进行营运。

4. 审核与控制

(1)主管机关、应主管机关请求另一缔约国政府或主管机关认可的组织,应定期审核船舶安全管理体系是否正常运行。

(2)要求持有SMC证书的船舶,均应受到港口国的控制。

5.体系的保持

应按ISM规则的规定保持安全管理体系。

八、加强海上安全的特别措施

1.船舶识别号

1)应给每艘100总吨及以上的客船以及300总吨及以上的货船提供一个船舶识别号。

2)船舶识别号应永久性地标记在以下位置:

(1)在船尾或船体中部左舷和右舷的最大核定载重线以上,或上层建筑左舷或右舷或上层建筑正面的可见位置,或者,就客船而言,应将该标志标注在从空中可见的水平表面。

(2)在船舶内部的机器处所、泵舱或滚装处所的舱壁上也要标注国际海事组织编号。

3)该永久性标记应清晰可见,与船体上的任何其他标记分开,并应涂成有对比性的颜色。

4)该永久性标记可制成凸出的字符,或刻入或用中心冲头冲制,或使用可确保该标记不易被擦除的任何其他标识船舶识别号的等效方法制成。

2. 连续概要记录

(1)主管机关应向船舶签发一份连续概要记录(CSR)以便在船上提供一份关于船舶历史的记录。

(2)连续概要记录应包含船旗国国名、注册日期、船舶识别号、船名、船籍港、注册船东及其注册地址、注册船东识别号、注册的光船租赁人姓名及其注册地址(如适用)、公司的名称,其注册地址及其开展安全管理活动的地址、公司识别号、入级船级社名称、签发符合证明和安全管理证书以及国际船舶保安证书的主管机关和该船终止在该国注册的日期等信息。上述信息的任何改变都应记录在连续概要记录中,以便提供与船舶历史有关的最新信息。

(3)对连续概要记录的任何已有记载均不得修改、删除或以任何方式擦除或涂改。

(4)连续概要记录应保存在船上,并应随时可供检查。

3. 加强检验

散货船和油船,应按规定进行加强检验。

4. 关于操作要求的港口国控制

负责港口国监督检查的官员可在有明显依据认为船长或船员不熟悉与船舶安全有关的船上主要操作程序时,进行操作性检查。进行港口国监控的缔约国政府应采取措施,确保船舶只有在其状况符合 SOLAS 公约的要求后才能开航。

九、加强海上保安的特别措施

1. 适用范围

加强海上保安的特别措施适用于从事国际航行的客船(包括高速客船)、500 总吨及以上的货船(包括高速货船)和服务于此类国际航行船舶的港口设施。

2. 缔约国政府的保安责任

(1)主管机关应为悬挂其船旗的船舶规定保安等级并保证向其提供保安等级方面的信息。

(2)缔约国政府应为其领土内的港口设施和进入其港口前的船舶或在其港口内的船舶规定保安等级,并确保向它们提供保安等级方面的信息。

3. 对船舶的要求

(1)船舶在进入缔约国境内的港口之前,或在缔约国境内的港口期间,如果主管机关为其规定的保安等级低于缔约国规定的保安等级,船舶应符合缔约国规定的保安等级要求。

(2)船舶应对向更高保安等级的改变作出迅速反应。

4. 船舶保安警报系统

1)船舶保安警报系统启动后,应:

(1)向主管当局发送船对岸保安警报;

(2)不向任何其他船舶发送船舶保安警报;

(3)不在船上发出任何警报;

(4)在关闭和(或)复位前持续发送船舶保安警报。

2)船舶保安报警系统应:

(1)能够从驾驶台和至少一个其他位置启动;

(2)船舶保安警报系统启动点的设计应能防止误发船舶保安警报。

5. 对船舶的威胁

(1)缔约国政府应规定保安等级并确保向在其领海内运营或已向其通知进入其领海的意图的船舶提供保安等级信息。

(2)缔约国政府应提供一个联络点,船舶能够通过该联络点请求建议或援助。

(3)如果确定了存在攻击风险,有关缔约国应将当前的保安等级、应采取的任何保安措施等告知有关船舶及其主管机关。

6. 监督与控制

1)对在港船舶的控制

如果有明显的理由,或者在要求时不能出示有效证书,可以对在港船舶采取下列任何一项或几项监督与控制措施:检查船舶;延误船舶;滞留船舶;限制操作(包括限制在港内活动);将船舶驱逐出港。

2)对意图进入另一缔约国港口的船舶的控制

如果有明确的理由相信船舶不符合本公约Ⅺ-2章或ISPS规则A部分的要求,可以对该船舶采取下列任何一项或几项监督与控制措施:要求纠正不符合的情况;要求船舶开往缔约国领海或内水中的一个指定位置;如果船舶位于其将要进入港口之缔约国政府的领海,对船舶进行检查;拒绝进入港口。

第二节　国际载重线公约

一、公约简介

1. 功用

《国际载重线公约》(The International Convention on Load Lines,LL)是一个关于国际航行船舶载重限额和勘划最小干舷所依据原则和规定的国际公约。现行的LL公约为《1966年国际载重线公约》(LL 1966),该公约于1968年7月21日正式生效。我国于1973年10月5日有保留地接受该公约,该公约于1974年1月5日对我国生效。LL 1966的88年议定书于2000年2月3日生效。

截止到2012年1月31日,LL 1966有160个缔约国,占世界船队总吨位的98.90%。

2. 构架

LL 1966由正文和三个附则构成。正文共34条,主要有定义、适用范围、检验、证书的颁发机关和有效期限,以及对公约实施情况的监督等。附则Ⅰ为"载重线核定规则",按航区、季节和船舶类型规定了勘划载重线的技术规则,并根据船舶强度、结构、水密性和稳性等规定了

相应的标准。附则Ⅱ为“地带、区域和季节期”,规定了各种载重线的适用航区和季节。附则Ⅲ为“证书”,规定了国际载重线证书和国际载重线免除证书的格式。

3. 适用范围

1)LL 1966 适用于下列从事国际航行的船舶:

(1)在各缔约国政府国家登记的船舶;

(2)在本公约扩大适用的领土内登记的船舶;

(3)悬挂缔约国政府国旗但未登记的船舶。

除另有明文规定外,附则Ⅰ的规定适用于新船。

2)LL 1966 不适用于:军舰;长度小于 24 米的新船;小于 150 总吨的现有船舶;非营业性游艇;渔船。

二、基本要求

1. 勘划标志

凡适用本公约的船舶,只有已经按照本公约的规定进行检验和勘划标志,保证具有公约规定的最小干舷,并备有国际载重线证书,或者合乎本公约规定的条件,备有国际载重线免除证书,方被允许从事国际航行。

2. 不予非缔约国的船舶优惠待遇

各缔约国应保证对悬挂非本公约缔约国国旗的船舶不予优惠对待。

3. 载重线浸没

(1)除下述两种情况外,船舶两舷相对于该船所在季节及其所在地带或区域的载重线,不论船舶在出海时、在航行中或在到达时都不应被水浸没;

(2)船舶在相对密度为 1.000 的淡水中时,其相应载重线可以被浸没到国际载重线证书上指出的淡水宽限。若该相对密度不是 1.000 时,此宽限应以 1.025 和实际相对密度的差数按比例决定;

(3)船舶从江河或内陆水域的港口驶出时,准许超载量至多相当于从出发港至海口间所需消耗的燃料和其他一切物料的重量。

三、检验与证书

1. 检验

凡适用本公约的船舶,应接受下列检验:

1)初次检验

在船舶投入营运前进行的对船舶和设备的全面检查。

2)换证检验

保证船体结构、设备、布置、材料和构件尺寸完全符合本公约要求。换证检验的间隔期由主管机关决定,一般不得超过 5 年。

3)年度检验

在证书周年日期前或后 3 个月内进行,以保证:

(1)船体或上层建筑没有发生可以影响计算和确定载重线位置的变化;

（2）开口防护装置和设施、栏杆、排水舷口及船员舱室出入口的设施等保持在有效状态；

（3）干舷标志正确和永久地标示着；

（4）备有船舶重大的修理、改装或改建以及与之有关的舾装资料。

年度检验应在国际载重线证书或国际载重线免除证书上签署。

对船舶进行的上述任何检验完成以后，凡经检验的船体结构、设备、装置、材料或构件尺寸未经主管机关许可不得变动。

2. 证书

1）证书的签发

对于按本公约要求进行检验和勘划标志的船舶，应签发"国际载重线证书"；对于根据本公约有关规定给予免除的任何船舶，应签发"国际载重线免除证书"。

2）证书的有效期

（1）"国际载重线证书"及其免除证书的有效期由主管机关规定，但不得超过 5 年。

（2）对通常不从事国际航行，仅在特殊情况下需要进行一次国际航行的船舶，主管机关签发的免除证书，有效期限于为此而发证的单次航行。

（3）如果证书失效时船舶不在预定进行检验的港口，主管机关可展延证书的有效期，以允许船舶完成到达预定检验港口的航次，而且仅在正当和合理的情况下才可办理。展期不得大于 3 个月，被同意证书展延的船舶抵达预定检验港口后，必须取得新证书后方可离港。

第三节　国际吨位丈量公约

一、公约简介

1. 功用

《国际吨位丈量公约》（The International Convention on Tonnage Measurement of Ships，ITC）是一个为国际航行船舶吨位丈量制定统一原则和规则的国际公约。船舶吨位丈量的目的是为了核定船舶的总吨位和净吨位，以便核收船舶税费与使费，在船舶租赁、买卖时作为计算租金和船价的依据，以及进行船队规模的统计等。ITC 公约规定了用总吨位反映船舶营运舱容的基本原则，明确了船舶容积的丈量范围．规定了总吨位和净吨位的计算公式，并对"国际吨位证书"的签发、失效及格式也作了详细规定。现行的 ITC 公约为《1969 年国际吨位丈量公约》（ITC 1969），该公约于 1982 年 7 月 18 日起生效，我国于 1980 年 12 月 31 日加入该公约。

截止到 2012 年 1 月 31 日，ITC 1969 有 151 个缔约国，占世界船队总吨位的 98.76%。

2. 构架

ITC 1969 由公约正文、两个附则和两个附录组成。

3. 适用

（1）ITC 1969 适用于从事国际航行的船舶；

（2）ITC 1969 不适用于军舰、船长小于 24 米的船舶以及专门在某些特定区域从事航行的船舶。

二、国际吨位证书

1)对依据本公约规定核定了净吨位和总吨位的船舶应签发“国际吨位证书(1969)”。该证书由主管机关或由其正式授权的任何个人或组织签发,还可委托另一缔约国政府签发。在任何情况下,主管机关对其签发和授权签发的证书负全部责任。对于悬挂非缔约国国旗的船舶,不签发该证书。

2)国际吨位证书长期有效;但:

(1)当船舶布置、容积、乘客定额总数、载重线等发生变动,致使净吨位或总吨位必须增加时,该证书失效,并由主管机关注销;

(2)船舶改挂另一国家的国旗时,该证书失效;

(3)当船舶改挂另一缔约国国旗时,原证书可继续有效 3 个月,或有效至主管机关发给另一国际吨位证书代替原证书为止,二者以较早者为准。

3)吨位丈量以米为单位,丈量所得总吨位和净吨位的数值仅采用整数。在“国际吨位证书(1969)”中的总吨位和净吨位只填写数字,数字后没有单位“吨”。

第四节　海员培训、发证和值班标准国际公约

一、公约简介

1. 功用

《海员培训、发证和值班标准国际公约》(International Convention on Standards of Training ,Certification and Watch-keeping for Seafarers,STCW)是用于控制海船船员培训、发证和值班标准方面的一个国际公约。现行的 STCW 公约为《经 2010 年修正案修正的 1978 年海员培训、发证和值班标准国际公约》,又称《1978 年 STCW 公约马尼拉修正案》,简称 STCW 2010。STCW 2010 于 2010 年 6 月在菲律宾首都马尼拉召开的 STCW 公约缔约国外交大会获得通过,于 2012 年 1 月 1 日生效。

我国于 1980 年 12 月 31 日加入 STCW 1978。截止到 2012 年 1 月 31 日,STCW 1978 有 155 个缔约国,占世界船队总吨位的 98.90%。

2. 构架

STCW 2010 由公约正文条款、附则和 STCW 规则三部分组成。STCW 规则又分为 A、B 两部分。STCW 规则 A 部分为强制性规定,其条文编排与公约附则规定相对应,提及 STCW 公约附则任一章节的规定时,也应提及 STCW 规则 A 部分对应章节的规定;STCW 规则 B 部分为建议性要求和指南,其条文编排与公约附则及规则 A 部分的规定相对应,在应用 STCW 公约附则任一章节的规定时,应最大限度地考虑 STCW 规则 B 部分对应章节的规定。公约附则及规则 A 和 B 部分分别有 8 个章节。

3. 适用范围

STCW 2010 适用于在有权悬挂缔约国国旗的海船上服务的海员,但在下列船舶上服务的海员除外:军舰、政府公务船、渔船、非营业的游艇、构造简单的木船。

二、职能发证

STCW 2010 公约在海员职级和职能块的划分方面，既继承传统和尊重现行习惯，又提供了适合于高度自动化的船舶和充分利用人力资源的可供选择的“职能发证”（也叫做“功能发证”，下同）方式。

STCW 规则将海员职务分为七个职能块和三个责任级别。

1. 七个职能块

海员职务的七个职能块分别是：“航行”、“货物装卸和积载”、“船舶作业管理和人员管理”、“轮机工程”、“电气、电子和控制工程”、“维护和修理”、“无线电通信”。

2. 三个责任级别

海员职务的三个责任级别分别是“管理级”、“操作级”和“支持级”。

三、值班标准

1. 适于值班

1）为了防止疲劳，各主管机关应：

（1）要求船舶制定和实施值班人员以及被指定安全、防污染和保安职责的人员的休息时间制度；

（2）要求值班制度的安排能使所有值班人员的效率不致因疲劳而受到影响，并且班次的组织能使航次开始的第一个班次及其后各班次人员均已充分休息，并在其他方面适于值班。

2）适于值班的标准

（1）主管机关应考虑海员，特别是涉及船舶安全和保安工作职责的海员，由于疲劳所引发的危险。

（2）为所有负责值班的高级船员或参与值班的普通船员以及涉及指定的安全、防污染和保安职责的人员提供的休息时间应不少于：任何 24 小时内最少 10 小时，以及任何 7 天内 77 小时。

（3）休息时间可以分为不超过 2 个时间段，其中一个时间段至少要求有 6 小时，连续休息时间段之间的间隔不应超过 14 小时。

（4）在紧急或在其他超常工作情况下不必要保持关于休息时间的要求。紧急集合演习、消防和救生艇演习，以及国家法律与规则和国际文件规定的演习，应以对休息时间的干扰最小且不导致船员疲劳的形式进行。

（5）主管机关应要求将值班安排表张贴在易见之处。

（6）海员处于待命情况下，如该海员因被召去工作而打扰了正常的休息时间，则应给与充分的补休。

（7）主管机关应要求使用船上工作语言和英语按照标准格式保持对船员每天休息时间的记录，以监督和核实是否符合规定。海员应得到一份由船长或船长授权的人员和海员签注的有关其休息情况的记录。

（8）上述任何规定并不妨碍船长因船舶、船上人员或货物出现紧急安全需要，或出于帮助海上遇险的其他船舶或人员的目的，而要求海员从事长时间工作的权利。为此，船长可暂停执休息时间制度,要求海员从事必要的长时间工作,直至情况恢复正常。一旦情况恢复正常,只要可行,船长就应确保在原定休息时间内完成工作的任何海员获得充足的休息时间。

(9)缔约国可以允许对规定的休息时间有例外,但在任何7天内的休息时间不得少于70小时。

①每周休息时间的例外,不应超过连续两个星期。在船上连续两次例外时间的间隔不应少于该例外持续时间的两倍。

②任何24小时内最少10小时的休息时间可以分成为不超过3个时间段,其中一段至少为6个小时,而另外两个时间段均不应少于1个小时。连续休息时间段间隔不得超过14个小时。例外在任何7天时间内不得超过两个24小时时间段。

(10)为防止酗酒,主管机关应对正在履行安全、保安和海洋环境职责的船长、高级船员和其他海员设定血液酒精浓度(BAC)不高于0.05%或呼吸中酒精浓度不高于0.25毫克/升,或可致该酒精浓度的酒精量的限制。

2. 值班安排和应遵守的原则

1)主管机关应使公司、船长、轮机长和全体值班人员注意到STCW规则中规定的要求、原则和指导,以确保在所有海船上始终保持安全、连续并适合当时环境和条件的值班。

2)主管机关应要求每船船长考虑船舶当时环境和条件,确保其值班安排足以保持安全值班,并且在船长全面指导下:

(1)负责航行值班的高级船员在值班时间内始终在驾驶台或与之直接相连的场所,如海图室或驾驶台控制室,对船舶航行安全负责;

(2)无线电操作员在值班时间内,在适当的频率上负责保持连续值守;

(3)负责轮机值班的高级船员,根据STCW规则的规定并在轮机长的指导下,应能立即就备并随时待命到达机器处所,并且在需要时应在其负责的时间内身在机器处所;

(4)当船舶锚泊或系泊时,应始终保持适当和有效的安全值班。如果船上载有危险货物,值班安排应充分考虑到危险货物的性质、数量、包装和积载,以及当时船上、水上或岸上的任何特殊情况;

(5)如适用,为安全起见,保持适当和有效的保安值班。

3)值班的一般原则:

值班应基于下列驾驶台和机舱的资源管理原则:

(1)应确保根据情况合理地安排值班人员;

(2)在安排值班人员时应考虑人员的资格或适合能力的局限性;

(3)应使值班人员理解其个人角色、责任和团队角色;

(4)船长、轮机长和负责值班的高级船员应保持适当的值班,并最有效地使用可用资源,如信息、装置/设备和其他人员;

(5)值班人员应理解装置/设备的功能和操作,并熟练使用;

(6)值班人员应理解信息及如何回应来自每一工作站/装置/设备的信息;

(7)所有值班人员应适当地共享来自工作站/装置/设备的信息;

(8)值班人员在任何情况下应保持适当的相互交流;

(9)对为安全而采取的行动产生任何怀疑时,值班人员应毫不犹豫地通知船长/轮机长/

负责值班的高级船员。

四、监督程序

1)经正式授权的缔约国监督官员可依据STCW公约规定对下述各项行使监督:

(1)核实所有在船上服务且要求按STCW公约规定发证的海员是否都持有适当的证书或有效的特免证明;或已按规定向主管机关提供了文件,证明已提交签证申请。

(2)核实在船上服务的海员的人数和证书是否符合主管机关适用的安全配员要求。

(3)如果因为发生了下列任一情况而有明显依据认为未能保持值班标准时,则对船上海员保持公约要求的值班标准的能力按规定进行评估:

①船舶发生碰撞、搁浅或触礁;

②船舶在航、锚泊或靠泊时,违反任一国际公约而非法排放物质;

③以不稳定或不安全方式操纵船舶,从而未遵循IMO采纳的定线措施或安全航行方法和程序;

④以其他危及人员、财产或环境的方式操作船舶。

2)可被认为危及人员、财产或环境的缺陷包括下列各项:

(1)要求持有证书的海员未持有适当的证书或有效的特免证明,或未按规定向主管机关提供文件,证明已提交签证申请;

(2)未符合主管机关适用的安全配员要求;

(3)未按主管机关为船舶规定的要求作出航行或轮机值班安排;

(4)没有专门负责操作安全航行、安全无线电通信或防止海洋污染必要设备的合格人员值班;

(5)未能为航次开始第一班次和其后的接班提供经过充分休息并适于值班职责的人员。

3)未能纠正上述缺陷,只要实施监督的缔约国确定这些缺陷危及人员、财产或环境,便构成缔约国按本公约规定滞留船舶的唯一理由。

第五节　港口国监督程序

一、港口国监督概述

港口国监督(Port State Control,PSC),是指港口当局根据有关国际公约规定的标准,对进入其港口的外国籍船舶实施的一种监督与控制,以确保船舶及其设备符合国际公约要求,船员配备和操作符合适用的国际标准。通过PSC,纠正与消除受检船舶所存在不符合标准的缺陷,以确保船舶航行、人身和财产的安全以及保护海洋环境,促进经济贸易的发展和航运经营水平的提高。

1.港口国监督的法律依据

港口国监督组织行使监控必须依据适当的国际标准、地区协议和国内法律。在实际操作中主要涉及三个方面的法规和业务指导:

1)港口国监督组织实施检查所依据的法定授权

(1)各缔约国的国内立法和相关法规;

(2)特定地区的港口国监督谅解备忘录;

(3)SOLAS 1974 公约附则第 1 章第 19 条、第 9 章第 6.2 条、第 11 章第 4 条;

(4)MARPOL 73/78 公约第 5 条、第 6 条、附则Ⅰ第 11 条、附则Ⅱ第 16 条、附则Ⅲ第 8 条、附则Ⅴ第 8 条、附则Ⅵ第 10 条;

(5)STCW 公约马尼拉修正案第Ⅹ条;

(6)LL 1966 公约第 21 条;

(7)ITC 1969 公约第 12 条;

(8)MLC 2006 公约第 5.2 条、规则 5.2.1 条。

2)港口国监督组织实施检查所依据的国际公约

(1)LL 1966 公约及其相关修正案和 1988 年议定书;

(2)SOLAS 1974 公约及其相关修正案和 1988 议定书;

(3)MARPOL 73/78 公约及其相关修正案;

(4)STCW 公约马尼拉修正案;

(5)COLREG 1972 及其相关修正案;

(6)ITC 1969 公约;

(7)MLC 2006 公约。

3)港口国监督的指导性文件

尽管港口国监督组织所实施的行动是依据国际公约和相关规则,但是港口国监督组织是基于地区间的合作和联合行动,而且不同的港口国监督组织在检查的项目和要求上有所不同。为了统一协调各缔约国和地区港口国的监控行动,IMO 先后制定了一系列的决议和相关指导性文件以规范和指导全球范围内的监督检查工作。因此,在 IMO 的安排下,其下属的海上安全委员会和海上环境保护委员会联合起草了 A.787(19)号决议案,即《港口国监督程序》,并在 1995 年 11 月召开的 IMO 第 19 届大会上通过了 A.787(19)号决议。1999 年 11 月,IMO 第 21 届大会通过了 A.882(21)号决议,对《港口国监督程序》进行了修正,将有关对 ISM 规则的监督内容纳入了监督程序。《港口国监督程序》详细描述了检查程序、检查内容、检查官员的资格及培训、检查报告要求和滞留指南等重要问题,它是一份港口国监督工作的综合性指导文件。

2. 港口国监督程序的构成

经 A.882(21)号决议修正的《港口国监督程序》由 6 章正文和 9 个附录构成。

第 1 章　总论。内容包括该程序的目的、适用的公约、引言、港口国监督的公约依据、对非公约缔约方的船舶和低于公约尺度的船舶的不优惠政策,以及给出了有关定义。

第 2 章　港口国检查。内容包括概述、检查、明显依据、港口国监督的检查官(PSCO)的专业标准、资格和培训及其一般程序指南。

第 3 章　更详细检查。内容包括更详细检查的总原则、明显依据、关于船舶结构和设备要求的指南、关于 MARPOL 73/78 公约附则Ⅰ和附则Ⅱ的排放要求的指南、关于对操作性要求进行监督的指南以及最低配员标准和发证。

第 4 章　违反和滞留。内容包括低于标准船舶的识别、关于缺陷资料的提交、针对低标准船舶的港口国行动、港口国采取补救行动的责任、船舶滞留指南等。

第5章 报告。内容包括港口国报告、船旗国报告、根据MARPOL 73/78的陈述报告等。

第6章 审核程序。阐述了IMO对有关缺陷及缺陷纠正报告的评价及指导。

二、检查程序

港口国监督检查官(PSCO)在登船之前,一般要观察船舶外观的总体状况,获得对船舶的最初印象。登船后,首先是检查证书,然后巡视各层甲板及有关舱室、设备等,从而获得对船舶的实际总体印象。如果未发现明显依据,检查结束。如果PSCO发现明显依据,怀疑船舶可能存在严重缺陷,则进行详细检查。如在详细检查中发现严重缺陷,足以构成滞留,船舶将被滞留。当然,在初步检查过程也可能发现严重的可滞留缺陷,从而滞留船舶。船舶纠正缺陷后,申请复查,经PSCO复查合格后,解除船舶滞留。对于一般缺陷,PSCO给出处理意见,如需复查,经复查合格后,船舶可以开航。

三、检查内容

1. 初步检查

(1)PSCO在登船前和登船后对受检船舶进行外观观察,观察其油漆状况、腐蚀、凹陷、未修理的损伤和装卸情况等,获得对该船保养情况的初步印象。

(2)在前往船长房间的途中,PSCO通常会进一步观察诸如甲板上的消防和救生器材的情况、防火控制图和应急部署表的保存情况以及水密门等的情况。

(3)如果不是根据举报或应另一缔约国的请求进行的PSCO检查,则初步检查主要集中在船舶保养情况的外观检查和查验船舶的有关证书和文件。

(4)如经查验该船应配备的船舶证书均有效,且根据PSCO的总体印象和目测观察,确认船舶维护保养良好,PSCO通常仅将此次检查限制在被举报或被观察到的缺陷(如有的话)。

2. 详细检查

1)实施详细检查的明显依据

当PSCO根据总的印象和在船上的观察有明显依据认为该船、其设备或船员实质上不符合要求,PSCO将考虑进行更详细的或扩大的检查。

导致更详细检查的明显依据是指船舶及其设备或其船员实质上不符合有关公约要求的证据,或者,船长或船员不熟悉有关船舶安全和防止污染的基本程序的证据。这些明显依据包括:

(1)船舶存在明显不符合ISM规则要求的缺陷;

(2)缺少公约要求的主要设备或布置;

(3)查验表明一个或几个船舶证书明显失效;

(4)发现日志、手册或其他要求的文件不在船上或这些文件未能保持或保持有误;

(5)根据PSCO总的印象和观察,发现船舶存在船体或结构上的严重变形或缺陷,危及船舶结构、水密或风雨密的完整性;

(6)根据PSCO总的印象和观察,发现船舶的安全、防污染和航行设备存在严重缺陷;

(7)船长或有关船员不熟悉涉及船舶安全或防止污染的基本操作,或未执行这些操作;

(8)主要船员之间不能进行交流,或不能同船上其他人员进行交流;

(9)当船员或消防设备发生变动,船上并无更新后的应急部署表、防火控制图;

(10)误发射遇险报警信号后,未执行正确的取消程序;

(11)收到关于某船低于标准的报告或投诉等。

2)更详细的检查的内容

(1)船舶构造和设备要求的检查

检查内容包括:船体构造检查;机器处所检查;载重线检查;救生设备检查;防火安全及消防设备检查;海上避碰规则要求设备的检查;与货船构造安全证书有关布置、装置、报警系统和应急电源等的检查;无线电安全证书要求的设备及相关记录的检查等。

(2)MARPOL 73/78 附则Ⅰ、附则Ⅱ排放要求的检查

检查项目包括:污染物的排放检查;原油洗舱操作检查;对卸货、扫舱、预洗操作的检查等。

(3)操作性要求的检查

PSCO 在有明显依据,且检查不危及船货安全、不干扰装卸、不造成不必要的延误这一前提下,可对船上的操作性程序进行检查,以判断船员在总体上对操作性要求的熟练程度。

PSCO 在进行操作性程序检查时,可从以下几方面进行检查:

①应急部署表的检查:检查是否按规定显示应急部署表;应急部署表中是否职责明确;有无考虑在不同的情况下需要采取不同的行动;船员是否知晓在应急部署表中为其规定的职责以及履行该职责的地点。

②语言交流方面的检查:判断船舶关键船员之间能否进行语言交流,在检查和演习过程中能否相互明白。

③消防和弃船演习检查:检查确认船员熟悉各自的应急职责并能正确使用船上的装置和设备;可选择模拟火场观察船员如何报警、现场集合、防护服穿戴、灭火设备启动、火场通信联系、担架和医疗准备;可要求指定负责应急发电机、CO_2、应急消防泵的船员解释其应急职责,如可能,演示证明其熟练程度;可要求进行弃船演习,检查是否熟悉规定的警报信号、集合地点、救生衣穿戴;检查是否熟悉放艇准备程序以及放艇程序;检查救生艇可用状态及是否能在规定的时间内将救生艇释放入水。

④破损控制图、油污应急计划检查:检查是否有破损控制图和油污应急计划;高级船员是否知晓其中的内容;检查船员对船体破损以及对油污事故应急职责的熟悉程度以及是否会使用相应的设备。

⑤消防控制图检查:检查船上是否有消防控制图;消防控制图内容是否保持最新,是否按规定显示;船员是否熟悉消防控制图的内容,是否熟悉一旦发生火灾应采取的行动;高级船员是否知道本船的防火结构及进入不同舱室的办法。

⑥驾驶台操作检查:判断负责值班的高级船员是否熟悉驾驶台设备、操作程序;是否熟悉驾驶台所有可供其使用的航海图书资料;可核查驾驶员对设备定期检查、抵港准备、操舵方式转换、驾驶台通信、航海日志记载等程序的熟悉程度。

⑦货物操作检查:判断货运负责人是否熟悉货物所具有的危险性;运送特殊货物的船舶货运负责人是否熟悉 IMSBC 规则、IBC 规则、IGC 规则、CTDC 规则、CSS 规则、IBGC 规则中的有关规定及运输安全措施。

⑧机械设备操作检查:重点检查船上的有关负责人是否熟悉船舶应急机械设备(如应急发电机、辅助操舵装置、污水泵、消防泵、救生艇发动机等)的使用。

⑨操作手册、说明书方面的检查:检查船上是否配有消防设备的维护和操作示意图、紧急集合地点及救生衣穿着方法示意图、救生艇(筏)释放操作程序及警示牌或示意图、救生设备的维护说明、船员训练手册、船舶油污应急计划、船舶稳性资料与手册;检查船员是否能理解、知晓和应用这些资料做出相应的反应。

⑩污染物排放与处理操作检查:包括油类和油性混合物的排放操作检查;液货舱装卸和洗舱程序检查;包装类危险货物和有害物质处理方面的检查;船舶垃圾处理方面的检查等。

(4)最低配员标准和证书的检查

最低配员标准和证书的检查主要通过检查船舶的最低安全配员证书与实际配员情况,以及检查船员是否持有适当、有效的适任证书来完成。

(5)ISM 规则符合性检查

检查内容包括:船舶所持有的 DOC(副本)、SMC 证书是否适当、有效;有关船员是否熟悉 ISM 规定的职责;船上是否存在重大不符合规定情况等。在进行详细检查时,除查验有关安全记录文件外,PSCO 可以利用向有关船员的提问,来判断船舶对 ISM 规则的符合性,问题包括但不限于:公司是否制定了安全与环境保护方针,船员是否熟悉此方针? 船舶的运营由谁负责? 谁是公司指定人员以及如何与他取得联系? 船员是否了解自己的职责? 船上是否具有适当的关键性操作方案和须知? 船上是否有针对可能出现的紧急情况作出反应的程序、计划及演习? 不符合规定的情况、事故和险情是否已报告至公司? 公司是否及时采取了纠正措施? 船上是否实施一种有计划的船舶及其设备的维护制度? 是否对船上所有设备及技术系统进行日常操作性维护及检查? 等等。

(6)ISPS 规则符合性检查

检查内容包括:查验该船的船舶保安证书、船舶保安计划批准文件、连续概要记录、SSO 证书等;查看船舶保安计划;验证船舶保安计划的执行情况;查阅船舶保安记录;在进行详细检查时,PSCO 可以利用向有关船员的提问,来判断船舶对 ISPS 规则的符合性等。

(7)MLC 2006 符合性检查

MLC 公约生效后,PSCO 可对到港船舶是否满足国际海事劳工标准进行符合性监督检查。

四、缺陷处理

1. 缺陷处理方式

1)原则上,所有被发现的船舶缺陷都应在开航前纠正。但是,根据缺陷的性质和严重程度,PSCO 可以给出不同的处理意见或决定,这些处理意见或决定包括:

(1)开航前纠正:适用于性质严重的缺陷。

(2)14 天内纠正:适用于小缺陷,船舶带着该缺陷航行,不会对船舶安全、船员健康和海洋环境构成威胁。

(3)下一港纠正:适用于在检查港不能解决的缺陷,但应限制船舶的航行条件。

(4)3 个月纠正:主要适用于 ISM 规则不符合项目。

(5)中止检查:在特殊情况下,PSCO 从详细检查中,并综合考虑船员的情况,发现船舶及其设备的总体情况明显低于标准时,可以中止检查:中止检查可以持续至船方已采取必要措施并保证船舶符合有关公约的要求时为止。对于中止检查的船舶不应让其开航。由于中止检查而造成的船期延误,责任由船方自负。

(6)滞留:适用于缺陷已严重到如果让船舶带着该缺陷航行,将威胁到船上人员的安全、船舶的安全以及海洋环境时。

2)PSCO 在作出缺陷处理意见后,应在港口国检查报告中予以记载。为了记载上的方便,每种处理意见都被赋予一个代码,例如,滞留用代码"30"来代表。

2. 低标准船

1)低标准船的认定

如果船舶的船壳、机器、设备或操作低于有关公约要求的标准,或船舶不符合安全配员文件的要求,特别是由于:缺少公约要求的主要设备或装置;设备或装置不符合公约的有关要求;由于维护不良使得船舶或设备严重损蚀;船员对主要操作程序不熟练或不熟悉;配员不足或持证船员不足等,如允许其出海将会对船舶、船员的生命造成威胁或对海上环境构成威胁,这样的船应被视为低标准船。

2)对低标准船的反应行动

(1)当 PSCO 经过详细检查,确认一船为低标准船时,应确保该船在开航前采取措施纠正缺陷,以保证船舶、旅客、船员的安全,并消除对海洋环境的威胁。

(2)在收到有关某船低于标准或具有污染危险的信息后,PSCO 应立刻开展调查和采取行动。

(3)如果缺陷不能在检查港纠正,PSCO 可以在一定的条件下允许该船开往另一港口,但 PSCO 应确保通知下一港口的主管机关和船旗国。

3. 滞留船舶

(1)PSC 检查的根本目的是为了消灭低标准船在海上航行,而消灭低标准船在海上航行的最有效的方法就是,一旦发现这样的船舶,则不允许它开航,将其滞留,直到它纠正自己的缺陷为止。

(2)对于低标准船舶,在决定船舶存在的缺陷是否严重到需要对其实施滞留时,PSCO 将首先评估:该船是否具有有效的相关文件;船舶是否配有最低安全配员证书所要求的船员。

(3)对于低标准船舶,在决定船舶存在的缺陷是否严重到需要对其实施滞留时,PSCO 还将进一步评估:船舶和(或)船员,在未来的整个航行中是否能够安全的航行;是否能够安全的装卸、运输货物;是否能够安全地进行机舱操作;是否能够维持正常的推进和操舵;是否能够保持足够的稳性和保持完整水密;遇险时是否能够有效应急和进行必要的通信;是否能够防止环境污染等。

(4)对于存在缺陷的低标准船,如果对其进行评估所得出的结论也是否定的(即评估的结论是,在未来的整个航行中该船不能够安全的航行、操作和防止海洋环境污染等),PSCO 将综合考虑发现的所有缺陷,决定是否对该船实施滞留。

(5)对于涉及最低配员标准和证书的滞留,PSCO 在决定滞留船舶前应考虑:计划航线或服务的长短和性质;存在的缺陷是否对船舶、船上人员或环境构成危险;船员是否能得到适当的休息时间;船舶的尺度和船型及配备的设备;货物特点。

(6)某些不太严重的缺陷,组合起来也可能构成对船舶的滞留,即如果PSCO在检查中发现大量的小缺陷,也可能考虑对该船实施滞留。

(7)当船舶和船员实质上不符合适用公约要求时,PSCO为保证该船在开航后不会对船舶和船上人员构成威胁或对海洋环境构成不合理的威胁,应采取必要的行动,而不考虑这种行动是否会影响到船舶的正常离港计划。

(8)如果导致滞留的原因是船舶在驶往某一港口的途中的意外损伤,在船舶进入港口之前,船长或船公司已经向港口国当局报告,并已通知了船旗国,通知了负责签发证书的验船师或机构,则PSCO不应向船舶签发滞留通知。

(9)如果决定滞留某船,PSCO应在PSC检查报告中予以记载,并通过港口国海事主管机关通知船旗国海事主管机关。

五、港口国检查备忘录组织

1. 世界上主要PSC检查合作组织与国家

目前,在世界范围内主要有9个备忘录组织在运作,它们是:

(1)巴黎谅解备忘录(Paris MOU,1982年7月1日签署);

(2)拉丁美洲协定(Vina del Mar Agreement,1992年11月5日签署);

(3)亚太地区备忘录(Tokyo MOU,1993年12月1日签署);

(4)加勒比备忘录(Caribbean MOU,1996年2月9日签署);

(5)地中海备忘录(Mediterranean MOU,1997年7月11日签署);

(6)印度洋备忘录(Indian Ocean MOU,1998年6月5日签署);

(7)西部和中部非洲备忘录(阿布扎备忘录)(Abuja MOU,1999年10月22日签署);

(8)黑海备忘录(Black Sea MOU,2000年4月7日签署);

(9)利雅得备忘录(Riyadh MOU,2004年6月30日签署)。

美国则由其海岸警卫队(USCG)实施独立的港口国监督检查。

现在PSC网络已覆盖了世界上绝大部分港口和地区。这些地区性的港口国监督组织的建立和运行为提高船舶营运的安全性和防止船舶污染海洋环境起到了积极而有效的作用。

2. 备忘录组织与国家介绍

1)巴黎备忘录组织

巴黎备忘录(Paris MOU)组织是最早成立的地区性PSC检查合作组织,目前有27个成员国。

自1982年7月以来,巴黎备忘录组织根据IMO新的要求和欧盟关于海上安全的指令进行了多次修改,现行有效的Paris MOU(33rd Amendment)于2011年7月1日生效,共有9章,12个附件。

(1)巴黎备忘录组织检查依据

SOLAS 1974,MARPOL 73/78,STCW 2010,COLREG 1972,LL 1966,ITC 1969,MLC 2006,CLC 1969(1969年国际油污损害民事责任公约),AFS 2001(2001年国际控制船舶有害防污底系统公约)等。

(2)实施PSC检查的主管机关是各成员国海事主管部门

(3)巴黎备忘录组织优先检查的船舶

在巴黎谅解备忘录组织所管辖的港口中,每天都有一定数量的船舶接受港口国检查。一般情况下,选船工作由 SIReNaC 信息系统根据船舶的历史检查记录,计算其目标系数(Target Factor),目标系数越高,被检查的可能性越大。

下列船舶将被优先检查:

①除意外因素外被另一个成员国报告的船舶;

②进入港口前曾发生碰撞、搁浅或触礁事故的船舶;

③被指控违反了有害物质和污水排放的相关规定的船舶;

④没有采用 IMO 推荐的方式以不稳定或不安全的方式操纵船舶,或者没有遵守安全航行实践和程序的船舶;

⑤由于安全原因在上次 PSC 检查中被暂停或取消船级的船舶;

⑥不能被信息系统数据库设别的船舶。

意外因素可能对船舶、船员安全或对环境造成严重威胁,这些因素是主管当局进行临时检查的专业依据。意外的因素包括:

①船舶航行被引航员或有关当局报告,包括来自 VTS 的信息;

②未尽报告义务的船舶;

③存在缺陷的船舶(除需要在 14 天内纠正和开航前纠正的船舶外);

④曾被滞留过的船舶(滞留后 3 个月);

⑤被船长、船员,其他与船舶安全、防污染和船上生活工作条件有关的人员和/或组织举报的船舶;

⑥以不安全方式操纵船舶;

⑦对船舶装载的货物,特别是装载危险或污染货物时,未按要求进行报告的船舶;

⑧可靠信息获知那些风险参数与记录不同以及风险等级增加的船舶;

⑨持有巴黎备忘录认可组织签发的证书,但在上次巴黎备忘录成员国检查时被取消的船舶。

2)亚太地区备忘录组织

亚太地区(东京)备忘录(Tokyo MOU)于 1993 年 12 月 1 日在东京由 16 个国家和地区的海事主管当局共同签订,并于 1994 年 4 月 1 日正式生效。目前,亚太地区备忘录组织共有 18 个成员,我国是亚太地区备忘录组织成员国。现行有效的 Tokyo MOU(11th Amendment)于 2009 年 7 月 19 日生效,共有 8 章,1 个附件。

按照备忘录总则中的要求,亚太地区备忘录组织的目标是在其所覆盖区域内检查的船舶总量达到本区域内营运船舶总量的 80%。一般情况,船舶接受了 TOKYO MOU 成员检查后的 6 个月内,其他 TOKYO MOU 成员不会对这艘船舶进行检查。

(1)亚太地区备忘录组织检查依据

SOLAS 1974,MARPOL 73/78,STCW 2010,COLREG 1972,LL 1966,ITC 1969,MLC 2006,AFS 2001 等。

(2)实施 PSC 检查的主管机关是各成员国海事主管部门

(3)亚太地区备忘录组织优先检查的船舶

不论船舶目标因素分值如何，有下列情况的船舶将被作为优先检查的对象：

①被港口当局通报的船舶；

②被相关方（船长、船员，任何与船舶安全有关的人或组织）就船上生活和工作环境或船舶防止污染进行报告或投诉的船舶，除非当局认为该报告或投诉明显毫无根据；

③要求在规定期限内消除缺陷的船舶；

④引航员或港口当局报告，存在影响安全航行缺陷的船舶；

⑤装载危险或污染货物时，未按要求进行报告的船舶；

⑥船舶被滞留后，未得到港口国允许，擅自开航的船舶；

⑦PSC 委员会公布的需要优先检查的船舶类型。

3）美国海岸警卫队

（1）美国不是任何一个 PSC 检查合作组织的成员，只是作为观察员参加巴黎备忘录组织和亚太地区备忘录组织的活动。

（2）实施 PSC 检查的主管机关是美国海岸警卫队（USCG）。

（3）实施 PSC 检查的法律依据是美国本国（甚至是各州）的有关法律与规定。

（4）检查种类：

①年度检查：年度检查程序在检查手册和海事安全手册里做了相应规定，年度检查一般包括对船舶证书和文件的检查和船舶总体状况的检查（包括设备检查，试验以及应急演习等等）。如果 PSCO 发现有明显证据表明船舶状况不满足相关的美国法律或公约要求，检查可以扩大。

②再次检查：两次年度检验之间，为确保船舶能持续满足相关的美国法律或公约要求，而进行的检查。再次检查一般包括对船舶证书和文件的检查和总体检查（仅仅是例行检查）。如果 PSCO 发现有明显依据表明船舶状况不满足相关的美国法律或公约要求，检查可以扩大。

③扩大检查：是在年度和再次检查中，发现有明显依据表明船舶状况不满足相关的美国法律或公约要求，而进行更为细致的检查和试验。

④消除缺陷检查：仅限于对缺陷消除情况的检查，如果登轮中发现了其他缺陷，那么应进行一次再次检查。

（5）检查船舶的选择：随着停靠美国港口的非美国旗船舶的增多，为了确定此类船舶的风险程度，并帮助 PSCO 选择检查船舶，USCG 制定了基于风险评估的 ISPS/MTSA 保安符合目标矩阵，用以评估船舶的保安符合性，制定了 PSC 安全和环境保护符合目标矩阵，用以评估船舶安全和环境保护程度。

第六节　国际船舶安全营运和防止污染管理规则

《国际安全管理规则》（ISM 规则）是《国际船舶安全营运和防止污染管理规则》的简称，它所提供的是船舶安全管理、安全营运和防止污染的国际管理标准。该规则由 IMO 第 18 届大会通过，并被列入 SOLAS 74 公约附则新增的第Ⅸ章而成为强制执行的规则。

一、国际安全管理规则的主要内容

1. 总则

1)定义

(1)“国际安全管理规则”是指由国际海事组织大会通过的,并可由该组织予以修正的“国际船舶安全营运和防止污染管理规则”。

(2)“公司”是指船舶所有人,或已承担船舶所有人的船舶营运责任并在承担此种责任时同意承担本规则规定的所有责任和义务的任何组织或法人,如管理人或光船承租人。

(3)“主管机关”是指船旗国政府。

(4)“安全管理体系(SMS)”是指能使公司人员有效实施公司安全和环境保护方针的结构化和文件化的体系。

(5)“符合证明(DOC)”是指签发给符合本规则要求的公司的文件。

(6)“安全管理证书(SMC)”是指签发给船舶,表明其公司和船上管理已按照认可的安全管理体系运作的文件。

(7)“客观证据”是指通过观察、衡量或测试获得并能被证实的有关安全或安全管理体系要素存在和实施的量或质的信息、记录或事实声明。

(8)“不符合规定情况”是指客观证据表明不满足某一具体规定要求的可见情况。

(9)“重大不符合规定情况”是指对人员或船舶安全构成严重威胁或对环境构成严重危险,并需要立即采取纠正措施的可辨别的背离,或未能有效或系统地实施本规则的要求。

2)目标

(1)ISM 规则的目标是保证海上安全,防止人员伤亡,避免对环境,特别是对海洋环境造成损害以及对财产造成损失。

(2)公司的安全管理目标尤其应是:提供船舶营运的安全做法及安全工作环境;对其船舶、人员及环境已标识的所有风险进行评估并制定适当的防范措施;不断提高岸上及船上人员的安全管理技能,包括安全及环境保护方面的应急准备。

3)安全管理体系的基本要求

每个公司均应建立、实施并保持包括以下功能要求的安全管理体系:

(1)安全和环境保护方针;

(2)确保船舶的安全营运和环境保护符合国际和船旗国有关立法的须知和程序;

(3)船、岸人员的权限和相互间的联系渠道;

(4)事故和不符合规定情况的报告程序;

(5)对紧急情况的准备和反应程序;

(6)内部审核和管理复查程序。

2. 安全与环境保护方针

(1)公司应建立安全及环境保护方针,说明如何实现公司的安全管理目标。

(2)公司应当保证船岸各级机构均能执行和保持此方针。

3. 公司的责任与权限

(1)如果负责船舶营运的实体不是船舶所有人,则船舶所有人必须向主管机关报告该实体的全称和详细情况。

(2)对涉及和影响安全和防止污染工作的管理、执行以及审核的所有人员,公司应当以文件形式明确规定其责任、权力及其相互关系。

(3)为使指定人员能够履行其职责,公司有责任确保提供足够的资源和岸基支持。

4. 指定人员

为保证各船的安全营运,提供公司与船上之间的联系渠道,公司应当根据情况指定一名或数名能直接同最高管理层联系的岸上人员。指定人员的责任和权力应包括对各船的安全营运和防止污染方面进行监控,并确保按需要提供足够的资源和岸基支持。

5. 船长的责任与权限

1)公司应以文件明确地规定船长如下责任:

(1)执行公司的安全和环境保护方针;

(2)激励船员遵守该方针;

(3)以简明方式发布相应的命令和指令;

(4)核查具体要求的遵守情况;

(5)定期复查安全管理体系并向岸上管理部门报告其存在的缺陷。

2)公司应当保证在船上实施的安全管理体系中包含一个强调船长权力的明确声明。公司应当在安全管理体系中确立船长的绝对权力和责任,以便做出关于安全和防止污染事务的决定并在必要时要求公司给予协助。

6. 资源与人员

1)公司应保证船长:

(1)具有适当的指挥资格;

(2)完全熟悉公司的安全管理体系;

(3)得到必要的支持,以便可靠地履行其职责。

2)公司应当保证根据本国和国际有关规定,为每艘船舶配备合格、持证并健康的船员。

3)公司应当建立有关程序,以便保证涉及安全和环境保护工作的新聘和转岗人员适当熟悉其职责。凡须在开航前发出的重要指令均应当标明并以文件形式下达。

4)公司应当保证与其安全管理体系有关的所有人员充分理解有关法规、规定、规则和指南。

5)公司应当建立并保持有关程序,以便标识为支持安全管理体系可能需要的任何培训,并保证向所有相关人员提供这种培训。

6)公司应当建立有关程序,以使船上人员能够藉此以一种工作语言或他们懂得的其他语言获得有关安全管理体系的信息。

7)公司应当保证船上人员在履行其涉及安全管理体系的职责时能够有效地交流。

7. 船上操作方案的制订

对涉及人员、船舶安全和防止污染的关键性的船上操作,公司应当建立制定有关程序、方案和须知包括必要的检查清单。与之相关的各项工作,应当明确规定并分配给适任人员。

8. 应急准备

(1)对于船上可能出现的紧急情况,公司应当予以标识并建立对其做出反应的程序。

(2)公司应当制定应急训练和演习的计划。

(3)安全管理体系应提供措施,确保公司有关机构能在任何时候对其船舶所面临的危险、事故和紧急情况做出反应。

9. 不符合规定情况、事故和险情的报告和分析

(1)安全管理体系应当包括确保向公司报告不符合规定情况、事故和险情并对其进行调查和分析的程序,以便改进安全和防止污染工作。

(2)公司应当建立实施纠正措施的程序,包括避免不符合规定情况、事故、险情重复发生的措施。

10. 船舶与设备的维护

1)公司应当建立有关程序,以便保证船舶按照有关规定、规则以及公司可能制定的任何附加要求进行维护。

2)为了满足这些要求,公司应确保:

(1)按适当间隔期进行检查;

(2)任何不符合规定情况得到报告,并附可能的原因;

(3)采取适当的纠正措施;

(4)保存这些活动的记录。

3)公司应当标识那些会因突发性运行故障而导致险情的设备和技术系统。安全管理体系应当旨在提高这些设备和系统可靠性的具体措施。这些措施应当包括对备用装置及设备或非连续使用的技术系统的定期测试。

4)检查和措施应纳入船舶的日常操作性维护。

11. 文件

1)公司应当建立并保持有关程序,以便控制与安全管理体系有关的所有文件和资料。

2)公司应保证:

(1)各有关部门均能够获得有效的文件;

(2)文件的更改应由经授权的人审查批准;

(3)被废止的文件应及时清除。

3)用于阐述和实施安全管理体系的文件可称为“安全管理手册”。文件应当以公司认为最有效的方式予以保存。每艘船舶均应配备与之相关的全部文件。

12. 公司审核、复查和评价

(略)

13. 发证与定期审核

(略)

14. 审核

ISM 规则要求的所有审核,应当按照主管机关充分考虑国际海事组织制定的指南后按认可的程序进行。

15. 证书格式

“符合证明”、“安全管理证书”、“临时符合证明”和“临时安全管理证书”应当按规定格式制作。如果所用语言既非英文又非法文,证书文字应当包括其中一种。

二、船舶安全管理体系

1. 安全管理体系的概念和意义

1)安全管理体系的概念

安全管理体系(SMS),是指能使船公司人员和船上人员有效地实施船公司或船舶营运管理公司(以下统称船公司)的安全营运和环境保护方针的一种管理结构和文件化体系。每个船公司都应建立、实施并保持一个SMS,在船上的运行的SMS属于船公司运行的SMS的一个组成部分。

2)在船上运行安全管理体系的意义

(1)满足SOLAS公约的要求,以使得船舶能够从事国际航行。

(2)提高船员的安全意识和船舶安全管理水平。

(3)控制和减少不符合规定的情况、事故和险情,以保证船舶在海上安全航行。

(4)强化船舶安全操作,避免船期延误,从而提高船舶营运效益。

(5)加强对人为因素的控制,减少因重大海事导致的船公司经济损失。

(6)经受港口国的检查,减少不必要的滞留和损失。

2. 安全管理体系的建立与内外审

1)SMS在船上的建立

SMS在船上的建立分为预运行、试运行和正常运行三个阶段。

(1)SMS在船上的预运行通常仅在船公司选定的最具代表性的一艘船上进行,如船公司运营的船舶类型不止一种,则每种类型的船舶均应选定一艘具有代表性的船舶预运行SMS。在船公司选定的代表船上进行SMS预运行,其目的是:检验船公司拟定的SMS文件的系统性、适用性、有效性和可执行性;检验将在船公司所有船上运行的SMS能否在选定的代表船上有效运行;不符合规定的情况、事故、险情能否得到及时报告和纠正;文件发放、回收、修改是否及时、有效等。SMS在选定的代表船上预运行阶段如果问题较少,则仅需对少量SMS文件作修改和替换,即可进入试运行阶段。若SMS在选定的代表船上预运行阶段被发现问题较多,特别是发现不符合ISM规则以及令体系失效的重大缺陷等,则应结束预运行并回收全部SMS文件。经过对在船上预运行的SMS作全面调整,更换体系文件版本后,再行预运行,以检验更换体系文件版本后的SMS在船上的运行情况。

(2)SMS试运行将在公司所有船上进行,其目的是为了进一步检验SMS文件的系统性、适用性、有效性和可执行性以及SMS在船上运行的有效性,并对SMS在船上试运行阶段中暴露出的问题进行协调和改进,为内、外审做好准备。

(3)通过外审并取得SMC的船舶应正式运行SMS。在船舶正式运行SMS阶段,仍应对SMS的运行情况进行检查,对不符合规定的情况、事故和险情及时报告并予以纠正,对SMS在船上运行情况进行各种记录,按规定接受SMS在船舶上运行情况的中间审核、换证审核等。

2)对在船上运行的SMS的内、外审

(1)对在船上运行的SMS的内审、评价与复查

①对在船上运行的SMS的内审(又称公司审核),是指由船公司内部审核员或专家对在船上运行的SMS进行的系统的、独立的内部安全评审,以确定船上的安全及防止污染活动是否

符合 SMS 的要求。

内审可分为初次审核、年度审核和特殊审核。初次审核是在船舶建立并运行 SMS 后的首次审核;年度审核是按 SMS 内审要求至少每年进行一次的审核,可采用集中式年度审核来完成,也可以采用滚动式年度审核来完成;当 SMS 作出重大调整、船舶发生重大事故或存在重大隐患时,应安排特殊审核。

②对在船上运行的 SMS 的评价与复查,是指由船长负责组织实施的,对在船上正在运行的 SMS 有效性和总体适合性所作的评价与检查。船长应当根据体系文件的要求,定期(一般为半年一次)对在船上运行的 SMS 的有效性进行评价,并视定期评价的结果,根据体系文件的要求,决定是否进行管理性复查。

(2)对在船上运行的 SMS 的外审

①对在船上运行的 SMS 的外审,是指由主管机关或其授权机构对船上的管理是否按照经认可的 SMS 运作进行的审核,以判断可否向船舶颁发船舶安全管理证书。

②对在船上运行的 SMS 的外审可分为初次审核、中间审核、换证审核以及临时审核。初次审核是对船舶建立并运行的 SMS 的首次审核;中间审核是按 SMS 外审要求在 SMC 有效期的中期前后进行的审核;换证审核是 SMC 到期日前 6 个月内进行的审核,以确定是否能够为该船核发新的 SMC;临时审核是为核发临时安全管理证书而进行的审核。另外,根据我国 CCS 的船舶安全管理体系认证规范,当船舶发生重大安全事故、重大船上人员伤亡事故和水域污染事件时,以及船舶发生 PSC 滞留且该滞留与 SMS 的实施有关时,应申请附加审核。

3. 安全管理体系文件

ISM 规则规定:每艘船舶应当备有与之有关的 SMS 全部文件。

船上配备的 SMS 文件通常是由安全管理手册、安全管理程序文件、安全操作须知与指南类文件以及安全记录类文件等一系列文件构成。

1)安全管理手册

(1)用于阐述和实施 SMS 的文件可称为"安全管理手册"。该手册是总体描述 SMS 的纲要性文件,是向外部提供和证实 SMS 体系存在的强制性必备文件。

(2)船上配备的安全管理手册内容通常包括封面、批准页、目录、修改页、发放控制页;公司概况、安全和环境保护方针、安全管理组织结构和职能、公司的责任和权力、指定人员;船长权力声明、船长责任与权力;ISM 规则其他要素的展开说明、手册的管理及使用说明等。

2)安全管理程序文件

(1)安全管理程序文件

安全管理程序文件包括对各种影响船舶安全和防止污染活动进行控制和管理的程序性文件。安全管理程序文件是安全管理手册的支持文件,是对安全管理手册的展开和细化。

船上配备的安全管理程序文件的内容应包括:程序所控制的活动及控制目的、适用范围、职责、工作程序(包括流程图)、引用文件及相关记录等。在工作程序中应明确:开展该项活动的各个细节、目的(Why)、应做的事情(What)、活动的实施者(Who)、活动的时间(When)、在何处实施(Where)、具体实施办法(How)以及特殊情况的处理方式等。

(2)应急反应程序文件

应急反应程序文件是安全管理程序文件的一个重要组成部分。

对于船上可能出现的各种紧急情况，船公司应为之建立相应的应急反应程序文件。在这些应急反应程序文件中应包括组织、职责、通信联络和报告、请求援助、应对媒体等内容以及具体的应急方案。

紧急情况至少应包括：碰撞；搁浅；火灾或爆炸；人员落水；主、辅、舵机故障；船体结构损坏；船舶浸水；货物移动；货物散漏；溢油；抛弃货物；搜救操作；直升机救助操作；人员重伤或中毒；突发性公共卫生事件；遭遇暴力或海盗；遭遇恶劣天气；弃船等。

3）安全操作须知与指南类文件

（1）船上配置的安全操作须知与指南类文件包括各种与船舶安全操作有关的规章、制度、须知、程序、指南等。

（2）根据 ISM 规则，对涉及船舶安全和防止污染的船上关键性操作，必须按照船上安全管理程序文件的规定，为其制定操作方案和须知文件。

4）安全记录类文件

（1）安全记录类文件是指与 SMS 运行有关的各种记录文件。

（2）与在船上运行的 SMS 有关的各种记录类文件包括：船上船员培训记录；重要船岸信息传递记录；法定文件（航海日志、轮机日志、电台日志）记录；污染物处理记录；应急训练和演习记录；船舶遇险、事故和险情处理记录；不符合规定的情况、事故和险情的纠正记录；船舶和设备维护记录；关键设备操作记录；SMS 监控记录等。

（3）安全记录类文件是为已完成的安全和防止污染活动以及达到的效果提供一种客观证据用的文件，是 SMS 文件的有机组成部分。在对船舶运行的 SMS 的各种审核中都需检查与该体系运行有关的各种安全记录类文件。港口国在对船舶 ISM 规则符合性的监督检查中也将查看船舶的安全记录文件。

4. 船舶关键性操作

关键性操作分为关键操作和特殊操作两种类型。

1）关键操作是指其错误立刻导致危及人员、船舶或环境的事故或险情的操作。如：

（1）在受限水域或交通密集区航行；

（2）在接近陆地水域或交通密集水域遇到突然失去操纵能力时的操作；

（3）能见度不良条件下的航行；

（4）恶劣气象条件下的航行；

（5）危险货物和有毒害物质的装卸和积载；

（6）海上加油和驳油；

（7）气体运输船、化学品船和油船的货物操作；

（8）洗舱及关键性机器操作；

（9）明火作业；

（10）进入封闭处所；

（11）高空/舷外作业等。

2）特殊操作

特殊操作是指其操作错误仅在危险或事故已发生时才会明显看出的操作。如：

（1）保证水密完整性；

(2)涉及航行安全的操作,包括改正海图和有关航海出版物;

(3)影响设备(如舵机)及其有关的备用机器可靠性的操作;

(4)维护操作;

(5)加油操作及港内驳油操作;

(6)保持稳性、防止超载和应力集中;

(7)集装箱、货物单元系固操作;

(8)船舶保安、应对暴力和海盗的行为等。

3)对船舶关键性操作的要求

对于船上的关键操作应严格按照操作方案和须知文件的要求进行,并应密切监督操作是否符合要求。对于船上的特殊操作也应严格按照操作方案和须知文件的要求进行,并应注意采取防患于未然的措施以及记录和检查。

5. 船舶安全管理证书

根据SOLAS公约和ISM规则,船舶必须持有的安全管理证书包括"符合证明"(DOC)副本及其年度审核签署页以及"安全管理证书"(SMC),由船舶营运管理公司管理的船舶还应备有有效的符合船旗国政府法令的"管理协议"。

1)SMC的取得

经过主管机关或其授权机构对在船上运行的SMS的初审,确认符合ISM规则的要求,即可获得SMC。接受SMS初审的船舶必须具备的条件是:船公司已取得适用于该船种的有效的DOC;船舶已配备与SMS有关的全部文件和资料;船舶已按SMS有效运行了至少3个月。主管机关或其授权机构对在船上运行的SMS进行初审的内容包括:审核DOC副本是否适用于该船种;验证与船舶和设备操作、维护有关的SMS文件是否适合于该船;验证SMS在船上有效运行的客观证据;对船舶安全管理活动与SMS的符合性、SMS运行的有效性等情况进行总体评估等。

2)SMC有效性的保持

已按ISM规则要求建立并运行SMS的船舶,经过主管机关或其授权机构对该船运行的SMS的中间审核,确认仍然符合ISM规则的要求,且适用于该船的DOC有效,由授权官员在该船的SMC上签署,即可保持SMC的有效性。主管机关或其授权机构对船舶运行的SMS进行的中间审核内容包括:审核船公司对SMS进行的修改或纠正,船上是否也进行了相应的修改或纠正;审核SMS文件的修改或纠正与该船的适合性;验证该船保持SMS有效运行的客观证据;对船舶安全管理活动与SMS的符合性、SMS运行的有效性等情况进行总体评估等。

三、主管机关实施《国际安全管理规则》指南

2009年12月2日IMO通过了A.1022(26)号决议,即《主管机关实施〈国际安全管理(ISM)规则〉指南》。该指南的主要内容有:

1. ISM规则符合性审核

1)总则

(1)为了符合ISM规则的要求,公司应当建立、实施和保持一个安全管理体系,以确保公

司的安全和环境保护方针得以执行。公司的方针应当包括 ISM 规则所规定的目标。

(2)主管机关应当通过判断下列事项,审核与 ISM 规则的符合性:

①公司的安全管理体系是否符合 ISM 规则的要求;

②安全管理体系是否能确保达到符合强制性规定及规则,对国际海事组织、主管机关、船级社和海运行业组织所建议的适用的规则、指南和标准予以考虑的目标。

(3)判断安全管理体系要素是否符合 ISM 规则的要求,需要制订评估标准。

(4)主管机关要确保这些评估基于判断安全管理体系满足规定目标的有效性,而不是基于判断与 ISM 规则要求以外的具体要求的符合性。

2)安全管理体系满足安全管理总目标的能力

(1)ISM 规则明确了安全管理的总目标。这些目标是:

①提供船舶营运的安全做法和安全工作环境;

②对其船舶、人员及环境已标识得所有风险进行评估,制定防范措施;

③不断提高船、岸人员的安全管理技能,包括安全及环境保护的应急准备。

(2)审核应支持并鼓励公司实现这些目标。

3)安全管理体系满足安全和防止污染具体要求的能力

(1)制定用于评估 ISM 规则符合性所需的解释应当受主要标准的支配。该标准应当是安全管理体系满足 ISM 规则规定的具体要求即有关安全和防止污染的具体标准的能力。ISM 规则规定的安全和环境保护具体标准是:

①符合强制性规定及规则;

②对国际海事组织、主管机关、船级社和其他海运行业组织所建议的适用的规则、指南和标准予以考虑。

(2)可能方便于 ISM 规则符合性审核的所有记录应当公开,以便在审查过程中详查。审核员可以审查这些记录以证实其真实性和准确性。

(3)作为 ISM 规则审核发证工作的一部分,对符合强制性规定及规则的审核既不重复也不代替为取得其他海事证书所做的检验。对 ISM 规则符合性的审核不免除公司、船长或其他任何与船舶管理或营运有关的实体或个人的责任。

(4)主管机关应当确保公司:

①在建立安全管理体系时考虑了国际海事组织、主管机关、船级社和海运行业组织所建议的适用的规则、指南和标准;

②制定了保证这些建议在岸上和船上得以实施的程序。

(5)国际海事组织、主管机关、船级社和其他海运行业组织所建议的有关规则、指南和标准在安全管理体系中的实施,不因 ISM 规则而具有强制性,但审核员应当鼓励公司采纳这些适用的建议。

2. 审核发证过程

1)审核发证活动

向公司签发 DOC 和向船舶签发 SMC 的审核发证过程通常包括以下几个步骤:

(1)初次审核;

(2)年度或中间审核;

(3)换证审核;

(4)附加审核。

2)这些审核由主管机关,或经主管机关认可的从事 ISM 规则审核发证的机构,或应主管机关的请求由另一缔约国政府,根据公司的申请实施。

3)跟踪纠正措施

(1)公司有责任确定并采取必要的措施以纠正不符合规定情况或消除不符合规定情况产生的原因。不符合规定情况未予纠正的,将会影响 DOC 及其相关 SMC 的有效性。

(2)纠正措施和可能的后续跟踪审核应当在商定的时间内完成。公司应当申请跟踪审核。

四、风险评估及控制措施

国际海事组织在第 85 届海安会批准的 ISM 规则修正案已于 2010 年 7 月 1 日生效,其中经修订的 ISM 规则 1.2.2.2 条第一次正式引入了公司对船舶、人员和环境进行风险评估的要求。

这次修改将促使公司建立正确的程序,鼓励公司采取更可靠和合理的方法进行风险评估,从而更凸显规则的重要性。公司可以采用很多不同的方法进行风险评估,范围可以是基于桌面演习或者相关工作的直接观察,依据其操作的特性和复杂性,进行定量/定性评价。例如:单一、具体的活动,管理人员根据适当的标准和经验进行现场评估。

公司岸基或船上人员参与风险评估过程的程度取决于其在公司组织结构中的责任、权利和能力,即使从事相近的工作、有相近组织结构的公司也可以采用不同的风险评估方法。不管公司选择如何进行风险评估,必须确保其能证明对有关活动进行了系统的检查,已经识别了错误的行为,并且已经制定并采取足够的控制措施。

公司必须确保其相关风险评估政策已经文件化;明确定义相关职责和权力;对职员依据其在风险评估过程中所担任职责的情况给予了培训和指导;已经制定所选定评估方法的程序和须知;保持风险评估的记录。记录可以是不同格式的,包括会议记录、观察记录、风险登记簿、风险矩阵等等。

1. 系统风险基础知识

1)系统风险评估含义及作用

系统风险评估(System Risk Assessment)是以实现系统安全为目的,运用安全系统工程原理和方法对系统中存在的风险因素进行辨识和分析,判断系统发生事故、职业危害的可能性及其严重程度,从而为制定防范措施和管理决策提供科学依据。

系统风险评估是对整个系统做出安全性评估。系统风险评估是对系统存在的危险性进行定性和定量分析,得出系统发生危险的可能性及其程度的评估,以寻求最低事故率,最少的损失的过程。因此,通过风险评估可以找出生产过程中潜在的危险有害因素,特别是可以查找未曾预料到的被忽视的危险因素和职业危害,识别系统中存在的薄弱环节和可能导致事故的和职业危害的发生的条件,针对这些环节和条件提出相应的对策措施,预防、控制事故和职业危害的发生,尽可能做到即使发生误操作或设备故障系统存在的危险因素也不会导致事故和职业危害的发生,实现海运运输过程中的本质化安全。对于无法完全消除危险的情况,在风险评

估中还可以进一步对一些后果比较严重的主要危险因素采用定量的分析方法，预测事故发生的可能性和后果的严重程度，并制定减少和控制事故后果蔓延的对策措施，从而最终全过程、全方位地对系统安全进行控制。

2）系统风险评估的目的和内容

风险评估目的是查找、分析和预测系统存在的危险、有害因素及危险、危害程度，提出合理可行的安全对策措施，指导危险源监控和事故预防，以达到最低事故率、最少损失和最优的安全投资效益。内容主要包括危险性确认和危险度评估。

3）风险评估的程序

风险评估（评价）的程序主要包括：准备阶段；危险、有害因素辨识与分析；定性定量评估；提出安全对策措施；酌情对安全对策或方案作“费用－效益”评估；形成安全结论及建议；编制风险评估报告。

（1）准备阶段：明确被评估对象和范围，收集国内外相关法律法规、技术标准及系统的技术资料。

（2）危险因素的辨识与分析：根据被评估的系统的情况辨识和分析危险，确定危险存在的部位、方式，事故发生的途径及变化的规律。

（3）定性、定量评估：在危险因素辨识与分析的基础上，选择合理的评估方法，对系统发生事故的可能性和严重程度进行定性、定量评估。

（4）制定安全对策措施或方案：根据定性、定量评估结果提出消除或减弱危险的技术和管理措施及建议。

（5）“费用—效益”：对安全对策措施或方案作经济性的“费用—效益”评估，该步骤的必要性依据评估任务而定，并非必需。

（6）风险评估结论及建议：简要地列出主要危险、有害因素的评估结果，指出系统应重点防范的重大危险因素，明确生产经营者应重视的重要安全措施。

（7）编制风险评估报告：根据风险评估的结果，编制相应的风险评估报告。

2. 规范化安全评估

规范化安全评估，也译为“综合安全评估”。为了促进和改善海上安全工作，IMO 在 20 世纪 90 年代初根据英国海事安全局（MSC）在 1993 海上安全委员会（MSC）第 62 届会议提出了的建议，要求会员国将规范化安全评估（Formal Safety Assessment，FSA）方法应用于船舶安全领域的研究。IMO 在 1997 年的第 68 届 MSC 会议上，通过了《FSA 应用暂行指南》，2002 年通过《IMO 规则制定过程的 FSA 指南》，以鼓励会员国采用 FSA 对船舶安全进行专项深入研究，并将这种先进的风险评估方法全面应用到船舶安全之中。

近年来，IMO 的一些会员国家已开始采用 FSA 对特种船舶的安全与风险控制、船舶压载水的排放和其他一些与海上安全与环保相关的项目进行研究，并就这些研究项目与内容提出了一些可减少和避免海上风险与船舶事故，提高海上安全水平的决策性建议。

1）FSA 的目的与特点

FSA 是一种系统性和规范化的综合安全评估方法。它的目的在于通过采用规范化的五个步骤对船舶设计与检验、营运与安全管理等进行全方位的综合性安全评估，以有效地提高海上人命、船员健康、海洋环境、船舶和货物等方面的海上安全程度。

FSA针对海运对象,与系统风险评估在理念和方法上没有本质区别。它包括对已发生事故的分析评估,也包括对可能发生事故的分析评估,是一种事后性加预期性的规范化安全评估方法。

2)FSA的方法与实施

在开始FSA之前,首先应确定所需评估的项目和范围,并充分考虑与这些被评估项目相关的限定条件,然后按照采用危险识别、风险评估、风险控制方案、费用与效益评估和提供决策建议五个步骤进行评估(图3-1)。

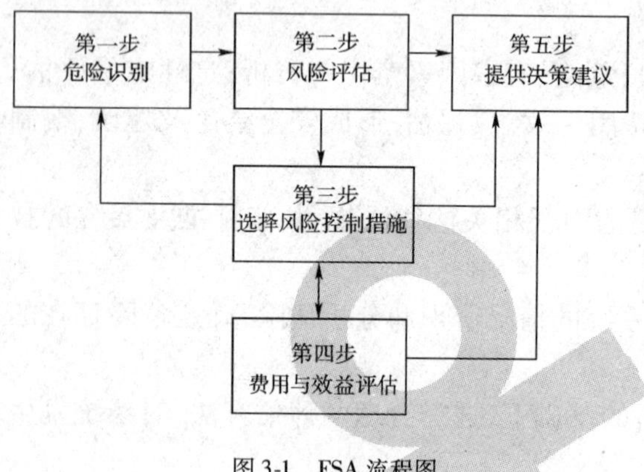

图3-1　FSA流程图

(1)危险识别

危险识别是规范化安全评估的初始步骤。它的目的是对所界定的评估系统项目中可能存在的所有危险加以识别,然后将这些危险按照不同的危险程度加以排序说明,以便对主要的危险作进一步分析。为了能全面系统性地做好危险识别工作,首先应根据评估的需要组建相应的工作小组。该组的成员除了与被评估项目有密切关系的专家外,还应有从事研究人为因素的专家,以便能全面分析和找出危险及其原因、产生的后果与影响。

危险识别一般可通过发挥想象(头脑风暴)的技术,并结合标准分析技术的应用而进行。发挥想象决不能仅着眼于对事后性或现存危险的识别,还应充分考虑到将可能发生或存在的预期性危险。所采用的标准分析技术包括事故树分析(FTA)、事件树分析(ETA)、故障模式和后果影响分析(FMEA)、危险预分析(PHA)、危险与可操作性研究(HAZOP)等。

在危险识别的过程中,应通过调研、座谈会等多种形式,组织有关专家与人员共同参与危险的识别工作。在对以往已发生危险的事后性全面总结和对可能发生或潜在危险的预期性分析研究的基础上,通过相应的标准分析技术,对每种事故类型的可能原因和后果加以综合分析与处理,并利用相关数据进行评估,最后将这些危险的根据危害性的大小加以排序。

(2)风险评估

风险评估是在确定风险的存在及其客观分布情况的基础上,分析影响风险程度的各种因素。通过主次排列的方法找出高风险区和关键性的风险因素,可分析事故发生和事故后果之间的关系,以便采取针对性的改善措施。

在风险评估的过程中,应先明确所评估风险的类型及其相应的风险度量单位,并根据需要采用能表明不同事故类别和子类别中风险分布途径的风险贡献树、事故树与事件树等分析模型;通过量化风险贡献树或通过相关事故数据的统计分析后,对各种事故类型风险的分布和影响风险的各种因素加以确定;在识别和评估高风险区和影响风险主要因素的同时,应认真分析现行标准与规定对高风险区和影响风险的主要因素的作用和有效性;在完成上述工作后,应采用适当的方法计算各种风险数值,进行定量分析,这些方法包括:危险源评价打分法、作业场所危险性评价法、系统危险性评价法、预先危险性分析法等,这些评价方法的适用情况不同,具体的评价内容也不相同,需要根据评估风险的类型加以选择。将定量分析的风险大小归到“可以忽略”、“低风险”、“不可容忍”三个不同风险级区内。

(3)风险控制方案

风险控制方案是在危险识别和风险评估的基础上,针对性地提出相应降低风险的措施,并根据这些措施制定具体可行的风险控制方案,包括制定和修改一些标准与规定。在风险控制方案中应仔细考虑已存在或可能发生的风险,还应充分注意到由于新技术或更新操作方法所引起的风险,然后才能全面落实应对所有这些风险控制措施的方案。这些风险控制方案,如改进设计规范、规范操作程序、制定规章制度和加强培训等的实施应能防止事故发生或减轻事故后果与影响。

在制定风险控制方案时,先要明确需要控制风险的区域,并根据这些风险区域的实际情况制定出可行的风险控制措施;然后将这些风险控制措施加以细化并形成可操作的风险控制方案;同时,应认真识别所采用风险控制方案可能产生的新的风险及其对策。在必要时,可采用风险发生树的分析方法,重新对将采用的每一风险控制方案所产生的风险加以评估。评估时应着重考虑风险水平、事故发生频率和后果严重程度。风险水平已达到“不可接受”的事故是需加以处理的重点,即必须对风险发生树中发生概率最高的区域和事故发生后果最为严重的区域进行认真处理。

(4)费用与效益评估

费用与效益评估的目的是估算和评价“风险控制方案”中每种风险控制方案所产生的费用和效益。其评估出的费用应为整个评估与实施周期内所产生的全部费用,即包括最初开展评估的费用和实施营运、培训、检验、发证等风险控制方案中所产生的总费用。所评估的效益可包括减少死伤人员的数量、减轻发生灾难的频率、降低环境损害的程度、减少第三方责任赔偿的损失和增加船舶平均寿命等。

(5)提供决策建议

提供决策建议的目的是在对危险和潜在原因的比较和排序和对风险控制方案的费用与效益评估的比较排序的基础上,提出相应合理的决策建议。

在提供决策建议的过程中,应从通过前4步骤得出的结果从风险控制的有效性和费用受益有效性的角度进行系统和客观地评估和比较;经对全部风险控制方案进行分析比较,选出一个或几个费用与效益比较好的方案;从费用与效益比适当的方案入手,分析执行新方案后对各利益方的影响程度,尽量考虑各利益方付出与受益的平衡;在考虑控制方案有效性并顾及各方利益均衡的情况下,提出合理的建议案。

第七节　国际卫生条例

一、条例简介

《国际公共卫生条例》于1951年经第四届世界卫生大会通过,作为防止指定传染病在国际间传播的措施以及这些疾病的报告和通知病例要求的第一个单一国际法规。其宗旨是最大限度地防止疾病在国际传播,保障安全,同时又尽可能小地干扰世界交通运输和贸易。该条例于1969年被《国际卫生条例》所取代,其后于1973年经修订增加了对霍乱的检疫,并于1981年作出修订,取消了对天花的国境卫生检疫。1969年版《国际卫生条例》主要针对鼠疫、霍乱和黄热病三种传染病实施国境卫生检疫。2005年版《国际卫生条例》(International Health Regulations,IHR 2005)共66条9个附件,于2007年6月15日起生效。

二、定义

(1)"受染"是指受到感染或污染或携带感染或污染源以至于构成公共卫生危害的人员、行李、货物、集装箱、交通工具、物品、邮包或骸骨。

(2)"受染地区"是指世界卫生组织依据本条例明确建议采取卫生措施的某个地理区域。

(3)"主管当局"是指根据本条例负责执行和采取卫生措施的当局。

(4)"灭鼠"是指在入境口岸采取卫生措施控制或杀灭行李、货物、集装箱、交通工具、设施、物品和邮包中存在的传播人类疾病的啮齿类媒介的程序。

(5)"消毒"是指采用卫生措施利用化学或物理制剂的直接作用控制或杀灭人体或动物身体表面或行李、货物、集装箱、交通工具、物品和邮包中(上)的传染性病原体的程序。

(6)"除虫"是指采用卫生措施控制或杀灭行李、货物、集装箱、交通工具、物品和邮包中传播人类疾病的昆虫媒介的程序。

(7)"卫生措施"是指为预防疾病或污染传播实行的程序;卫生措施不包括执行法律或安全措施。

(8)"感染"是指感染性病原体进入人体和动物身体并在体内发育或繁殖,并可能构成公共卫生危害。

(9)"检查"是指由主管当局或在其监督下检查地区、行李、集装箱、交通工具、设施、物品或邮包(包括相关资料和文件),以确定是否存在公共卫生危害。

(10)"隔离"是指将病人或受染者或受染的行李、集装箱、交通工具、物品或邮包与其他个人和物体隔离,以防止感染或污染扩散。

(11)"检疫"是指限制有嫌疑但无症状的个人或有嫌疑的行李、集装箱、交通工具或物品的活动和(或)将其与其他的个人和物体隔离,以防止感染或污染的可能传播。

三、公共卫生措施

1. 到达和离开时的卫生措施

缔约国出于公共卫生目的可要求在(运输工具)到达或离开时,了解有关旅行者旅行路线以确认到达前是否在受染地区或其附近进行过旅行或可能接触感染或污染,以及检查旅行者的健康文件(如果按IHR需要此类文件);

2. 过境船舶

除另有规定或经适用的国际协议授权之外,缔约国在下列情况下不得采取卫生措施:

(1)不是来自受染地区、在前往另一国家领土港口的途中经过该缔约国领土的沿海运河或航道的船舶,在主管当局监督下应当允许任何此类船舶添加燃料、水、食物和供应品;

(2)通过该缔约国管辖的航道、但不在港口或沿岸停靠的任何船舶。

第八节　国际劳工组织公约

一、2006 年海事劳工公约

国际劳工组织(ILO)自 2001 年以来,经过近 5 年的努力,整合并修订了自 20 世纪 20 年代以来的现有 ILO 的 68 个公约及建议书,形成了一个综合性海事劳工公约,并于 2006 年 2 月 23 日在日内瓦举行的第 94 届大会暨第十届海事大会上以绝对多数票通过了该海事劳工公约——《2006 年海事劳工公约》(MLC 2006)。该公约预计在 2012 年达到生效条件。

1. 主要内容与框架

MLC 2006 在构架上共分三个层次,即正文条款(Articles)、规则(Regulations)和技术守则(Code),其中守则分为 A 部分的强制性标准(Standards)和 B 部分的建议性导则(Guidelines)。规则和守则在内容上分为五个标题(Titles):标题一为"海员上船工作的最低要求";标题二为"就业条件";标题三为"起居舱室、娱乐设施、食品和膳食服务";标题四为"健康保护、医疗、福利及社会保障";标题五为"遵守与执行"。

2. 适用范围

MLC 2006 适用于任何吨位的通常从事商业活动的所有海船。200 总吨以下国内航行船舶可免除守则中的有关要求。公约规定,公约生效后,舱室标准对现有船舶将不进行追溯。

3. 海员的就业和社会权利

(1)每一海员均有权获得符合安全标准的安全且受保护的工作场所。

(2)每一海员均有权获得公平的就业条件。

(3)每一海员均有权获得体面的船上工作和生活条件。

(4)每一海员均有权享受健康保护、医疗、福利措施及其他形式的社会保障。

4. 海员上船工作的最低要求

1)最低年龄

(1)应禁止 16 岁以下的人员受雇、受聘或到船上工作。

(2)应禁止 18 岁以下的海员在夜间工作。

(3)应禁止雇用或聘用 18 岁以下的海员从事可能损害其健康或安全的工作。

2)体检证书

(1)海员在上船工作之前持有有效的体检证书,证明其健康状况适合其将在海上履行的职责。

(2)体检证书应由有正规资格的医师签发。对视力证书可由经主管当局认可的具备签发证书资格的人员签发。

(3)每份体检证书应特别载明:

①有关海员的听力和视力以及从事那些对色觉有要求的工作人员的色觉视力全部符合要求;

②该海员未患有任何由于在海上工作而可能会而加重、或使其变得不适合从事此种工作、

或威胁船上其他人员健康的疾患。

(4)体检证书的最长有效期为两年,除非海员低于 18 岁,在这种情况下体检证书的最长有效期应为 1 年。

(5)色觉视力证书的最长有效期应为 6 年。

(6)在紧急情况下,主管当局可以允许没有有效体检证书的海员工作直至该海员可以从合格的医师那里取得一份体检证书的下一停靠港,条件是所允许的期间不超过 3 个月,并且该海员持有最近过期的体检证书。

(7)如果在某航行途中证书到期,该证书应继续有效至该海员能够从合格医师那里取得体检证书的下一停靠港,条件是这段时间不超过 3 个月。

(8)在通常从事国际航行的船舶上工作的海员的体检证书至少必须用英文写成。

3)培训和资格

(1)除非海员经过培训或经证明适任或者具备履行其职责的资格,否则不得在船上工作。

(2)除非海员成功地完成了船上个人安全培训,否则不得允许其在船上工作。

5. 就业条件

1)海员就业协议

(1)各成员国应通过法律或条例要求悬挂其旗帜的船舶符合下述要求:

①在悬挂其旗帜的船舶上工作的海员应持有一份由海员和船东或船东的代表双方签署的海员就业协议。

②签署海员就业协议的海员在签字前应有机会对协议进行审查和征询意见,还要为海员提供其他必要的便利确保其在充分理解了其权利和义务后自由达成协议。

③有关船东和海员应各持有一份经签字的海员就业协议原件。

④应采取措施确保包括船长在内的海员在船上可以容易地获得关于其就业条件的明确信息,并且这些信息,包括一份海员就业协议的副本,还应能够供主管当局的官员(包括船舶所挂靠港口的官员)查验。

⑤应发给海员一份载有其船上就业记录的文件。

(2)海员就业协议应包括以下细节:

①海员的全名、出生日期或年龄及出生地;

②船东的名称和地址;

③订立海员就业协议的地点及日期;

④海员将担任的职务;

⑤海员的工资数额;

⑥带薪年假的天数;

⑦协议的终止及其终止条件;

⑧将由船东提供给海员的健康津贴和社会保障保护津贴;

⑨海员获得遣返的权利;

⑩提及集体谈判协议,如适用;

⑪国家法律所要求的其他细节。

(3)海员和船东提前终止海员就业协议需提前 7 天发出通知。

2)工资

(1)应给海员一个应得报酬和实付数额的月薪账目,包括工资、额外报酬、货币兑换率。

(2)船东应采取措施,为海员提供一种将其收入的全部或部分转给其家人或受赡养人或法定受益人的方式。

3)工作或休息时间

(1)海员的正常工时标准应以每天8小时、每周休息1天和公共节假日休息为依据。

(2)工作或休息时间应作如下限制:

①最长工作时间:在任何24小时时段内不得超过14小时;在任何7天时间内不得超过72小时。

②最短休息时间:在任何24小时时段内不得少于10小时;在任何7天时间内不得少于77小时。

(3)休息时间最多可分为两段,其中一段至少要有6小时,且相连的两段休息时间的间隔不得超过14小时。

(4)集合、消防和救生艇训练以及国家法律、条例和国际文件规定的训练应以对休息时间的影响最小和不会造成疲劳的方式进行。

(5)在某一海员处于随时待命的情况下,例如机舱处于无人看管时,如果海员因被招去工作而打扰了正常的休息时间,则应给予充分的补休。

(6)在容易进入的地点张贴一份船上工作安排表,该表格应至少包括每一岗位的下列内容:

①在海上和在港口的工作时间表;

②国家法律或条例或适用的集体协议所要求的最长工作时间和最短休息时间。

(7)上述表格应按标准化的格式以船上的一种或多种工作语言和英文制订。

(8)保持对海员的日工作时间或其日休息时间进行记录。海员应得到一份由船长或船长授权人员以及海员本人签字认可的有关其本人记录的副本。

(9)本标准的任何规定不得妨碍船长出于船舶、船上人员或货物的紧急安全需要,或出于帮助海上遇险的其他船舶或人员的目的而要求一名海员从事任何时间工作的权利。为此,船长可中止工作时间或休息时间安排,要求一名海员从事任何时间的必要工作,直至情况恢复正常。一旦情况恢复正常,船长应尽快地确保所有在计划安排的休息时间内从事工作的海员获得充足的休息时间。

4)休假的权利

(1)带薪年休假的权利应以每服务一个月最低2.5天为基础加以计算。合理的缺勤不应被视作年假。

(2)在年休假期间的报酬水平应为国家法律或条例或适用的海员就业协议中规定的海员正常报酬水平。对于受雇期短于1年的海员,或在雇佣关系终止的情况下,休假的权利应按比例计算。

(3)下述情况不应算作带薪年休假的一部分:

①船旗国认可的公共和传统假日,不论其是否发生在带薪年休假假期内;

②因患病或受伤或因生育而不能工作的期间;

③在履行就业协议期间准许海员的短期上岸休息；

④任何类型的补休。

5)遣返

(1)海员在以下情形有权得到遣返：

①就业协议到期；

②就业协议被船东终止,或被海员出于合理的理由终止；

③如果海员不再具备履行其就业协议中职责的能力或在具体情形下不能指望其履行这些职责。

(2)禁止船东要求海员在开始受雇时预付遣返费用,禁止船东从海员的工资或其他收益中扣回遣返费用,除非根据国家法律或条例或其他措施或适用的集体谈判协议,海员出现严重失职而被遣返。

(3)属于就业协议终止和海员不能履行职责的情况为：

①因患病或受伤或其他健康问题需要其遣返且身体状况适于旅行时；

②在船舶失事时；

③在由于破产、变卖船舶、改变船舶登记或任何其他类似原因船东不能继续履行其作为海员雇用者的法律或契约义务时；

④在船舶驶往国家法律或条例或海员就业协议所界定的战乱区域而海员不同意前往的情况下；

⑤根据仲裁裁定或集体协议而终止或中断雇用,或出于其他类似原因终止雇用。

(4)船东应承担以下遣返费用：

①到达选定的遣返目的地的旅费；

②从海员离船时起至抵达遣返目的地时止的食宿费；

③如果本国法律、条例或集体协议有规定,从海员离船时起至抵达遣返目的地时止的工资和津贴；

④将海员个人行李30公斤运至遣返目的地的运输费；

⑤必要时,提供医疗使海员身体状况适合前往遣返目的地的旅行。

(5)船东应负责通过适当和迅速的方式对遣返做出安排。通常的旅行方式应为乘坐飞机。成员国应规定海员可被遣返的目的地。目的地应包括可视为海员与之存在着实质性联系的国家,包括：

①海员同意接受雇用的地点；

②集体协议约定的地点；

③海员的居住国；

④可能在聘用时双方同意的其他地点。

(6)海员应有权从规定的目的地中选择其将被遣返的地点。

6)船舶灭失或沉没时对海员的赔偿

(1)在任何船舶灭失或沉没的各种情况下,船东应就这种灭失或沉没所造成的失业向船上每个海员支付赔偿。

(2)上述规定应不妨碍海员根据有关成员国关于船舶灭失或沉没而造成损失或伤害国家

法律可能享有的其他权利。

7)配员水平

各成员国应要求悬挂其旗帜的所有船舶考虑到海员的疲劳以及航行的性质和条件,在船上配有充足数目的海员以确保船舶的安全、高效操作,并充分注意到在各种条件下的保安。

6.健康保护、医疗、福利和社会保障

1)船上医疗

(1)主管当局应通过一个标准的海员医疗报告表格,供船长和相关的岸上和船上医疗人员使用。填好后的该表格及其内容应予保密,只应用于方便海员的治疗。

(2)各成员国应通过法律和条例对悬挂其旗帜的船舶规定船上医务室及医疗设施和设备以及培训的要求。国家法律或条例最低限度应规定以下要求:

①所有船舶均应携带医药箱、医疗设备和医疗指南,具体内容由主管当局规定并受到主管当局的定期检查;国家要求应考虑到船舶类型、船上人员的数量及航次性质、目的地和航程以及相关的国家和国际的建议医疗标准。

②载员100人或以上,通常从事3天以上国际航行的船舶应配备一名医生负责提供医疗。

③应要求不配备医生的船舶,要么在船上至少有一名海员,其一部分正式职责是负责医疗和管理药品,要么船上至少有一名海员胜任提供医疗急救。

④不是专职医生但负责船上医疗的人员应该满意地完成了符合经修正的STCW公约要求的培训;被指定提供医疗急救的海员应满意地完成了符合STCW公约要求的医疗急救培训。

(3)主管当局应通过一个预先安排的机制,保证船舶在海上能够每天24小时均可得到通过无线电或卫星通信提供的医疗指导,包括专家指导。医疗指导,包括船舶与岸上提供医疗咨询的机构通过无线电台或卫星通信进行的医疗信息沟通,均应由所有船舶免费使用,无论其悬挂哪一国旗帜。

2)船东的责任

(1)船东应根据以下最低标准,对船上工作的所有海员的健康保护和医疗负责:

①对于在其船上工作的海员,船东应有责任对海员从开始履行职责之日起到其被视为妥善遣返之日期间所发生的或源自这些日期间的就业的疾病和受伤承担费用;

②船东应提供财务担保,保证对海员因工伤、疾病或危害而死亡或长期残疾的情况提供国家法律或海员就业协议或集体协议所确定的赔偿;

③船东应有责任支付医疗费用,包括治疗及提供必要的药品和治疗设备,以及在外的膳宿,直到该患病或受伤海员康复,或直到该疾病或机能丧失被宣布为永久性的;

④如果发生海员受雇期间在船上或岸上死亡的情况,船东应有责任支付丧葬费用。

(2)国家法律或条例可以把船东支付医疗和膳宿费用的责任限制在从受伤或患病之日起不少于16周的期限内。

(3)如果疾病或受伤造成工作能力丧失,船东应有责任:

①只要患病或受伤海员还留在船上或者在海员根据本公约得到遣返以前,向其支付全额工资;

②从海员被遣返或到达上岸之时起直到身体康复,或直到有权根据有关成员国的法律获

得保险金(如果早于康复的话),按照国内法律或条例或集体协议的规定向其支付全额或部分工资。

(4)国家法律或条例可将船东向一名离船海员支付全部或部分工资的责任限制在从患病或受伤之日起不少于16周的期限内。

(5)国家法律或条例可在以下情况下排除船东的责任:

①在船舶服务之外发生的其他受伤;

②受伤或患病是因患病、受伤或死亡海员的故意不当行为所致;

③在接受雇用时故意隐瞒的疾病或病症。

3)保护健康和安全及防止事故

(1)各成员国应确保悬挂其旗帜的船舶上的海员得到职业健康保护,并且在一个安全和卫生的环境下在船上生活、工作和培训。

(2)各成员国应为悬挂其旗帜的船舶制定和颁布关于职业安全和健康管理的国家导则。

(3)各成员国应为悬挂其旗帜的船舶规定职业安全和健康保护及防止事故的标准。

4)获得使用岸上福利设施

(1)各成员国应确保如果存在岸上福利设施,应易于供海员使用。

(2)成员国还应为挂靠其港口的船舶上的海员提供充分的福利设施与服务。

5)社会保障

(1)各成员国应确保所有海员,以及按其国家法律的规定,其受赡养人能够获得符合守则的社会保障的保护。

(2)各成员国承诺根据其本国情况采取措施,独自或通过国际合作,逐步为海员提供全面的社会保障的保护。

(3)成员国应确保受到其社会保障法律管辖的海员,以及在其国家法律规定的范围内,其受赡养人有权享受不低于岸上工人所享受的社会保障的保护。

二、1976年商船最低标准公约

国际劳工局理事会召集国际劳工组织全体成员于1976年10月13日在日内瓦举行第62届会议。会议上通过了《1976年商船最低标准公约》(ILO No. 147号)。

1. 1976年商船最低标准公约的主要内容

1)缔约国须制定国内法律或条例,为在其领土上登记的船舶作出如下规定:

(1)安全标准,其中包括资格、工作时间和配员标准,以确保船上人命安全;

(2)适当的社会保障措施;

(3)船上工作条件和船上居住安排符合缔约国和国际协议要求,并符合本公约附录中公约的标准。

2)缔约国对在其领土上登记的船舶,就下述方面行使有效管辖权或控制:

(1)国家法律或条例规定的安全标准,其中包括:任职资格、工作时间和配员标准;

(2)国家法律或条例规定的社会保障措施;

(3)国家法律或条例规定的或主管法院以对有关船东和海员有同等约束力的方式规定的船上工作条件和船上居住安排。

3)确保在其领土上登记的船舶雇用海员受过严格训练,能胜任其工作。对涉及在其领土上登记的船舶的任何严重海上事故,尤其那些涉及人身伤亡的事故进行正式调查,这种调查的最终报告在正常情况下应予以公开发表。

4)当船员、专业机构、协会、工会或通常关心该船舶安全的任何人员发现船舶在营运或在港期间有不符合本公约要求的情况,或接到相关报告时,可以向登记国当局提出控告,同时采取必要措施,以改变船上对安全或健康有明显危害的任何环境。

2. 1976 年商船最低标准公约的附录

1976 年商船最低标准公约的技术标准都在其附录的 21 个相关公约中体现。包括:《最低年龄公约》、《船东责任公约》、《海员疾病保险公约》、《医疗和疾病津贴公约》、《海员体格检查公约》、《防止海员工伤事故公约》、《海员起居舱室公约》、《船上船员食品和膳食公约》、《高级船员适任证书公约》、《海员协议条款公约》、《海员遣返公约》、《结社自由和组织权利保护公约》、《组织权利和集体谈判保护公约》、《海员工时和船舶配员公约》、《海员身份证公约》、《海员健康保护和医疗公约》等。

第九节　国际航行船舶要求随船携带的证书和其他文件

船舶依据其种类、航区、航线、长度、航速和用途的不同而需配备相应的船舶证书和文件(简称船舶文书)。

船舶的主要证书和文件是船舶进出港时港口当局检查的重要内容之一。如果发现证书和文件不齐或有失效者,将延滞船舶离港,直至备齐或办妥证书才准予离港。

各类国际航行船舶须配备的文书概述如下:

1)所有船舶

(1)国际吨位证书(1969)——ITC 公约,证书长期有效;

(2)国际载重线证书(或免除证书)——LL 公约,证书有效期 5 年;

(3)完整稳性手册(所有客船和 24 米及以上货船)——SOLAS 公约,1988 年 LL 公约议定书;

(4)破损控制图和手册——SOLAS 公约;

(5)最低安全配员证书——SOLAS 公约,证书有效期同船舶国籍证书;

(6)消防安全培训手册——SOLAS 公约;

(7)防火控制图/小册子——SOLAS 公约;

(8)船上培训和演习记录——SOLAS 公约;

(9)消防安全操作手册——SOLAS 公约;

(10)船长、高级船员或普通船员适任证书——STCW 公约;

(11)国际防止油类污染证书(每艘 150 总吨及以上的油船和每艘 400 总吨及以上除油船外的其他船舶)——MARPOL 公约,证书有效期 5 年;

(12)油类记录簿第Ⅰ部分(机器处所作业)(每艘 150 总吨及以上的油船以及每艘 400 总吨及以上除油船外的其他船舶)——MARPOL 公约;

(13)油类记录簿第Ⅱ部分(货物/压载作业)(每艘 150 总吨及以上的油船)——MARPOL

公约;

(14)船上油污应急计划(每艘150总吨及以上的油船和每艘400总吨及以上除油船外的其他船舶)——MARPOL公约;

(15)国际防止生活污水污染证书——MARPOL公约,证书有效期5年;

(16)垃圾记录簿和垃圾管理计划(每艘400总吨及以上的船舶和每艘核定载运15人或以上的船舶)——MARPOL公约;

(17)航行数据记录仪系统符合证书——SOLAS公约;

(18)货物系固手册——SOLAS公约;

(19)符合证明副本和安全管理证书——SOLAS公约,有效期5年;

(20)国际船舶保安证书(ISSC)或临时国际船舶保安证书——SOLAS公约;

(21)船舶保安计划和相关记录——SOLAS公约;

(22)连续概要记录(CSR)——SOLAS公约。

2)客船。除所有船舶所列证书外还需:

(1)客船安全证书(或免除证书)——SOLAS公约,有效期12个月;

(2)特种业务客船安全证书——1971年特种业务客船协定;

(3)特种业务客船舱室证书——1973年特种业务客船舱室要求议定书;

(4)搜救合作计划——SOLAS公约;

(5)操作限制清单——SOLAS公约;

(6)船长决策支持系统——SOLAS公约。

3)货船。除所有船舶所列证书外还需:

(1)货船构造安全证书和货船设备安全证书(500总吨及以上的货船),货船无线电安全证书(300总吨及以上的货船),以上3张证书可用货船安全证书替代,免除证书(如需要)——SOLAS公约,有效期均为5年;

(2)船舶载运危险货物的符合证明、危险货物舱单或积载图(装运危险货物的船舶)——SOLAS公约;

(3)谷物运输的批准文件(每艘按照IBGC规则装载的船舶)——SOLAS公约;

(4)油污损害民事赔偿责任的保险或其他财务保证的证书(每艘载运2000吨以上散装货油或大量燃油的船舶)——CLC公约;

(5)加强检验报告书(散货船、油船)——MARPOL公约;

(6)最近一次压载航行的排油监控系统记录(150总吨及以上的油船)——MARPOL公约;

(7)货物资料——SOLAS公约;

(8)散货船手册(装卸固体散装货物的船舶)——SOLAS公约;

(9)专用清洁压载舱操作手册——MARPOL公约;

(10)原油洗舱操作与设备手册(COW手册)——MARPOL公约;

(11)状况评估计划(CAS)符合证明、CAS最终报告和审核记录——MARPOL公约;

(12)静压平衡装载(HBL)操作手册——MARPOL公约;

(13)排油监控(ODMC)操作手册——MARPOL公约;

(14)分舱和稳性资料——MARPOL 公约。

4)任何载运散装运输有毒液体物质的船舶。除所有船舶和货船所列证书外还需：

(1)国际防止散装运输有毒液体物质污染证书(NLS 证书)——MARPOL 公约,有效期最长为 5 年；

(2)货物记录簿——MARPOL 公约；

(3)程序和布置手册(P&A 手册)——MARPOL 公约；

(4)船上有毒液体物质污染海洋环境应急计划——MARPOL 公约。

5)化学品船舶。除所有船舶和货船所列证书外还需:散装运输危险化学品适装证书或国际散装运输危险化学品适装证书。

6)液化气体船。除所有船舶和货船所列证书外还需：

散装运输液化气体适装证书或国际散装运输液化气体适装证书。

7)高速船。除所有船舶、客船和货船所列证书外还需：

(1)高速船安全证书；

(2)高速船营运许可证书。

8)载运危险货物船舶。除所有船舶、客船和货船所列证书外还需:载运危险货物船舶特殊要求的符合证明。

9)载运包装危险货物的船舶。除所有船舶、客船和货船所列证书外还需:危险货物舱单或积载图。

10)船舶所持证书还应包括：

(1)国籍证书(登记证书)或临时船舶国籍证书——国籍证书有效期 5 年,临时船舶国籍证书有效期一般为 1 年,登记证书长期有效；

(2)船舶入级证书(有效期应不超过 5 年)；

(3)船舶卫生控制证书(有效期为 6 个月——国际卫生条例),船舶卫生控制免除证书等。

11)船舶法定记录还应包括:航海日志,轮机日志,电台日志,车钟记录簿等。

12)海事机构核查记录:船舶安全检查记录簿,船舶签证簿等。

第四章 国内海事行政法规

第一节　海上交通安全法

一、现行法律

为加强海上交通安全管理、维护海上交通秩序、维护国家主权、调整各方权益，1983 年 9 月 2 日，我国第六届全国人民代表大会常务委员会第二次会议讨论通过了《中华人民共和国海上交通安全法》。该法自 1984 年 1 月 1 日起开始实施，为现行的海上交通安全法。

该法中的主要规定包括：

1. 适用范围

本法适用于在中华人民共和国沿海的港口、内海水和领海以及国家管辖的一切其他海域航行、停泊和作业的一切船舶、设施和人员以及这些船舶、设施的所有人、经营人。

2. 主管机关

中华人民共和国海事管理机构是对沿海水域交通安全实施统一监督管理的主管机关。

3. 船舶管理

1）船舶航行、停泊和作业，必须遵守中华人民共和国的有关法律、行政法规和规章。

2）检验与证书

（1）船舶必须持有证明其航行权的证书，如船舶国籍证书。

（2）船舶和船上有关航行安全的重要设备必须具有船舶检验部门签发的有效技术证书。

3）船舶进出港口管理

（1）国际航行船舶进出中华人民共和国港口，必须接受主管机关的检查；

（2）中华人民共和国国籍的国内航行船舶进出港口，必须办理进出港签证。

4）对外国籍船舶的管理

(1)外国籍船舶进出中华人民共和国港口或者在港内航行、移泊以及靠离港外系泊点、装卸站等,必须由主管机关指派引航员引航。

(2)外国籍非军用船舶,未经主管机关批准,不得进入中华人民共和国的内水和港口。但是,因人员病急、机件故障、遇难、避风等意外情况,未及获得批准,可以在进入的同时向主管机关紧急报告,并听从指挥。外国籍军用船舶,未经中华人民共和国政府批准,不得进入中华人民共和国领海。

4. 船员管理

(1)船舶应当按照标准定额配备足以保证船舶安全的合格船员。

(2)船长、轮机长、驾驶员、轮机员等必须持有合格的职务证书,其他船员必须经过相应的专业技术训练。

(3)船舶上的人员必须遵守有关海上交通安全的规章制度和操作规程,保障船舶航行、停泊和作业的安全。

5. 水域管理

(1)无关的船舶不得进入安全作业区。

(2)除经主管机关特别许可外,禁止船舶进入或穿越禁航区。

(3)船舶进出港口或者通过交通管制区、通航密集区和航行条件受到限制的区域时,必须遵守中华人民共和国政府或主管机关公布的特别规定。

6. 安全保障

1)禁止损坏助航标志和导航设施。损坏助航标志或导航设施的,应当立即向主管机关报告,并承担赔偿责任。

2)船舶发现下列情况,应当迅速报告主管机关:

(1)助航标志或导航设施变异、失常;

(2)有妨碍航行安全的障碍物、漂流物;

(3)其他有碍航行安全的异常情况。

7. 危险品运输

船舶储存、装卸、运输危险货物,必须具备安全可靠的设备和条件;遵守国家关于危险货物管理和运输的规定;船舶装运危险货物,必须向主管机关办理申报手续,经批准后,方可进出港口或装卸。

8. 海难救助

(1)船舶遇难时,除发出呼救信号外,还应当以最迅速的方式将出事时间、地点、受损情况、救助要求以及发生事故的原因,向主管机关报告。

(2)遇难船舶及其所有人、经营人应当采取一切有效措施组织自救。

(3)事故现场附近的船舶收到求救信号或发现有人遭遇生命危险时,在不严重危及自身安全的情况下,应当尽力救助遇难人员,并迅速向主管机关报告现场情况,以及本船的名称、呼号和位置。

(4)发生碰撞事故的船舶,应当相互通报船名、国籍和登记港,并尽一切可能救助遇难人员;在不严重危及自身安全的情况下,当事船舶不得擅自离开事故现场。

(5)主管机关接到求救报告后,应当立即组织救助,有关单位和在事故现场附近的船舶、设施,必须听从主管机关的统一指挥。

9. 交通事故的调查处理

(1)船舶发生交通事故,应当向主管机关递交事故报告书和有关资料,并接受调查处理。

(2)船舶发生的交通事故,由主管机关查明原因,判明责任。

10. 主管机关的权利

1)主管机关发现船舶的实际状况同证书所载不相符合时,有权责成其申请重新检验或者通知其所有人、经营人采取有效的安全措施。

2)主管机关认为船舶对港口安全具有威胁时,有权禁止其进港或令其离港。

3)船舶发生事故,对交通安全造成或者可能造成危害时,主管机关有权采取必要的强制性处置措施。

4)船舶有下列情况之一的,主管机关有权禁止其离港、或令其停航、改航、停止作业:

(1)违反中华人民共和国有关的法律、行政法规或规章;

(2)处于不适航或不适拖状态;

(3)发生交通事故,手续未清;

(4)未向主管机关或有关部门交付应承担的费用,也未提供适当的担保;

(5)主管机关认为有其他妨害或者可能妨害海上交通安全的情况。

11. 法律责任

1)行政责任

对违反本法的,主管机关可视情节,给予下列一种或几种处罚:警告;扣留或吊销职务证书;罚款。

当事人对主管机关给予的罚款、吊销职务证书处罚不服的,可以在接到处罚通知之日起15天内,向人民法院起诉;期满不起诉又不履行的,由主管机关申请人民法院强制执行。

2)民事责任

因海上交通事故引起的民事纠纷,可以由主管机关调解处理,不愿意调解或调解不成的,当事人可以向人民法院起诉;涉外案件的当事人,还可以根据书面协议提交仲裁机构仲裁。

3)刑事责任

对违反本法构成犯罪的人员,由司法机关依法追究刑事责任。

二、拟定中的新法

由于现行的海上交通安全法从公布之日起,至今已近30年,不再适应目前对海上交通安全管理的需要,为此,我国交通运输主管部门受国务院委托,组织拟定了新的《海上交通安全法》,该法目前正在履行法律批准程序。

新的《海上交通安全法(草案)》主要内容如下:

1. 总则

(1)为加强海上交通安全管理,维护海上交通秩序与环境,维护国家主权和海上权益,保护公民、法人和其他组织的合法权益,制定本法。

(2)在中华人民共和国管辖海域内的船舶航行、停泊和作业,以及从事其他与海上交通安全相关的活动,适用本法。

2. 船舶和船员

(1)船舶、船用集装箱以及船舶配备的关系到公共安全、人身健康、生命财产安全的重要设备、器材,应当经海事管理机构或其认可的检验机构进行检验、丈量,取得相应的检验、丈量证书或者文书。

(2)船舶应当向海事管理机构申请船舶国籍登记。经过海事管理机构登记后,船舶方可悬挂中华人民共和国国旗在海上航行、停泊、作业。

(3)船舶航行、停泊、作业,应当持有船舶国籍证书和其他法定证书、文书,悬挂船旗国的国旗,并标明船名、船籍港、载重线。需要标明永久识别号的,还应当标明永久识别号。

(4)中国籍船舶应当满足海事管理机构签发的船舶最低安全配员证书的要求,配备合格的船员。外国籍船舶应当按照船旗国有关法律或者国际公约的规定,满足船舶最低安全配员证书的要求,配备合格的船员。

(5)中华人民共和国国籍的船员,应当依法持有海事管理机构颁发的船员服务簿和相应的船员适任证书、证件。外国籍船员应当持有符合有关国际公约规定的证书。

3. 航行、停泊、作业

1)一般规定

(1)船舶在开航之前,应当核查船舶适航状态,检查配员和值班情况,注意有关气象和海况信息,落实相应的应急措施,保证船舶适航、船员适任,不得冒险开航。

(2)船舶在海上航行、停泊、作业,应当遵守海船船员值班规则、海上避碰规则和交通主管部门制定的其他海上航行规则。

(3)外国籍船舶在海上航行、停泊、作业,应当遵守我国法律、行政法规和交通主管部门发布的规章,不得损害我国的主权和合法权益或者危害海上交通安全。

(4)船舶在进出港口、锚地或者通过通航密集区、交通管制区、狭水道、船舶定线区以及安全作业区等海域时,应当按照海事管理机构公布或者指定的航路、航道航行。

(5)除经海事管理机构批准外,禁止船舶进入或者穿越非军事禁航区。

(6)船舶载运旅客、货物,应当符合安全载运、积载要求。

(7)船舶应当按照证书载明的载客定额、载重量载运旅客、货物,不得超载航行。

(8)海上拖带大型设施和移动式平台,在向海事管理机构报告时应提交拖航检验证书。

(9)船舶应当在依照规定公布的符合安全停泊条件的码头、泊位、锚地、停泊区或者安全作业区停泊;遇有紧急情况,需要在其他水域停泊的,应当向海事管理机构报告。

(10)船员应当全面、如实、正确、及时记载航海日志、轮机日志、无线电日志、车钟记录簿以及其他作业记录。

(11)船舶发现下列情况,应当立即向海事管理机构报告:

①助航标志或导航设施变迁、失常;

②有妨碍海上交通安全的沉没物、漂流物、搁浅物或者其他障碍物;

③其他妨碍海上交通安全的异常情况。

(12)在海上进行作业,从事其他与海上交通安全相关的活动,不得擅自扩大作业或活动的海域范围,无关的船舶不得进入主管机关核定的作业或者其他与海上交通相关活动的海域。

2)进出港口和出入境管理

(1)我国国内航行船舶进出港口或者港外泊船处、装卸站点,应当向海事管理机构申请办理进出港签证。

(2)国际航行船舶进出我国港口或者港外泊船处、装卸站,应当向海事管理机构申请进出我国口岸许可,并接受海事管理机构的检查。

(3)国际航行船舶进出我国港口或者港外泊船处、装卸站,应当向有关主管部门办理相应的进出口岸许可手续的,还应当取得相应的进出口岸许可。

(4)外国籍非军用船舶,未经海事管理机构批准,不得进入我国的内水和港口。但是因人员急病、机件故障、遇险、避风等意外情况,未获得批准的,可以在进入港口或者海上泊船处、避难地的同时向我国海事管理机构紧急报告,并听从其指挥。

(5)外国籍军用船舶,未经我国政府批准,不得进入我国内水、领海。

3)船舶载运危险货物监管

(1)载运危险货物的船舶,应当具备安全可靠的设备和条件,持有相应的危险货物适装证书以及法律、行政法规和国际公约规定的其他证书。

(2)载运危险货物的船舶,应当编制危险货物事故应急处置预案,并配备相应的应急反应设备和器材。

(3)船舶载运危险货物,应当符合有关危险货物包装、标识、积载、隔离、运输的安全技术标准和规范。

(4)载运危险货物的船舶在港口水域内从事危险货物过驳作业,应当根据交通主管部门的有关规定向港口行政管理部门提出申请。

(5)船舶从事洗(清)舱、驱气、除气或置换作业,以及载运散装液体危险性货物的船舶在港口水域外从事海上危险货物过驳作业,应当符合国家有关海上交通安全和防治船舶污染海域规定的要求,并经海事管理机构许可。

(6)船舶从事危险货物运输或者装卸、过驳作业时,应当遵守安全作业操作规程,不得从事容易产生明火、火花或者静电的作业或者活动,并防止发生危险货物溢出、散落、泄漏等事故。

4. 安全保障

1)海事管理机构应当按有关规定统一发布航行警告和航行通告。

2)船员应当保持海上交通安全通信频道的值守,不得在海上交通安全通信频率、频道交流非海上交通安全的内容或者长时间占用海上交通安全频道。

3)船舶所有人、经营人、管理人应当加强对船舶安全营运和防治污染的管理,并取得海事管理机构颁发的符合证明。

4)船长在处理海上交通安全、防治污染和保安等方面,具有独立的判断和决策权。任何单位和个人不得干涉和妨碍船长对紧急情况作出独立决策的权力。但船长行使独立决策权力,不得损害公共利益和海洋环境。

5)船舶所有人、经营人、管理人不得指使、强令船员和其他人员违章操作或者冒险作业,防止船员和其他人员疲劳值班。

6)船员应当加强船舶及与海上交通安全有关的设备的维护和保养,使之保持正常、有效的状态。

7）船员不得疲劳值班，在履行船舶值班之前和在船值班时，不得饮用含有酒精的饮料，不得服用、吸食、注射违禁物品或者可能影响正常值班的其他物品。

8）载运危险货物的船舶、核动力船舶或者操纵能力受到限制的船舶、限于吃水的船舶、失去动力的船舶、在航行、停泊、作业时，应当落实相应的安全监护措施。

9）操纵能力受限制的船舶、限于吃水的船舶、失去动力的船舶、核动力船舶、载运核材料船舶进出港口、锚地或者通过通航密集区、交通管制区、狭水道、船舶定线区以及安全作业区，应当向海事管理机构申请护航。

10）船舶在海上遭遇恶劣气候、海况以及意外事故，在抵达港口后，可以向海事管理机构提交海事声明、办理海事签证。

11）有下列情形之一的，海事管理机构可以视情况采取责令船舶改航，或者限时、限船航行，单向航行，封航等临时性限制、疏导交通的措施：

（1）恶劣气候、海况；

（2）大范围水上水下施工作业；

（3）影响航行的海上险情或者交通事故；

（4）海上体育比赛或者其他大型群众性活动；

（5）对航行安全影响较大的其他情形。

12）国家建立海上交通安全应急反应预案制度。船舶所有人、经营人、管理人应当建立本单位海上交通安全的应急反应预案。

5. 海上搜救

（1）船舶在海上遇险，应当及时向海事管理机构报告。

（2）遇险的船舶及其所有人、经营人、管理人应当采取一切有效措施进行自救，尽量控制险情，防止或者减少损失和污染海洋环境。

（3）发生碰撞事故的船舶应当相互通报船名、国籍和登记港，并尽一切可能救助遇险人员。任何一方在不严重危及自身安全的情况下，应当尽力救助遇险的他方，不得擅自离开事故现场或者逃逸。

（4）海上遇险或者事故现场以及附近的船舶，收到求救信号或者发现他人遭遇生命危险的，在不严重危及自身安全的情况下，应当尽力救助遇险的人员，并及时向海事管理机构报告现场的情况和本船舶的名称、呼号和位置。

（5）船舶不得隐瞒不报、拖延不报、谎报或者恶意报警海上遇险，不得故意破坏海上遇险现场、毁灭有关证据。

（6）船舶发现误发遇险报警信号时，应立即向海事管理机构报告，并尽快消除影响。

（7）在遇险或者事故现场附近的船舶和人员，应当服从海事管理机构、海上搜救中心调度和指挥。参加搜救的单位、船舶和个人，应当及时向海事管理机构报告搜救动态和搜救结果。未经海事管理机构和海上搜寻救助协调机构同意或者宣布结束搜救行动，参加搜救的船舶不得擅自退出搜救行动。

6. 海上交通事故调查处理

（1）发生交通事故的船舶，应当及时向海事管理机构报告，并保护事故现场，不得逃逸。

（2）在我国管辖海域外发生海上交通事故的中华人民共和国籍船舶，应当向船籍港的海事管理机构报告事故情况。

(3)发生海上交通事故的船舶或其所有人、经营人、管理人,应当向海事管理机构提交事故报告书和有关资料。海事管理机构接到海上交通事故报告后,应当及时组织调查。

(4)调查处理海上交通事故时,应当采取有效措施,组织抢救受伤人员,尽快恢复交通,维护交通秩序,防止发生其他事故。

(5)调查海上交通事故,应当全面、客观、公正,查明事故原因,判明事故当事人的行政责任。

(6)海事管理机构为收集海上交通事故的证据,可以扣留当事船舶和涉嫌肇事的其他船舶以及相应的证书、物品、资料等。当事人和其他有关人员在接受海上交通事故调查时,应当予以配合,如实提供现场情况和与事故有关的情节、证据,不得拒绝、妨碍或者干扰海上交通事故调查、取证,不得伪造、隐匿或者毁灭证据。

(7)对海上交通事故的损害赔偿争议,当事人可以请求海事管理机构调解,也可以直接向人民法院提起民事诉讼。

7. 安全检查和强制措施

1)海事管理机构对涉及海上交通安全和秩序的行政许可事项,应当严格依照有关法律、行政法规和规章以及国家有关海上交通安全的标准、规范,实施监督检查。

2)海事管理机构应当加强对船舶航行、停泊、作业以及其他与海上交通安全相关的活动的安全检查,必要时,可以依法登上船舶和进入作业现场进行安全检查。

3)除海事管理机构外的任何单位或者个人,不得拦截正在航行中的船舶或者登上船舶进行安全检查。

4)海事管理机构依法对中国籍船舶实施船旗国安全检查,对外国籍船舶依照有关国际公约实施港口国检查。海事管理机构实施船旗国安全检查和港口国检查,应当向被检查的船舶发出相应的检查通知书,指出存在的缺陷。对存在缺陷的船舶,海事管理机构应当责令其立即或者限期纠正。

5)海事管理机构应当按规定,将被检查有缺陷的船舶的检查通知书,视情分送船旗国海事主管当局、船舶检验机构、被检查船舶。

6)船舶有下列行为或者情形之一的,海事管理机构可以采取责令停航、停止作业,责令船舶改航、驶往指定地点,强制拖带船舶,责令船舶卸载或者强制卸载,禁止船舶开航或者进出港口、口岸,责令船舶离港或者离境,禁止船舶入境或者离境,拦截或者驱赶船舶,滞留或者扣留船舶,驱逐船舶出境,收缴或者没收船舶,收缴船舶、船员的非法证件等行政强制措施:

(1)船舶处于不适航状态,或者船舶不符合安全航行、停泊、作业的规定,或者船舶的安全隐患可能妨碍海上交通安全、损害海洋环境;

(2)船舶对安全检查通知书中载明的缺陷,未按照海事管理机构的要求予以纠正;

(3)船舶的保安等级表明其对港口安全具有威胁;

(4)不服从海事管理机构指令或者抗拒海事管理机构执法;

(5)船舶违反海上交通安全、海洋环境保护的行为,或者未按照海事管理机构的要求予以纠正的情形;

(6)船舶发生海上交通事故、污染事故,或者发生海事交通事故、污染事故后,法定手续未清；

(7)船舶从事非法的海上作业或者施工活动；

(8)船舶未依法缴纳规定的费、税，或者未按规定提供相应的财务担保；

(9)违反我国关于海洋事务的其他法律、行政法规或者规章；

(10)我国交通主管部门规定的其他妨碍海上交通安全损害海洋环境的其他行为或情形。

7)有关单位和个人对海事管理机构的检查人员依法履行安全检查职责，应当予以配合，不得拒绝、阻挠。

对于海船船舶驾驶人员，在新的《海上交通安全法》正式颁布前，要求掌握现行的《海上交通安全法》。但对新的《海上交通安全法》中的主要规定应有所了解，特别是新的《海上交通安全法》中关于"航行、停泊、作业"和"安全保障"的有关规定。

第二节　海船船员值班规则

为规范海船船员值班，保障海上人命与财产安全，保护海洋环境，加强船舶保安，中华人民共和国交通运输部制定了《海船船员值班规则》。以下为即将公布的《海船船员值班规则》(2012)中的主要内容(不包括有关航行值班的规定)。

一、总则

1. 适用范围

100 总吨及以上中国籍海船的船员值班活动适用本规则，但军用船舶、公务船舶、渔业船舶、非营业的游艇、构造简单的木质船除外。

2. 主管机关

国家海事管理机构是实施本规则的主管机关。各级海事管理机构按职责具体负责海船船员值班的监督管理工作。

3. 熟悉与遵守

(1)航运公司应当编制《驾驶台规则》、《机舱值班规则》等船舶值班规则，落实本规则以及有关国际公约的要求，并将其张贴在船舶各部门的易见之处，要求全体船员遵守执行，以保证船舶航行安全。

(2)航运公司应当确保指派到船上任职的值班船员均能熟悉船上的有关设备和船舶特性以及本人职责和值班要求，使其能有效履行安全、防污染和保安等职责。

(3)船长及全体船员在值班时，应当遵守法律、法规和相关国际公约以及当地有关防治船舶造成海洋污染的要求，采取一切可能采取的预防措施，防止因操作不当或者发生事故等原因造成船舶对海洋环境的污染。

4. 值班一般要求

1)航运公司和船长应当确保为船舶配备足够的适任船员以保持安全值班。

2)船长应按照主管机关的规定安排合格的船员值班，明确值班船员职责。值班的安排应当足以保证船舶、货物安全和保护海洋环境，并保证值班船员均能得到充分休息，防止因疲劳影响值班效率。

3)轮机长应与船长协商,确保值班安排足以保持安全的轮机值班。

4)船长应根据保安等级的要求,安排并保持适当和有效的保安值班。

5)值班应遵守下列驾驶台和机舱资源管理原则:

(1)根据情况合理地安排值班船员;

(2)考虑值班船员资格和适任的局限性;

(3)值班船员应熟悉其岗位职责和团队职责;

(4)船长、轮机长和负责值班的高级船员应最有效使用一切可用资源保持适当的值班;

(5)值班船员应熟悉有关装置或设备的功能,并能熟练操作;

(6)值班船员应当懂得所接收到的信息并能根据需要安排其他部门适当共享,以及能正确处置;

(7)在任何情况下值班船员应当保持适当的沟通;

(8)值班船员如果对为安全所采取的行动产生任何怀疑时,应立即告知船长、轮机长、负责值班的高级船员。

6)值班的高级船员认为接班的高级船员明显不能有效履行值班职责时,不得交班,并立即向船长或轮机长报告。

7)接班的高级船员应当在确认本班人员完全能有效地履行各自职责后,方可接班。

8)除非船长或者轮机长另有指令,值班的高级船员在交班前正在进行重要操作时,不应交班,接班的高级船员应在确认这种操作完成之后再接班。

9)负责值班的船员,值班期间不应被分派或承担任何妨碍安全值班的职责。

10)值班船员应当将值班期间发生的重要事件按要求做好记录。

二、港内值班

1.港内值班应遵守的一般规定

1)船舶在港内停泊时,船长应安排适当而有效的值班。对于具有特种形式的推进系统或辅助设备,以及装载有危害的、危险的、有毒的、易燃的物品或其他特殊货物的船舶,还应按有关规定的特殊要求值班。

2)船长应根据停泊情况、船舶类型和值班特点,配备足够的且具有熟练操作能力的值班船员,并安排好必要的设备。

3)船舶在港内停泊期间的值班安排应始终:

(1)确保人命、船舶、货物、港口和环境的安全,确保所有与货物作业相关机械的安全操作;

(2)遵守有关国际公约、国家法规和当地规定;

(3)保持船舶工作正常。

4)停泊时甲板值班人员的组成,应至少包括一名值班驾驶员和一名值班水手。

5)轮机长应与船长协商,保证轮机值班的安排足以保持安全的轮机值班。

2.锚泊中值班驾驶员的职责

1)船在锚泊时,值班驾驶员应:

(1)锚抛下时应立即测定船位,并在海图上标出锚位和回旋范围,对锚地的潮汐、流向、水

深、底质、周围情况及当地气象，做到心中有数，并记入航海日志。

(2)经常利用固定航标或岸上容易辨认的物标，校核船舶是否保持在锚位上。

(3)确保保持正规的瞭望，并注意：

①周围锚泊船的情况，尤其是位于上风或上流方向锚泊船的动态，以防他船走锚危及本船安全；

②来泊船锚位是否与本船有足够的安全距离，如过近，应设法通知对方并报告船长；

③如过往船舶或邻近锚泊船起锚离泊时距本船过近，应严密注视其动态，若判断对本船有威胁时，应以各种信号警告对方。

(4)以适当的时间间隔巡视全船，注意吃水、龙骨下富余水深以及船舶的状态。

(5)注意观测气象、潮汐和海况变化，注意锚位、锚链受力，船首偏荡，特别在转流时，注意船身回转及周围船舶动向，必要时采取紧急措施，防止因本船或他船走锚酿成危险或事故。

(6)本船或他船走锚，或者过往船舶距离过近而出现危险局面时，应果断地采取一切有效措施，以避免或减少损失，并立即通知船长。

(7)在急流区锚泊或遇大风浪天气，除执行船长指示外，还应勤测锚位，定时巡视甲板，检查锚链和制链器是否正常，并应认真督促值班水手每小时检查锚链、锚链制和锚设备一次。

(8)督促值班水手按时升降旗及锚球，开关锚灯、甲板照明，按规定显示或悬挂相应的号灯号型，鸣放相应的声号。

(9)遇能见度不良时，应认真执行国际海上避碰规则的有关规定，加强瞭望，鸣放雾号，开亮锚灯和各层甲板的照明灯，并通知船长。

(10)锚泊中进行装卸作业，除应执行停泊值班中有关装卸业务方面的职责外，还应注意旁靠船、驳的系缆、碰垫和绳梯以及其他各种安全措施。

(11)根据锚地情况及相关规定，用甚高频无线电话在规定的频道上保持守听。

(12)严格遵守防污染规定，采取有效措施，防止船舶对水域环境造成污染。

2)船长认为必要时，船舶在锚泊情况下也应保持连续的航行值班。

3.港内停泊期间值班驾驶员的职责

港内停泊期间，值班驾驶员员应做到：

(1)掌握全船人员动态，经常巡查船的四周、装卸现场及工作场所，关注从事高空、舷外及封闭舱室内工作的人员安全，督促值班人员坚守岗位，保持部门间联系畅通；

(2)督促值班水手按时升降国旗、开关灯，显示或悬挂有关号灯号型；经常检查舷梯、锚链、跳板及安全网，及时调整系泊缆绳，特别是在有较大潮差的泊位上，应加强巡查，必要时，应采取措施以确保系泊设备处于安全工作状态；

(3)注意吃水、龙骨下的富余水深和船舶的总体状态；

(4)根据船舶种类特点，按积载计划的要求，负责船港联系和协作，监督装卸操作安全和质量，掌握装卸进度，解决装卸中发生的问题，制止违章作业，注意天气变化及海况，及时开关舱；装卸一级危险品、重大件、贵重货时到现场监督指导；

(5)注意及时收听天气预报，当收到恶劣气象警报时，采取必要的措施以保护人员、船舶和货物的安全；

(6)按船长或大副的指示或者情况需要，通知机舱注入、排出或调整压舱水，并注意船体

平衡。注意检查污水井、压载舱及淡水舱的测量记录。监收加装淡水和物料,加油船来时通知机舱并注意防火安全;

(7)在危及船舶安全的紧急情况下,鸣放警报,通知船长,采取一切可能的措施以防止对船上人员、船舶和货物造成损害。必要时,请求附近船舶或岸上给予援助;

(8)掌握船舶稳性情况,以便在失火时能向消防部门提供可喷洒在船上的水的大致数量而不致危及本船;

(9)船上进行明火作业及修理工作时,应严格按有关规定进行,并采取必要的预防措施;

(10)禁止在系泊区域内排放污油水、垃圾及杂物,采取各种有效预防措施,防止本船对周围环境造成污染;

(11)注意过往船舶,当有他船系靠本船或前后泊位时,应在现场守望,并采取相应安全措施;发生事故时,应立即记下该船船名、国籍、船籍港及事故经过,并向船长报告;

(12)对遇难船舶和人员提供援助;

(13)主机试车应在确认推进器附近无障碍物,不致碍及他船,不损坏舷梯、跳板、缆绳、装卸属具及港口设施等情况后方可进行,并采取必要的预防措施。

4.港内停泊期间甲板值班的交接班

1)交班和接班的驾驶员都应在交接前巡视检查全船和周围,认真做好交接工作。

2)交班驾驶员应告知接班驾驶员下列事项:

(1)航海日志和停泊值班记录簿所记载的有关内容、航运公司指示和船长命令,有关人员来船联系及对外联系事项;

(2)气象、潮汐、泊位水深、船舶吃水、系缆情况、锚位和所出锚链的情况、转流时船舶回转等安全注意事项,主机状态和应急使用的可能性,以及对船舶安全有关的其他情况;

(3)船上拟进行的所有工作,包括积载计划,大副的要求,装卸进度,开工舱口及工班数,货物的分隔衬垫,装卸质量,装卸属具情况,危险品和重大件及应采取的预防及应急措施,贵重货,水手监舱情况及与港方联系事项;

(4)舱底水、压舱水、淡水的水位情况及加装燃油、淡水情况;

(5)消防设备的情况;

(6)港口及本船悬挂的信号、显示的号灯号型和鸣放的声号,港口特殊规定,发生紧急情况或需要援助时船方与港方的联系方式;

(7)要求在船船员的人数和全船人员的动态情况;

(8)检修工作的项目、质量、进度和采取的安全措施;

(9)旁靠船、驳情况,周围锚泊船的动态;

(10)港口的特殊要求;

(11)有关船员、船舶、货物的安全和防止水域污染的其他重要情况,以及由于船舶行为造成环境污染时向相关机关报告的程序。

3)接班驾驶员在负责甲板值班之前应核实:

(1)系泊缆绳或锚链是否恰当;

(2)正在装卸的有害或危险货物的性质,以及发生溢漏或失火后应采取的相应措施;

(3)本船悬挂的信号、显示的号灯号型以及鸣放的声号是合适的;

(4)各项安全措施和防火规定都在严格遵守之中;

(5)是否存在危及本船的情况,以及本船是否危及其他船舶。

4)交接班人员对交接事项产生疑问时,应及时请示大副或船长。

三、货物作业值班

1)航运公司应制定相应的规定以保证货物作业安全。

2)负责计划和实施货物作业的高级船员应通过对特定风险的控制,确保作业的安全实施。

3)船舶载运危险货物、污染危害性货物时,船长应作出保持货物安全的值班安排。

(1)载运散装危险货物的船舶,安全值班应由甲板部和轮机部各至少一名高级船员和若干名普通船员组成。

(2)载运非散装的危险品船舶,船长在作出值班安排时应充分考虑危险品的性质、数量、包装和积载以及船上、水上和岸上的所有特殊情况。

四、驾驶、轮机联系制度

1. 开航前

(1)船长应提前24小时将预计开航时间通知轮机长,如停港不足24小时,应在抵港后立即将预计离港时间通知轮机长;轮机长应向船长报告主要机电设备情况、燃油和炉水存量;如开航时间变更,须及时更正。

(2)开航前1小时,值班驾驶员应会同值班轮机员核对船钟、车钟、试舵等,并分别将情况记入航海日志、轮机日志及车钟记录簿内。

(3)主机试车前,值班轮机员应征得值班驾驶员同意。待主机备妥后,机舱应通知驾驶台。

2. 航行中

(1)每班交班前,值班轮机员应将主机平均转数和海水温度等参数告知值班驾驶员,值班驾驶员应回告本班平均航速和风向风力,双方分别记入航海日志和轮机日志;每天中午,驾驶台和机舱校对时钟并互换正午报告。

(2)船舶进出港口,通过狭水道、浅滩、危险水域或抛锚等需备车航行时,驾驶台应提前通知机舱准备。如遇雾或暴雨等突发情况,值班轮机员接到通知后应尽快备妥主机。判断将有风暴来临时,船长应及时通知轮机长做好各种准备。

(3)如因等引航员、候潮、等泊等原因须短时间抛锚时,值班驾驶员应将情况及时通知值班轮机员。

(4)因机械故障不能执行航行命令时,轮机长应组织抢修并通知驾驶台速报船长,并将故障发生和排除时间及情况记入航海日志和轮机日志。停车应先征得船长同意,但若情况危急,不立即停车就会威胁人身安全或主机时,轮机长可立即停车并通知驾驶台。

(5)因调换发电机、并车或暂时停电,值班轮机员应事先通知驾驶台。

(6)在应变情况下,值班轮机员应立即执行驾驶台发出的信号,及时提供所要求的水、气、汽、电等。

(7)船长和轮机长共同商定的主机各种车速,除非另有指示,值班驾驶员和值班轮机员都应严格执行。

(8)船舶在到港前,应对主机进行停、倒车试验,当无人值守的机舱因情况需要改为有人值守时,驾驶台应及时通知轮机员。

(9)抵港前,轮机长应将本船存油情况告知船长。

3. 停泊中

(1)抵港后,船长应告知轮机长本船的预计动态,以便安排工作,动态如有变化应及时更正;机舱若需检修影响动车的设备,轮机长应事先将工作内容和所需时间报告船长,取得同意后方可进行。

(2)值班驾驶员应将装卸货情况随时通知值班轮机员,以保证安全供电。在装卸重大件或特种危险品或使用重吊之前,大副应通知轮机长派人检查起货机,必要时还应派人值守。

(3)如因装卸作业造成船舶过度倾斜,影响机舱正常工作时,轮机长应通知大副或值班驾驶员采取有效措施予以纠正。

(4)对船舶压载的调整,以及可能涉及海洋污染的任何操作,驾驶和轮机部门应建立起有效的联系制度,包括书面通知和相应的记录。

(5)每次添装燃油前,轮机长应将本船的存油情况和计划添装的油舱以及各舱添装数量告知大副,以便计算稳性、水尺和调整吃水差。

五、值班保障

1. 防止疲劳操作

1)航运公司及船长应采取有效措施防止船员疲劳操作,所有负责值班的船员以及被指定承担安全、防污染和保安职责的船员休息时间,除紧急或超常工作情况外应满足以下要求:

(1)任何 24 小时内不少于 10 小时;

(2)任何 7 天内不少于 77 小时;

(3)任何 24 小时内的休息时间可以分为不超过 2 个时间段,其中一个时间段至少要有 6 小时,连续休息时间段之间的间隔不应超过 14 小时。

(4)(2)、(3)项中规定安排休息时间时可以有例外,但任何 7 天内的休息时间不得少于 70 小时。

(5)(2)项规定的每周休息时间的例外,不应超过连续 2 周。在船上连续 2 次例外时间的间隔不应少于该例外持续时间的 2 倍。

(6)(3)项规定的例外,可以分成为不超过 3 个时间段,其中一个时间段至少要有 6 个小时,另外两个时间段均不应少于 1 个小时。连续休息时间间隔不得超过 14 个小时。例外在任何 7 天时间内不得超过两个 24 小时时间段。

2)紧急集合演习、消防和救生演习,以及国内法律、法规、国际公约规定的其他演习,应以对休息时间的干扰最小且不导致船员疲劳的形式进行。

3)船员处于待命情况下,因被派去工作而中断了正常的休息时间,应给予充分的补休。

4)因船舶、船上人员或货物出现紧急安全需要,或出于帮助海上遇险的其他船舶或人员的目的,船长有权暂停执行休息时间制度,直至情况恢复正常。情况恢复正常后,船长应根据实际情况尽快安排船员获得充足的补休时间。

5）船舶应将船上工作安排表张贴在易见之处。

船舶应保持对船员每天休息时间的记录，船员应得到一份由船长或船长授权的人员和船员本人签注的休息时间记录表。

应得到一份由船长或船长授权的人员和海，该海时船方与港方的联系方船上工作安排表和休息时间记录表应参照《ILO/IMO 编制船员船上工作安排表和船员工作时间或休息时间记录格式指南》并使用船上工作语言和英语制定。

2. 严禁酗酒和滥用药物

（1）船员不得酗酒。值班人员在值班前四小时内禁止饮酒，且值班期间血液酒精浓度（BAC）不高于 0.05% 或呼吸中酒精浓度不高于 0.25 mg/L。

（2）船员不得服用可能导致不能安全值班的药物。

（3）航运公司应制定相应的措施防止船员酗酒和滥用药物。船员履行值班职责或有关安全、防污染和保安值班职责的能力受到药物或酒精的影响时，不得安排其值班。

六、法律责任

1. 船员应承担的法律责任

船员有下列情形之一的，按照我国船员条例第五十七条的规定给予相应的处罚：

（1）未按要求保持正规瞭望的；

（2）未按要求履行值班职责的；

（3）未按要求值班交接的；

（4）不采用安全航速航行的；

（5）不按规定守听航行通信的；

（6）不按规定测试、检修船舶设备的；

（7）发现或者发生险情、事故、保安事件或者影响航行安全的情况未及时报告的；

（8）未按要求填写或者记载有关船舶法定文书的；

（9）未获得必要的休息参与值班的；

（10）在船上值班期间，体内酒精含量超过规定标准的；

（11）在船上履行船员职务，服食影响安全值班的违禁药物的；

（12）不遵守本规则规定的其他情形。

2. 船长应承担的法律责任

船长有下列情形之一的，按照我国船员条例第五十八条的规定给予相应的处罚：

（1）未按要求制定航次计划的；

（2）未确保按照规定为船舶配备足额的适任船员的；

（3）未按要求安排值班的；

（4）未保证船舶和船员携带符合法定要求的证书、文书以及有关航行资料的；

（5）未保证船舶和船员在开航时处于适航、适任状态的；

（6）未保证船舶安全值班的；

（7）未按规定在驾驶台值班的；

(8)未执行休息时间规定的;

(9)不遵守本规则规定的其他情形。

3. 航运公司应承担的法律责任

违反本规则的规定,航运公司有下列行为之一的,由海事管理机构责令改正,处3000元以上3万元以下罚款:

(1)保证值班船员熟悉本公司安全管理有关规定,熟悉船上的有关设备和船舶特性以及本人职责;

(2)未按照规定为船舶配备足额的适任船员的;

(3)未按要求制定相应规章制度的。

第三节　船舶登记条例

为了加强国家对船舶的监督管理,保障船舶登记有关各方的合法权益,我国国务院颁布了《中华人民共和国船舶登记条例》。该条例于1995年1月1日起开始实施。

一、船舶登记条例规定

1. 应登记船舶

(1)在我国境内有住所或者主要营业所的我国公民的船舶;

(2)主要营业所在我国境内的企业法人的船舶。对于中外合资的企业法人的船舶,中方投资人的出资额不得低于50%;

(3)我国政府公务船舶和事业法人的船舶;

(4)海事管理机构认为应当登记的其他船舶。

2. 登记主管机关

中华人民共和国海事局是船舶登记主管机关。各港的海事管理机构是具体实施船舶登记的机关。

3. 船舶登记种类

1)船舶所有权登记

(1)因购买、新造、继承、赠与、依法拍卖以及法院判决取得的船舶的,应进行船舶所有权登记。

(2)对符合本条例规定的,应向船舶所有人颁发船舶所有权登记证书,授予船舶登记号码,在船舶登记簿中载明相关事项。

(3)船舶所有权登记证书长期有效,除非所有权转移或船舶灭失。

2)船舶国籍登记

船舶国籍登记履行下列登记程序:船舶所有人应首先申办船舶所有权登记,取得船舶所有权登记证书后,再向船舶检验部门申办船舶法定检验,取得法定检验证书,最后申办船舶国籍登记,取得国籍证书。

3)其他船舶登记

除船舶所有权登记和国籍登记外,在特定的情况下,还需为船舶办理抵押登记、光船租赁登记、变更登记、注销登记等。

4. 船员配备

中国籍船舶上的船员应当由中国公民担任，确需雇用外国籍船员的，应当报国务院交通主管部门批准。中国籍船舶上应持适任证书的船员，必须持有相应的中华人民共和国船员适任证书。

5. 船籍港

船舶登记港为船籍港，由船舶所有人依据其住所或者主要营业所所在地就近选择。船舶所有人不得选择二个或者二个以上的船籍港。

6. 船名

一艘船舶只准使用一个名称，由船籍港船舶登记机关核定。船名不得与登记在先的船舶重名或者同音。

7. 船舶标志与烟囱标志

(1)船舶标志包括：船首两舷和船尾的船名；船尾船名下方的船籍港；船名、船籍港下方的汉语拼音；船首和船尾两舷的吃水标尺；船舶中部两舷的载重线。

(2)同一公司的船舶只准使用一个船舶烟囱标志和公司旗，由船籍港船舶登记机关核准。船舶烟囱标志、公司旗不得与登记在先的船舶烟囱标志、公司旗相同或者相似。业经登记的船舶烟囱标志、公司旗属登记申请人专用，其他船舶或者公司不得使用。

8. 船舶国籍与国籍证书

1)船舶国籍

(1)船舶经依法登记，取得中华人民共和国国籍，方可悬挂中华人民共和国国旗航行；未经登记的，不得悬挂中华人民共和国国旗航行。船舶不得具有双重国籍。

(2)凡在外国登记的船舶，未中止或者注销原登记国国籍的，不得取得中华人民共和国国籍。

2)国籍证书

(1)船舶国籍证书的有效期为5年。

(2)临时船舶国籍证书的有效期一般不超过1年。

(3)以光船租赁条件从境外租进的船舶，临时船舶国籍证书的期限可以根据租期确定，但是最长不得超过2年。

(4)经依法登记的船舶可取得船舶国籍证书或临时船舶国籍证书，两种证书具有同等法律效力。

我国新的船舶登记条例正在最后审定中。新的船舶登记条例颁布后，要求海船驾驶员掌握新的条例中的相关规定。

二、船舶登记制度与方便旗船

1. 船舶登记的意义

船舶登记，是船舶为取得国籍和悬挂一国国旗在海上航行必须履行的手续，是一项法律行为。依据有关国际公约和各国法律规定，任何船舶只有在一国登记，取得该国国籍并悬挂该国国旗，才可在公海上航行。

我国《船舶登记条例》规定:船舶经依法登记,取得中华人民共和国国籍,方可悬挂中华人民共和国国旗航行;未经登记的,不得悬挂中华人民共和国国旗航行。

2.船舶登记制度

船舶登记制度可分为开放登记制度、严格登记制度以及第二船籍登记制度。

1)严格登记制度

指登记国对船舶在该国登记条件方面有严格的限制和规定,船舶必须满足全部登记条件,才准予登记的一种船舶登记制度。

2)开放登记制度

指登记国对申请在本国登记的船舶的登记条件不做任何限制,允许任何国家的船舶前来登记并悬挂该国国旗航行的一种船舶登记制度。

3)第二船籍登记制度

指在不改变原有的传统船舶登记制度的前提下,通过采取优惠的船舶登记政策,吸引本国船舶特别是已经移籍到海外的本国船舶在本国登记的一种船舶登记制度。

3.方便旗船

1)方便旗船概念

方便旗船(Ship of Flag of Convenience),是指在实行开放登记的国家进行船舶登记,从而取得该国国籍,并悬挂该国国旗的船舶。

2)办理方便旗登记的国家

目前,世界上实行开放登记的国家有:安第列斯、安提瓜和巴布达、巴哈马、百慕大、塞浦路斯、直布罗陀、洪都拉斯、开曼群岛、黎巴嫩、利比里亚、马耳他、马绍尔群岛、巴拿马、斯里兰卡、圣文森特、瓦努阿图等。在这些国家可以办理方便旗船登记。

3)方便旗船的特点

(1)提供方便旗登记的国家允许船舶所有人和(或)管理人员不是该国家的公民,也允许不雇佣该国家的公民为船员。

(2)运营成本低,登记国一般是按照船舶吨位征收登记费和年税,免征或象征性地征收船舶所得税。

(3)登记手续简便,一般可以在登记国家驻外领事馆办理,履行相对简单的登记手续。

(4)登记国对船公司不加控制,通常也不予以监督。

由于允许挂方便旗的开放登记国大多对船员的雇佣不加限制,对船舶的经营管理不予干涉,对船舶的技术条件要求不高,加之税收较低等原因,使得船舶营运成本较低,船东乐于接受,因此方便旗船发展非常迅速。目前,方便旗船的总吨位约占世界船队总吨位的37%左右。

但是,方便旗船也暴露出许多弊端,如船舶技术条件相对较差,安全无保障、海事发生率相对较高,船员工资不高,社会福利方面没有保证,船东身份不易确定,海运欺诈常有发生等。

第四节　国内安全管理规则

为了保障水上交通安全,保护水域环境,应用ISM规则的原理,结合我国实际情况,2001

年7月我国交通运输部颁布了《中华人民共和国船舶安全营运和防止污染管理规则》(简称《国内安全管理规则》,NSM规则),该规则为国内航行船舶及其公司提供了一个安全营运和防止污染的管理标准。

一、适用范围与主管机关

1. 适用范围

本规则适用于国内航行船舶及其公司。

2. 主管机关

中华人民共和国海事管理机构是实施NSM规则的监督机关。

二、NSM规则的主要内容

1. 总则

1)定义

(1)"国内安全管理规则"是指由我国交通运输部颁布的《中华人民共和国船舶安全营运和防止污染管理规则》。

(2)"公司"是指中国籍船舶的所有人,或已承担船舶所有人的船舶营运责任并同意承担本规则规定的所有责任和义务的任何组织,如船舶管理人或光船承租人。

(3)"主管机关"是指中华人民共和国海事管理机构。

(4)"安全管理体系"、"符合证明"、"安全管理证书"、"客观证据"、"不符合规定的情况"、"重大不符合规定的情况"的定义与ISM规则相同。

2)目标

(1)NSM规则的目标是保障水上交通安全,防止人员伤亡,避免对环境,特别是水域环境造成危害以及造成财产损失。

(2)公司的安全管理目标应包括:提供船舶营运的安全做法和安全工作环境;针对已认定的所有风险制定防范措施;不断提高船、岸人员的安全管理技能以及安全与环境保护应急反应能力。

(3)公司的安全管理体系应保证;符合强制性规定和标准;充分考虑IMO、主管机关、船舶检验机构和行业组织所建议的规则、指南和标准。

3)安全管理体系的功能要求

公司应建立、实施并保持包括以下要求的安全管理体系:

(1)安全和环境保护方针;

(2)保证船舶的安全和防污染操作符合有关规定和标准的工作程序和须知;

(3)船、岸人员的职责、权限和相互间的联系渠道;

(4)事故和不符合规定情况的报告程序;

(5)对紧急情况的准备和反应程序;

(6)内部审核、有效性评价和管理复查程序。

2. 安全和环境保护方针

(1)公司应制定安全和环境保护方针;

(2)公司应当采取措施,确保船岸各级机构均能始终贯彻执行此方针。

3. 公司的责任和权力

(1)公司同意承担本规则所规定的所有责任和义务。

(2)在不妨碍船长履行其职责并独立行使其权利的前提下,公司对处理涉及船舶安全和防污染的事务具有最终决定权。

(3)当船舶安全和防污染与生产、经营、效益发生矛盾时,公司应当坚持安全第一和保护环境的原则。

(4)对管理、执行以及审核监控安全和防污染工作的所有人员,公司应当用文件形式明确规定其责任、权力及相互关系。

(5)为使指定人员能够履行职责,公司有责任确保对其提供足够的资源和岸基支持。

如果负责船舶安全和防污染管理责任的实体不是船舶所有人,则船舶所有人与该实体必须签订符合规定的船舶管理协议。

4. 指定人员

NSM 规则中有关"指定人员"的规定与 ISM 规则完全相同。

5. 船长的责任和权力

1)公司应当以文件形式明确规定船长的下列责任:

(1)执行公司的安全和环境保护方针;

(2)激励船员遵守该方针;

(3)以简明方式发布相应的命令和指令;

(4)审核具体要求的遵守情况;

(5)复查安全管理体系并向岸上管理部门报告其存在的缺陷。

2)公司应当保证在船上实施的安全管理体系中包含一个强调船长权力的明确声明,确定船长的绝对权力和责任,以便船长能够就安全和防止污染事务作出决定,并在必要时要求公司给予协助。

6. 资源和人员

(1)公司应当确保船长:具有适当的指挥资格;完全熟悉公司的安全管理体系;得到必要的支持,以便可靠地履行其职责。

(2)公司应当保证按照有关规定为每艘船舶配备合格并健康的船员。

(3)公司应建立有关程序,以便保证涉及安全和环境保护工作的新聘和转岗人员熟悉其职责,凡需在开航前发出的重要指令均应当标明并以书面形式下达。

(4)公司应当保证安全管理体系内的所有人员充分地理解有关规定、标准和相关指南。

(5)公司应当建立有关程序,以标识为支持安全管理体系可能需要的任何培训,并保证向所有相关人员提供这种培训。

(6)公司应当建立有关程序,确保船员能够及时获得有关安全管理体系的信息。

(7)公司应当保证船员在履行其涉及安全管理体系的职责时能够有效地交流。

7. 船上操作方案的制定

对涉及船舶安全和防污染的关键性的船上操作,公司应当建立如何制订有关方案和须知(包括需要的检查清单)的程序。与之相关的各项工作,应明确规定由适任人员承担。

8. 应急准备

(1)公司应当建立程序,以标识、描述船上可能出现的紧急情况,并明确对这些紧急情况如何做出反应。

(2)公司应当制定应急行动的训练和演习计划。

(3)公司管理体系应提供措施,确保公司能在任何时候对其船舶所面临的危险、紧急情况和事故做出反应。

9. 不符合规定的情况、事故和险情的报告和分析

(1)公司应当建立程序,确保不符合规定的情况、事故和险情及时报告公司,并保证进行调查和分析,以便改进安全和防污染工作。

(2)公司应当建立实施纠正措施的措施程序。

10. 船舶和设备的维护

(1)公司应当制定程序,保证船舶及设备按照有关规定和标准以及公司可能制定的任何附加要求进行维护。

(2)为满足这些要求,公司应当保证:按照适当的间隔期进行检查;任何不符合规定的情况及可能的原因得到报告;采取适当的纠正措施;保存这些活动的记录。

(3)公司应当制定有关程序,以便标识那些会因突发性运行故障而导致险情的设备和技术系统,并提供具体措施,以提高这些设备和系统的可靠性。这些措施应包括对备用装置及设备或非连续使用的技术系统的定期测试。

11. 文件

NSM 规则中有关“文件”的规定与 ISM 规则完全相同。

12. 内部审核、有效性评价和管理复查

(1)公司应当定期开展内部审核,以核查安全与防污染活动是否符合安全管理体系的要求。除非由于公司的规模和性质不可能做到,实施内部审核的人员应当不从属于被审核的部门。

(2)公司应当定期评价安全管理体系的有效性,必要时还应对安全管理体系进行管理复查。

(3)内部审核及管理复查的结果应当告知所有负有责任的人员,以提请他们注意。

(4)负有责任的管理人员应当对所发现的缺陷及时采取纠正措施。

(5)内部审核、有效性评价、管理复查及可能采取的纠正措施应当按文件规定的程序进行。

13. 发证和定期审核

NSM 规则中有关“发证和定期审核”的规定与 ISM 规则相同,在文字表述上略有差异。

14. 核发临时证书

NSM 规则中有关“核发临时证书”的规定与 ISM 规则相同,在文字表述上略有差异。

15. 审核管理

(略)

16. 证书

(略)

三、NSM 规则与 ISM 规则之间的关系

NSM 和 ISM 规则具有相同的内容和结构,但适用范围不同。前者适用于国内航行的船舶和公司,后者适用于国际航行的船舶和公司。

NSM 规则运用 ISM 规则原理,以等效采用的方法,完全涵盖 ISM 规则有关船舶安全和防污染的所有内容, NSM 规则对 ISM 规则的文字作了一些调整,但没有改变 ISM 规则的原意,只是在某些条款和定义的表述上有些细小的区别。

四、船舶安全管理体系

NSM 规则的核心是要求公司建立、实施、保持并不断改进其安全管理体系,以此来规范公司及船舶管理,并不断提高其安全管理水平。

按 NSM 规则要求建立的安全管理体系,除在发证方面外,其建立、运行、控制、、维护、审核等的要求与按 ISM 规则要求建立的安全管理体系基本相同,请参阅第三章第六节。

五、NSM 规则的实施

自 2003 年 1 月 1 日起,NSM 规则对国内跨省航行载客定额 50 人及以上的客滚船、旅游船、高速客船,以及 150 总吨及以上的液化气船和散装化学品船生效;2004 年 7 月 1 日起,NSM 规则对载客定额 50 人及以上所有跨省航行的客船和 500 总吨及以上的油船生效;2007 年 7 月 1 日起,NSM 规则对 500 总吨及以上沿海跨省航行的散货船和其他货船(包括航行于港澳航线的中国籍海船)生效。

规则适用船舶及其所属公司在 NSM 规则对其生效前,应建立、实施和保持符合规则要求的安全管理体系。公司应获得主管机关签发的“符合证明”(DOC);船舶应持有主管机关或主管机关认可的机构签发的“安全管理证书”(SMC)。

第五节　最低安全配员规则与船舶升挂国旗管理办法

一、船舶最低安全配员规则

为确保船舶的船员配备足以保证船舶安全航行、停泊和作业,防治船舶污染环境,我国交通部颁布了《中华人民共和国船舶最低安全配员规则》。该规则于 2004 年 8 月 1 日起开始实施。

1. 适用范围

本规则适用于中国籍机动船舶的船员配备和管理。本规则对外国籍船舶作出规定的从其规定。军用船舶、渔船、体育运动船艇以及非营业的游艇不适用本规则。

2. 主管机关

国家海事局是船舶安全配员管理的主管机关。各级海事管理机构负责本辖区内的船舶安全配员的监督管理工作。

3. 配员责任

本规则所要求的船舶安全配员标准是船舶配员的最低要求。船舶所有人应当按照本规则的要求为所属船舶配备合格的船员,但是并不免除船舶所有人为保证船舶安全航行和作业增加必要船员的责任。

4. 最低安全配员原则

(1)在确定船舶最低安全配员标准时,应综合考虑船舶的种类、吨位、技术状况、主推进动力装置功率、航区、航程、航行时间、通航环境和船员值班、休息制度等因素。

(2)船舶在航行期间,应配备不低于按本规则附录所确定的船员构成及数量。

(3)船舶所有人可以根据需要增配船员,但船上总人数不得超过船舶检验机构核定的救生设备定员标准。

5. 最低安全配员证书

(1)中国籍船舶应当按照本规则的规定,持有海事管理机构颁发的船舶最低安全配员证书。在中华人民共和国内水、领海及管辖海域的外国籍船舶,应当按照中华人民共和国缔结或者参加的有关国际公约的规定,持有其船旗国政府主管机关签发的船舶最低安全配员证书或者等效文件。

(2)船舶所有人应当按照船舶最低安全配员证书中的要求,为船舶配备合格的船员。

二、船舶升挂国旗管理办法

根据《中华人民共和国国旗法》,我国交通运输部颁布了《船舶升挂国旗管理办法》。该办法自 1991 年 11 月 1 日起实施。

1. 适用范围

本办法适用于中国籍民用船舶,以及进入中华人民共和国内水、港口、锚地的外国籍船舶。

2. 主管机关

中华人民共和国海事管理机构对船舶升挂和使用中国国旗实施监督管理。

3. 挂旗及其管理

1)依照我国有关船舶登记法规办理船舶登记,取得了中华人民共和国国籍的船舶,方可将中国国旗作为船旗国国旗悬挂。

2)除恶劣天气外,下列中国籍船舶应当每日悬挂中国国旗:

(1)50 总吨及以上的船舶;

(2)航行在中国领水以外水域和香港、澳门地区的船舶;

(3)公务船舶。

3)进入中华人民共和国内水、港口、锚地的外国籍船舶,应当每日悬挂中国国旗。

4)船舶应按其长度悬挂下列尺度的中国国旗:

(1)150 米及以上的船舶,应悬挂甲种或乙种或丙种中国国旗;

(2)50 米及以上不足 150 米的船舶,应悬挂丙种或丁种中国国旗;

(3)20 米及以上不足 50 米的船舶,应悬挂丁种或戊种中国国旗。

外国籍船舶悬挂的中国国旗尺度,一般应不小于其悬挂的船旗国国旗的尺度。

5)船舶悬挂中国国旗应当早晨升起,傍晚降下。但遇有恶劣天气时,可以不升挂中国国旗。

6)船舶悬挂的中国国旗应当整洁,不得破损、污损、褪色或者不合规格,不得倒挂。

7)中国籍船舶应将中国国旗悬挂于船尾旗杆上。船尾没有旗杆的,应悬挂于驾驶室信号杆顶部或右横桁。外国籍船舶悬挂中国国旗,应悬挂于前桅或驾驶室信号杆顶部或右横桁。中国国旗与其他旗帜同时悬挂于驾驶室信号杆右横桁时,中国国旗应悬挂于最外侧。

8)中国籍船舶在航行中与军舰相遇,需要时可以使用中国国旗表示礼仪。

9)船舶取得中华人民共和国国籍后,第一次升挂中国国旗时,可以举行升旗仪式。中国籍船舶改变国籍,在最后一次降中国国旗时,可以举行降旗仪式。降旗仪式后,船长或船舶其他负责人应将中国国旗妥善保管,送交船舶所有人。船舶遇难必须弃船时,船长或船舶其他负责人应指定专人降下中国国旗,并携带离船,送交船舶所有人。

10)遇有《中华人民共和国国旗法》规定的必须下半旗的情形时,海事管理机构应通知或通过船舶代理人、所有人通知船舶。除此之外,船舶非经批准不得将中国国旗下半旗。

11)外国籍船舶根据船旗国的规定需将船旗国国旗下半旗的,应向海事管理机构报告。

12)外国国家领导人乘坐、参观中国籍船舶,或我国国家领导人利用中国籍船舶举行欢迎外国国家领导人仪式,需要悬挂两国以上国旗的,按照有关涉外悬挂和使用国旗的规定办理。

13)对违反《中华人民共和国国旗法》和本规定的船舶和船员,海事管理机构应令其立即纠正,并可根据情节,按照《中华人民共和国国旗法》和我国其他有关规定予以处罚。外国籍船舶拒绝按海事管理机构的要求纠正的,可令其驶离中华人民共和国内水、港口、锚地。

三、VTS 监督管理规则

为了加强船舶交通管理,保障船舶交通安全,提高船舶交通效率,保护水域环境,我国交通运输部颁布《船舶交通管理系统监督管理规则》,该规则自 1998 年 1 月 1 日起施行。

1. 适用范围

本规则适用于在中华人民共和国沿海及内河设有船舶交通管理系统的区域内(VTS 区域)航行、停泊和作业的船舶、设施及其所有人、经营人和代理人。

2. 主管机关

中国海事局是全国船舶交通管理系统安全监督管理的主管机关。主管机关设置的船舶交通管理中心(VTS 中心)是依据本规则负责具体实施船舶交通管理的运行中心。

3. 船舶报告

(1)船舶在 VTS 区域内航行、停泊和作业时,必须按主管机关颁发的 VTS 用户指南所明确的报告程序和内容,通过 VHF 无线电话或其他有效手段向 VTS 中心进行船舶动态报告。

(2)船舶在 VTS 区域内发生交通事故、污染事故或其他紧急情况时,应通过 VHF 无线电话或其他一切有效手段立即向 VTS 中心报告。

(3)船舶发现助航标志异常、有碍航行安全的障碍物、漂流物或其他妨碍航行安全的异常情况时,应迅速向 VTS 中心报告。

(4)船舶与 VTS 中心在 VHF 无线电话中所使用的语言应为汉语普通话或英语。

4. 船舶交通管理

(1)在 VTS 区域内航行的船舶除应遵守有关避碰规则外,还应遵守交通部和主管机关颁

布的有关航行、避让的特别规定。

(2)船舶在 VTS 区域内航行时应用安全航速行驶,并应遵守交通部和主管机关的限速规定。

(3)船舶在 VTS 区域内应按规定锚泊,并应遵守锚泊秩序。

(4)任何船舶不得在航道、港池和其他禁锚区锚泊,紧急情况下锚泊须立即报告 VTS 中心。

(5)船舶在锚地并靠或过驳须符合交通部和主管机关的有关规定,并应及时通报 VTS 中心。

(6)船舶在 VTS 区域内航行、停泊和作业时,应在规定的 VHF 通信频道上正常守听,并应接受 VTS 中心的询问。

5. 船舶交通服务

(1)应船舶请求,VTS 中心可向其提供他船动态、助航标志、水文气象、航行警(通)告和其他有关信息服务。

(2)应船舶请求,VTS 中心可为船舶在航行困难或气象恶劣环境下,或船舶一旦出现了故障或损坏时,提供助航服务。船舶不再需要助航时,应及时报告 VTS 中心。

(3)为避免紧迫局面的发生,VTS 中心可向船舶提出建议、劝告或发出警告。

(4)VTS 中心认为必要的时候或应船舶或其所有人、经营人、代理人的请求,可为其传递打捞或清除污染等信息和协调救助行动。

第六节　船舶签证管理规则与口岸检查办法

一、船舶签证管理规则

为规范船舶签证行为,保障水上交通安全,交通运输部颁布了《中华人民共和国船舶签证管理规则》。该规则于 2007 年 10 月 1 日生效。

1. 定义

“船舶签证”是指海事管理机构根据船舶或者其经营人的申请,经依法审查,对符合船舶签证条件的,准予其航行的行政许可行为。

2. 适用范围

国内航行船舶在中华人民共和国管辖水域内办理船舶签证,适用本规则。

本规则不适用于军事船舶、渔船、体育运动船舶。但是前述船舶从事营业性运输时,应当按照本规则办理船舶签证。

3. 主管机关

中华人民共和国海事局主管全国的船舶签证管理工作。各级海事管理机构具体负责本辖区内的船舶签证管理工作。

4. 船舶签证的一般规定

船舶签证应当由船舶或者其经营人申请办理,也可以委托代理人办理。

1)航次船舶签证

(1)出港签证

船舶有下列情形之一的,应当向海事管理机构申请出港签证:

①由港内驶出港外;

②因作业需要在港内航行驶出港内泊位;

③驶出船舶修造(厂)点、港外作业点、海上作业平台。

申请人应当在船舶开航前24小时内办理出港签证。申请办理出港签证的船舶,应当处于适航或者适拖状态。

(2)进港签证

船舶有下列情形之一的,应当向海事管理机构申请进港签证:

①由港外驶入港内;

②因作业需要在港内航行驶入港内泊位;

③驶入船舶修造(厂)点、港外作业点、海上作业平台。

申请人应当在船舶抵达后24小时内办理进港签证。船舶抵达前24小时内已经向拟抵达地海事管理机构报告船舶情况的,进港签证可以与出港签证合并办理。

2)办理航次船舶签证,应向海事管理机构提交以下材料:

(1)船舶签证簿;

(2)船舶电子信息卡(适用的船舶);

(3)船舶国籍证书;

(4)船舶检验证书;

(5)船舶最低安全配员证书;

(6)船员适任证书;

(7)防止油污证书(适用的船舶);

(8)船舶安全管理证书和公司安全管理体系符合证明副本(适用的船舶);

(9)船舶安全检查记录簿;

(10)船舶港务费缴纳或者免于缴纳证明;

(11)经批准的船舶载运危险货物申报单(适用的船舶);

(12)船长开航前声明和车辆安全装载记录(适用的船舶);

(13)护航申请书(适用的船舶);

(14)船舶营运证。

第(3)项至第(8)项所列证书信息已经由海事管理机构在船舶签证簿内记载或者存储在船舶电子信息卡的,可以免于提交。第(14)项所指船舶营运证仅要求从事国内运输的老旧运输船舶在办理船舶签证时提供。

3)办理船舶签证的方式

可以通过传真、电子邮件、电子数据交换(EDI)等方式办理船舶签证,可以采用电报、电传、传真、手机信息、电子邮件、电子数据交换等方式报告船舶进港情况,并在船舶航海(行)日志内作相应的记载。报告的内容应当包括船舶名称、种类、尺度、总吨、吃水、客货载运情况、拟靠泊地点。

4)重新申请出港签证

下列情况应该重新申请船舶出港签证：

(1)船长或者履行相应职责的船员发生变动；

(2)船舶结构、有关航行安全的重要设备发生重大变化；

(3)改变船舶航行区域、航线；

(4)出港签证办妥后48小时内未能出港。

5)补办船舶签证

船舶由于抢险、救生等紧急事由，不能按照规定程序办理船舶签证的，应当在开航前向海事管理机构报告，并在任务完成后24小时内补办船舶签证。

6)免于办理船舶签证

船舶因避风、候潮、补给等原因临时进港或者航经港区水域的，免于办理船舶签证。但有下列情形之一的除外：

(1)船长或者履行相应职责的船员发生变动；

(2)上下旅客；

(3)装卸货物。

5. 船舶签证的特别规定

1)短期定期船舶签证

符合下列情形之一的船舶可以申请短期定期船舶签证取代航次船舶签证：

(1)在固定水域范围内航行的船舶；

(2)定线航行的船舶。

在固定水域范围内航行的船舶，应当向对该固定水域有管辖权的任一海事管理机构提出申请；定线航行的船舶应当向航线始发港和终点港所在地海事管理机构分别提出申请。

2)年度定期船舶签证

符合下列情形的船舶可以向船籍港所在地的海事管理机构申请年度定期船舶签证取代航次船舶签证：

(1)安全诚信船舶；

(2)安装并按规定使用AIS；

(3)在前一个年度签证期内按照规定递交进出港报告；

(4)已经与有关金融机构签订船舶港务费交纳协议。

3)定期船舶签证的有效期

准予定期船舶签证的，应当在船舶签证簿内注明签证的有效期限、航行区域或者航线。短期定期船舶签证的有效期限最长不超过3个月。年度定期船舶签证在全国范围内有效，有效期限为12个月。客船、载运危险货物的船舶只能办理有效期限不超过1个月的短期定期船舶签证。船舶超出定期船舶签证的有效期限、核定航区或者航线航行的，或者签证核定的其他内容发生变化的，应当按照规定申请航次船舶签证。

6. 船舶签证簿

1)船舶签证簿的作用

船舶签证簿是记载船舶办理签证情况的证明文件，也是办理船舶签证的专用文书，必须随船妥善保管。除海事管理机构外，任何单位、人员不得扣留、收缴船舶签证簿，也不得在船舶签证簿上签注。

2)船舶签证簿的核发、换发、补发

(1)船舶首次申领船舶签证簿,以及船舶所有人、船舶经营人、船舶名称变更后申领新船舶签证簿的,应当向船籍港海事管理机构申请核发。

(2)船舶签证簿遗失、灭失的,应当向船籍港海事管理机构申请补发。申请补发时,应当提交最近一次经海事管理机构签证的船舶签证申请单复印件。

(3)船舶签证簿使用完毕或者污损不能使用的,可向船籍港或者签证地海事管理机构申请换发。申请换发时,应当交验前一本船舶签证簿。

3)船舶签证簿内记载的信息

船舶可以向船籍港或者签证地海事管理机构申请在船舶签证簿内记载船舶证书和船员证书的信息,并应当在申请时交验相应证书。对符合要求的申请,海事管理机构应当在船舶签证簿内记载船舶证书和船员证书的信息,并加盖海事管理机构的印章。

4)船舶签证簿的使用

船舶签证簿应当连续使用,保持完整,不得缺页或者擅自涂改。使用完毕后,应当在船保存2年。船舶报废、灭失或者船舶所有人、船舶经营人、船舶名称变更时,船舶应当将船舶签证簿交回船籍港海事管理机构注销。船舶不得伪造、变造、租借、冒用、骗取船舶签证簿。

7. 监督检查

1)发现船舶未按照规定办理船舶签证的,海事管理机构应当责令船舶办理签证,并可以责令船舶到指定地点接受查处。拒不改正的,可以采取禁止进港、离港或者停止航行等措施。

2)发现船舶不再满足办理定期船舶签证条件的,应当要求船舶按照规定办理航次船舶签证,并通知准予定期船舶签证的海事管理机构撤销有关船舶的定期船舶签证。

3)发现船舶以不正当手段取得船舶签证,尚未出港的,海事管理机构应当撤销船舶签证,并在船舶签证簿内签注撤销的原因、日期,加盖印章;已经出港的,海事管理机构应当进行调查处理或者通知下一抵达地的海事管理机构进行调查处理。

4)海事管理机构在监督检查过程中对下列事项应当在船舶签证簿中予以记载,并通报船籍港海事管理机构:

(1)船舶受到海事行政处罚的;

(2)船舶发生水上交通事故和船舶污染事故的;

(3)船舶被禁止离港的。

二、国际航行船舶进出我国口岸检查办法

为了加强对国际航行船舶进出中华人民共和国口岸的管理,便利船舶进出口岸,提高口岸效能,国务院发布了《国际航行船舶进出中华人民共和国口岸检查办法》(简称《船舶进出口岸检查办法》)。该办法自1995年3月21日起施行。

1. 定义

(1)“国际航行船舶”是指进出中华人民共和国口岸的外国籍船舶和航行国际航线的中华人民共和国国籍船舶。

(2)“口岸”是指国家批准可以进出国际航行船舶的港口。

2. 适用范围

本办法适用于进出中华人民共和国口岸的国际航行船舶及其所载船员、旅客、货物和其他物品。

3. 主管机关

(1)中华人民共和国海事管理机构、海关、边防检查机关、卫生检疫机关、动植物检疫机关是负责对船舶进出我国口岸实施检查的机关(以下统称检查机关)。

(2)海事管理机构负责召集有其他检查机关参加的船舶进出口岸检查联席会议,研究、解决船舶进出口岸检查的有关问题。

4. 申报与检查办法

1)船舶进出我国口岸,由船方或其代理人办理进出口岸手续。除下列情形外,检查机关不登船检查:

(1)对来自疫区的船舶,载有检疫传染病染疫人、疑似检疫传染病染疫人、非意外伤害而死亡且死因不明尸体的船舶,未持有卫生证书或者证书过期或者卫生状况不符合要求的船舶,卫生检疫机关应当在锚地实施检疫。

(2)动植物检疫机关对来自动植物疫区的船舶和船舶装载的动植物、动植物产品及其他检疫物,可以在锚地实施检疫。

2)船方或其代理人应当在船舶预计抵达口岸24小时前(航程不足24小时的,在驶离上一口岸时),将抵达时间、停泊地点、靠泊移泊计划及船员、旅客的有关情况报告检查机关。

3)船方或其代理人在船舶抵达口岸前未办妥进口岸手续的,须在船舶抵达口岸24小时内到检查机关办理进口岸手续。船舶在口岸停泊时间不足24小时的,经检查机关同意,船方或其代理人在办理进口岸手续时,可以同时办理出口岸手续。

4)船方或其代理人在船舶抵达口岸前已经办妥进口岸手续的,船舶抵达后即可上下人员、装卸货物和其他物品。船方或其代理人在船舶抵达口岸前未办妥进口岸手续的,船舶抵达后,除检查机关办理进口岸检查手续的工作人员和引航员外,其他人员不得上下船舶、不得装卸货物和其他物品;船舶进出的上一口岸是我国口岸的,船舶抵达后即可上下人员、装卸货物和其他物品,但是应当立即办理进口岸手续。

5)卫生检疫机关对船舶实施电讯检疫。持有卫生证书的船舶,其船方或其代理人可以向卫生检疫机关申请电讯检疫。

6)船方或其代理人应当在船舶驶离口岸前4小时内(船舶在口岸停泊时间不足4小时的,在抵达口岸时),到检查机关办理必要的出口岸手续,申请领取出口岸许可证。

7)船舶领取出口岸许可证后,情况发生变化或者24小时内未能驶离口岸的,船方或其代理人应当报告海事管理机构,由海事管理机构会商其他检查机关决定是否重新办理出口岸手续。

8)定航线、定船员并在24小时内往返一个或者一个以上航次的船舶,船方或其代理人可以向海事管理机构书面申请办理定期进出口岸手续。海事管理机构会商其他检查机关审查批准后,签发有效期不超过7天的定期出口岸许可证,在许可证有效期内对该船舶免办进口岸手续。

第七节　船舶安全检查规则

为了规范船舶安全检查活动,保障水上人命、财产安全,防止船舶造成水域污染。交通运输部颁布了《中华人民共和国船舶安全检查规则》。该规则于2010年3月1日起开始实施。

一、适用范围与主管机关

1. 适用范围

船舶安全检查规则适用于对中国籍船舶,以及航行、停泊和作业于我国港口(包括海上系泊点)、内水和领海的外国籍船舶实施的安全检查活动。

2. 主管机关

国家海事局是船舶安全检查的主管机关。各级海事管理机构负责本辖区内中、外籍船舶的安全检查工作。

二、船舶安全检查规定

1. 检查目的

船舶安全检查是指我国海事管理机构按照我国船舶安全检查规则规定的程序,对船舶技术状况、船员配备及适任状况等进行的监督检查。

船舶安全检查的目的是督促船舶、船员、船舶所有人、经营人、管理人以及船舶检验机构、发证机构、认可组织等有效执行我国法律、行政法规、规章,船舶法定检验技术规范,以及我国缔结、加入的有关国际公约的规定。

船舶安全检查不免除船舶、船员及相关方在船舶安全、防污染和保安等方面应当履行的法定责任和义务。

2. 检查类型

船舶安全检查分为港口国监督检查和船旗国监督检查。船旗国监督检查是指对中国籍船舶实施的船舶安全检查;港口国监督检查是指对航行、停泊、作业于我国港口(包括海上系泊点)、内水和领海的外国籍船舶实施的船舶安全检查。

3. 选船标准

海事管理机构应当根据我国海事局制定的选船标准以及国际公约、区域性合作组织的规定,结合辖区实际情况,按照公平对等、便利公开、重点突出的原则,合理选择船舶实施安全检查。

4. 检查内容

船舶安全检查的内容包括:船舶配员;船舶和船员有关证书、文书、文件、资料;船舶结构、设施和设备;载重线要求;货物积载及其装卸设备;船舶保安要求;船员对与其岗位职责相关的设施、设备的实际操作能力;中国籍船员所持适任证书所对应的适任能力;船员人身安全、卫生健康条件;SMS体系的运行有效性;法律、行政法规、规章以及国际公约要求的其他检查内容。

5. 检查程序

船舶安全检查,一般应由两名及以上安全检查人员于船舶停泊或作业期间实施。实施船舶安全检查,检查人员应当先进行初步检查,对船舶进行巡视,核查船舶证书、文书和船员证书。

有下列情形之一的,检查人员应当对船舶实施详细检查:巡视或者核查过程中发现在安全、防污染、保安、劳工条件等方面明显存在缺陷或者隐患的;被举报低于安全、防污染、保安、劳工条件等要求的;两年内未经海事管理机构详细检查的;国家海事局要求进行详细检查的。

检查人员实施详细检查时,船长应当指派人员陪同。陪同人员应如实回答检查人员提出的问题,并按照检查人员的要求测试和操纵船舶设施、设备。

6. 缺陷处理

检查人员应当运用专业知识对船舶存在的缺陷作出判断,并按照法律、法规或者国际公约和 IMO 的港口国监督程序等的规定,作出下列一种或几种处理意见:开航前纠正缺陷;在开航后限定的期限内纠正缺陷;滞留;禁止船舶进港;限制船舶操作;责令船舶驶向指定区域;驱逐船舶出港;法律、行政法规或者国际公约规定的其他措施。

7. 检查报告

实施船旗国监督检查时,检查人员应当签发船旗国监督检查报告。实施港口国监督检查时,检查人员应当签发港口国监督检查报告。

检查人员应在检查结束后签发相应的检查报告,标明缺陷及处理意见,签名并加盖船舶安全检查专用章。对于缺陷处理意见为滞留的,检查人员应当在船旗国监督检查记录簿或港口国监督检查报告中注明理由。

8. 缺陷纠正及复查

船舶以及相关人员应当按照海事管理机构签发的船旗国监督检查记录簿或港口国监督检查报告的要求,对存在的缺陷进行纠正。中国籍船舶的船长或者履行船长职责的船员应对缺陷纠正情况进行检查,并在航行日志中进行记录。

船舶在纠正导致海事管理机构采取滞留、限制船舶操作、禁止船舶进港、驱逐船舶出港处理措施之一的缺陷后,应当向海事管理机构申请复查。除前述缺陷以外的其他缺陷纠正后,船舶所有人或者经营人可以自愿申请复查。海事管理机构接到自愿复查申请,决定不予复查的,应当及时通知申请人。

对已纠正的缺陷,经复查或者跟踪检查合格后,检查人员应当在船舶安全检查报告中签名并加盖船舶安全检查复查合格章,海事管理机构应当及时解除相应的处理措施。

9. 检查记录簿和检查报告使用规定

中国籍船舶应当随船携带船旗国监督检查记录簿。船旗国监督检查记录簿由船舶或者其所有人、经营人、管理人向海事管理机构申请换发、补发。船旗国监督检查记录簿使用完毕或者污损不能继续使用的,应当申请换发,并交验前一本船旗国监督检查记录簿。因遗失或者灭失等原因申请补发的,应当书面说明理由,附具有关证明文件,并提供最近一次对其实施船旗国监督检查的海事管理机构名称。

船旗国监督检查记录簿应当连续使用,保持完整,不得缺页、擅自涂改或者故意毁损。港口国监督检查报告以及使用完毕的船旗国监督检查记录簿应当妥善保管,至少在船上保存 2 年。除海事管理机构外,任何单位、人员不得扣留、收缴船旗国监督检查记录簿或者港口国监督检查报告,也不得在船旗国监督检查记录簿或者港口国监督检查报告上签注。船舶不得涂改、故意损毁、伪造、变造船旗国监督检查记录簿或者港口国监督检查报告,不得以租借、骗取等手段冒用船旗国监督检查记录簿或者港口国监督检查报告。

10. 举报责任

对船舶存在的可能影响水上人命、财产安全或者国家主权,以及造成水域环境污染的缺陷和隐患,船员及其他知情人员可以向海事管理机构举报。

第八节　船舶载运危险货物安全监管管理规定

为加强船舶载运危险货物监督管理,保障水上人命、财产安全,防止船舶污染环境,交通运输部制定了《中华人民共和国船舶载运危险货物安全监督管理规定》。该规定于 2004 年 1 月 1 日起施行。

一、适用范围与主管机关

1. 适用范围

本规定适用于船舶在中华人民共和国管辖水域载运危险货物的活动。

2. 主管机关

中华人民共和国海事局下属各级海事管理机构具体负责本辖区船舶载运危险货物的安全监督管理工作。

二、安全监管管理

1. 一般规定

船舶载运危险货物,必须符合国家安全生产、水上交通安全、防治船舶污染的规定,保证船舶人员和财产的安全,防止对环境、资源以及其他船舶和设施造成损害。

2. 通航安全

(1)载运危险货物的船舶在我国管辖水域内航行、停泊和作业,应当遵守我国水上交通安全方面的规定。

(2)载运危险货物船舶的航行、停泊和作业应选择符合安全要求的通航环境,并顾及附近的其他船舶以及港口和近岸设施的安全。

(3)通过狭窄或拥挤的航道、航路,或者在气象海况比较恶劣的条件下航行、停泊和作业时,应当加强瞭望,谨慎操作,采取相应的安全措施。

(4)载运爆炸品、放射性物品、有机过氧化物、闪点 28℃以下易燃液体和液化气的船,不得与其他驳船混合编队拖带。

(5)载运危险货物的船舶在航行、停泊、作业时应当按规定显示信号。其他船舶与载运危险货物的船舶相遇,应当按照航行和避碰规则的规定,尽早采取相应的行动。

(6)在 VTS 中心控制的水域,船舶应当按照规定向 VTS 中心报告,并接受该中心的指令。VTS 中心应当为载运危险货物的船舶提供相应的水上交通安全信息服务。

(7)在实行定线制、船位报告制的水域,载运危险货物的船舶应当按规定使用通航分道航行、加入船位报告系统。

(8)载运危险货物的船舶发生水上险情、交通事故、非法排放事件,应当按照规定向海事管理机构报告,并及时启动应急计划和采取应急措施,防止损害、危害的扩大。

3. 船舶管理

(1)从事危险货物运输的船舶所有人、经营人或者管理人,应建立和实施船舶安全营运和防污染管理体系。

(2)载运危险货物的船舶应制定保证水上人命、财产安全和防治船舶污染环境的措施,编制应对水上交通事故、危险货物泄漏事故的应急预案以及船舶溢油应急计划,配备相应的应急救护、消防和人员防护等设备及器材,并保证落实和有效实施。

(3)船舶载运危险货物,应符合有关危险货物积载、隔离和运输的安全技术规范,并只能承运船舶检验机构签发的适装证书中所载明的货种。

(4)国际航行船舶应按照 IMDG 规则,国内航行船舶应按照我国水路危险货物运输规定,对承载的危险货物进行正确分类和积载,保障危险货物在船上装载期间的安全,对不符合有关危险货物包装和安全积载规定的,船舶应当拒绝受载、承运。

(5)船舶进行洗(清)舱、驱气或置换,应当选择安全水域,远离通航密集区、船舶定线制区、禁航区、航道、渡口、客轮码头、危险货物码头、军用码头、船闸、大型桥梁、水下通道以及重要的沿岸保护目标,并在作业之前报海事管理机构核准。船舶在从事上述作业期间,不得检修和使用雷达、无线电发报机、卫星船站;不得进行明火、拷铲及其他易产生火花的作业;不得使用供应船、车进行加油、加水作业。

4. 人员管理

(1)载运危险货物船舶的船员应持有海事管理机构颁发的适任证书和相应的培训合格证,熟悉所在船舶载运危险货物安全知识和操作规程。

(2)载运危险货物船舶的船员应事先了解所运危险货物的危险性、危害性以及安全预防措施,掌握安全载运的相关知识。发生事故时,应遵循应急预案,采取相应的行动。

(3)从事原油洗舱作业的指挥人员,应当按照规定参加原油洗舱的特殊培训,经海事管理机构考试、评估,取得合格证书后,方可上岗作业。

第九节 海上交通与污染事故调查处理规定

一、海上交通事故调查处理条例

为了加强海上交通安全管理,及时调查处理海上交通事故,交通运输部制定了《海上交通事故调查处理条例》。经国务院批准,该条例自 1990 年 3 月 3 日起开始实施。

1. 适用范围

(1)本条例适用于船舶和设施在中华人民共和国沿海水域内发生的海上交通事故。

(2)对违反海上交通安全管理法规进行违章操作,虽未造成直接的交通事故,但构成重大潜在事故隐患的,海事管理机构可以依据本条例进行调查和处罚。

2. 主管机关

中华人民共和国海事局是海上交通事故调查处理的主管机关,直属及地方各级海事管理

机构具体负责本条例的实施。

3. 海上交通事故

本条例所称海上交通事故是指船舶、设施发生的下列事故:碰撞、触碰或浪损;触礁或搁浅;火灾或爆炸;沉没;在航行中发生影响适航性能的机件或重要属具的损坏或灭失;其他引起财产损失和人身伤亡的海上交通事故。

4. 事故报告

1)船舶、设施发生海上交通事故,必须立即用甚高频电话、无线电报或其他有效手段向就近港口的海事管理机构报告。报告的内容应当包括:船舶或设施的名称、呼号、国籍、起讫港,船舶或设施的所有人或经营人名称,事故发生的时间、地点、海况以及船舶、设施的损害程度、救助要求等。

2)船舶、设施发生海上交通事故,除应立即提出扼要报告外,还必须按下列规定向海事管理机构提交海上交通事故报告书和必要的文书资料:

(1)船舶、设施在港区水域内发生海上交通事故,必须在事故发生后 24 小时内向当地的海事管理机构提交。

(2)船舶、设施在港区水域以外的沿海水域发生海上交通事故,船舶必须在到达中华人民共和国的第一个港口后 48 小时内向当地的海事管理机构提交;设施必须在事故发生后 48 小时内用电报向就近港口的海事管理机构报告。

(3)引航员在引领船舶的过程中发生海上交通事故,应当在返港后 24 小时内向当地海事管理机构提交海上交通事故报告书。

(4)中国籍船舶在中华人民共和国沿海水域以外发生的海上交通事故,其所有人或经营人应当向船籍港的海事管理机构报告,并于事故发生之日起 60 日内提交海上交通事故报告书。如果事故在国外诉讼、仲裁或调解,船舶所有人或经营人应在诉讼、仲裁或调解结束后 60 日内将判决书、裁决书或调解书的副本或影印件报船籍港的海事管理机构备案。

(5)派往外国籍船舶任职的持有中华人民共和国船员职务证书的中国籍船员对海上交通事故的发生负有责任的,其派出单位应当在事故发生之日起 60 日内向签发该职务证书的海事管理机构提交海上交通事故报告书。

(6)上述(1)、(2)项因特殊情况不能按规定时间提交海上交通事故报告书的,在征得海事管理机构同意后可予以适当延迟。

(7)上述(4)、(5)项的海上交通事故的调查处理,按本条例的有关规定办理。

3)海上交通事故报告书应当如实写明下列情况:

(1)船舶、设施概况和主要性能数据;

(2)船舶、设施所有人或经营人的名称、地址;

(3)事故发生的时间和地点;

(4)事故发生时的气象和海况;

(5)事故发生的详细经过(碰撞事故应附相对运动示意图);

(6)损害情况(附船舶、设施受损部位简图。难以在规定时间内查清的,应于检验后补报);

(7)船舶、设施沉没的,其沉没概位;

(8)与事故有关的其他情况。

4)海上交通事故报告必须真实,不得隐瞒或捏造。

5)因海上交通事故致使船舶、设施发生损害,船长、设施负责人应申请中国当地或船舶第一到达港当地的检验部门进行检验或鉴定,并应将检验报告副本送交海事管理机构备案。前款检验、鉴定事项,海事管理机构可委托有关单位或部门进行,其费用由船舶、设施所有人或经营人承担。

船舶、设施发生火灾、爆炸等事故,船长、设施负责人必须申请公安消防监督机关鉴定,并将鉴定书副本送交海事管理机构备案。

5. 事故调查

(1)在港区水域内发生的海上交通事故,由港区地的海事管理机构进行调查。在港区水域外发生的海上交通事故,由就近港口的海事管理机构或船舶到达的中华人民共和国第一个港口当地的海事管理机构进行调查。必要时,由中华人民共和国海事管理机构局指定的海事管理机构进行调查。海事管理机构认为必要时,可以通知有关机关和社会组织参加事故调查。

(2)海事管理机构在接到事故报告后,应及时进行调查。调查应客观、全面,不受事故当事人提供材料的限制。

(3)被调查人必须接受调查,如实陈述事故的有关情节,并提供真实的文书资料。海事管理机构人员在执行调查任务时,应当向被调查人员出示证件。

(4)海事管理机构因调查海上交通事故的需要,可以令当事船舶驶抵指定地点接受调查。当事船舶在不危及自身安全的情况下,未经海事管理机构同意,不得离开指定地点。

6. 处理

1)海事管理机构应当根据对海上交通事故的调查,作出海上交通事故调查报告书,查明事故发生的原因,判明当事人的责任;构成重大事故的,通报当地检察机关。

2)对海上交通事故的发生负有责任的人员,海事管理机构可以根据其责任的性质和程度依法给予下列处罚:

(1)对中国籍船员、引航员或设施上的工作人员,可以给予警告、罚款或扣留、吊销职务证书;

(2)对外国籍船员或设施上的工作人员,可以给予警告、罚款或将其过失通报其所属国家的主管机关。

3)对海上交通事故的发生负有责任的人员及船舶、设施的所有人或经营人,需要追究其行政责任的,由海事管理机构提交其主管机关或行政监察机关处理;构成犯罪的,由司法机关依法追究刑事责任。

4)根据海上交通事故发生的原因,海事管理机构可责令有关船舶、设施的所有人、经营人限期加强对所属船舶、设施的安全管理。对拒不加强安全管理或在限期内达不到安全要求的,海事管理机构有权责令其停航、改航、停止作业,并可采取其他必要的强制性处置措施。

二、海上船舶污染事故调查处理规定

为了规范船舶污染事故调查处理工作,交通部海事局制定了《海上船舶污染事故调查处理规定》。该规定于 2012 年 2 月 1 日起开始实施。

1. 适用范围

本规定适用于造成中华人民共和国管辖海域污染的船舶污染事故的调查处理。

2. 主管机关

国务院交通运输主管部门主管船舶污染事故调查处理工作。国家海事管理机构负责指导、管理和实施船舶污染事故调查处理工作。各级海事管理机构依照各自职责负责具体开展船舶污染事故调查处理工作。

3. 船舶污染事故调查处理原则

船舶污染事故调查处理应当遵循及时、客观、公平、公正的原则,查明事故原因,认定事故责任。

4. 事故报告

1)发现船舶及其有关水上交通事故、作业活动造成或者可能造成海洋环境污染的单位和个人,应当立即将有关情况向就近的海事管理机构报告。海事管理机构接到报告后,应当按照应急预案的要求进行报告和通报。

2)发生污染事故的船舶、有关作业单位,应当在采取应急措施的同时及时、妥善地保存相关事故信息,立即向就近的海事管理机构报告以下事项:

(1)船舶的名称、国籍、呼号、识别号或者编号;

(2)船舶所有人、经营人或者管理人、污染损害赔偿责任保险人的名称、地址和联系方式;

(3)相关水文和气象情况;

(4)污染物的种类、基本特性、数量、装载位置等情况;

(5)事故原因或者事故原因的初步判断;

(6)事故污染情况;

(7)已经采取或者准备采取的污染控制、清除措施以及救助要求;

(8)签订了船舶污染清除协议的,还应当报告船舶污染清除单位的名称和联系方式;

(9)船舶、有关作业单位认为需要报告的其他事项。

船舶、有关作业单位向海事管理机构报告后,经核实发现报告内容与事实情况不符的,应当立即对报告内容予以更正。

3)发生污染事故的船舶、有关作业单位,应当在事故发生后24小时内向就近的海事管理机构提交船舶污染事故报告书。因特殊情况不能在规定时间内提交船舶污染事故报告书的,经海事管理机构同意后可予适当延迟,但最长不得超过48小时。

船舶污染事故报告书至少应当包括以下内容:

(1)船舶及船舶所有人、经营人或者管理人的有关情况;

(2)污染事故概况;

(3)应急处置情况;

(4)污染损害赔偿责任保险情况;

(5)其他与事故有关的事项。

4)中国籍船舶在中华人民共和国管辖海域外发生的船舶污染事故,其所有人或经管人应当立即向船籍港所在地直属海事管理机构报告,并在48小时内提交《船舶污染事故报告书》;船舶应当在到达国内第一港口之前提前24小时向船籍港直属海事管理机构报告,并接受调查处理。

5)船舶污染事故报告后出现的新情况及污染事故的处置进展情况,船舶、有关单位应当及时补充报告。

5. 事故调查

1)船舶污染事故调查处理依照下列规定组织实施：

(1)特别重大船舶污染事故由国务院或者国务院授权国务院交通运输主管部门等部门组织事故调查处理；

(2)重大船舶污染事故由国家海事管理机构组织事故调查处理。

(3)较大船舶污染事故由事故发生地直属海事管理机构负责调查处理；

(4)一般船舶污染事故由事故发生地海事管理机构负责事故调查处理；

(5)船舶污染事故发生地不明的，由事故发现地海事管理机构负责调查处理；

(6)事故发生地或者事故发现地跨管辖区域或者相关海事管理机构对管辖权有争议的，由共同的上级海事管理机构确定调查处理机构。

(7)在中华人民共和国管辖海域外发生的船舶污染事故，造成中华人民共和国管辖海域污染的，调查处理机构由国家海事管理机构指定。

2)船舶因发生海上交通事故造成海洋环境污染的，海事管理机构对船舶污染事故的调查应当与船舶交通事故的调查同时进行。

3)船舶污染事故调查应当由至少两名船舶污染事故调查人员实施。

4)船舶污染事故调查处理机构调查船舶污染事故，应当勘验事故现场，检查相关船舶，询问相关人员，收集证据，查明事故原因。

5)下列材料可以作为船舶污染事故调查的证据：书证、物证、视听资料；证人证言；当事人陈述；鉴定结论；勘验笔录、调查笔录、现场笔录；其他可以证明事实的证据，

6)船舶污染事故的当事人和其他有关人员应当配合调查，如实反映情况和提供资抖，不得伪造、隐匿、毁灭证据或者以其他方式妨碍调查取证。

7)船舶污染事故的当事人和其他有关人员提供的书证、物证、视听资料应当是原件原物，提供抄录件、复印件、照片等非原件原物的，应当签字确认；拒绝确认的，事故调查人员应当注明有关情况。

8)船舶污染事故调查处理机构根据调查处理工作的需要可以行使以下职权：

(1)责令船舶污染事故当事人提供相关技术鉴定或者检验、检测报告；

(2)暂扣相应的证书、文书、资料；

(3)禁止船舶驶离港口或者责令停航、改航、驶往指定地点、停止作业，暂扣船舶。

第十节　海上海事行政处罚规定

为规范海上海事行政处罚行为，保护当事人的合法权益，保障和监督海上海事行政管理，维护海上交通秩序，防止船舶污染沿海水域，我国交通运输部制定了《中华人民共和国海上海事行政处罚规定》。该规定自2003年9月1日起实施。

一、适用范围与主管机关

1. 适用范围

本规定适用于：

(1)在我国管辖沿海水域发生的违反海上海事行政管理秩序的行为;

(2)在我国管辖沿海水域外但属于中国籍的海船内发生的违反海上海事行政管理秩序的行为;

(3)中国籍船员在中国管辖沿海水域外违反海上海事行政管理秩序,并且按照中国有关法律、行政法规应当处以行政处罚的行为。

2. 主管机关

海事行政处罚由海事管理机构依法实施。

二、海事行政违法行为

本规定所称违反海上海事行政管理秩序的行为,简称海事行政违法行为,包括下列行为:违反船舶所有人、经营人和船舶安全营运管理秩序;违反船舶、海上设施检验管理秩序;违反海上船舶登记管理秩序;违反海上船员管理秩序;违反海上航行、停泊和作业管理秩序;违反海上通航安全保障管理秩序;违反海上危险货物载运安全监督管理秩序;违反海难救助管理秩序;违反海上打捞管理秩序;违反海上船舶污染沿海水域环境监督管理秩序;违反海上交通事故调查处理秩序;其他海上海事行政违法行为。

三、海上海事行政处罚的种类和处罚原则

1. 海事行政处罚的种类

海事行政处罚有以下种类:警告;罚款;撤销船舶检验资格;吊销船舶国籍证书或临时船舶国籍证书;没收船舶登记证书;扣留船员职务证书;吊销船员职务证书;吊销海员出境入境证件;没收违法所得;没收船舶;法律、行政法规规定的其他海事行政处罚。

2. 海事行政处罚的原则

(1)海事管理机构实施海事行政处罚时,应责令当事人改正或限期改正海事行政违法行为。

(2)对有两个或两个以上海事行政违法行为的同一当事人,应当分别处以海事行政处罚,合并执行。

(3)对有共同海事行政违法行为的当事人,应当分别处以海事行政处罚。

(4)对当事人的同一个海事行政违法行为,不得处以两次以上罚款的海事行政处罚。

(5)海事行政处罚的轻重,应当与海事行政违法行为和承担的海事行政法律责任相适应。

(6)海事违法行为轻微并及时纠正,没有造成危害后果的,不予海事行政处罚。

(7)海事行政违法行为的当事人系受他人胁迫有违法行为的,或主动消除或者减轻违法行为危害后果的,或配合行政机关查处违法行为有立功表现的,应当依法从轻处以海事行政处罚或减轻海事行政处罚。

(8)有海事行政违法行为的中国籍船舶和船员在境外已经受到海事行政处罚的,不得重复给予海事行政处罚。

3. 加重海事行政处罚的情形

海事行政违法行为的当事人有下列情形之一的,应当从重处以海事行政处罚:

(1)造成较为严重后果或情节恶劣;

(2)一年内因同一海事行政违法行为受过海事行政处罚；

(3)胁迫、诱骗他人实施海事行政违法行为；

(4)伪造、隐匿、销毁海事行政违法行为证据；

(5)拒绝接受或阻挠海事管理机构实施监督管理；

(6)法律、行政法规规定应当从重处以海事行政处罚的其他情形。

四、海上海事行政处罚程序

1. 简易程序

海事行政违法事实确凿，并有法定依据的，对自然人处以警告或处以50元以下罚款，对法人或其他组织处以警告或1000元以下罚款的海事行政处罚的，可以当场作出海事行政处罚决定。

2. 一般程序

除依法可以当场作出的海事行政处罚外，海事管理机构发现自然人、法人或其他组织有依法应当处以海事行政处罚的海事行政违法行为，在对海事违法行为调查报告审查后，认为应当处以行政处罚的，海事管理机构应当制作海事违法行为通知书送达当事人。当事人有权在收到该通知书之日起7日内进行陈述和申辩，有权在收到该通知书之起3日内提出要求听证。

3. 听证程序

在作出较大数额罚款、吊销证书的海事行政处罚决定之前，海事管理机构应当告知当事人有要求举行听证的权利；当事人要求听证的，海事管理机构应当组织听证。“较大数额罚款”是指对自然人处以1万元以上罚款，对法人或其他组织处以10万元以上罚款。

4. 执行程序

(1)对于20元以下的罚款或不当场收缴事后难以执行的，海事管理机构及其海事行政执法人员可以当场收缴罚款。

(2)被处以扣留证书的，当事人应当及时送交作出处罚决定的海事管理机构。被处以扣留、吊销证书，当事人拒不送交被扣留、被吊销的证书的，海事管理机构应当公告该证书作废。

(3)海事管理机构对船员处以海事行政处罚后，应当记入该船员的船员服务簿。

(4)对当事人处以没收船舶处罚的，海事管理机构应当依法处理所没收的船舶。

(5)当事人在法定期限内不申请复议或提起诉讼，又不履行海事行政处罚决定的，海事管理机构依法申请人民法院强制执行。

第十一节　船员管理有关法规

一、船员条例

为了加强船员管理，提高船员素质，维护船员的合法权益，保障水上交通安全，保护水域环境，我国国务院2007年4月30日颁布了《中华人民共和国船员条例》。该条例于2007年9月1日起开始实施。

1. 适用范围

在中华人民共和国境内的船员注册、任职、教育培训、职业保障以及提供船员服务等活动，适用本条例。对引航员、军用船舶船员、渔业船员的管理另行规定。

2. 主管机关

国务院交通主管部门主管全国船员管理工作。国家海事管理机构依照本条例负责统一实施船员管理工作。

3. 船员注册和任职资格

1)本条例所称船员，是指依照本条例经海事管理机构注册，取得船员服务簿的人员，包括船长、高级船员、普通船员。

2)申请船员注册，应当符合下列条件：

(1)年满18周岁，但不超过60周岁；

(2)符合船员健康要求；

(3)经过船员基本安全培训，并经海事管理机构考试或者考核合格；

(4)申请注册国际航行船舶船员的，还应当通过船员专业外语考试。

3)对符合船员注册条件的，海事管理机构应当给予注册，发给船员服务簿。

4)船员服务簿记载的事项发生变更的，当事人应当向海事管理机构办理变更手续。

5)在船舶上担任船长以及参加航行值班的高级船员和普通船员，应当依照本条例的规定取得相应的船员适任证书。

6)申请船员适任证书，应当具备下列条件：

(1)已经取得船员服务簿；

(2)符合船员任职岗位健康要求；

(3)经过船员适任培训；

(4)具备相应的船员任职资历，并且任职表现和安全记录良好。

7)海事管理机构颁发船员适任证书，应当注明船员适任的航区(线)、船舶类别和等级、适任职务以及有效期限等事项。船员适任证书的有效期不得超过5年。

8)中国籍船舶在境外遇有不可抗力或者其他特殊情况，不能保证船舶最低安全配员时，可以向海事管理机构申请批准，由本船下一级船员临时担任上一级职务。海事管理机构根据拟任船员的任职资历、任职表现和安全记录，可以签发批准文书。

9)以海员身份出入国境和在国外船舶上从事工作的中国籍船员，应当向海事管理机构申请中华人民共和国海员证。申请中华人民共和国海员证，应当符合下列条件：

(1)是中华人民共和国公民；

(2)已注册为国际航行船舶船员或者有确定的船员出境任务；

(3)无法律、行政法规规定禁止出境的情形。

10)中华人民共和国海员证是中国籍船员在境外执行任务时表明其中华人民共和国公民身份的证件。中华人民共和国海员证遗失、被盗或者损毁的，应当向海事管理机构申请补发。船员在境外的，应当向中华人民共和国驻外使馆、领馆申请补发。中华人民共和国海员证的有效期不超过5年。

4. 船员职责

1)船员在船上工作期间,应当:

(1)携带本条例规定的有效证件;

(2)掌握船舶的适航状况和航线的通航保障情况,以及有关航区气象、海况等必要的信息;

(3)遵守船上的管理制度和值班规则,按照水上交通安全和防治船舶污染的操作规则操纵、控制和管理船舶,如实填写有关船舶法定文书;

(4)参加船舶应急训练、演习,按照船舶应急部署的要求,落实各项应急预防措施;

(5)遵守船舶报告制度,发现或者发生险情、事故或者保安事件以及影响航行安全的情况,应当及时报告;

(6)在不严重危及自身安全的情况下,尽力救助遇险人员;

(7)不得利用船舶私载旅客、货物,不得携带违禁物品。

2)船长在其职权范围内发布的命令,船上所有人员必须执行。高级船员应当组织下属船员执行船长命令,督促下属船员履行职责。

3)船长、高级船员在航次中,不得擅自辞职、离职或者中止职务。

4)船长在保障水上人身与财产安全、船舶保安、防治船舶污染水域方面,具有独立决策权,并负有最终责任。

5. 船员职业保障

1)船员用人单位应当按照国家有关劳动和社会保障的规定为其招用的船员办理工伤保险、医疗保险、养老保险、失业保险以及其他社会保险,并依法按时足额缴纳各项保险费用。

2)船员用人单位应当为在驶往或者驶经战区、疫区的船舶上工作的船员,或者在运输有毒、有害物质船舶上工作的船员,办理专门的人身安全、健康保险,并提供相应的防护措施。

3)船舶的船员生活和工作场所应当符合国家船舶检验规范中有关船员生活环境、作业安全和防护的要求。

4)船员用人单位应当为船员提供必要的生活用品、防护用品、医疗用品,建立船员健康档案,并为船员定期进行健康检查,防治职业疾病。船员工作期间患病或者受伤,船员用人单位应当及时给予救治。

5)船员和船员用人单位应当依照国家有关劳动合同的法律、法规以及我国缔结或者加入的有关船员劳动与社会保障国际公约的规定,订立劳动合同。

6)船员用人单位应当考虑船员职业的风险性、艰苦性、流动性等因素,向船员支付合理的工资和报酬,并足额地发放给船员。任何单位和个人不得克扣船员的工资和报酬。船员用人单位应当向在劳动合同有效期内的待派船员,支付不低于船员用人单位所在地人民政府公布的最低工资。

7)船员在船上的工作时间应当符合国务院交通主管部门规定的值班标准。

8)船员除享有国家法定的节假日外,还享有在船上每工作 2 个月不少于 5 日的年休假。船员在年休假期间,船员用人单位应当支付不低于船员在船服务期间平均工资和报酬。

9)船员在船上工作期间,有下列情形之一的,可以要求遣返:

(1)船员的劳动合同终止或者依法解除的;

(2)船员不具备履行船舶上岗位职责能力的;

(3)船舶灭失的;

(4)未经船员同意,船舶驶往战区、疫区的;

(5)由于破产、变卖船舶、改变船舶登记或者其他原因,船员用人单位、船舶所有人不能继续履行对船员的法定或者约定义务的。

10)船员可以从下列地点中选择被遣返地点:

(1)船员接受雇用的地点或者上船任职的地点;

(2)船员的居住地、户籍所在地或者船籍登记国;

(3)船员与船员用人单位或者船舶所有人协议约定的地点。

11)船员的遣返费用由船员用人单位支付。船员的遣返费用,包括乘坐交通工具的费用和30千克行李的运输费用、旅途中合理的食宿及医疗费用。

12)船员的遣返权利受到侵害或者遣返被不合理延误的,船员当时所在地民政部门或者境外领事机构,应当向船员提供援助;必要时,可以直接安排船员遣返。

6.船员教育培训和船员服务

(1)申请在船上工作的船员,应当按照国务院交通主管部门的规定,完成相应的船员基本安全培训、船员适任培训。在危险品船、客船等特殊船舶上工作的船员,还应当完成相应的特殊培训。

(2)船员服务机构为船员提供服务时应当遵守诚实信用的原则,不得提供虚假信息,不得损害船员的合法权益。

(3)船员服务机构向船员用人单位提供船舶配员服务时,应当督促船员用人单位与船员依法订立劳动合同。船员服务机构为船员用人单位提供的船员失踪或者死亡的,船员服务机构应当配合船员用人单位做好善后工作。

7.监督检查

(1)海事管理机构应当建立健全船员管理的监督检查制度,督促船员用人单位、船舶所有人以及相关的机构,建立健全船员在船上的人身安全、卫生、健康和劳动安全保障制度,落实相应的保障措施。

(2)海事管理机构对船员实施监督检查时,应当查验船员必须携带的证件的有效性,检查船员履行职责的情况,必要时可以进行现场考核。

(3)海事管理机构对有违反水上交通安全和防治船舶污染水域法律、行政法规行为的船员,除依法给予行政处罚外,实行累计记分制度。海事管理机构对累计记分达到规定分值的船员,应当扣留船员适任证书,责令其参加水上交通安全、防治船舶污染等有关法律、行政法规的培训并进行相应的考试。考试合格的,发还其船员适任证书。

(4)船舶违反本条例和有关法律、行政法规的,海事管理机构应当责令限期改正;在规定期限内未能改正或者情节严重的,海事管理机构可以禁止船舶离港或者限制船舶航行、停泊、作业。

(5)海事管理机构实施监督检查,可以询问当事人,向有关单位或者个人了解情况,查阅、复制有关资料。接受海事管理机构监督检查的有关单位或者个人,应当如实提供有关资料或者情况。

二、中华人民共和国海事劳工规则

为了保护海员的就业和社会的各项权利，交通运输部拟定了《中华人民共和国海事劳工规则》，该规则为《船员条例》的配套法规，目前正在履行审批程序，并将在适当的时机公布实施。该规则草案的主要内容包括：

1. 适用范围

本规则适用于从事国际航行的500总吨及以上中国籍海船，以及所有中国籍海员。

2. 海员上船工作的最低要求

(1)海员均应按规定注册后方能上船服务。

(2)在海船船舶上任职的海员还应按规定取得相应的证书。

(3)未成年海员经注册后仅限于在船见习或实习，不得担任任何职务或以完成某项具体岗位任务为目的的工作。

(4)海员在上船工作之前均应持有根据船员健康检查要求的标准签发的有效的体检证书，证明其健康状况适合其将在海上履行的职责。

(5)海员的体检证书有效期不得超过2年。紧急情况下，在海员持有最近过期的体检证书的条件下，可允许海员工作直至其可以从合格的医师那里取得一份有效的体检证书的下一停靠港，此期限最长不超过3个月。

3. 海员的招募与安置

(1)海员可通过公共的就业服务机构或经海事管理机构许可的船员服务机构或船员外派机构寻找船上就业的机会。

(2)开展海员招募与安置服务的机构应取得相应的船员服务机构或船员外派机构资质许可证。

(3)在中国籍船舶上服务的海员应通过在境内依法设立的船公司或船员服务机构开展招募与安置工作。

(4)招募与安置机构不得以任何形式向海员收取为海员提供就业的任何费用，但海员取得国家法定的体检证书、船员服务簿、护照或其他旅行证件以及国家法律规定的其他费用除外。

4. 海员就业

1)国家海事管理机构应建立和维护合格海员的分类登记，做出促进海员就业的安排，并定期审查海员登记册的海员人数。被纳入国家海员登记册的海员应随时准备按国家法律或惯例或通过集体协议确定的方式开展工作。

2)国家海事管理机构应在海上劳动关系三方协调机制协商下，为海员提供职业发展和技能培训的机会。

3)在中国籍船舶上服务的海员均应持有海员就业协议，该协议应随船携带。

4)海员就业协议应包括以下内容：

(1)海员的全名、出生日期或年龄及出生地；

(2)船东的名称和地址；

(3)签署海员就业协议的地点及日期；

(4)海员在船将担任的职务;

(5)海员的工资总额及构成,包括发放时间、发放形式、计算公式等;

(6)带薪年假的天数,包括计算公式;

(7)海员就业协议的终止及终止条件;

(8)船东提供给海员的人身意外保险、健康津贴和社会保险;

(9)海船船员获得遣返的权利;

(10)适用的中国船员集体协议;

(11)国家法律所要求的其他内容。

5)海员和船东提前终止海员就业协议的最短通知期由海上劳动关系三方协调机制协商后确定,原则上不得短于7天。

6)中国船员集体协议作为保障海员及船东利益的基本标准,可确定海员工资的构成及最低工资标准。

7)在中国籍船舶上服务的海员应持有海员就业记录簿,记录簿应载明海员在船上就业的记录信息,但不得包括关于海员工作的质量和其工资的记录。

8)海员均有权根据其就业协议定期获得全额工作报酬,船东应以法定方式支付。

9)船东应采取措施,为海员提供一种将其收入的全部或部分转给其家人或受赡养人或法定受益人的方式。

10)海员的正常工时标准应以每天8小时,每周休息2天和国家法定的公共节假日休息,以及海员在船舶上每工作2个月不少于5日的年休假为依据。

11)海员在船工作时间每周不得超过44小时。每月加班不得超过36小时。按照综合计时计算工资标准的用人单位应按照法定程序向相关部门报批。

12)海员用人单位应当在海员年休假期间,向其支付不低于该海员在船工作期间平均工资的报酬。

13)船东根据国家法律规定为船员缴纳的失业保险以及商业保险或其他约定行为,应充分考虑到由于船舶灭失或沉没对船员造成的失业赔偿,该赔偿额应与海员就业协议中约定的可支付工资比率相当,但其总额可限于2个月的工资。

14)所有海员的工作时间安排应按照我国海船船员值班规则的相关工作时间的规定执行。

5. 海员的遣返

(1)船东应为所有在船工作合同期满的海员安排遣返,并负担遣返费用和其他方面的安排,除非根据国家法律或条例或其他措施或适用的集体谈判协议,海员出现严重失职、渎职等情况而被遣返,否则船东不得以任何形式扣回遣返费用。

(2)海员在上船途中或在船工作期间,擅自离职或中止职务,给船东造成的经济损失,船东有权追究其相关法律责任。

(3)海员应在协议期满前15天向船东提出遣返申请,以便能得到及时安排与遣返。

(4)船东有义务将那些由于非自身责任的原因在港口被置于岸上的海员做出妥善安排。

6. 海员的起居舱室、娱乐设施及膳食服务

1)国家海事管理机构应确保本规则所适用的船舶上工作或生活的海员提供并保持与促

进海员的健康和福利一致的舒适起居舱室和娱乐设施。

2)船东应为每艘本规则适用的船舶设置并装备膳食服务部门,并免费为海员提供在良好卫生条件下准备和服务的充分、多品种和有营养的餐食。

3)船长应本人或指定专人,在船舶上对以下方面每周开展检查,并保存检查记录:

(1)食品和饮用水供应;

(2)用于储存和处理食物和饮用水的所有场所和设备;

(3)用于准备和供应餐食的厨房或其他设备。

7.海员的健康和安全保护

1)船东、船员服务机构应采取措施向在悬挂中国旗船舶上工作的海员提供健康保护和医疗。

2)船东管理船舶悬挂中国旗,应确保:

(1)船上医务室及医疗设施和设备,应按照有关规定,对船舶做出相应规定。

(2)船东应确保所有船舶均携带医药箱、医疗设备和医疗指南,如果船东的船舶是载员100人以上,从事3天以上国际航行,应配备1名医生负责提供医疗。

(3)确保没有配备医生的船舶,至少1名海员接受了精通急救或高级医护的培训,并达到要求的认可水平。

(4)应确保所有船舶均配备足够的医疗设备,其中包括医药箱、医疗设备及最新版国际船舶医疗指南或者我国法律法规规定的医疗指南。

(5)应确保运营船舶船员熟悉主管机关建立的无线电或卫星通信医疗指导,同时确保船舶备有一份最新的能够获得医疗指导的岸上地面站的完整清单。

(6)利用船员岸基培训的机会,传授海员健康和保健的知识和技能。

8.海员的福利和社会保障

1)船东或者船员服务机构应确保海员获得符合公约要求的社会保障,应保证船员能够按照我国相关劳动法律、法规享受社会保障。这些保障应遵循以下原则:

(1)船东或者船员服务机构应与船员签订符合国家劳动法律、法规要求的劳动合同;

(2)船员所获得社会保障不低于同一公司岸上工作人员所获福利水平;

(3)船员所获社会保障应按照社会保险条例有关规定为船员缴纳社会保险,种类应当包括但不限于包括养老保险、工伤保险和医疗保险,所有社会保险内容应明确在劳动合同中予以明确。

2)考虑到船员职业的危险性,船东和服务机构应负责为船员购买在船期间的商业保险。

9.投诉及处理

(1)海事管理机构应尽量鼓励投诉方寻求通过船上投诉程序解决问题。但投诉方有权对涉及违反公约的要求(包括船员权利)的行为直接向所在港口的港口国监督检查部门递交投诉。

(2)海事管理机构收到投诉后,应进行初步调查,如投诉涉及船上工作和生活条件的缺陷,构成对船上船员保安,健康和安全的明显危害,或有理由相信某项缺陷构成对公约要求(包括船员的权利)的严重违反,应及时安排检查人员按照船舶安全检查程序登船实施详细检查。如投诉属于船上所有船员或某一类船员的普遍性缺陷,基于投诉性质,可考虑按照船舶安全检查程序登船实施详细检查。

(3)船舶安全检查员实施详细调查后发现船上条件明显危害船员的安全、健康或保安,或不符合有关要求的情况构成对公约要求(包括船员权利)的严重或屡次违反,应及时对船舶采取禁止离港的措施,直到船舶递交了令人满意的不符合情况纠正计划后才允许船舶开航。

三、船员注册管理办法

为规范船员注册管理,交通运输部制定了《船员注册管理办法》。该办法为我国船员条例的配套法规,自2008年7月1日起开始实施。

1. 适用范围

中华人民共和国境内的船员注册以及相关管理活动,适用本办法。

2. 主管机关

交通运输部主管全国船员注册管理工作。中华人民共和国海事局负责统一实施全国船员注册管理工作。负责管理中央管辖水域的海事管理机构和负责管理其他水域的地方海事管理机构,依照各自职责具体负责船员注册以及相关管理工作。

3. 船员注册

本办法所称船员注册,是指海事管理机构根据申请人的申请,经依法审查,对符合船员注册条件的予以登记,签发船员服务簿,准许申请人从事船员职业的行为。

4. 船员注册的申请和受理

(1)船员注册申请可以向任何海事管理机构提出。

(2)船员注册申请可以由申请人本人提出,也可以由船员服务机构、船员用人单位代为提出。

(3)申请船员注册,应当具备的条件同船员条例中的规定。

(4)海事管理机构应当对船员赋予唯一的注册编号。

(5)业经注册的船员不得重复申请船员注册。

5. 船员注册的变更、注销和依法吊销

1)有下列情形之一的,船员应当在6个月内向管理本人注册档案的海事管理机构申请办理船员注册变更手续:

(1)船员服务簿中记载的事项发生变化;

(2)相貌发生显著变化。

2)船员有下列情形之一的,海事管理机构应当注销船员注册,并予以公告:

(1)死亡或者被宣告失踪的;

(2)丧失民事行为能力的;

(3)依法被吊销船员服务簿的;

(4)本人申请注销注册的。

3)申请人被依法吊销船员服务簿的,自被吊销之日起5年内不予重新注册。

6. 船员服务簿管理

1)船员服务簿是船员的职业身份证件,任何单位或者个人不得冒用、出租、出借、伪造、变造或者买卖。船员在船工作期间应当携带船员服务簿。

2)船员服务簿应当载明船员的姓名、性别、国籍、出生日期、住所、联系人、联系方式以及其他有关事项。

3)海事管理机构应当在船员服务簿中记载船员的安全记录、累计记分情况和违法情况。

4)船员上船任职后和离船解职前,应当主动将船员服务簿提交船长办理船员任职、解职签注。

(1)船长应当为本船船员办理船员任职、解职签注,并在船员服务簿中及时、如实记载其服务资历和任职表现。

(2)船长的任职签注由离任船长负责签注,船长的解职签注由接任船长负责签注。

(3)因船舶新投入运行、报废等特殊情况无离任或者接任船长时,船长的任职、解职,在境内由船舶靠泊地海事管理机构签注;在境外由船长本人签注。

5)船员服务簿记载页满或者损坏的,应当到管理本人注册档案的海事管理机构办理换发事宜。船员服务簿遗失的,应当到管理本人注册档案的海事管理机构办理补发事宜。

7. 监督检查

1)海事管理机构应当建立船员注册数据库和设立船员注册记录簿,记载船员的基本信息。

2)船员用人单位应当建立船员档案,记录船员的个人基本资料、服务资历、培训纪录、安全纪录、健康状况、任解职情况等信息,保持记录内容的真实、连续和完整,并定期向海事管理机构报送船员任职、解职情况。

3)海事管理机构对船员进行监督检查时,应当对下列情况进行核查:

(1)持有并携带船员服务簿;

(2)船员服务簿的真实性和符合性;

(3)船长为在船船员进行签注的情况。

4)海事管理机构实施监督检查,可以询问当事人,向有关单位、船舶或者个人了解情况,查阅、复制有关资料。有关单位、船舶或者个人应当配合。

四、海员外派管理规定

为规范海员外派管理,提高我国外派海员的整体素质和国际形象,维护外派海员的合法权益,促进海员外派事业的健康发展,交通运输部制定了《海员外派管理规定》。该办法为我国《船员条例》的配套法规,自2011年7月1起开始实施。

1. 适用范围

在中华人民共和国境内依法设立的机构从事海员外派活动,适用本规定。

2. 主管机关

(1)交通运输部主管全国海员外派工作。国家海事管理机构负责统一实施全国海员外派的监督管理工作。交通运输部直属海事管理机构依照各自职责负责具体实施海员外派的监督管理工作。

(2)海员外派遵循“谁派出,谁负责”的原则。从事海员外派的机构应当对其派出的外派海员负责,做好外派海员在船工作期间及登、离船过程中的各项保障工作。

3.海员外派机构的责任与义务

1)海员外派机构应当遵守国家船员管理、船员服务管理、船员证件管理、劳动和社会保障及对外劳务合作等有关规定。

2)海员外派机构为海员提供海员外派服务,应当保证外派海员与本机构,或境外船东,或我国的航运公司,或其他相关行业单位签订有劳动合同。

3)外派海员与我国的航运公司或者其他相关行业单位签订劳动合同的,海员外派机构在外派该海员时,应当事先经过外派海员用人单位同意。外派海员与境外船东签订劳动合同的,海员外派机构应当负责审查劳动合同的内容,发现劳动合同内容存在侵害外派海员利益条款的,应当要求境外船东及时予以纠正。

4)海员外派机构应当为外派海员购买境外人身意外伤害保险。

5)海员外派机构应当在充分了解并确保境外船东资信和运营情况良好的前提下,方可与境外船东签订船舶配员服务协议。

6)海员外派机构应当将船舶配员服务协议中与外派海员利益有关的内容如实告知外派海员。

7)海员外派机构应当根据派往船舶的船旗国和公司情况对外派海员进行相关法律法规、管理制度、风俗习惯和注意事项等任职前培训,并根据海员外派实际需要对外派海员进行必要的岗位技能训练。

8)海员外派机构应当在外派海员上船工作前,与其签订上船协议,协议内容应当至少包括下列内容:

(1)船舶配员服务协议中涉及外派海员利益的所有条款;

(2)海员外派机构对外派海员工作期间的管理和服务责任;

(3)外派海员在境外发生紧急情况时海员外派机构对其的安置责任;

(4)违约责任。

9)海员外派机构应当对外派海员工作期间有关人身安全、身体健康、工作技能及职业发展等方面进行跟踪管理,为外派海员履行船舶配员服务合同提供必要支持。

10)海员外派机构不得因提供就业机会而向外派海员收取费用。海员外派机构不得克扣外派海员的劳动报酬。海员外派机构不得要求外派海员提供抵押金或担保金等。

11)海员外派机构不得把海员外派到下列公司或者船舶:

(1)被港口国监督检查中列入黑名单的船舶;

(2)非经中国境内保险机构或者国际保赔协会成员保险的船舶;

(3)未建立 SMS 体系的公司或者船舶。

4.突发事件处理

(1)突发事件发生时,海员外派机构应当按照应急处理制度的规定,立即启动应急预案,并及时向海事管理机构报告。

(2)海员外派机构应当与境外船东共同做好突发事件的处置工作。当境外船东未能及时全面履行突发事件责任时,海员外派机构应妥善处理突发事件,避免外派海员利益受损。

(3)当海员外派机构拒绝承担或者无力承担发生突发事件责任时,可以动用海员外派备用金,用于支付外派海员回国或者接受其他紧急救助所需费用。

五、船员违法记分管理办法

为了增强船员遵章守法的意识，减少人为因素对水上交通安全的影响，国家海事局制定了《船员违法记分管理办法(暂行)》，该办法自2004年1月1日起开始实施。

1. 适用范围与主管机关

(1)本办法适用于在中、外籍船舶上服务的持我国船员适任证书的中国籍船员和持有我国引航员证书的引航员。

(2)中华人民共和国各级海事管理机构具体负责实施本办法。

2. 记分方法

1)记分周期

每一公历年为一个记分周期。一个周期期满后，分值累加未达到15分的，该周期内的分值不转入下一个记分周期。在一个记分周期内记分满15分的船员，经培训、考试后，记分分值重新起算。初次申请证书的船员，自签发证书之日起开始记分。

2)记分分值

(1)船员受到警告处罚的，对应的违法记分分值为1分；船员受到罚款处罚的，罚款数额每100元对应违法记分值为1分，100元及以下的对应违法记分值为1分，罚款数额超过1 500元的对应违法记分值一律为15分；船员受到扣留适任证书的，证书被扣留3个月和3个月以上的分别记10分和15分；海事管理机构进行船舶安全检查时，发现船舶存在缺陷，应对负有直接或间接责任的船员记1分；对船员实操检查不合格的船员，记1分。

(2)船员受到罚款和扣留证书行政处罚一并执行的，违法记分在两者之中取高者。

3. 船员违法记分、培训和销分

(1)船员违法记分由做出行政处罚或实施船舶安全检查、船员实际操作检查的海事管理机构予以记载。船员违法记分不影响行政处罚的决定和执行。

(2)海事管理机构做出行政处罚决定或实施船舶安全检查、船员实际操作检查后，由海事管理机构在海船船员所持的船员服务簿“主管机关签注(一)”栏上加盖“船员违法记分专用章”，填写记分分值、执法人员号码、记分时间。

(3)船员违法记分分值满15分的，最后记分的海事管理机构应将船员的证书滞留，并将“滞留船员适任证书通知书”送船员本人签收。“滞留船员适任证书通知书”一式三份，分别由滞留证书的海事管理机构、签发证书的海事管理机构、船员本人留存。“滞留船员适任证书通知书”不能作为船员持有适任证书的证明，船员不能凭“滞留船员适任证书通知书”继续在船任职。

(4)船员必须在收到“滞留船员适任证书通知书”6个月内到证书的签发机关申请强制培训、考试。培训的时间不超过7天，培训的内容为水上安全管理法规、安全教育宣传和海事案例等。考试在强制培训结束后进行，考试由海事管理机构组织。

(5)海船船员参加强制培训、考试合格后，海事管理机构应在船员服务簿“主管机关签注(一)”栏填写“业经考试、培训合格”，加盖船员服务簿签证专用章，及时发还被滞留的证书，但同时受到扣留证书行政处罚期限未到的，应在扣留期满后发还被扣证书。

(6)船员对行政处罚不服，按照有关规定申请行政复议或提起行政诉讼，在复议或诉讼期

间,船员申请强制培训的时限顺延。

(7)船员无正当理由逾期不参加强制培训、考试的,海事管理机构应将证书寄送至原签发机关,船员需按照证书载明的航区、等级、职务参加职务晋升考试,合格后,方可领回被扣留的证书。

(8)船员遗失证书、证书记分附页或船员服务簿,海事管理机构可视为其违法记分已满15分,应在船员参加强制培训、考试合格后,按规定补发证书、证书记分附页或船员服务簿。

第十二节　与船员就业条件有关的法规与知识

一、与船员劳动合同有关的国内法

1. 劳动法

《中华人民共和国劳动法》由第八届全国人民代表大会常务委员会第八次会议于1994年7月5日通过,自1995年1月1日起开始实施。

该法中涉及劳动合同的相关规定有:

(1)劳动合同是劳动者与用人单位确立劳动关系、明确双方权利和义务的协议。建立劳动关系应当订立劳动合同。订立和变更劳动合同,应当遵循平等自愿、协商一致的原则,不得违反法律、行政法规的规定。

(2)劳动合同依法订立即具有法律约束力,当事人双方必须履行劳动合同规定的义务。

2. 劳动合同法

《中华人民共和国劳动合同法》由第十届全国人民代表大会常务委员会第二十八次会议于2007年6月29日通过,自2008年1月1日起开始实施。

该法中有关劳动合同的规定包括:

1)劳动合同的订立

用人单位与劳动者建立劳动关系,应当订立书面劳动合同。

2)劳动合同期限

劳动合同分为固定期限劳动合同、无固定期限劳动合同和以完成一定工作任务为期限的劳动合同。固定期限劳动合同,是指用人单位与劳动者约定合同终止时间的劳动合同;无固定期限劳动合同,是指用人单位与劳动者约定无确定终止时间的劳动合同。

3)劳动合同的履行

(1)用人单位与劳动者应当按照劳动合同的约定,全面履行各自的义务。

(2)用人单位应当按照劳动合同约定和国家规定,向劳动者及时足额支付劳动报酬。

(3)用人单位应当严格执行劳动定额标准,不得强迫或者变相强迫劳动者加班。

(4)劳动者拒绝用人单位管理人员违章指挥、强令冒险作业的,不视为违反劳动合同。

(5)劳动者对危害生命安全和身体健康的劳动条件,有权对用人单位批评、检举和控告。

4)劳动合同的变更

用人单位与劳动者协商一致,可以变更劳动合同约定的内容。

5)劳动合同的解除

(1)用人单位与劳动者协商一致,可以解除劳动合同。

(2)劳动者提前30天以书面形式通知用人单位,可以解除劳动合同。

(3)用人单位未按照劳动合同约定提供劳动保护或者劳动条件;或未及时足额支付劳动报酬;或未依法为劳动者缴纳社会保险费;或用人单位的规章制度违反法律、法规的规定,损害劳动者权益的,劳动者可以与之解除劳动合同。

(4)劳动者严重违反用人单位的规章制度;或严重失职,营私舞弊,给用人单位造成重大损害;或被依法追究刑事责任的,用人单位可以与之解除劳动合同。

(5)劳动者患病或者非因工负伤,在规定的医疗期满后不能从事原工作,也不能从事由用人单位另行安排的工作的;或劳动者不能胜任工作,经过培训或者调整工作岗位,仍不能胜任工作的;或劳动合同订立时所依据的客观情况发生重大变化,致使劳动合同无法履行的,用人单位提前30天以书面形式通知劳动者本人或者额外支付劳动者1个月工资后,可以解除劳动合同。

6)劳动合同的终止

有下列情形之一的,劳动合同终止:

(1)劳动合同期满的;

(2)劳动者开始依法享受基本养老保险待遇的;

(3)劳动者死亡,或者被人民法院宣告死亡或者宣告失踪的;

(4)用人单位被依法宣告破产的;

(5)用人单位被吊销营业执照、责令关闭、撤销或者用人单位决定提前解散的;

(6)法律、行政法规规定的其他情形。

二、与船员劳动合同有关的知识

1.船员劳动合同应包含的主要内容

船员劳动合同所包含的内容应符合我国劳动合同法的要求。通常,船员劳动合同应包括下列内容:

(1)船员用人单位的名称、住所和法定代表人或者主要负责人;

(2)船员的姓名、住址和居民身份证或者其他有效身份证件号码;

(3)船员劳动合同期限;

(4)工作内容和工作地点;

(5)工作时间和休假;

(6)劳动报酬;

(7)社会保险;

(8)劳动保护、劳动条件和职业危害防护;

(9)集体合同的并入;

(10)法律、法规规定应当纳入劳动合同的其他事项。

除上述的必备条款外,船员用人单位与船员可以在劳动合同中约定试用期、培训、保密、补充保险和福利待遇等其他事项。

2.船员劳动合同期限

1)船员劳动合同的期限主要分为有固定期限和无固定期限两种,船员劳动合同期限由代表船员用人单位的船员服务机构与船员协商确定。

2)船员劳动合同期满,经当事人协商一致,可以续订劳动合同。续订的船员劳动合同不得约定试用期。

3)有下列情形之一,船员提出或者同意订立或续订劳动合同的,除船员主动提出要求订立固定期限劳动合同外,应当订立无固定期限劳动合同:

(1)船员在与之签订劳动合同的船员公司或劳务公司连续工作已满一定年限(如10年)的;

(2)连续订立了二次固定期限劳动合同,且船员没有劳动合同法中规定的船员用人单位可以解除劳动合同的情形,在此情况下续订劳动合同的。

3. 船员劳动合同的履行与变更

船员与船员用人单位在履行劳动合同时应该遵循下列原则和规定:

(1)船员用人单位与船员应当按照劳动合同的约定履行各自的义务。

(2)船员用人单位应当按照劳动合同约定向船员及时足额支付劳动报酬。

(3)船员用人单位应当执行船员工作和休息时间标准,不得强迫船员加班。

(4)船员用人单位和船员应按合同约定以及国家的有关法律、法规办理社会保险和商业保险,并足额支付保险费。

(5)船员与船员用人单位协商一致,可以变更劳动合同约定的内容。

4. 船员劳动合同的解除和终止

船员劳动合同的解除和终止应遵循下列原则和规定:

1)船员与船员用人单位协商一致,可以解除劳动合同。

2)船员以书面申请的形式提前30天通知船员用人单位或者通过船长通知船员用人单位,可以提前解除劳动合同。但劳动法、劳动合同法、船员条例另有规定的除外。

3)船员用人单位有下列情形之一的,船员可以解除劳动合同:

(1)未按照劳动合同约定为船员提供劳动保护或者劳动条件的;

(2)未及时足额向船员支付劳动报酬的;

(3)未依法为船员缴纳社会保险费和(或)商业保险费的;

(4)船员用人单位的规章制度违反法律、法规的规定,损害船员权益的;

(5)船员工作于合同约定的某特定航线后,如果该特定航线发生了实质性变化,经过船员用人单位与船员协商,就调整航线无法达成一致意见的;

(6)船员工作于合同约定的船舶,该船依照船旗国或港口国检查,被证实不适航,并且船舶的缺陷永久不能得到修复,使船员用人单位不能继续履行合同约定的义务的。

尽管船员在上述情况下有解除劳动合同的权利,但船长和高级船员在航次中,不得擅自辞职、离职或者终止职务。对此我国船员条例有明确规定,在船员就业协议中,通常也有相应条款。

4)船员有下列情形之一的,船员用人单位可以解除劳动合同:

(1)严重违反船员用人单位的规章制度;

(2)严重失职,给船员用人单位造成重大损害;

(3)不能胜任劳动合同中规定的职务,经过调整职务,仍不能胜任;

(4)患病或者非因工负伤,在规定的医疗期满后仍不能上船任职;

(5)被依法追究刑事责任。

尽管船员用人单位在上述情况下有解除劳动合同的权利,但船员因工伤或患职业病而丧失或者大部分丧失劳动能力的,或依照船旗国或港口国检查证实船舶不适航、不具备安全航行条件,因而船员拒绝执行开航命令的,船员用人单位不可以因此单方解除劳动合同。

5)有下列情形之一的,劳动合同终止:

(1)船员劳动合同期满;

(2)船员死亡或失踪;

(3)船员用人单位破产或被吊销营业执照;

(4)船员劳动合同订立时所依据的客观情况发生重大变化,致使船员劳动合同无法履行,并且船员用人单位已提前向船员通告。

6)解除或者终止船员劳动合同涉及支付经济补偿金的,船员用人单位应当按劳动合同法等法律、行政法规的具体规定执行。解除或者终止船员劳动合同后船员要求遣返的,船员用人单位应当同意,并支付相应的遣返费用。

7)船员违法解除劳动合同,给船员用人单位造成损失的,应当承担赔偿责任。

5. 船员劳动合同争议处理

(1)有关船员劳动合同的争议处理应按照合同中的争议处理条款中规定的途径、方法和准据法进行。如合同中没有规定的,应按照有关国际公约和国内法规的规定进行。

(2)根据我国劳动法和劳动合同法的精神,船员用人单位与船员发生劳动争议,可以依法申请调解、仲裁或提起诉讼,也可以协商解决。劳动争议发生后,船员及船员用人单位均可向合同中约定的劳动争议仲裁委员会申请仲裁。对仲裁裁决不服的,可以向人民法院提起诉讼。

三、与船员就业协议有关的知识

不管以哪种形式就业的船员在上船工作前,均需要与代表船员用人单位的船员服务机构(船员公司、船员劳务公司、船员劳务中介公司等)签订船员上船就业协议。在该协议中应就船员在船期间的具体职务、工资、奖金、航区、休假、遣返、保险以及违约责任等做出约定。

1. 对船员就业协议的要求

根据2006年海事劳工公约,对船员就业协议有如下要求:

(1)上船工作的船员应持有一份由其本人和船东或船东代表签订的船员就业协议;

(2)签订船员就业协议的船员在签字前应有机会对协议进行审查和征询意见;

(3)船东、船长和船员应各持有一份经签字的船员就业协议原件;

(4)应采取措施,确保船员在船上可以容易地获得关于其就业条件的明确信息;

(5)如果集体谈判协议构成船员就业协议的一部分,该集体谈判协议的一份副本应保留在船上。

2. 船员就业协议应包含的内容

根据2006年海事劳工公约和我国海事劳工规则,船员就业协议应包含以下内容:

(1)船员的姓名、年龄及出生地;

(2)船员的住址和有效身份证件号码;

(3)船东的名称、营业所所在地和法定代表人;

(4)订立船员就业协议的地点及日期;

(5)船员将服务的船舶及航区;

(6)船员将担任的职务及主要工作内容;

(7)就业协议期限;

(8)船员的工资数额;

(9)关于休假(包括带薪年休假)的约定;

(10)就业协议终止及终止条件;

(11)船员应获得的保险和福利待遇,以及加班费支付规定等;

(12)船员应获得的遣返权利及相关规定;

(13)集体谈判协议的并入;

(14)违约责任;

(15)双方认为需要规定的其他事项;

(16)国家法律所要求的其他细节等。

3. 中国船员集体协议

(1)中国船员集体协议由中国海员建设工会代表中国船员,中国船东协会代表中国船东共同签署。签署中国船员集体协议的主要目的是为保障中国船员的合法权益,促进中国船员体面劳动,满足2006年海事劳工公约的要求。

(2)中国船员集体协议就船员上船工作的最低要求、船员就业条件、船员在船生活与工作条件、船员健康保护、医疗、福利和社会保障等通过集体协议的形式予以约定。中国船员集体协议内容包括:总则;劳动合同及管理;劳动报酬、社会保险及福利;工作时间和休息休假;船舶配员及值班;职业安全和医疗;食品、居室、寝具和娱乐;服务于战区、疫区、海盗活动区域等危险区域;伤亡保赔;遣返;解除和终止合同;船员投诉及劳动争议;船员的教育培训等。

(3)在船员与船舶用人单位签订的就业协议、外派协议或其他形式的就业协议中,应考虑并满足中国船员集体协议的要求,也可采用并入条款的形式将中国船员集体协议并入到船员就业协议中去,尽管这种做法并不强制。

第五章
船舶检验

船舶检验是船舶检验机构对船舶及其设备的技术状况进行检验、审核、测试和鉴定的总称。船舶只有通过相应的检验，才能取得必要的技术证书或保持技术证书继续有效。

第一节　船舶检验的目的、机构和种类

一、船舶检验的目的

船舶检验的目的在于通过对船舶及其设备的检验，促使船公司保持船舶的良好技术状况，以保证船舶的营运安全和防止污染、损害海洋环境，保证船旗国和港口国政府对船舶实施有效的管理和控制，同时也为船舶所有人提高船舶在航运市场的竞争力，降低保险费率，以及为公证、索赔、海事处理等提供必要的技术依据。

二、船舶检验的机构和种类

1. 船舶检验机构

世界上大多数海运国家的船舶各类检验是由民间组织——船级社来完成的。

国际船级社协会(IACS)于1968年成立，致力于联合各船级社，利用技术支持、检测证明和开发研究，通过海事安全与海事规范，维护与追求全球船舶安全与海洋环境清洁。

目前IACS有13个正式会员，分别是：美国船级社(ABS)、法国船级社(BV)、中国船级社(CCS)、克罗地亚船级社(CRS)、挪威船级社(DNV)、德国劳氏船级社(GL)、韩国船级社(KR)、印度船级社(IRS)、英国劳氏船级社(LR)、日本海事协会(NK)、波兰船级社(PRS)、意大利船级社(RINA)、俄罗斯船舶登记局(RS)。

中国船级社(CCS)于1988年加入IACS。CCS对中国籍船舶进行船级检验，并进行经海事局授权的法定检验，同时也接受其他缔约国的委托，对停靠我国港口的外国籍船舶进行法定

检验,签发技术证书。

在我国实施法定检验的机构为中华人民共和国船舶检验局(ZC),ZC隶属于中华人民共和国海事局。

2. 船舶检验的种类

按照检验性质的不同,船舶检验可以分为法定检验、船级检验和公证检验等三种基本类型。

1)法定检验

法定检验属于强制性检验,是指按照船旗国政府的法令、法规、条例和(或)政府批准、接受、承认或加入的有关国际公约、议定书、修正案、规则等,对从事国际或国内航行的船舶所进行的检验、检查和鉴定。在检验、检查和鉴定合格后签发或签署相应的法定证书。法定检验必须由政府主管机关或其授权的组织或个人进行。

2)船级检验

船级检验(也称入级检验)属于商业性检验,是指由船舶所有人选定的船级社,依据其制定的船舶入级规范,对船体(包括设备,下同)、船舶机械装置(包括电气设备,下同)等是否处于或保持良好、有效的技术状态进行的检验、检查和鉴定。在检验、检查和鉴定合格后签发或签署相应的船级证书。

3)公证检验

公证检验是应船舶所有人、经营人、租船人或保险人等的申请,对由于某种原因而造成的船舶实际状况进行具有公证性质的检验,以证明船舶的实际状况或产生事故的原因。公证检验完成后应签发相应的检验报告。

第二节 法定检验

一、法定检验的范围、目的与依据

1. 范围

法定检验的检验范围包括:SOLAS公约中规定的各种船舶结构与设备检验;MARPOL公约中规定的各种船舶结构与设备检验;LL公约规定的船舶载重线勘绘与检验;特种船舶构造和设备检验;船舶起重、吊货设备的检验;船舶吨位丈量等,以及按有关国际公约和各国制定的法规,对船舶结构、设备、载重线、稳性、吨位等进行的各种监督性检查、试验和鉴定。

2. 目的

法定检验的目的是为了按照有关国际公约和船旗国法律、法规的要求,对船舶结构、设备、载重线、稳性、吨位、锅炉及其他受压容器、主机、副机、电气设备、无线电通信设备、救生设备、消防设备、航行和信号设备、防止污染设备、起货设备等进行监督,并确认处于有效技术状态和适合其预定用途。

3. 依据

实施法定检验的依据为有关国际公约以及船旗国制定的有关法规,如:1974年国际海上人命安全公约(SOLAS 1974)及作为该公约组成部分的所有规则(如 FSS 规则、LSA 规则、IBC 规则、IGC 规则、IMSBC 规则、ISPS 规则等);国际防止船舶造成污染公约(MARPOL 73/78);1969 年国际船舶吨位丈量公约(ITC 1969);1966 年国际载重线公约及 1988 年议定书(LL 66/88);1972 年国际海上避碰规则(COLREG 1972)及其 2001 年修正案;国内的《船舶和海上设施检验条例》、《海船法定检验技术规则》、《散装运输危险化学品船舶结构与设备规范》、《非国际航行海船法定检验技术规则》等。

二、法定检验的种类

船舶法定检验的种类有:

1. 初次检验

船舶投入营运以及第一次对船舶颁发证书之前应进行初次检验,包括对船舶结构、机械、设备的一次完整检查和必要时的试验,以确保船舶满足相应证书的有关要求,保证船舶结构、机械和设备都适合其所要从事的营运业务。

经初次检验合格的船舶应颁发相应的法定证书和记录簿。

2. 年度检验

有关船舶法定证书上记载的签发日每周年前后 3 个月内应进行年度检验。年度检验应能使主管机关确认船舶的状况(包括其机械和设备)都按有关公约的要求得到了保持。

3. 期间检验

在有关船舶法定证书上记载的签发日第 2 个或第 3 个周年日前后 3 个月内应进行期间检验。该期间检验应替代一次年度检验。期间检验是对有关法定证书的指定项目进行检查,以确保这些项目都处于良好状态,并且适合船舶所从事的营运业务。

经期间检验合格的船舶应在有关法定证书上签署。

4. 定期检验

对货船设备安全证书而言,在该证书上记载的签发日第 2 个或第 3 个周年日前后 3 个月内应进行定期检验,且该定期检验应替代一次年度检验。定期检验应包括对设备的检查以及必要时的试验,以确保符合货船设备安全证书和货船无线电安全证书的要求,且设备处于良好的状态,并且适合船舶所从事的营运业务。

5. 船底外部检查

这是货船构造安全证书所要求的特有的检查。货船船底外部检查和有关项目的检验应能确保其处于良好状态,并且适合于所从事的营运业务。通常船舶在干船坞内进行船底外部检查,但也可考虑在船舶处于浮态状态下进行水下检验。

6. 附加检验

附加检验也称临时检验。每当船舶发生事故时,或发现影响船舶安全性或完整性,或影响其设备的效力配套性的缺陷,由船长或船舶所有人提出申请,负责颁发有关证书的主管机关、指定的验船师或承认的组织根据具体情况,确定是否需要按适用的公约或规则进行检验,此种检验称之为附加检验。附加检验可以是总体的,也可以是部分的。附加检验应确保维修和任何换新已经有效地进行,且船舶及其设备继续适合于船舶所从事的营运业务。一般认为,下列情况应申请法定附加检验:更换船名、船舶所有人、船旗、船籍港、船舶识别号;船舶重大修理、改装、改建、更换设备;更改船舶航区或航线;等等。

我国《船舶和海上设施检验条例》明确规定,下列情况下中国籍船舶必须向船舶检验机构申请附加检验:

(1)因发生事故,影响船舶适航性能的;

(2)改变船舶证书所限定的用途或者航区的;

(3)船舶检验机构签发的证书失效的;

(4)海上交通安全或者环境保护主管机关责成检验的。

7. 换证检验

也称换新检验。是指原证书到期,在相应证书换新之前进行的检验。换证检验应包括对结构、机械和设备的检验以及必要时的试验,以确保船舶满足相应证书的有关要求,保证船舶结构、机械和设备都处于良好状态,适合于其所从事的营运业务。

经相应证书换证检验合格的船舶应为其换发相应的新证书。

三、国际公约及我国法规涉及的法定检验

法定检验涉及的国际公约主要包括:国际海上人命安全公约、国际船舶吨位丈量公约、国际载重线公约、国际防止船舶造成污染公约、海事劳工公约、国际海上避碰规则、FSS 规则、LSA 规则、IMSBC 规则、IBGC 规则、IBC 规则、IGC 规则、HSC 规则、SPS 规则等。

法定检验涉及的国内法规主要包括:海上交通安全法、防治船舶污染海洋环境管理条例、船舶和海上设施检验条例、船舶与海上设施法定检验技术规则等。

四、法定检验时间安排

1. 初次和换证检验

(1)初次检验应在船舶投入营运前进行。

(2)换证检验:所有需要换证检验的证书应在相应证书到期前 3 个月内完成换证检验。

2. 年度和期间检验

(1)年度检验应在证书的每周年日前、后各 3 个月内进行。

(2)期间检验应在相应证书的第 2 个或第 3 个周年日前、后 3 个月内进行,且该中间检验应替代 1 次年度检验。

3. 定期检验

(1)货船设备安全证书的定期检验应在该证书的第 2 个或第 3 个周年日期前、后 3 个月内进行,且该定期检验应替代 1 次年度检验。

(2)货船无线电安全证书的定期检验应在证书的每 1 周年日期前、后 3 个月内进行。

4. 船底外部检查

(1)客船的船底外部检查应每年进行 1 次。

(2)货船的船底外部检查,在货船构造安全证书有效期间的 5 年内应至少进行 2 次,且任何 2 次之间的间隔应不超过 3 年,其中 1 次应在换证检验时进行。

(3)高速船的船底外部检查一般应每年进行 1 次。

第三节　船级检验和公证检验

船级是评定船舶技术状态的国际通用形式，是船舶所有人为了投保、索赔和处理海事纠纷的便利而自愿进行的。船级检验由船级社执行，由于各船级社的船舶入级规范的不同，下面以中国船级社(CCS)的《钢质海船入级规范》为例，介绍船级检验要求。

一、保持船级的各种检验

1. 一般规定

1)一般要求

(1)已在 CCS 入级的船舶，为保持证书的有效性，应进行保持船级的各种检验。

(2)船东有责任向 CCS 提出保持证书有效性的各种检验的申请，并按规范要求作好检验的项目准备和为检验提供安全措施。

2)重新入级检验

已被取消 CCS 船级的船舶要求重新入级时，CCS 将根据船龄和原船级具体情况进行检验，如检验表明船舶处于良好状态并符合 CCS 规范要求，CCS 将恢复其原授予的船级或按需要授予其他船级。

3)损坏和修理检验

(1)涉及入级的船体、设备和轮机(包括电气设备)等部件遭到认为可能影响入级的损坏时，应及时通知 CCS，CCS 将指派验船师在该船航程抵达的适当港口及时登船进行损坏检验，其检验范围应使验船师认为能查明损坏程度和原因所需的范围。

(2)涉及入级的船体、设备和轮机(包括电气设备)作任何修理，应在 CCS 验船师在场下进行。

4)改装或改建检验

(1)涉及入级的船体、设备和轮机(包括电气设备)的结构尺寸或装置进行改装或改建时，其相关图纸应提交 CCS 批准。

(2)船舶有重大特征的改装或改建时，应符合“船舶重大改建、修理和改装的检验”的有关规定。

2. 检验种类与周期

1)初次入级检验

初次入级检验系指对申请入级的船舶，在第一次授予其 CCS 船级和颁发入级证书之前，所进行的符合性检查，以确认其文件、结构和设备的设计、配置和技术状况以及管理等符合 CCS 入级规范、规则及 CCS 承认的其他技术要求。

2)年度检验

所有已入级船舶应进行年度检验。年度检验应在初次入级检验日期或上次特别检验日期的每周年日的前后 3 个月内进行。

3)中间检验

所有已入级船舶应进行中间检验。中间检验应在第 2 次或第 3 次年度检验之时或两次检验之间进行。除年度检验要求之外的项目,可在第2次或第3次年度检验之时或两次检验之间进行。

4)船底外部及有关项目的检验

(1)船底外部及有关项目的检验既可以在干船坞或在船排上进行,也可以在船舶漂浮状态下进行。在干船坞或在船排上进行检验称为坞内检验,在船舶漂浮状态下的检验称为水下检验。

(2)在每5年进行的特别检验周期内,至少应进行两次船底外部及有关项目的检验。其中一次应结合特别检验进行。在所有情况下,任何两次检验的间隔不应超过36个月。

(3)对船底外部及有关项目的检验通常应在干船坞内进行。但是,可以考虑船舶漂浮状态下,采用水下检验方法进行。

(4)对于船龄在15年以上需进行加强检验(ESP检验)船舶,检查应在干船坞内进行。

(5)国际航行客船(包括滚装客船)的坞内检验每年应进行1次。其中5年内不少于2次应在干船坞内进行,其余的可以在船舶浮态下以水下检验方式来替代。

5)特别检验

(1)船体和轮机(包括电气设备)应在5年间隔期内进行特别检验,以便更新入级证书。第1次特别检验应在初次入级检验之日起5年内完成,其后特别检验应在上次特别检验之日起5年内完成。对于入级证书有效期小于5年的船舶,可缩减特别检验周期。

(2)特别检验可在证书到期之日前1个年度检验开始,于到期之日前完成。如特别检验开始的时间早于到期日前1个年度检验,则全部特别检验应在特别检验开始后的15个月内完成。

(3)在例外情况下,如在特别检验到期之日船东未能安排进行船舶的特别检验,根据船东到期之日前的书面申请,并经CCS同意,特别检验可给予不超过3个月的展期。

6)螺旋桨轴检验

(1)单螺旋桨轴检验间隔期为3年,最长不超过5年;

(2)多螺旋桨轴检验间隔期为4年,最长不超过5年。

7)循环检验

(1)船体循环检验系统

①船体循环检验系统是特别检验的替代检验系统,适用于除普通干货船、油船、散货船和兼用船及化学品船以外的船舶。

②根据船东申请并经CCS同意,满足船体特别检验要求的船体全面检验,可以在循环检验系统的基础上进行。

③采用循环检验时,船体特别检验的所有要求,应在5年特别检验期满之前完成。

④在循环检验周期内,所有特别检验项目,应尽实际可能在特别检验周期内(5年内)均匀分配在每年度进行检验。

⑤船东有权确定船体检验项目的顺序。但是,各检验周期内的顺序应与之前检验周期内的顺序相关联,以确保在2个周期内的检查项目间隔时间不超过5年。只要符合船底外部与有关项目检验的相关要求,坞内检验也可以在5年船级检验期内任何时候进行。对于船龄在10年以上的船舶,压载舱在每一个5年船级检验期内应进行2次内部检查,其中一次在中间

检验范围内，另一次在替代特别检验的船体循环检验系统内。

⑥如检查中发现缺陷，验船师可以扩大检查范围。

⑦CCS 可以撤回基于循环检验体系的检验协议。

(2) 轮机循环检验系统

应船东要求并经 CCS 同意，机械装置（包括电气设备）特别检验的所有检查和试验项目，可采用循环检验的方式来进行。采用循环检验时，应将机械装置（包括电气设备）特别检验的所有项目，尽实际可能在特别检验的周期内（5 年内）均匀分配在每年度进行检查。

8) 搁置检验

(1) 船舶搁置开始时，应申请进行搁置开始检验；在搁置期间，应进行搁置状态年度检验；搁置结束时，应申请恢复营运检验。

(2) 船舶在其搁置期间，根据船东申请，特别考虑检验范围和日期，可进行部分或全部的建造后检验。这些所进行的检验可在确定船舶重新营运检验范围和/或确定下一次相同类别建造后检验的有效期时予以考虑。

(3) 船舶结束搁置期，船东应通知 CCS，并在重新投入营运之前，申请恢复营运检验。

9) 临时检验

(1) 临时检验系指不属于各种定期检验的任何检验。按检验船舶的不同部分，该检验可以定义为船体、机械、锅炉、电气和自动控制与遥控系统等临时检验。

(2) 船舶发生下列情况时，船东或其代理人应申请临时检验：

①船名、船籍港、船旗国和船东或经营人变更；

②遭受影响入级的船舶及其设备的损坏；

③港口国当局检查；

④涉及入级的任何修理或改装或更换时；

⑤检验的延期或建议。

(3) 临时检验根据情况可以是总体或部分的，应确保维修和任何换新业已有效地进行，且船舶及其设备继续适合于船舶所从事的营运业务。

(4) 完成临时检验，应在船舶入级证书中作相应的签注。

二、入级符号和附加标志

1. 入级符号

入级符号是船舶主要特性的表述，具有强制性。

船舶的船体（包括设备）和轮机（包括电气设备）符合 CCS 规范、指南或等效规定，CCS 将授予相应的入级符号与附加标志。

凡船舶的船体（包括设备）与轮机（包括电气设备）经 CCS 批准入级，将根据不同情况授予下列入级符号：

★CSA　★CSM；

或

★CSA　★̲CSM；

或

★CSA　★CSM。

入级符号含义如下：

★CSA——表示船舶的结构与设备由 CCS 审图和建造中检验，并符合 CCS 规范的规定。

★CSA——表示船舶的结构与设备不由 CCS 审图和建造中检验，其后经 CCS 进行检验认为其符合 CCS 规范的规定。

★CSM——表示船舶推进机械和重要用途的辅助机械由 CCS 进行产品检验，而且船舶轮机和电器设备由 CCS 审图和建造中检验，并符合 CCS 规范的规定。

★CSM——表示船舶推进机械和重要用途的辅助机械不由 CCS 进行产品检验，但船舶轮机和电器设备由 CCS 审图和建造中检验，并符合 CCS 规范的规定。

★CSM——表示船舶轮机和电器设备不由 CCS 审图和建造中检验，其后经 CCS 进行入级检验，认为其符合 CCS 规范的规定。

2. 附加标志

(1)附加标志是船舶不同特点的分级表述，加注在入级符号之后。可分为必须性和可选性附加标志。

(2)附加标志包括船舶类型、货物特性、特种任务、特殊的特征、航区、航线限制以及其他含义的一个或一组标志。

常用附加标志见表 5-1 至表 5-4。

船舶类型附加标志　表 5-1

名　称	附加标志	名　称	附加标志
普通干货船	General dry Cargo Ship	集装箱船	Container Ship
客船	Passenger Ship	散货船	Bulk Carrier
滚装船	RO/RO Ship	矿砂船	Ore Carrier
油船	Oil Tanker	高速船	HSC
双壳油船	Oil Tanker, Double Hull	LPG 运输船	LPG Carrier
化学品液化船	Chemical Tanker	LNG 运输船	LNG Carrier

航区限制附加标志　表 5-2

附加标志	说　明	附加标志	说　明
Ice Class B1 *	最严重冰况区域航行	Ice Class B	小块漂流浮冰区域航行
Ice Class B1	严重冰况区域航行	R1	1 类航区
Ice Class B2	中等冰况区域航行	R2	2 类航区
Ice Class B3	轻度冰况区域航行	R3	3 类航区

特殊检验附加标志　表 5-3

名　称	附加标志	名　称	附加标志
水下检验	In-Water Survey	船体循环检验	CHS
加强检验程序	ESP	轮机循环检验	CMS

特殊设备附加标志

表 5-4

名　称	附加标志	名　称	附加标志
自卸货系统	Cargo Handling by Conveyer System	装载仪 (S、I、G、D)	Loading Computer (S、I、G、D)
应急拖带装置	Emergency Towing Arrangements	清洁压载舱	CBT
		专用压载舱	SBT
原油洗舱系统	COW	惰性气体系统	IGS

三、公证检验

船舶公证检验业务的内容很广泛，主要是为船舶的海损、机损以及为履行某种合同条款而进行的第三方检验。

公证检验包括海损检验、索赔检验、起租退租检验、船舶状况检验、货损检验等。如船舶起、退租时的状况鉴定，买卖船时的船舶技术状况勘验，船存油、水的测量证明，某些海损事故所致损坏程度的鉴定等。

公证检验的检验报告可作为海事索赔、保险理赔、费用追偿和分摊等的合法依据。

第六章 海洋与海洋环境保护

第一节 海洋法基础知识

海洋法是关于各种海域的界定及法律地位，以及各国在不同海域从事航行、资源开发和利用、海洋科学研究以及海洋环境保护等的原则和规章制度的总称。一切海上船舶，其行为都受到海洋法的约束。

一、海域概念及其法律地位

1. 港口和内水

1）港口

“港口”是指港湾或河流上具有天然条件或人工设施的用于船舶停泊、装卸货物和上下乘客的地方。凡位于海岸线上的港口统称为海港。按国际惯例，河海交汇处的第一个河口港也视为海港，如上海港、天津港、广州港、福州港等。对外国籍船舶开放的港口称为对外开放港口或开放港口，否则称为非开放港口。我国《海上交通安全法》中提及的港口是指海港。

海港处于内水水域，内水是国家领土的一部分，国家对内水享有绝对的主权，因此港口国可对海港制定一系列法律、法规和规章，对海港内的事务实施排他性的全权管理。我国规定，负责海港内船舶事务的主管机关为国家海事管理机构。

2）内水

（1）内水的概念

泛指的“内水”系指由一国领海基线和陆上国境线所包围的水域，包括湖泊、河流及其河口、内海、港口、港湾、海峡以及其他位于领海基线以内的水域。陆地内的水域称为内陆水，领海基线与陆地之间的水域称为内海水。海洋法将内海水简称为“内水”。

《联合国海洋法公约》规定：领海基线向陆一面的水域构成国家内水的一部分。我国《领海及毗连区法》规定:中华人民共和国领海基线向陆地一侧的水域为中华人民共和国的内水。《海上交通安全法》中的内水同样是指内海水,也叫作“内海”。我国1958年领海声明指出:在基线以内的水域,包括渤海湾、琼州海峡在内都是中国的内海。

(2)内水的航行权

内水同陆地领土一样,是沿海国领土的组成部分,沿海国对其拥有完全的排他的主权。沿海国有权制定自己的内水制度,有权禁止外国籍船舶进入其内水航行。按照国际惯例,外国籍船舶在内水不享有无害通过权。外国籍船舶在一国内水时,应当遵守该国的有关法律和规章。

2. 领海和毗连区

1)领海

(1)领海概念

“领海”,通常是指处于某沿海国主权之下,与该国陆地领土和内水邻接的一定宽度的海域。《联合国海洋法公约》规定:沿海国的主权及于其陆地领土及其内水以外邻接的一带海域,在群岛国的情形下则及于群岛水域以外邻接的一带海域,称为领海。

我国《领海及毗连区法》规定:中华人民共和国领海为邻接中华人民共和国陆地领土和内水的一带海域。

(2)领海基线

划定领海宽度用的起算基准线称为领海基线。划定领海基线的基本方法有两种:正常基线法和直线基线法。将两种基线法结合使用的称为混合基线法。

正常基线法,也称为低潮基线法或自然基线法,即无论在大陆海岸旁还是在半岛周围或岛屿四周,以落潮时海水退到离岸最远的潮位线——最低低潮线,作为测算领海宽度的基线。《海洋法公约》规定:测算领海宽度的正常基线是沿海国官方承认的大比例尺海图所标明的沿岸低潮线。正常基线法适用于海陆分界明显、海岸线比较平直的海岸。

直线基线法,也称为折线基线法,即在海岸最突出的部位和沿海岛屿外缘选定一系列基点,将相邻基点用直线相连,形成一条沿海岸和岛屿走向的折线,作为领海基线。海岸较弯曲且沿海岛屿较多的国家,大多采用直线基线法,以便于航海者正确地识别领海的外部界限。

我国《领海及毗连区法》规定:中华人民共和国领海基线采用直线基线法划定,由各相邻基点之间的直线连线组成。中华人民共和国领海基线由中华人民共和国政府公布。

(3)领海宽度

根据海洋法原则,只有沿海国才有权确定一定宽度的海域作为自己的领海。领海宽度由沿海国根据本国地理、经济、政治等因素,在合理范围内自行确定。各国确定的领海宽度差异很大,从3海里到200海里不等。为此,《联合国海洋法公约》规定:每一国家有权确定其领海的宽度,直至从按照本公约确定的基线量起不超过12海里的界限为止。见图6-1。

我国早在1958年领海声明中就宣布:中华人民共和国的领海宽度为12海里。台湾及其周围各岛、澎湖列岛、东沙群岛、西沙群岛、中沙群岛、南沙群岛以及其他属于中国的岛屿亦然。我国在《领海及毗连区法》中规定:中华人民共和国领海宽度从领海基线量起为12海里。

(4)领海的航行权

领海是国家领土在海中的延续,属于国家领土的一部分。国家对领海行使主权,对领海的一切人和物享有专属管辖权。国家对领海的主权及于领海的上空及其海床和底土。但是,

《联合国海洋法公约》规定:"对领海的主权行使受本公约和其他国际法规则的限制"。即国家在领海的主权并不像在内水中那样绝对,例如,通常不得剥夺外国籍船舶在领海的"无害通过权"。

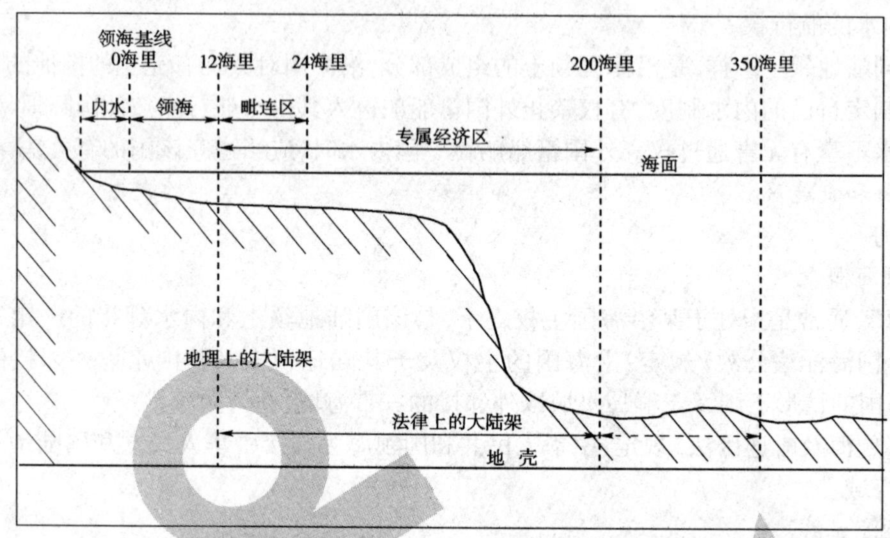

图6-1 我国可管辖海域示意图

尽管《联合国海洋法公约》规定了包括军舰在内的一切船舶在他国领海均享有无害通过权,但允许沿海国对外国籍军舰通过领海采取安全措施。我国《海上交通安全法》规定:外国籍军用船舶,未经我国政府批准,不得进入我国领海。我国《领海及毗连区法》则明确为:外国非军用船舶,享有依法无害通过中华人民共和国领海的权利;外国军用船舶进入中华人民共和国领海,须经中华人民共和国政府批准。可见,外国军用船舶在我国领海不享有无害通过权。

2)毗连区

(1)毗连区概念

毗连区为领海外邻接领海的一带海域。《联合国海洋法公约》规定:毗连区从测算领海宽度的基线量起,不得超过24海里。见图6-1。

我国《领海及毗连区法》规定:中华人民共和国毗连区为领海以外邻接领海的一带海域。毗连区的宽度为12海里。毗连区的外部界限为一条其每一点与领海基线的最近点距离等于24海里的线。

(2)毗连区的法律地位

毗连区是保护沿海国权利和利益的重要海域之一。沿海国可在毗连区内,为了防止和惩治在其领土或领海内违反其海关、财政、移民或卫生的法律和规章的行为行使必要的管制。

我国《领海及毗连区法》规定:中华人民共和国有权在毗连区内,为防止和惩处在其陆地领土、内水或者领海内违反有关安全、海关、财政、卫生或者入境出境管理的法律、法规的行为行使管制权。

(3)毗连区的航行权

外国船舶在沿海国毗连区内的过境航行,沿海国通常不具管辖权。但是,从沿海国内水和领海驶出而进入毗连区的船舶,应当接受沿海国政府或其有关主管机关的管辖。

3. 专属经济区和大陆架

1)专属经济区

(1)专属经济区概念

根据《联合国海洋法公约》,专属经济区是领海以外并邻接领海的一个区域。专属经济区从测算领海宽度的基线量起,不应超过200海里。见图6-1。专属经济区是既非领海,又非公海的特殊海区,受《联合国海洋法公约》规定的特定法律制度的限制。一国的毗连区与专属经济区相重的,两者的法律地位互不影响。

中华人民共和国的专属经济区,为中华人民共和国领海以外并邻接领海的区域,从测算领海宽度的基线量起延至200海里。

(2)专属经济区的航行权

其他国家在沿海国专属经济区享有船舶航行自由,但这种自由不得妨碍沿海国的权利。

2)大陆架

(1)大陆架概念

大陆架是沿海国陆上领土在海底自然延伸的部分。根据《联合国海洋法公约》,沿海国的大陆架包括其领海以外依其陆地领土的全部自然延伸。扩展到大陆边外缘的海底区域的海床和底土,如果从测算领海宽度的基线量起到大陆边的外缘的距离不到200海里,则扩展到200海里的距离。还可依据本公约有关规定扩展到350海里。见图6-1。

中华人民共和国的大陆架,为中华人民共和国领海以外依本国陆地领土的全部自然延伸,扩展到大陆边外缘的海底区域的海床和底土;如果从测算领海宽度的基线量起至大陆边外缘的距离不足200海里,则扩展至200海里。

(2)大陆架上覆水域的航行权

沿海国对大陆架的权利不影响上覆水域或水域上空的法律地位。沿海国对大陆架权利的行使,绝不得对航行自由和和本公约规定的其他自由有所侵害,或造成不当的干扰。

3)管辖

我国对专属经济区和大陆架的人工岛屿、设施和结构行使专属管辖权,包括有关海关、财政、卫生、安全和出境入境的法律和法规方面的管辖权。

我国主管机关有权采取必要的措施,防止、减少和控制海洋环境的污染,保护和保全专属经济区和大陆架的海洋环境。

任何国家在遵守国际法和我国的法律、法规的前提下,在我国的专属经济区享有航行、飞越的自由。

4. 公海和海峡

1)公海

(1)公海的概念

根据《联合国海洋法公约》,公海是指不包括在国家专属经济区、领海或内水或群岛国的群岛水域以内的全部海域。

(2)公海自由

公海对所有国家开放,任何国家不得对公海主张主权。公海自由是在《联合国海洋法公约》和其他国际法规则所规定的条件下行使的。

《联合国海洋法公约》有六项公海自由的规定：

①航行自由；

②飞越自由；

③铺设海底电缆和管道的自由；

④建造国际法所容许的人工岛屿和其他设施的自由；

⑤捕鱼自由；

⑥科学研究的自由。

任何国家在行使这些自由时，应适当考虑到其他国家行使公海自由的利益。公海应只用于和平目的。

(3)公海航行权

任何国家的船舶，均有权在公海上悬挂船旗国的国旗航行。

船舶航行应仅悬挂一国的国旗，除国际规定的例外情形外，在公海上应受船旗国的专属管辖。船舶在航程中或停泊港内不得更换其旗帜。对悬挂两国或两国以上旗帜航行并视方便换用旗帜的船舶，可视同无国籍船舶。

船舶在公海上发生碰撞或任何其他航行事故，涉及船长或任何其他为船舶服务的人员的刑事或纪律责任时，对此种人员的任何刑事诉讼或纪律程序，仅可向船旗国或此种人员所属国的司法或行政当局提出。在纪律事项上，只有发给船长证书或驾驶资格证书或执照的国家，才有权依法宣告撤销该证书。船旗国当局以外的任何当局，即使作为一种调查措施，也不应命令逮捕或扣留船舶。

公海上的船舶受船旗国法律管辖和保护。

2)海峡

(1)海峡概念

海峡是两端连接海洋的天然水道。海峡可分为内海海峡、领海海峡、非领海海峡和国际航行海峡。世界十大海峡有亚洲的马六甲海峡，台湾海峡，巽他海峡，白令海峡，达达尼尔海峡，博斯普鲁斯海峡；欧洲的多佛尔海峡，墨西拿海峡；南美洲的麦哲伦海峡；以及非洲与欧洲之间的直布罗陀海峡。

国际航行海峡是指两端连接公海或专属经济区并可供海船通过的海峡。国际航行海峡可分为三类：一是用于国际航行的非领海海峡，其中央夹有专属经济区或公海海域，应适用自由航行制度，各国船舶有完全的航行自由；二是用于国际航行的领海海峡，依据《联合国海洋法公约》，这类海峡适用“过境通行权”；三是专门公约规定的用于国际航行的海峡，如达达尼尔海峡和博斯普鲁斯海峡的航行制度由1936年的《蒙特勒公约》规定，直布罗陀海峡的航行制度由1907年英国、法国、西班牙三国签订的海峡协定规定。

(2)海峡航行权

在国际航行海峡中，所有船舶均享有过境通行的权利，过境通行不应受阻碍。

船舶在行使过境通行权时应：

①毫不迟延地通过海峡；

②不对海峡沿岸国的主权、领土完整或政治独立进行任何武力威胁或使用武力；

③除因不可抗力或遇难而有必要外，不从事其继续不停和迅速过境的通常方式所附带发

生的活动以外的任何活动；

④遵守关于海上安全的国际规章、程序和惯例，包括国际海上避碰规则；

⑤遵守关于防止、减少和控制来自船舶的污染的国际规章、程序和惯例。

过境通行船舶应遵守海峡沿岸国的规定，包括：指定海道和规定分道通航制；航行安全和海上交通管理；防止船舶造成污染；违反海峡沿岸国海关、财政、移民或卫生的法律和规章，上下任何商品、货币和人员。

海峡沿岸国不应妨碍过境通行，并应将其所知的海峡内的有危险的任何情况妥为公布。过境通行不应予以停止。

二、无害通过权、紧追权、登临权、油污干预权

1. 无害通过权

"通过"是指为下列目的通过领海的航行：穿过领海但不进入内水或停靠内水以外的泊船处或港口设施；驶往或驶出内水或停靠这种泊船处或港口设施。

通过应继续不断和迅速进行。通过包括停船和下锚在内，但以通常航行所附带发生的或由于不可抗力或遇难所必要的或为救助遇险或遭难的人员、船舶或飞机的目的为限。

"无害通过"是指通过时不损害沿海国的和平、良好秩序或安全，且符合《联合国海洋法公约》和其他国际法规则。

沿海国为了保障其领海主权，可以按公认的国际规则制定一系列关于无害通过领海的法律和规章，但应承担国际义务，不妨碍外国船舶的无害通过领海，并应将其所知的领海内对航行有危险的任何情况妥为公布。沿海国不得任何国家的船舶有形式上或事实上的歧视。

《领海及毗连区法》规定：外国船舶通过中华人民共和国领海，必须遵守中华人民共和国法律、法规，不得损害中华人民共和国的和平、安全和良好秩序。中华人民共和国政府有权采取一切必要措施，以防止和制止对领海的非无害通过。

2. 紧追权

紧追权是指沿海国主管当局有充分理由认为外国船舶违反该国法律和规章时，可对该外国船舶进行紧追的权利。

紧追必须在外国船舶或其小艇之一在追逐国的内水、群岛水域、领海或毗连区内时开始，而且只有追逐未曾中断，才可在领海或毗连区外继续进行。当外国船舶在领海或毗连区内接到停驶命令时，发出命令的船舶并无必要也在领海或毗连区内。如果外国船舶位于毗连区内，沿海国对其的追逐只有在设立该毗连区所保护的权利遭到侵犯时才可进行。对于外国船舶在专属经济区内或大陆架上，包括大陆架上设备周围的安全地带内，违反沿海国适用于专属经济区或大陆架的法律和规章的行为，可以比照适用紧追权。紧追权在被追逐的船舶进入其本国领海或第三国领海时立即终止。

紧追权只可由军舰、军用飞机或其他有清楚标志可以识别的为政府服务并经授权紧追的船舶或飞机行使。追逐只有在外国船舶视听所及的距离内发出视觉或听觉的停驶信号后，才可开始。行使追逐使命的船舶应该有清楚标志可供识别。

在无正当理由行使紧追权的情况下，在领海以外被命令停驶或被逮捕的船舶，对于可能因此遭受的任何损失或损害应获赔偿。

3. 登临权

登临权是指一国军舰在公海上遇到有嫌疑的除军舰和政府公务船以外的外国船舶,有登临检查的权利。

所谓"嫌疑",是指:该船从事海盗、奴隶贩卖行为,或未经许可的广播;该船没有国籍;该船虽悬挂外国旗帜或拒不展示其旗帜,而事实上却与该军舰属同一国籍。对上述有嫌疑的船舶,军舰可查核该船悬挂其旗帜的权利。

登临权不可滥用,军舰对外国船舶可以登临和捕获的场合是有限的。如果嫌疑经证明为无根据,而且被登临的船舶并未从事嫌疑的任何行为,则对该船可能遭受的任何损失或损害应予赔偿。

我国《专属经济区和大陆架法》规定:中华人民共和国在行使勘查、开发、养护和管理专属经济区的生物资源的主权权利时,为确保我国的法律、法规得到遵守,可以采取登临、检查、逮捕、扣留和进行司法程序等必要的措施。

4. 油污干预权

油污干预权是指沿海各国在公海上发生油污事件,如有根据预计到会造成严重影响,有权采取必要措施,以防止或消除对本国海域的有关利益产生严重和紧急的油污或威胁的权利。

根据油污干预权所采取的措施不能影响公海自由的原则。

第二节　防止船舶污染海洋环境

一、船舶对海洋环境污染源

船舶对海洋环境的污染源主要有油类和油性混合物、海运包装有害物质、船舶生活污水、船舶垃圾、船舶废气以及船舶压载水中的有害生物等。

1. 油类和油类混合物

油类和油类混合包括:

(1)原油、燃料油、油泥、油渣和石油炼制品在内的任何形式的石油;

(2)含有任何油类的混合物;

(3)在船舶正常运行过程中产生的残留废油产品;

(4)由于机器处所泄露或维修工作所产生的可能被油污染的水。

2. 散装有毒液体物质

散装有毒液体物质包括:

(1)IBC 规则中所指明的或根据该附则规定经临时评定列为 X、Y 或 Z 类的任何物质;

(2)含有任何有毒液体物质的混合物。

3. 海运包装有害物质

海运包装有害物质包括:IMDG 规则中确定的有包装的海洋污染物。

4. 船舶生活污水

船舶生活污水包括:

(1)任何形式的厕所、小便池和厕所排水孔的排出污水;

(2)医务室(药、病房等)的洗手盆、洗澡盆和这些处所排水孔的排出污水;

(3)装有活体动物处所的排出污水,和混有上述排出物的其他废水等。

5. 船舶垃圾

船舶垃圾包括:

(1)塑料及塑料制品;

(2)漂浮的垫舱物料、衬料和包装材料;

(3)纸制品、破布、玻璃、金属、瓶子、陶器及类似的废弃物;

(4)食品废弃物;

(5)经粉碎或磨碎的所有其他垃圾其他混合垃圾等。

6. 船舶废气

船舶废气指由船舶产生并排放到大气中,包括了硫氧化物、氮氧化物、臭氧层消耗物质、挥发性有机物和温室气体等的废气。

7. 船舶压载水

船舶压载水是指包含了有害生物,并从一地被带到另一地排放的,用以调整船舶稳性、吃水差、强度等的压载水。

二、船舶对海洋环境污染的途径

船舶对海洋环境污染的途径主要有操作性污染和海损性溢漏两个方面。

1. 操作性污染

操作性污染是指船舶营运过程中由于船员或货物装卸人员操作不当或相关系统的损坏导致的意外排放。为船舶安全或救助海上人命的故意排放,可看作是特殊的操作性污染。

(1)操作性油污染的途径有:机舱舱底污水和机舱残油、污油、油泥的违规排放;排放含油的压载水或洗舱水时,油量瞬间排放率超标;在绝对禁止排放的海域排放油类或含油污水;管系泄漏事故;舱柜满溢事故;船壳泄漏事故;为了船舶安全的故意排油;为了救助海上人命的故意排油等。装卸和移驳货油和添加燃油期间发生的跑、冒、滴、漏等也是造成海洋污染的途径之一。

(2)操作性散装有毒液体物质污染的途径与操作性油污染类似,只是污染物质和排放条件不同而已。

(3)操作性包装有害物质污染的途径有:在船上将用以清除从包装货物中洒落或泄漏的有害物质的清洗水直接排入海中;将装有散装有毒液体物质洒落或泄漏的舱室中清除出来的垃圾、混合物或包装材料扔到海里。将装有散装有毒液体物质的货泵舱中积聚的舱底水排入海中等。装卸作业中不慎,造成包装有害物质的意外落海,也是造成海洋污染的途径之一。

(4)操作性船舶生活污水污染,主要是不当排放船上产生的粪便水和尿液、医务室的脸盆和洗澡盆的排出物、活动物处所的排出物等。

(5)操作性船舶垃圾污染,主要是不当排放船舶垃圾造成的污染。

2. 海损事故性溢漏

海损事故性溢漏通常是指船舶发生碰撞、搁浅、触礁等严重的海损事故,使所载的油类、散装有毒液体物质、包装有害物质等部分或全部溢入海中,造成了严重的海洋污染。

可引起事故性溢油的海损事故包括:触礁或搁浅、火灾或爆炸、碰撞、船壳破损、严重横倾等。而操舵设备、推进器、供电系统、重要的船载导航设备等影响船舶适航性的机械和设备的损坏或故障,也是引起事故性溢油进而引发污染事故的原因。

三、船舶污染对海洋环境的损害

船舶污染将会对海洋环境造成下列损害:

1. 形成海面污染物

海洋表层被船舶排放的油类、油性混合物形成的油膜以及从船舶排放出的垃圾覆盖,在海面形成一层污染物,该层污染物将会妨碍海水与阳光、风等的相互作用,从而影响氧气的产生、大气的成分和温度,阻碍水汽的蒸发,并通过大气环流影响人体健康;海面污染物所产生的有害气体也会随大气环流播散全球,危害人体健康;海面污染物会妨碍海面养殖和其他作业;海面漂浮物会妨碍船舶的安全航行;海面垃圾及其腐臭味,会使海上休息和旅游胜地失去其价值。

2. 污染海水水质

船舶排放的污染物中的有害化学物质分散于水中而影响海水的工业利用价值;有害物质被鱼贝类、食用藻类吸收,轻则影响其食用价值,重则导致人的慢性中毒而危害健康和生命,严重污染则会使海洋生物大量灭绝,海洋食物链中断,使人类丧失至关重要的海洋食物源。

3. 污染物沉淀危害

船舶排放的污染物沉淀,会使海底生物污染和死亡,使滩涂荒废,海岸污染,从而使人的食物源、健康、生活和旅游环境、滩涂利用和海岸工程都受到不良影响。

4. 破坏大气臭氧层

船舶超标排放的废气会破坏大气臭氧层,使人体遭受超标紫外线的侵害,超标排放的废气进入大气后经过一系列的反应会生成毒性很大的光化学烟雾,危害人体健康。

三、防止船舶污染海洋环境的措施

1. 制定、完善并严格执行防污染法规

船舶防治污染立法是涉及防治船舶污染环境的公约、法律、法规、规则、规章和标准的总和,具有普遍性和强制性。

船舶防治污染立法的普遍性在于有关的行政部门、企事业法人、自然人和船舶都必须执行。其强制性在于法的实施是以国家强制机构作为后盾,违法者要受到国家强制制裁,具有普遍的威慑力。严格执法则要求通过各种手段迫使船舶按立法的要求完善船舶防污染结构、布置和材料,配齐防污染设备和文书,健全防污染应急程序;一旦发生污染则依法追究责任人造成的环境污染损害的法律责任,特别是经济赔偿责任。通过立法和执法提高人们的防污染意识,自觉遵守防污染法规。

2. 配备先进的防污染设备

船舶应根据有关国际公约和法规的要求,配备足够的、先进的防污染设备。

3. 加强对船舶防污染检查与监督

通过 PSC 监督检查和 FSC 监督检查,确保本国籍的和到港的外国籍船舶防污染设备处于

良好的技术状态,船员熟悉防污染操作并遵守防污染规定,从而避免船舶对海洋环境的污染。

4. 加强从业人员的防污染意识

具有良好职业素质的船员,是避免船舶污染海洋环境的必要条件。适当的教育和培训,可使受训人员迅速掌握防污染的知识和操作技能,具备防污染的责任感和自觉性。有计划的日常宣传教育和集中再教育,有利于巩固和提高船员的防污染意识、知识和技能,形成相应的环境保护观念。

5. 规范船员职业行为

规范船员职业行为,是指规范船员在船上的操作行为和管理行为,确保船员以远离威胁和避免损失的方式操作和管理,即使用安全的行为方式,预防船舶污染事故的发生。规范职业行为的手段通常体现为制定职业行为规范,执行规范并按规定留下记录,监督职业行为,定期评价和完善规范。在船任职的每个船员都应具备最基本的技能,妥善而谨慎地管理货物,规避灾害性天气,运用良好的船艺,精心操作,避免海事尤其是灾害性的污染事故的发生。

6. 严格遵守各类作业操作规程

每一个船员都应严格按照油类或散装有毒液体货物的作业规程安全操作。船公司必须制定并要求船舶坚决执行有关安全生产的各项规章制度,以此来减少人为的或人员失误而造成的油类或有毒物质污染海洋环境。

船舶航行国外港口应遵守当地的有关法令和特殊规定。特别是在处理船上留存的油类残余物,进行货油或其他有害物质装载作业时,更应严格按照 IMO 所推荐和确认的指南去做,防止溢漏事故发生。

7. 构建与船舶防污染要求相适应的船外环境

预防船舶污染环境,应有与船舶防污染要求相适应的船外环境,以保证船舶运作的全过程不发生污染事故,或将污染损害降低至最低限度。船外的环境配套措施主要有:

(1)按照国际公约要求设置船舶油污水接收设备(设施、装置),有毒液体物质接收设备,船舶垃圾接收设备等,保证船舶的废弃物在岸上得到妥善处理;

(2)妥善选择散装液体货物的作业场所,避免强风急流的侵袭引发污染事故;

(3)在作业场所设置防止溢漏或散落的器材,防止落水污染物扩散的器材;

(4)严谨的船—岸作业规程、船—船作业规程及其监督;

(5)有效的航道系统、导航系统及船舶交通管理,避免海损事故引起污染事故;

(6)沿海国有效的防污染协作制度和技术队伍,以便最大限度地减轻污染损害。

四、船舶防污染技术与设备

船舶防污染技术主要是从改进原有的操作方法、改变船体结构和增加防污染设备三个方面入手,并通过提高船舶自身净化能力来实现的。

1. 油船残油处理技术

1)装于上部法

所谓"装于上部法",就是在油舱卸油后,直接向未经清洗的油舱打进压舱水,并在航行中把沉淀在油舱下部含油量较低的压载水排入海中,而把其余含油量较高的压载水排入用来作为污油水舱的某货油舱,让其在那里继续静止沉淀,自然分离,然后把污油水舱下部的清洗水再排放入海,而上部污油留在污油水舱内,待下次装油时,新的货油就直接装于残存的污油之上。

2)专用压载舱和清洁压载舱

大型原油船和成品油船均应设专用压载舱,使压载舱与货油舱、燃油舱及其系统分开。专用压载舱一般采用双重边舱和双层底结构。这样可以大大减少船舶因碰撞、搁浅等事故而发生溢油的危险和溢油量,同时减少了含油污水,缩短了船舶在港时间,避免水分、盐分与石油制品掺混,并防止油水交替作用对油舱的腐蚀。

清洁压载舱是现有油船替代专用压载舱的一项等效措施。它是将一部分货油舱进行彻底清洗后改作为压载舱,并固定用于装载压载水,而对其结构、泵和管系未作变动(泵和管路系仍与货油系统共用)。采用清洁压载舱的油船,应增设油水分离设备和油分浓度计,以便对排放压载水中的含油量进行监测。

3)原油洗舱

所谓原油洗舱就是在卸油的同时,利用所载货油中的一部分原油在高压下经洗舱机喷射到货舱内,借以把附着在货油舱舱壁、管路、肋骨等表面的原油油泥清洗掉的方法。装有油洗舱系统的油船,必须设置惰性气体系统。

2. 船用油水分离器

油水分离器在防止船舶对海洋造成油污染方面起到了很好的作用。

1)油水分离的方法

油水分离的方法按其原理可分为物理方法、化学方法和生物处理方法。物理方法有重力分离、浮选分离、过滤分离和吸附分离等方法;化学方法有凝聚、电凝聚等方法;生物处理法有活性污泥法、生物滤池法等。由于船舶条件所限,目前在船用油水分离器中采用最多的方法是物理分离法,而物理分离法中又以重力分离、聚结分离、过滤分离和吸附分离为主。

目前,实际使用的船用油水分离器种类繁多,但绝大多数是采用重力分离法,再加上聚结分离或过滤分离或吸附分离等方法,即所谓组合式结构,以满足国际公约规定的排放标准的要求。

2)自动排油装置和油分浓度监测装置

(1)自动排油装置

油水分离器分离出的污油集聚在顶部达一定数量时,便自动打开排油阀将污油排往污油柜,这种装置称为自动排油装置。自动排油装置主要由电阻式或电容式油位检测器和排油阀组成。

(2)油分浓度监测装置

油分浓度监测装置在含油污水排放时用来测定、记录和控制排放浓度、排放总量及瞬时排放率。若排放污水中含油浓度超过规定的标准,检测器就发出声光报警。目前,常用光学方法来检测水中含油浓度,它又分为光学浊度法、红外线吸收法、紫外线吸收法和荧光法。

3. 污油水舱及接受设备

1)污油舱

400 总吨及以上船舶应设置有足够容量的舱柜,用来存放不能以其他方式处理的残油或油渣,如净化燃、润油时产生的油渣以及机器处所漏泄产生的残油和含油污水处理产生的污油等。这种舱柜应便于清洗和将其内的残油排至接收设备。

2)接收设备

按有关公约要求,在装油港、站,修理港及船舶需排放残油的其他港口应设置接收留存的残油和油性混合物的足够设备,以满足到港船舶的需要。

为使岸上的接收设备的管路能与船上机舱舱底残余物的排放管路相连接,在船上应备有油类标准排放接头。

4.生活污水的处理

目前船上采用的生活污水处理设备基本分为两种:一种是收集、贮存、集中排放的设备;一种是船上处理后直接排出的设备。

1)收集贮存装置

该装置主要由污水柜、污水泵、粉碎机和污水管路组成。污水和废水经粉碎机处理后流入污水柜,然后由污水泵排至露天甲板的标准排放接头送往岸上接收设备,或当船舶航行到允许排放海域时再排出舷外。

2)生化处理装置

生化处理装置主要是利用好氧菌为主的活性污泥对污水中的有机物质进行分解处理。

5.船舶垃圾的处理

船舶垃圾来源于厨房、舱室、污泥、废油、污油、渣油、油泥及扫舱垃圾等。对不同性质的垃圾采用不同的处理方法,如直接投弃、粉碎处理后投弃和焚烧炉焚烧处理。

焚烧炉用来处理渣油、废油、污水处理装置中产生的污泥,以及其他固体垃圾等。对船上的废油、油渣、含油棉纱以及生活污水的固体物质和垃圾等,最干净最简便的处理方法就是用焚烧炉烧掉。

第三节　国际防止船舶造成污染公约

一、功用与构架

1.功用

IMO于1973年10月在伦敦召开国际海洋污染会议,通过了《1973年国际防止船舶造成污染公约》。1978年2月,国际油船安全和防污染会议又通过了上述公约的议定书,经该议定书修订的公约的全称为《经1978年议定书修订的1973年国际防止船舶造成污染公约》(MARPOL 73/78,简称MARPOL公约)。我国于1983年7月1日加入MARPOL公约,成为该公约的缔约国。MARPOL 73/78于1983年10月2日生效。

MARPOL公约是世界上最重要的防止船舶污染海洋环境的国际公约。该公约旨在将向海洋倾倒污染物、排放油类以及向大气中排放有害气体等污染降至最低的水平,从而保护海洋环境。

2.构架

现行的MARPOL公约由公约正文、2个议定书和6个技术性附则组成。MARPOL公约每年均有诸多修正案进行修订。

二、议定书Ⅰ:关于涉及有害物质事故报告的规定

议定书Ⅰ是按照 MARPOL 公约第 8 条(涉及有害物质的事故报告)的规定制定的。其主要内容有:

1. 报告的责任

当船舶发生有害物质事故时,船舶的船长或负责管理该船的其他人员,应毫不延迟地对事故作出详细报告。

2. 报告的时间

当事故涉及下述情况时应进行报告:

1)排放超过允许排放标准或不论何种原因有可能排放油类或有毒液体物质,包括为保证船舶安全或在海上救助人命而进行的排放。

2)排放或可能排放包装形式的有害物质,包括装在货运集装箱、可移动式罐柜以及船载驳船中的有害物质。

3)船长 15 米及以上的船舶发生的损失、失灵或故障:

(1)影响船舶安全,包括但不限于碰撞、搁浅、着火、爆炸、结构失效、浸水和货物移动。

(2)导致影响航行安全,包括但不限于操舵装置、推进装置、发电系统和船上主要导航设备失灵或故障。

4)船舶营运期间排放油类或有毒液体物质超过现行公约允许的排放量或瞬间排放速率。

3. 报告的内容

在任何情况下,报告应包括如下内容:

(1)涉及船舶的特征;

(2)事故发生的时间、种类和地理位置;

(3)涉及有害物质的数量和类别;

(4)救助和救捞措施。

4. 报告的程序和补充报告

报告应通过可利用的最快的电信通信渠道,最优先地发给最近的沿岸国。

报告的责任人在必要时,应对最初的报告提出补充并提供有关事态进一步发展的情况,应尽可能地满足受影响国家索取有关补充资料的要求。

三、附则Ⅰ:防止油类污染规则

防止油类污染规则是必选规则,于 1983 年 10 月 2 日生效。我国于 1983 年 7 月 1 日加入,该规则于同年 10 月 2 日对我国生效。

截止到 2012 年 1 月 31 日,已有 151 个国家加入该规则,其船舶总吨位占世界商船总吨位的 98.91%。

1. 定义

(1)"油类"是指包括原油、燃料油、油泥、油渣和石油炼制品在内的任何形式的石油。

(2)"油性混合物"是指含有任何油类的混合物。

(3)"残油(渣油)"是指在船舶正常运行过程中产生的残留废油产品。

(4)“舱底含油污水”是指由于机器处所泄露或维修工作所产生的可能被油污染的水。

(5)“油船”是指建造为或改建为主要在其装货处所装运散装油类的船舶,并包括油类/散货两用船以及全部或部分装运散装货油的化学品液货船。

(6)“特殊区域”是指这样的一个海域,在该海域中,由于其海洋学的和生态学的情况以及其运输的特殊性质等方面公认的技术原因,需要采取特殊的强制办法以防止油类物质污染海洋。本附则的特殊区域有:地中海区域、波罗的海区域、黑海区域、红海区域、“海湾”区域、亚丁湾区域、南极区域(南纬60°以南的区域)、西北欧区域(包括北海和它的入口、爱尔兰海和它的入口、克尔特海、英吉利海峡和它的入口以及大西洋直接通向爱尔兰西部的东北海域)、阿拉伯海的阿曼区域和南部南非海域。

(7)“最近陆地”是指按国际法划定的领海基线。

(8)“油量瞬间排放率”是指任一瞬间每小时排油的升数除以同一瞬间船速节数之值,其单位为“升/海里”。

(9)“污油水舱”是指专用于收集舱柜排出物、洗舱水和其他含油混合物的舱柜。

(10)“专舱压载水”是指装入这样一个舱内的压载水,该舱与货油及燃油系统完全隔绝并固定用于装载压载水,或固定用于装载压载水或本公约各附则中所指各种油类或有毒物质以外的货物。

(11)“清洁压载水”是指这样一个舱内的压载水,该舱自上次装油后,已清洗到如此程度,以致倘若在晴天从一静态船舶将该舱中的排出物排入清洁而平静的水中,不会在水面或邻近的岸线上产生明显的痕迹,或形成油泥或乳化物沉积于水面以下或邻近的岸线上。如果压载水是通过经主管机关认可的排油监控系统排出的,而根据这一系统的测定查明该排出物的含油量不超过15ppm,则尽管有明显的痕迹,仍应确定该压载水是清洁的。

(12)“残油(渣油)舱”是指存放残油(渣油)的舱柜,从该处渣油可直接通过标准的排放连接或任何其他经认可的方式得以处置。

(13)“舱底含油污水舱”是指在排放、过驳或处置之前收集舱底含油污水的舱。

2. 适用范围

除另有明文规定外,附则Ⅰ的规定适用于所有船舶。

3. 检验

凡150总吨及以上的油船和400总吨及以上的其他船舶(非油船),应进行初次检验、换证检验、中间检验、年度检验和附加检验。以保证船舶的结构、设备、各种系统、附件、布置和材料完全符合本附则的要求。

4. 证书

从事国际航行的150总吨及以上的油船和400总吨及以上的非油船,在按照本附则规定进行初始检验或换证检验后,应发给《国际防止油污证书》(International Oil Pollution Prevention Certificate,IOPP证书)。

5. 防油污结构要求

1)对所有船舶机器处所的要求

(1)残油(油泥)舱

①凡400总吨及以上的船舶,应设置一个或几个足够容量的舱柜,接收不能以其他方式处

理的残油(油泥)。

②进出残油舱的管系,除标准排放接头外,应无直接排向舷外的接头。

(2)标准排放接头

为了使接收设备的管路能与船上机舱舱底和油泥舱残余物的排放管路相连结,在这两条管路上均应装有标准排放接头。

2)对油船货物区域的要求

(1)专用压载舱

①在1982年6月1日以后交船的载重量为20000吨及以上的原油油船及载重量为30000吨及以上的成品油油船,均应设置专用压载舱。

②每艘在1982年6月1日或以前交船的载重量为40000吨及以上的成品油油船,均应设置专用压载舱。

(2)污油水舱

①150总吨及以上的油船,应设有污油水舱装置。

②70000载重吨及以上的油船至少应设置两个污油水舱。

3)泵吸、管路和排放布置

(1)每艘油船在其开敞甲板上两舷应设置连接接收设备的排放汇集管,以便排放污压载水或污油水。

(2)在每艘150总吨及以上的油船中,对允许排放货舱区域的压载水或油污水入海的管路,应通至开敞甲板或通至最深压载状态水线以上的舷侧。

6. 防油污设备要求

1)对所有船舶机器处所的要求

(1)凡400总吨及以上但小于10000总吨的任何船舶,应装有保证通过该系统排放入海的含油混合物的含油量不超过15ppm的滤油设备。

(2)凡10000总吨及以上的任何船舶,应装有保证通过该系统排放入海的含油混合物的含油量不超过15ppm,并应装有报警装置,在不能保持这一标准时发出报警。该系统还应装有在排出物的含油量超过15ppm时能保证自动停止含油混合物排放的装置。

2)对油船货物区域的要求

(1)排油监控系统

①150总吨及以上的油船应装有一个经主管机关批准的排油监控系统。

②排油监控系统应设有一个记录器,用以提供每海里排放升数和总排放量或含油量和排放率的连续记录。这种记录应能鉴别时间和日期,并至少应保存3年。

③每当有排出物排放入海时,排油监控系统即应开始工作,并应保证在油量瞬间排放率超过30升/海里时,即自动停止排放任何油性混合物。

④排油监控系统遇到任何故障即应停止排放。排油监控系统如遇任何故障,可使用一种手工操作的替代方法,但该有缺陷的装置应尽快予以修复。

(2)油/水界面探测器

150总吨及以上的油船应备有经主管机关认可的有效的油/水界面探测器,以便能迅速而准确地测定污油舱水中的油水分界面。

(3)原油洗舱

每艘在1982年6月1日以后交船的20000载重吨及以上的原油油船应设置使用原油洗舱的货油舱清洗系统。装有该系统的油船,必须设置惰性气体系统。

7.防止操作性污染排放标准

1)除另有规定外,应禁止将任何油类或含油混合物排放入海。

2)对所有船舶机器处所操作性排油的控制。

(1)特殊区域以外的排放

除非符合下列条件,应禁止400总吨及以上的船舶排放油类或含油混合物入海:

①船舶正在航行途中;

②油性混合物经滤油设备加工处理;

③未经稀释的排出物含油量不超过15ppm;

④油性混合物不是来自于油船的货泵舱的舱底;

⑤如是油船,油性混合物未混有货油残余物。

(2)特殊区域以内的排放

除非符合下列条件,应禁止400总吨及以上的船舶排放油类或含油混合物入海:

①船舶正在航行途中;

②油性混合物经装有报警装置的滤油设备加工处理;

③未经稀释的排出物含油量不超过15ppm;

④油性混合物不是来自于油船的货泵舱的舱底;

⑤如是油船,油性混合物未混有货油残余物。

在南极区域,禁止任何船舶将任何油类或油性混合物排放入海。

3)对油船货物区域操作性排油的控制

(1)特殊区域外的排放

清洁或专用压载水可以直接排放,除此以外,除非符合下列条件,禁止将油类或油性混合物排放入海。

①油船不在特殊区域之内;

②油船距最近陆地50海里以上;

③油船正在途中航行;

④油量瞬间排放率不超过30升/海里;

⑤排入海中的总油量,对于在1979年12月31日或以前交船的油船(公约称之为“现有油船”)而言,不得超过这项残油所属的该种货油总量的1/15000,对于在1979年12月31日以后交船的油船(公约称之为“新油船”)而言,不得超过这项残油所属的该种货油总量的1/30000;

⑥油船所设的排油监测和控制系统以及污油水舱正在运转。

(2)特殊区域内的排放

①当油船在特殊区域内时,禁止将船上货油区域的油类或油性混合物排放入海。

②清洁或专用压载水可以直接排放。

8. 船上油污应急计划

1)每艘150总吨及以上的油船和每艘400总吨及以上的非油船应备有主管机关认可的船上油污应急计划。

2)该应急计划应以由IMO制定的导则为基础,并应以船长和驾驶员的工作语言书写。该计划至少应包括:

(1)船长或其他负责报告油污事故的人员应遵循的程序;

(2)发生油污事故时联系的当局或人员的名单;

(3)事故发生后,为减少或控制排油,船上人员应立即采取的措施的详细说明书;

(4)处理污染时与政府及地方当局协调船上行动的程序和船上联系要点。

3)对于本公约附则Ⅱ也适用的船舶,该计划可与该附则所要求的船上有毒液体物质海洋污染应急计划合并。在这种情况下,此计划的标题应为"船上海洋污染应急计划"。

4)所有载重量为5000吨或以上的油船均应可立即使用破损稳性和剩余结构强度岸基电脑计算程序。

9. 油类记录簿

1)油类记录簿的配备

150总吨及以上的油船和400总吨及以上的非油船,应备有油类记录簿第Ⅰ部分(机器处所的作业);150总吨及以上的油船还应备有油类记录簿第Ⅱ部分(货油和压载的作业)。

2)油类记录簿的记载

油类记录簿(ORB)有统一规定的格式,每当船舶进行下列任何一项作业时,均应逐舱填写油类记录簿:

(1)机器处所的作业

①燃油舱的压载或清洗;

②燃油舱污压载水或洗舱水的排放;

③油性残余物(油泥和其他残油)的收集和处理;

④机器处所积存的舱底水向舷外的排放或处理;

⑤添加燃油或散装润滑油。

(2)货油和压载的作业

①货油的装载;

②航行中货油的转驳;

③货油的卸载;

④货油舱的清洁压载舱的压载;

⑤货油舱的清洗(包括原油洗舱);

⑥压载水的排放,但从专用压载舱排放者除外;

⑦排放污油水舱的水;

⑧污油水舱排放作业后,所使用的阀门或类似装置的关闭;

⑨污油水舱排放作业后,为清洁压载舱与货油和扫舱管路隔离所需阀门的关闭;

⑩残油的处理。

排油监控系统的任何故障均应记入油类记录簿第Ⅱ部分。

倘若发生附则Ⅰ中例外所述的排放油类和油性混合物时，或者发生附则Ⅰ未予除外的意外排放或其他特殊排油情况时，应在油类记录簿中说明这种排放的情况和理由。

3)油类记录簿的管理与检查

(1)上述每项作业应由高级船员或有关作业的负责人员记入油类记录簿并签字，且每记完一页由船长签字。油类记录簿中的记录应使用船旗国的官方文字，对于持有 IOPP 证书的船舶，则还需有英文、法文或西班牙文的记录。当有争议或不相一致的情况时，以船旗国官方文字的记录为准。

(2)油类记录簿应存放在随时可取来检查的地方，除了没有配备船员的被拖船舶外，均应存放在船上。油类记录簿应在进行最后一项记录后保留 3 年。

四、附则Ⅱ：控制散装有毒液体物质污染规则

控制散装有毒液体物质污染规则也是必选规则，于 1987 年 4 月 6 日生效，并同时对我国生效。

截止到 2012 年 1 月 31 日，已有 151 个国家加入该规则，其船舶总吨位占世界商船总吨位的 98.91%。

1. 定义

(1)“化学品液货船”是指建造为或改造为用于散装装运 IBC 规则所列液体货品的船舶。

(2)有毒液体物质货船：是指建造为或改造为用于装运散装有毒液体物质货物的船舶，包括本公约附则Ⅰ定义的用于装运全部或部分散装有毒液体物质货物的油船。

(3)“有毒液体物质”是指 IBC 规则中所指明的或根据本附则规定经临时评定列为 X、Y 或 Z 类的任何物质。

(4)“残余物”是指任何需处理的有毒液体物质。

(5)“残余物/水混合物”是指以任何目的加入水的残余物，例如油舱清洗、加压载水、舱底含油污水。

2. 有毒液体物质的分类

就本附则规定而言，有毒液体物质应分为以下 4 类：

(1)X 类：这类有毒液体物质，如从洗舱或除压载的作业中排放入海，将被认为会对海洋资源或人类健康产生重大危害，因而应严禁向海洋环境排放该类物质。

(2)Y 类：这类有毒液体物质，如从洗舱或除压载的作业中排放入海，将被认为会对海洋资源或人类健康产生危害，或对海上的休憩环境或其他合法利用造成损害，因而对排放入海的该类物质的质和量应采取限制措施。

(3)Z 类：这类有毒液体物质，如从洗舱或除压载的作业中排放入海，将被认为会对海洋资源或人类健康产生较小的危害，因而对排放入海的该列物质应采取较为宽松的限制措施。

(4)OS 类：经评定认为不被列入本附则所规定的 X，Y 或 Z 类物质之内，因为目前认为当这些物质从洗舱或除压载的作业中排放入海时，对海洋资源、人类健康、海上休憩环境或其他合法的利用并无危害。

3. 检验与证书

散装运输有毒液体物质的船舶，应进行初次检验、换证检验、中间检验、年度检验、附加检

验,以保证结构、设备、系统、附件、布置和材料完全符合本附则的要求。

从事国际航行载运散装运输有毒液体物质的船舶,按照本附则规定进行初始检验或换证检验后,应发给《国际防止散装运输有毒液体物质污染证书》(Certificate of Noxious Liquid Substance,NLS 证书)。

4. 船上有毒液体物质海洋污染应急计划

1)每艘准予载运散装有毒液体物质的150 总吨及以上的船舶,应备有主管机关认可的船上有毒液体物质海洋污染应急计划。

2)该应急计划应根据 IMO 制定的导则要求,并应以船长和驾驶员所用的工作语言写成。该计划至少应包括:

(1)由船长或其他负责人员报告有毒液体物质污染事故所遵循的程序;

(2)在发生有毒液体物质污染事故时应与之联系的当局或人员名单;

(3)在事故发生后由船上人员为减少或控制减少有毒液体物质所立即采取的措施的详细说明;

(4)在处理污染时与政府及地方当局协调船上行动的程序和船上联系人。

3)对本公约附则Ⅰ也适用的船舶,此计划可以与该附则所要求的船上油污应急计划结合使用。在此情况下,该计划的标题应为“船上海洋污染应急计划”。

5. 货物记录簿

1)货物记录簿的配备

所有准予运输散装有毒液体物质的国际航行船舶,应备有一本货物记录簿。

2)货物记录簿的记载

(1)在完成了下述任何操作后,应立即将该操作记载入货物记录簿。

①装货;

②货物的内部转驳;

③卸货;

④按照船舶的程序和布置手册进行强制预清洗;

⑤除强制性预清洗外的液货舱清洗(其他预清洗作业、最后清洗、通风等);

⑥洗舱水排放入海;

⑦液货舱压载;

⑧液货舱压载水排放;

⑨意外的或其他例外排放;

⑩由授权检查员控制;

⑪附加作业程序及说明。

(2)任何有毒液体物质或含有这种物质的混合物的意外排放,或发生本附则“例外”条款所述的排放时,均应记入货物记录簿,并说明这种排放的情况和理由。

3)货物记录簿的管理与检查

(1)每项记录应由负责该项作业的高级船员签字,每一页还应由船长签字。对持有 NLS 证书的船舶,货物记录簿的记录应至少使用英文、法文或西班牙文写成。如果使用了船旗国的官方语言,则在出现争议或不一致时,应以此官方语言为准。

(2)货物记录簿应存放于随时可以取来检查的地方,除了没有配备船员的被拖船舶外,均应存放在船上。货物记录簿在完成最后一次记录后应保留3年。

五、附则Ⅲ:防止海运包装有害物质污染规则

防止海运包装有害物质污染规则是任选规则,于1992年7月1日生效。我国于1994年9月13日加入该规则,1994年12月13日起对我国生效。

截止到2012年1月31日,已有136个国家加入该规则,其船舶总吨位占世界商船总吨位的96.23%。

1. 定义

(1)"有害物质"是指IMDG规则中确定为海洋污染物的物质。

(2)"包装形式"是指IMDG规则所规定的有害物质的盛装形式。

2. 适用范围

(1)本附则适用于所有装运包装形式的有害物质的船舶。

(2)曾经用于装运有害物质的空的容器,除非已采取适当的预防措施,保证其中已没有危害海洋环境的残余物,否则将其本身视为有害物质。

(3)本附则的要求不适用于船用物料及设备。

3. 包装

根据其所装的特定物质,包装件应能使其对海洋环境的危害减至最低限度。

4. 标志

(1)装有有害物质的包装件应永久地标以正确的技术名称(不得仅使用商业名称),并且还应永久地加上标志和标签,以表明该物质是海洋污染物。此种识别标记,在可能时还应用其他方法予以补充,例如,使用有关的联合国编号。

(2)装有有害物质的包装件上,所采用正确的技术名称和辅助标签的方法,应能使该记号在海水中至少浸泡3个月后仍然可以从包装件上辨认出来。在考虑适当的标志和标签时,应注意包装件所用材料及其表面的耐用性。

(3)装有少量有害物质的包装件可免除标志要求。

5. 货运单证

(1)在所有关于海运有害物质文件上提到此类物质时,应使用每种此类物质的技术名称(不得仅使用商业名称),并且在该类物质上还应补充标明"海洋污染物"字样。

(2)托运人所提供的运输单证,应包括或附有一份经签字的证明或声明,说明交运的货物业已妥善地包装并加有标志、标签或标牌,处于适合装运状况,对海洋环境的危害已减至最低限度。

(3)每艘装运有害物质的船舶,应持有一份特别舱单或清单,列明船上所装的有害物质及其位置。也可以是一份标明船上所装有害物质位置的详细积载图,代替这种特别的清单或舱单。船东或其代表也应在岸上存有这种文件的副本,直到将这些有害物质卸下为止。在离港之前,应给港口国主管当局指派的人员或组织提供1份这些文件的副本。

6. 运输要求

(1)有害物质应正确的积载和加固,以便能将对海洋环境的危害减至最低限度,且不致损

害船舶和船上人员的安全。

(2)对于海洋环境危害很大的某些有害物质,根据充分的科学和技术上的理由,可能必须禁止载运,或对任一船舶的装载数量加以限制。在限制数量时应考虑船舶的大小、结构和设备,同时还应考虑有害物质的包装和内在性质。

六、附则Ⅳ:防止船舶生活污水污染规则

防止船舶生活污水污染规则是任选规则,于2003年9月27日生效。我国于2006年11月2日加入该规则,2007年2月2日起对我国生效。

截止到2012年1月31日,已有129个国家加入该规则,其船舶总吨位占世界商船总吨位的86.69%。

1. 定义

1)“船舶生活污水”是指:

(1)任何形式的厕所和小便池的排出物和其他废弃物;

(2)医务室(药房,病房等)的面盆、洗澡盆和这些处所排水孔的排出物;

(3)装有活畜禽货处所的排出物;

(4)混有上述排出物的其他废水。

2)“集污舱”是指用于收集和储存生活污水的舱柜。

3)“最近陆地”是指按照国际法划定的领海基线。

2. 适用范围

本附则的规定适用于从事国际航行的400总吨及以上的船舶以及少于400总吨但经核定许可载运15人以上的船舶。

3. 检验

所有船舶应接受的检验包括:初次检验、换证检验和附加检验。

4. 证书的签发

从事国际航行的船舶,按照本附则规定进行初始检验或换证检验后,应发给《国际防止生活污水污染证书》(The International Sewage Pollution Prevention Certificate,ISPP证书)。

5. 维持与检查

(1)应维持船舶及其设备的状况,使其符合本公约的各项规定,以便保证该船在各方面继续适合出海航行而不致对海上环境构成不当的破坏威胁。

(2)根据初次检验的规定对船舶所进行的任何检验完成后,非经主管机关许可,对已检验的结构、设备、系统、装置、布置和材料概不得变动,除非直接更换这些设备和装置。

(3)当船舶发生事故或发现缺陷,从根本上影响船舶的完整性或本附则所涉设备的有效性或完整性时,该船的船长或船舶所有人应尽早向负责签发有关证书的主管机关、指定的验船师或认可的机构报告,主管机关、指定的验船师或认可的机构在收到报告后,应开始调查工作,以确定是否有必要进行相应的检验。如果该船系在另一缔约国的港口内,船长或船舶所有人还应立即向港口国主管当局报告。指定的验船师或认可的机构应确定此报告已递交。

6. 生活污水系统和标准排放接头

1)生活污水系统

每艘符合附则规定的船舶应配备下列生活污水系统之一：

(1)生活污水处理装置，该装置应为主管机关认可的类型。

(2)经主管机关认可的污水粉碎和消毒系统。

(3)容积足够储存所有生活污水的集污舱，该容积的确定应考虑到船舶操作、船上人员数目和其他相关因素。

2)标准排放接头

(1)为使港口生活污水接收设备的管路能与船上的排放管路容易连接，船上和港口接收设备均应装设符合本附则规定的(生活污水)标准排放接头。

(2)对于从事固定航线航行的船舶，如客渡船，船上的排放管路也可以安装一种主管机关能够接受的排放接头，如快速对接套头。

7. 生活污水排放规定

(1)未经处理的污水允许在离岸最近距离为12海里以上的地方排放。经过粉碎机和消毒器处理的污水，允许在离岸最近距离3海里以上的地方排放。以上不论哪一种情况，不得将集污舱中储存的生活污水顷刻排光，而应于船舶以不少于4节的航速在途中航行时，以中等速率进行排放。

(2)如果船舶设置了生活污水处理装置，并正在运转，该装置符合主管机关的规定，且排出的废液在其周围的水中不会产生可见的漂浮固体，也不会使水变色，则这种排放可在任何地方进行。

七、附则Ⅴ：防止船舶垃圾污染规则

防止船舶垃圾污染规则也是任选规则，于1988年12月31日生效。我国于1988年11月21日加入该规则，1989年2月21日起对我国生效。

截止到2012年1月31日，已有143个国家加入该规则，其船舶总吨位占世界商船总吨位的97.14%。

1. 定义

(1)“船舶垃圾”是指在船舶正常的营运期间产生的并要不断地或定期地予以处理的各种食品、生活和工作用品的废弃物(不包括鲜鱼及其各部分)，但本公约其他附则中所规定的或列举的物质除外。

(2)“特殊区域”是指由于其海洋学和生态学的情况以及运输的特殊性质等方面公认的技术原因，需要采取防止垃圾污染海洋的特殊强制办法的海域。本附则的特殊区域有：地中海区域、波罗的海区域、黑海区域、红海区域、“海湾区域”、北海区域(包括英吉利海峡)、南极区域(南纬60°以南)以及包括墨西哥湾和加勒比海的大加勒比海区域。

2. 适用范围

本附则的规定适用于一切船舶。

3. 垃圾处理规定

1)在特殊区域外处理垃圾

(1)一切塑料制品，包括但不限于合成缆绳、合成渔网、塑料垃圾袋以及可能包含有毒或重金属残余的塑料制品的焚烧炉灰烬，均禁止处理入海。

(2)对于下述垃圾,应尽可能远离最近陆地处理入海,但在任何情况下均禁止在距最近陆地不足:

①25 海里将漂浮的垫舱物料、衬料和包装材料处理入海;

②12 海里将食品废弃物和一切其他垃圾,包括纸制品、破布、玻璃、金属、瓶子、陶器及类似的废弃物处理入海。

③食品废弃物和一切其他垃圾如经粉碎机或磨碎加工处理后,通过筛眼不大于 25 毫米的筛子,可在距最近陆地 3 海里以外处理入海。

(3)如果垃圾中混有其他不同处理或排放要求的废弃物,则应适用其中较严格的要求。

2)对处理垃圾的特殊要求

(1)除(2)的规定外,在固定或浮动平台和停靠这种平台或在其附近 500 米以内的所有其他船舶,禁止处理任何船舶垃圾。

(2)位于距最近陆地 12 海里以外的固定或移动平台和停靠这种平台或在其附近 500 米以内的所有其他船舶,可允许已通过粉碎机或磨碎机的颗粒小于 25 毫米的食品废弃物处理入海。

3)在特殊区域内处理船舶垃圾

(1)禁止将下列垃圾处理入海:

①一切塑料制品,包括但不限于合成缆绳、合成渔网、塑料垃圾袋以及可能包含有毒或重金属残余的塑料制品的焚烧炉灰烬;

②一切其他垃圾,包括纸制品、破布、玻璃、金属、瓶子、陶器、垫舱物料、衬料和包装材料。

(2)废弃食物,处理入海应尽可能远离陆地,但在任何情况下,应离最近陆地不少于 12 海里;

(3)在泛加勒比海区域将已通过经粉碎机或磨碎机的废弃食物处理入海,应尽可能远离陆地,但在任何情况下,离最近陆地不应少于 3 海里;这种业经粉碎或磨碎的食品废弃物应能通过筛眼不大于 25 毫米的筛子。

(4)如果垃圾中混有其他不同处理或排放要求的废弃物,则应适用其中较严格的要求。

(5)前往或来自南极区域的船舶,应保证船上配置具有足够大的空间用来留存船舶在该区域营运时的所有垃圾,并已签订协议,保证船舶离开该区域后把这些垃圾排入接收设备。

4. 告示、垃圾管理计划与垃圾记录簿

1)告示

(1)总长 12 米及以上的船舶均应张贴告示,以使船员和旅客知晓有关垃圾处理的要求;

(2)告示应以船员的工作语言书写,对航行前往其他缔约国所管辖的港口或近海装卸站的船舶,告示还应以英文、法文或西班牙文书写。

2)垃圾管理计划

每艘 400 总吨及以上的船舶和经核定可载运 15 人及以上的船舶,应备有船员应遵守的垃圾管理计划。该计划应就收集、储存、加工和处理垃圾以及船上设备使用等提供书面程序,还应指定负责执行该计划的人员。该计划应按照国际海事组织制订的导则并以船员工作语言书写。

3)垃圾记录簿

(1)垃圾记录簿的配备

400 总吨及以上的船舶和经核定可载运 15 人及以上的船舶，且航行前往其他缔约国所管辖的港口或装卸站的船舶，应备有垃圾记录簿。

(2)垃圾种类

垃圾包括船舶正常营运过程中产生的可能需要持续或定期处理的各种食物、生活和操作性废弃物(不包括鲜鱼及其各部分)，但本公约其他附则中所规定或列举的物质(如油类、污水或有毒液体物质)除外。

就垃圾记录簿而言，垃圾分类如下：

①塑料；

②漂浮的垫舱物料、衬料或包装材料；

③被磨碎的纸制品、棉丝、玻璃、金属、瓶子、陶器等；

④货物残留物、纸制品、棉丝、玻璃、金属、瓶子、陶器等；

⑤食品废弃物；

⑥焚烧炉的灰渣。

(3)垃圾记录簿的填写

发生下列各种情况时，均应在垃圾记录簿上填写：

①当垃圾排放入海时：排放的日期和时间；船位(经纬度)。记录货物残留物的排放，包括开始和停止排放时的位置；所排放垃圾的种类；每种排放垃圾的估计量；负责作业的主管高级船员签字。

②当垃圾排入岸上接收设备或排入其他船舶时：排放的日期和时间；港口或设备，或者船名；排放垃圾的种类；各种垃圾估计的排放量；作业负责人的签字。

③当焚烧垃圾时：焚烧开始和结束的日期和时间；船舶位置(经纬度)；估计的焚烧量；作业负责人的签字。

④事故或例外的垃圾排放：发生时间；发生时船舶所在港口或位置；垃圾的估计数量和种类；排放、泄漏或失落的情况及原因和简单的说明。

(4)垃圾的数量

船上垃圾量应以立方米估计，如可能应按种类分开。垃圾记录簿含有许多垃圾估计量的参考值。应该认识到垃圾估计的体积值在垃圾处理前后应是不同的。有些处理程序可能不允许对体积作出估计，如食品废弃物的连续处理，当作记录和在记录中作出解释时应考虑这些因素。

(5)垃圾记录簿的管理与检查

①每次排放作业或完成焚烧，应记录在垃圾记录簿上，并由作业负责人在当日签署。垃圾记录簿每记完一页应由船长签字。垃圾记录簿中的记录，应使用船旗国的官方文字和英文或法文两种文字。遇有争议或不相一致的情况时，以船旗国的官方文字的记录为准；

②每次焚烧或排放的记录，应包括日期和时间，船舶位置，垃圾的说明以及焚烧或排放的估计数量。

③垃圾记录簿应保存在船上，并放在随时可取来检查的地方，垃圾记录簿应在记完最后一项记录后保存 2 年。

④倘若发生例外的排放、泄漏或意外失落的情况时,应在垃圾记录簿中说明这种落失的情况和原因。

5. 垃圾收据

船舶送交垃圾后,船长应从港口接收设备的经营人或接收垃圾船船长那里得到表明送交垃圾估计数量的证明或收据,该收据或证明应与垃圾记录簿一起在船上保存2年。

八、附则Ⅵ:防止船舶造成空气污染规则

防止船舶造成空气污染规则也是一个任选规则,于2005年5月19日生效。我国于2006年5月19日加入该规则,2006年8月19日起对我国生效。

截止到2012年1月31日,已有68个国家加入该规则,其船舶总吨位占世界商船总吨位的90.19%。

1. 检验

所有400总吨或以上的船舶应接受以下检验:初次检验、年度检验、期间检验、换证检验,以及必要时的附加检验。

2. 证书

从事国际航行的400总吨及以上的船舶,按照本附则规定进行初始检验或换证检验后,应发给《国际防止大气污染证书》(International Air Pollution Prevention Certificate,IAPP证书)。

3. 状况维持

(1)应保持对设备的维护,使其符合本附则的各项规定,未经主管机关明确批准,不得变动已经过检验的设备、系统、装置、布置和材料。允许用符合本附则规定的设备和装置直接更换这些设备和装置。

(2)如果船舶发生事故或被发现有缺陷,且其对本附则涉及的设备效用或完整性有重大影响,该船的船长或船东应尽早向负责签发有关证书的主管机关、指定的验船师或认可的组织报告。

第四节　压载水管理公约与操作指南

压载水是船舶用以调整稳性、吃水差及操纵性能等在离岸时携带的海水,这些船舶到港时为空出吨位,必须将压载水排入到达国的海域中,这样,压载水便成为造成海洋间有害生物传播的最主要途径。

目前,全球船舶每年携带的压载水大约有100亿吨,每天全球在压载水中携带的生物有3000至4000种。这些外来海洋生物一旦入侵到新的适宜生存的区域中,便不可控制地大量繁殖,疯狂地掠夺当地生物的食物,造成有害寄生虫和病原体的大面积迅猛传播,甚至引发本地物种灭绝。到目前为止,全球已确认500种左右的生物物种是由船舶压载水传播的。

为了有效控制船舶压载水排放导致的海洋生物入侵性传播灾害,2004年2月13日,IMO通过了具有法律效力的《国际船舶压载水和沉积物控制与管理公约》(BWMC 2004),并规定:本公约将在合计商船总吨位不少于世界商船总吨位35%的至少30个国家签署本公约并对批准、接受或核准无保留,或交存了必要的批准、接受、核准或加入文件12个月后生效。

截止到2012年1月31日,BWMC 2004已有33个国家加入,其船舶总吨位占世界商船总吨位的26.46%。

一、国际船舶压载水和沉积物控制与管理公约

1.定义

(1)"压载水管理"是指用机械的、物理的、化学的、生物的处理方法,单独或合并使用以清除、钝化或避免加装和排放压载水和沉积物中的有害水生物和病原体。

(2)"有害水生物或病原体"是指此类水生物和病原体一旦进入海水中,包括河口或淡水水程,可产生对环境、人类健康、财产或资源的危害,损害生物多样性或影响此类区域的其他合法使用。

(3)"沉积物"是指从船舶压载水中沉淀的物质。

(4)"压载水容量"是指船上用于承载、加装或排放压载水的任何液舱、处所或舱室容量,包括被设计成允许承载压载水的任何多用途液舱、处所或舱室的总体积容量。

(5)"距最近陆地"是指距领海基线,但就本公约而言,"距"澳大利亚东北海岸外的"最近陆地"除外。

2.适用范围

1)除本公约另有明确规定外,本公约适用于:

(1)有权悬挂缔约国国旗的船舶;以及

(2)无权悬挂缔约国国旗,但在该缔约国的管辖下运营的船舶。

2)本公约不适用于:

(1)非设计和建造携带压载水的船舶;

(2)专门运营于一缔约国管辖水域内的该缔约国的船舶。

(3)根据一缔约国的免除授权专门运营于其管辖的水域内的另一缔约国船舶。

(4)专门运营于一缔约国管辖的水域内或公海上的船舶。

(5)任何军舰、军用辅助船舶或缔约国所拥有和营运的到目前为止只用于政府非商业服务目的的其他船舶。

3)各缔约国保证不给非缔约国的船舶更优惠的待遇。

3.船舶检查

1)凡适用于本公约的船舶,在另一缔约国的任何港口或近海装卸站时,可接受该缔约国正式授权官员的检查,以确定该船是否符合本公约。任何该种检查应限于:

(1)核实船上是否有有效的证书,该证书如有效应被接受;

(2)检查压载水管理记录簿;

(3)对船舶的压载水进行采样。

2)如果船舶未持有有效的证书;或有明显理由相信船舶或其设备状况实质上与证书细节不相符,或有明显理由相信船长或船员不熟悉基本的船上压载水管理程序,或未执行此种程序,授权官员可进行详细的检查。在此情况下,执行检查的缔约国须采取步骤,确保船舶在不会对环境、人类健康、财产或资源产生不当危害的威胁后才可排放压载水。

4. 违章调查和船舶管理

(1)各缔约国应在违章调查和执行本公约规定方面进行合作。

(2)如果船舶被发现违反了本公约,船舶有权悬挂其国旗的缔约国或船舶在其港口和近海装卸站运营的缔约国,可以单独或者同另一缔约国协作,采取除制裁和其他规定的行动外的警告、滞留或拒绝接受等措施。但在不对环境、人类健康、财产或资源产生不当危害的威胁时,船舶在其港口或近海装卸站运营的缔约国可同意允许船舶离开港口和近海装卸站驶往就近的修船厂或可用的接收设施。

(3)如果按规定进行的包括从另外港口或近海装卸站收到的取样结果,表明船舶可能会对环境、人类健康、财产或资源产生不合理的威胁,船舶在其水域运营的缔约国应禁止船舶排放压载水直至该威胁被消除。

(4)如果一缔约国收到另一缔约国请其进行调查的请求和有关某船正在或曾经违反本公约条款操作的充分证据,也可以在船舶进入其管辖的港口或近海装卸站时对船舶进行检查。这种调查报告应送交请求调查的缔约国及相关的船舶主管机关,以便采取适当的措施。

二、船舶压载水和沉积物控制与管理规则

1. 压载水管理计划

每一船舶均应在船上携带并实施压载水管理计划。该计划应由主管机关批准并考虑到IMO制定的指南。该计划应:

(1)详述与压载水管理有关的该船舶和船员的安全程序。

(2)详述压载水管理要求和补充性的压载水管理实践所应采取的行动。

(3)详述沉积物的海上处置程序和岸上处置程序。

(4)包括与将在其水域中进行排放的国家当局协调的船舶海上排放压载水管理程序。

(5)指定在船上负责确保计划得到正确实施的高级船员。

(6)包含本公约规定的船舶报告要求。

(7)以船舶的工作语言写成。如果使用的语言不是英文、法文或西班牙文,则应包括其中之一的译文。

2. 压载水记录簿

(1)每一船舶均应在船上备有压载水记录簿。该记录簿可以是一种电子记录系统.或可以被列入其他记录簿或系统中。

(2)在排放压载水时,或在发生压载水的其他意外或异常排放时,应在压载水记录簿中做出记录,说明排放的情况和理由。

(3)每一压载水作业均应及时在压载水记录簿中做出充分记录。每一记录均应由负责有关作业的高级船员签字,每一被填写页均应由船长签字。压载水记录簿中的记录事项应以该船的工作语文填写。如果该语文不是英文、法文或西班牙文,则该记录事项应载有其中一种语文的译文。

(4)压载水记录簿应在所有合理时间随时可供检查;对于被拖带的无人船舶,可放在拖船上保存。

3.船舶压载水管理

(1)2009年前建造的船舶,压载水容量为1500至5000立方米时,2014年以前应符合压载水更换或压载水性能标准,此后应符合压载水性能标准;压载水容量小于1500立方米或大于5000立方米时,2016年以前应符合压载水更换或压载水性能标准,此后应符合压载水性能标准。

(2)2009年或以后建造的、压载水容量小于5000立方米的船舶,应符合压载水性能标准。

(3)在2009年或以后但在2012年以前建造的、压载水容量等于或大于5000立方米的船舶,2016年以前应符合压载水更换或压载水性能标准,此后应符合压载水性能标准。

4.压载水管理标准

1)压载水更换标准

进行压载水更换的船舶应达到其所载压载水量的95%的更换量。对于使用注入排出法进行压载水更换的船舶,注入排出压载舱3倍容积的水量,应被视为满足压载水更换标准。如果船舶能够证明满足了至少95%的更换量,注入排出少于3倍水量也可以被接受。

2)压载水性能标准

进行压载水管理的船舶排放的压载水,应达到每立方米中大于或等于50微米的可生存生物少于10个,每毫升中小于50微米但大于或等于10微米的可生存生物少于10个。

5.压载水更换

1)为符合压载水更换标准而进行压载水更换的船舶:

(1)凡可能时,均应在距最近陆地至少200海里、水深至少为200米的地方进行此种压载水更换并应考虑IMO制定的指南。

(2)当船舶不能按规定进行压载水更换时,应考虑在尽可能远离最近陆地的地方,并在所有情况下距最近陆地至少50海里、水深至少为200米的地方进行此种压载水更换。

2)在距最近陆地的距离或水深不符合规定要求的海区中,经视情与邻近或其他国家协商,港口国可为船舶指定进行压载水更换的区域。

3)如船长合理地确定:由于恶劣天气、船舶设计或应力、设备失灵或任何其他异常状况,压载水更换会威胁船舶的安全或稳性、其船员或乘客,则应视情不要求进行压载水更换的船舶符合上述1)或2)项要求,但其理由应在压载水记录簿中作出记录。

6.船舶沉积物管理

(1)所有船舶应按本船的压载水管理计划的规定清除和处置被指定承载压载水的处所中的沉积物。

(2)2009年或以后建造的船舶,其设计和建造应考虑IMO制定的指南,在不降低安全或营运效率的情况下做到:将沉积物的摄入和不良聚留减至最低程度,便于沉积物的清除和提供用于沉积物清除和取样的安全通道。

7.高级和普通船员的职责

高级和普通船员应熟知其在供职船舶实施其具体压载水管理方面的职责并应熟知与其职责相应的船舶压载水管理计划。

三、关于控制和管理船舶压载水减少有害水生物和病原体传播的指南

1. 船舶和港口国程序

1)船舶程序

(1)携带压载水的船舶应配备帮助减少有害水生物和病原体传播的压载水管理计划。该计划的目的应是提供安全和有效的压载水管理程序。

(2)压载水管理计划应具体到每艘船舶。

(3)压载水管理计划应包括在船舶的操作文件中。

2)港口国程序

(1)应提供使用对环境安全的方法处理压载舱沉积物的接收和处理设施。

(2)将压载水排入港口国接收设施或处理设施可作为一种可接受的管理方式。

2. 记录和报告

1)船舶方面

(1)如果港口国当局要求进行具体的压载水管理程序或处理方法,但由于天气、海况或操作上不可行,无法做到时,船长应尽早向港口国当局报告此事,如可行,应在进入该港口国管辖水域之前进行。

(2)为便利对各船上压载水管理和处理的监督,船上应指定一名高级船员保存相应的记录并确保船上压载水管理或处理已得到实施并进行了记录。

(3)当加装或排放压载水时,应至少记录日期、地理位置、船舶压载舱或货舱编号、压载水温度和盐浓度、及所装压载水数量或排放数量。记录应可供港口国当局查阅。

2)港口国方面

(1)港口国应向船舶提供:关于压载水管理的详细要求;替代性更换区域的位置和使用条件;任何其他的港口应急安排;所提供的对压载水及相关沉积物进行环境安全式处理的接收设施的使用、位置、容量及适用的收费。

(2)为帮助船舶采取相应的预防措施,港口国应告知当地船舶代理人或船舶关于船舶应尽量减少加装压载水的区域和情况。

3. 船舶操作程序

1)预防措施

(1)当加装压载水时,应尽量避免带入可能有害的水生物、病原体和可能含有此类生物的沉积物。在某些区域和情况下,当可行时,应尽量减少或避免加装压载水。例如:

①港口国所确定的区域;

②夜间,当水底浮游生物易在水体中上升时;

③非常浅的水域;

④推进器易搅起沉积物的区域。

(2)及时清除沉积物

可行时,应根据船舶压载水管理计划的规定,在深海或在港内或干船坞内在受控制的安排下进行压载舱的清洁工作。

(3)避免非必要的压载水排放

如果为便利货物安全操作，必须在同一港口加装和排放压载水，应注意避免不必要地排放在其他港口加装的压载水。

2）压载水管理方法

（1）压载水更换

近岸（包括港口和河口）生物被排放到深海中，或深海生物被排放到近岸水域通常都不能存活。

当在海上进行压载水更换时，应考虑关于更换压载水安全方面的指导，并建议遵照以下做法：

①可行时，船舶应在深海、开阔水域并尽可能远离海岸处进行压载水更换。如不可能做到这一点，应遵照地区协议制定的要求进行，特别是在离岸200海里以内的区域更应如此。按照要求，所有压载水均应排放掉，直至泵吸丧失为止。如可能，应使用扫舱泵或喷射器。

②使用注入顶出法在开阔海域将压载水泵入压载舱或货舱并使舱内压载水溢出，应至少向舱内泵入3倍于舱容量的海水。

③两种在开阔海域更换压载水的方法均不可行时，可按港口国所接受的方式在指定的区域进行压载水更换。

④港口国批准的其他压载水更换方法。

（2）不排放或尽量少排放压载水

在不可能实施压载水更换或其他处理方法的情况下，压载水可被保留在压载舱或货舱内，如不能做到，船舶应按港口国应急计划的要求排放最少量的压载水。

（3）排放至接收设施

如果港口国提供了压载水和沉积物的接收设施，这些设施应酌情予以使用。

（4）应急的、新的技术和处理方法

如果某些新的、应急处理方法和技术被证明合适可行，这些方法和技术可替代或与目前方法联合使用。此类处理方法可包括热处理法、过滤法和包括使用紫外线及港口国接受的其他消毒方法。

4. 关于海上更换压载水安全方面的指导

1）在海上更换压载水的方法有两种：

（1）逐一更换法，即将压载水排出并重新注入清洁海水的方法；

（2）注入顶出法，即通过泵入清洁海水使压载舱同时注入并排出的方法。

2）安全注意事项

（1）对进行海上压载水更换的船舶应按适用情况提供说明以下各项的程序：

①避免压载舱受压力过大或过小；

②自由液面对稳性的影响和不满的舱内液体随时可能晃动的作用；

③可接受的天气条件；

④航线经过区域受季节性气旋、台风、飓风和严重冰况影响区域的天气；

⑤根据经批准的平衡和稳性手册保持足够的完整稳性；

⑥根据经批准的装载手册，可允许的海上航行剪力和挠矩的强度限制；

⑦扭力(相关时);

⑧最小和最大前后吃水;

⑨波浪产生的船体震动;

⑩加装压载和排放压载的文件记录;

⑪对可能影响海上更换压载水情况的应急程序,包括气象条件恶化、泵失灵、动力丧失等;

⑫完成压载水更换的时间或完成更换的顺序,并考虑有些船舶的压载水可达装货总量的50%;

⑬对压载水数量的监控。

(2)如使用注入顶出法,由于以下原因应谨慎从事:

①空气管的设计不适用于压载水的连续溢出;

②当前的研究表明,如从底部注入清洁海水并使水从顶部溢出,至少需要泵入相当于整个舱容量3倍的水才能有效;

③某些在压载水更换中可能开启的水密和风雨密关闭装置(例如人孔)应重新紧闭。

(3)应避免在冰冻天气条件下进行海上更换压载水。但当必须这样做时,应特别注意由于舷外排放装置、空气管、压载系统阀门及其控制装置结冰,和甲板上冰冻加剧而产生的危险。

(4)某些船舶可能需要配备装载仪来进行由于海上压载水更换引起的剪力和挠矩计算和与可接受的强度限制的比较。

(5)对经批准的平衡和稳性手册及装载手册规定的可允许航行条件包括的稳性和强度的安全余地应根据不同的船型和装载条件进行评估。在这方面应特别注意以下要求:

①在任何时候均须保持稳性不低于IMO建议的或主管机关要求的数值;

②纵向应力值不超过该船的船级社针对主要海况所允许的数值;

③对由于压载不满,水晃动会产生较大结构负荷的压载舱或货舱,应在海况和涌浪条件有利时进行压载水更换,以便将结构损害的危险降到最低限度。

(6)压载水管理计划应包括一个不应进行压载水更换的条件清单。这些条件可能来源于特殊情况造成紧急形势、由于气象应力产生的不可抗拒力、或其他危及人员生命和船舶安全的情况。

3)船员培训和熟悉

(1)压载水管理计划应包括提名船上负责海上压载水更换的主要控制人员。

(2)船上从事海上压载水更换的高级船员和一般船员应接受以下培训并熟悉其中内容:

①船舶的泵系,泵系应说明压载泵安排,及有关空气管和测深管的位置,与压载泵相连的各舱室和液舱吸入管的位置,及在使用注入顶出法时,压载舱顶部用于排水的出口和舷外排放安排;

②保证测深管清洁的方法,及保证空气管及其防回流装置处于良好状态的方法;

③进行压载水更换操作所需要的不同时间;

④海上更换压载水使用的方法,适用时,具体提及所要求的安全措施;

⑤船上保持压载水记录、压载水报告及日常测深记录的方法。

第五节　美国油污法规

一、1990年美国油污法简介

《1990年美国油污法》(Oil Pollution Act of 1990,OPA'90),是在1989年3月24日,美国埃克森·瓦尔迪兹(Exxon Valdez)号油船在阿拉斯加的威廉王子湾触礁,导致3.7万吨原油泄漏入海,海洋环境和渔业资源严重受损的情况下促成的。

OPA'90虽属美国国内立法,但由于对油污损害规定了船东、经营人和光船租船人严格的责任和义务,对油船和其他各类船舶设计和安全设备提出了严格要求,在油污责任与赔偿、油污事件的预防与清除等方面,就防止船舶和海洋石油勘探开发等造成的污染,作出了一系列严格规定。

1.赔偿责任限制

1)赔偿责任限制

责任方(船舶所有人、经营人和光船租赁人)的赔偿包括两个方面:清除污染费用和油污损害赔偿。油污赔偿总额不超过下面规定的限额:

(1)3000总吨以上的液货船,每总吨1200美元,或总额1000万美元,取其大者;

(2)3000总吨以下的液货船,每总吨1200美元,或总额200万美元,取其大者;

(3)任何其他船舶每总吨600美元,或总额50万美元,取其大者。

2)无限赔偿责任

如果油污染事故是由责任方或其代理人、雇员或与责任方有合同关系的人员造成,这些人员如有下列行为,责任方将承担无限赔偿责任,即不享受责任限制的权利:

(1)有重大过失或故意不当行为;

(2)违反联邦适用的安全、构造或操作规则和命令,包括没有按规定报告该事故或没有向有关方面提供关于清污活动和一切合理的合作与协助;

3)免责

责任方以占有优势的证据证实排油或排油的重大威胁及其引起的损害或清污费用纯粹系有下列行为所致,则责任方可免除承担损害赔偿和清污费用:

(1)天灾;

(2)战争行为;

(3)第三方的行为或不为,但责任方的雇员或代理人或其行为或不为涉及与责任方的任何合同关系的第三方不在此例。

在要求免责时,必须进行抗辩,即责任方以占优势的证据证明其:

(1)考虑到油类的特性并根据一切有关的事实和情况,已对油类给予适当的注意;

(2)已采取措施防止可以预见到的第三方的行为或不为及后果。

2.对船方的要求

1)对船员的要求

(1)凡到美国的船舶尤其是液货船,需对发证国的配员、培训、资历和值班标准进行评估。

船员发证国的发证标准至少相当于美国法律或美国所接受的国际标准规定的能力,否则禁止其进港。油船还要求“原油洗舱(COW)”培训与证书、航行计划及英语能力,须具备为防止和消除油污行动的应急反应能力。

(2)对船员酗酒和吸毒进行严厉处罚,严重者追究刑事责任。

(3)液货船上的持证人或海员,除紧急情况或训练演习外,任何24小时期间的工作不得超过15小时,或在72小时期间的工作不得超过36小时。

2)对液货船航行安全标准的规定

为确保运输散装油类和有害物质的船舶在通航水域和专属经济区的安全航行,船舶应当:

(1)有足够的配员,船员有足够的资格和培训经历,具有为防止或清除液货船上排出的油类或有害物质而采取应急行动的能力;

(2)配备完善足够的航行设备和系统(包括水声测深仪、电子海图显示系统和卫星技术、船位报告和识别设备);

(3)适当的在不同条件(速度、日光、冰情、潮汐、天气及其他条件)下的航行程序;

(4)用船旗国官方语言和英文对照的船东管理船舶的规章制度;

(5)执行船位报告制度;

(6)在阿拉斯加威廉王子湾、华盛顿的罗萨里欧海峡和普夫特海峡等水域,运输散装货油超过5000总吨的单壳体液货船,强制雇用拖船护航。

3)对油船构造和货油系统的要求

(1)油船必须建造成双层壳体;

(2)5000总吨及以上的油船到2010年必须具有双层船壳,否则不得在美国海域航行;在距岸60海里的美国海湾上的油港的船到2015年也须具有双层船壳。

(3)货油舱必须设置液位和舱内压力监测装置、超高液位报警装置;

(4)设置舱内油气回收装置,保证油气不放入大气。

二、2006年美国海岸防卫及海上运输法案

2006年7月11日,美国总统布什签署了2006年《海岸防卫及海上运输法案》,该法案的规定大大增加了船舶所有人和经营人对于船舶在美国水域发生的溢油事故的赔偿责任限额。

与OPA'90相比,该法案在以下几个方面大大加重了船舶对溢油事故的赔偿限额:

1)对于单壳油船,赔偿限额为每总吨3000美元,同时受以下最低赔偿限额限制:

(1)3000总吨以上的船舶,最低赔偿限额为2200万美元;

(2)3000总吨及不足3000总吨的船舶,最低赔偿限额为600万美元。

2)对于双壳油船,赔偿限额为每总吨1900美元,同时受以下最低赔偿限额限制:

(1)3000总吨以上的船舶,最低赔偿限额为1600万美元;

(2)3000总吨及不足3000总吨的船舶,最低赔偿限额为400万美元。

3)对于非油船船舶,赔偿责任限额为每总吨950美元或者每船80万美元,以较高者为准。

第六节　国内环境保护法规

一、海洋环境保护法

《中华人民共和国海洋环境保护法》于1982年由全国人民代表大会常务委员会颁布施行，并于1999年12月25日修订和公布，自2000年4月1日起施行。修订后的海洋环境保护法共10章98条。以下主要介绍与防治船舶污染有关的内容。

1.总则

1)目的、适用范围、义务

(1)目的

为了保护和改善海洋环境，保护海洋资源，防治污染损害，维护生态平衡，保障人体健康，促进经济和社会的可持续发展。

(2)适用范围

适用于中华人民共和国内水、领海、毗连区、专属经济区、大陆架以及中华人民共和国管辖的其他海域。在中华人民共和国管辖海域内从事航行、勘探、开发、生产、旅游、科学研究及其他活动，或者在沿海陆域内从事影响海洋环境活动的任何单位和个人，都必须遵守本法。在中华人民共和国管辖海域以外，造成中华人民共和国管辖海域污染的，也适用本法。

(3)义务

一切单位和个人都有保护海洋环境的义务，并有权对污染损害海洋环境的单位和个人，以及海洋环境监督管理人员的违法失职行为进行监督和检举。

2)管理体制

(1)国务院环境保护行政主管部门作为对全国环境保护工作统一监督管理的部门，对全国海洋环境保护工作实施指导、协调和监督，并负责全国防治陆源污染物和海岸工程建设项目对海洋污染损害的环境保护工作。

(2)国家海洋行政主管部门负责海洋环境的监督管理，组织海洋环境的调查、监测、监视、评价和科学研究，负责全国防治海洋工程建设项目和海洋倾倒废弃物对海洋污染损害的环境保护工作。

(3)国家海事行政主管部门负责所辖港区水域内非军事船舶和港区水域外非渔业、非军事船舶污染海洋环境的监督管理，并负责污染事故的调查处理；对在中华人民共和国管辖海域航行、停泊和作业的外国籍船舶造成的污染事故登船检查处理。船舶污染事故给渔业造成损害的，应当吸收渔业行政主管部门参与调查处理。

(4)国家渔业行政主管部门负责渔港水域内非军事船舶和渔港水域外渔业船舶污染海洋环境的监督管理，负责保护渔业水域生态环境工作，并调查处理渔业污染事故。

(5)军队环境保护部门负责军事船舶污染海洋环境的监督管理及污染事故的调查处理。

2.防治船舶及有关作业活动对海洋环境的污染损害

1)在中华人民共和国管辖海域，任何船舶及相关作业不得违反本法规定向海洋排放污染物、废弃物和压载水、船舶垃圾及其他有害物质。从事船舶污染物、废弃物、船舶垃圾接收、船舶清舱、洗舱作业活动的,必须具备相应的接收处理能力。

2)船舶必须按照有关规定持有防止海洋环境污染的证书与文书,在进行涉及污染物排放及操作时,应当如实记录。

3)船舶必须配置相应的防污设备和器材。载运具有污染危害性货物的船舶,其结构与设备应当能够防止或者减轻所载货物对海洋环境的污染。

4)船舶应当遵守海上交通安全法律、法规的规定,防止因碰撞、触礁、搁浅、火灾或者爆炸等引起的海难事故,造成海洋环境的污染。

5)国家完善并实施船舶油污损害民事赔偿责任制度;按照船舶油污损害赔偿责任由船东和货主共同承担风险的原则,建立船舶油污保险、油污损害赔偿基金制度。实施船舶油污保险、油污损害赔偿基金制度的具体办法由国务院规定。

6)载运具有污染危害性货物进出港口的船舶,其承运人、货物所有人或者代理人,必须事先向海事行政主管部门申报。经批准后,方可进出港口、过境停留或者装卸作业。

7)交付船舶装运污染危害性货物的单证、包装、标志、数量限制等,必须符合对所装货物的有关规定。需要船舶装运污染危害性不明的货物,应当按照有关规定事先进行评估。装卸油类及有毒有害货物的作业,船岸双方必须遵守安全防污操作规程。

8)港口、码头、装卸站和船舶修造厂必须按照有关规定备有足够的用于处理船舶污染物、废弃物的接收设施,并使该设施处于良好状态。装卸油类的港口、码头、装卸站和船舶必须编制溢油污染应急计划,并配备相应的溢油污染应急设备和器材。

9)进行下列活动,应当事先按照有关规定报经有关部门批准或者核准:

(1)船舶在港区水域内使用焚烧炉;

(2)船舶在港区水域内进行洗舱、清舱、驱气、排放压载水、残油、含油污水接收、舷外拷铲及油漆等作业;

(3)船舶、码头、设施使用化学消油剂;

(4)船舶冲洗沾有污染物、有毒有害物质的甲板;

(5)船舶进行散装液体污染危害性货物的过驳作业;

(6)从事船舶水上拆解、打捞、修造和其他水上、水下船舶施工作业。

10)船舶发生海难事故,造成或者可能造成海洋环境重大污染损害的,国家海事行政主管部门有权强制采取避免或者减少污染损害的措施。对在公海上因发生海难事故,造成中华人民共和国管辖海域重大污染损害后果或者具有污染威胁的船舶、海上设施,国家海事行政主管部门有权采取与实际的或者可能发生的损害相称的必要措施。

11)所有船舶均有监视海上污染的义务,在发现海上污染事故或者违反本法规定的行为时,必须立即向就近的依照本法规定行使海洋环境监督管理权的部门报告。民用航空器发现海上排污或者污染事件,必须及时向就近的民用航空空中交通管制单位报告。接到报告的单位,应当立即向依照本法规定行使海洋环境监督管理权的部门通报。

二、防治船舶污染海洋环境管理条例

2009 年 9 月 2 日国务院第 79 次常务会议通过了《防治船舶污染海洋环境管理条例》,以中华人民共和国国务院令第 561 号文公布,并自 2010 年 3 月 1 日起施行。

1. 总则

(1)为了防治船舶及其有关作业活动污染海洋环境,根据《中华人民共和国海洋环境保护法》,制定本条例。

(2)防治船舶及其有关作业活动污染中华人民共和国管辖海域适用本条例。

(3)防治船舶及其有关作业活动污染海洋环境,实行预防为主、防治结合的原则。

(4)国务院交通运输主管部门主管所辖港区水域内非军事船舶和港区水域外非渔业、非军事船舶污染海洋环境的防治工作。海事管理机构具体负责防治船舶及其有关作业活动污染海洋环境的监督管理。

(5)任何单位和个人发现船舶及其有关作业活动造成或者可能造成海洋环境污染的,应当立即就近向海事管理机构报告。

2. 防治船舶及其有关作业活动污染海洋环境的一般规定

(1)船舶的结构、设备、器材应当符合国家有关防治船舶污染海洋环境的技术规范以及中华人民共和国缔结或者参加的国际条约的要求。

(2)船舶应当依照法律、行政法规、交通运输主管部门的规定以及中华人民共和国缔结或者参加的国际条约的要求,取得并随船携带相应的防治船舶污染海洋环境的证书、文书。

(3)港口、码头、装卸站以及从事船舶修造的单位应当配备与其装卸货物种类和吞吐能力或者修造船舶能力相适应的污染监视设施和污染物接收设施,并使其处于良好状态。

(4)港口、码头、装卸站以及从事船舶修造、打捞、拆解等作业活动的单位应当制定有关安全营运和防治污染的管理制度,按照国家有关防治船舶及其有关作业活动污染海洋环境的规范和标准,配备相应的防治污染设备和器材,并通过海事管理机构的专项验收。

(5)港口、码头、装卸站以及从事船舶修造、打捞、拆解等作业活动的单位,应当定期检查、维护配备的防治污染设备和器材,确保防治污染设备和器材符合防治船舶及其有关作业活动污染海洋环境的要求。

(6)港口、码头、装卸站的经营人应当制定防治船舶及其有关作业活动污染海洋环境的应急预案,并报海事管理机构备案。

(7)船舶、港口、码头、装卸站以及其他有关作业单位应当按照应急预案,定期组织演练,并做好相应记录。

3. 船舶污染事故应急处置

1)应急处置与报告

(1)船舶在中华人民共和国管辖海域发生污染事故,或者在中华人民共和国管辖海域外发生污染事故造成或者可能造成中华人民共和国管辖海域污染的,应当立即启动相应的应急预案,采取措施控制和消除污染,并就近向有关海事管理机构报告。

(2)发现船舶及其有关作业活动可能对海洋环境造成污染的,船舶、码头、装卸站应当立即采取相应的应急处置措施,并就近向有关海事管理机构报告。

(3)接到报告的海事管理机构应当立即核实有关情况,并向上级海事管理机构或者国务院交通运输主管部门报告,同时报告有关沿海设区的市级以上地方人民政府。

2)弃船时的处置与报告

(1)船舶发生事故有沉没危险,船员离船前,应当尽可能关闭所有货舱(柜)、油舱(柜)管系的阀门,堵塞货舱(柜)、油舱(柜)通气孔。

(2)船舶沉没的,船舶所有人、经营人或者管理人应当及时向海事管理机构报告船舶燃油、污染危害性货物以及其他污染物的性质、数量、种类、装载位置等情况,并及时采取措施予以清除。

3)海事管理机构的措施及费用的承担

(1)发生船舶污染事故,海事管理机构可以采取清除、打捞、拖航、引航、过驳等必要措施,减轻污染损害。相关费用由造成海洋环境污染的船舶、有关作业单位承担。

(2)需要承担费用的船舶,应当在开航前缴清相关费用或者提供相应的财务担保。

4)消油剂的使用

(1)处置船舶污染事故使用的消油剂,应当符合国家有关标准。

(2)海事管理机构应当及时将符合国家有关标准的消油剂名录向社会公布。

(3)船舶、有关单位使用消油剂处置船舶污染事故的,应当依照我国海洋环境保护法的有关规定执行。

三、船舶及其有关作业活动污染海洋环境防治管理规定

《中华人民共和国船舶及其有关作业活动污染海洋环境防治管理规定》自2011年2月1日起施行。以下为该规定的主要内容。

1. 总则

1)目的与依据

为了防治船舶及其有关作业活动污染海洋环境,根据《中华人民共和国海洋环境保护法》、《中华人民共和国防治船舶污染海洋环境管理条例》和中华人民共和国缔结或者加入的国际条约,制定本规定。

2)适用范围

防治船舶及其有关作业活动污染中华人民共和国管辖海域适用本规定。

本规定所称有关作业活动,是指船舶装卸、过驳、清舱、洗舱、油料供受、修造、打捞、拆解、污染危害性货物装箱、充罐、污染清除以及其他水上水下船舶施工作业等活动。

3)主管机关

国务院交通运输主管部门主管全国船舶及其有关作业活动污染海洋环境的防治工作。

国家海事管理机构负责监督管理全国船舶及其有关作业活动污染海洋环境的防治工作。

各级海事管理机构根据职责权限,具体负责监督管理本辖区船舶及其有关作业活动污染海洋环境的防治工作。

2. 一般规定

1)船舶的结构、设备、器材应当符合国家有关防治船舶污染海洋环境的船舶检验规范以及中华人民共和国缔结或者加入的国际条约的要求,并按照国家规定取得相应的合格证书。

2)船舶应当依照法律、行政法规、国务院交通运输主管部门的规定以及中华人民共和国缔结或者加入的国际条约的要求,取得并随船携带相应的防治船舶污染海洋环境的证书、文书。

3)中国籍船舶持有的防治船舶污染海洋环境的证书、文书由国家海事管理机构或者其认

可的机构签发;外国籍船舶持有的防治船舶污染海洋环境的证书、文书应当符合中华人民共和国缔结或者加入的国际条约的要求。

4)船员应当具有相应的防治船舶污染海洋环境的专业知识和技能,并按照有关法律、行政法规、规章的规定参加相应的培训、考试,持有有效的适任证书或者相应的培训合格证明。

5)从事有关作业活动的单位应当组织本单位作业人员进行操作技能、设备使用、作业程序、安全防护和应急反应等专业培训,确保作业人员具备相关安全和防治污染的专业知识和技能。

6)港口、码头、装卸站和从事船舶修造作业的单位应当按照国家有关标准配备相应的污染监视设施和污染物接收设施。

港口、码头、装卸站以及从事船舶修造、打捞、拆解等有关作业活动的其他单位应当按照国家有关标准配备相应的防治污染设备和器材。

7)船舶从事下列作业活动,应当按照《中华人民共和国海事行政许可条件规定》的规定,取得海事管理机构的许可,并遵守相关操作规程,落实安全和防治污染措施:

(1)在沿海港口进行舷外拷铲、油漆作业或者使用焚烧炉的;

(2)在港区水域内洗舱、清舱、驱气以及排放压载水的;

(3)冲洗沾有污染物、有毒有害物质的甲板的;

(4)进行船舶水上拆解、打捞、修造和其他水上、水下船舶施工作业的。

8)海事管理机构在依法审批30000载重吨以上油轮的货舱清舱、10000吨以上散装液体污染危害性货物过驳以及沉船打捞、油轮拆解等存在较大污染风险的作业活动时,可以要求申请人进行作业方案可行性研究。

9)任何单位和个人发现船舶及其有关作业活动造成或者可能造成海洋环境污染的,应当立即就近向海事管理机构报告。

3.船舶污染物的排放与接收

(1)在中华人民共和国管辖海域航行、停泊、作业的船舶排放船舶垃圾、生活污水、含油污水、含有毒有害物质污水、废气等污染物以及压载水,应当符合法律、行政法规、有关标准以及中华人民共和国缔结或者加入的国际条约的规定。

(2)船舶不得向依法划定的海洋自然保护区、海洋特别保护区、海滨风景名胜区、重要渔业水域以及其他需要特别保护的海域排放污染物。

(3)船舶应当将不符合排放要求以及依法禁止向海域排放的污染物,排入具备相应接收能力的港口接收设施或者委托具备相应接收能力的船舶污染物接收单位接收。

(4)船舶污染物接收单位应当在污染物接收作业完毕后,向船舶出具污染物接收单证,如实填写所接收的污染物种类和数量,并由船长签字确认。船舶污染物接收单证上应当注明作业单位名称,作业双方船名,作业开始和结束的时间、地点,以及污染物种类、数量等内容。

(5)船舶应当携带相应的记录簿和船舶污染物接收单证到海事管理机构办理船舶污染物接收证明,并将船舶污染物接收证明保存在相应的记录簿中。

(6)国际航行船舶在驶离国内港口前应当将船上污染物清理干净,并在办理出口岸手续时向海事管理机构出示有效的污染物接收证明。

(7)船舶进行涉及污染物处置的作业,应当在相应的记录簿内规范填写、如实记录,真实反映船舶运行过程中产生的污染物数量、处置过程和去向。按照法律、行政法规、国务院交通运输主管部门的规定以及中华人民共和国缔结或者加入的国际条约的要求,不需要配备记录簿的,应当将有关情况在作业当日的航海日志或者轮机日志中如实记载。

(8)船舶应当将使用完毕的船舶垃圾记录簿在船舶上保留 2 年;将使用完毕的含油污水、含有毒有害物质污水记录簿在船舶上保留 3 年。

(9)接收处理含有有毒有害物质或者其他危险成分的船舶污染物的,应当符合国家有关危险废物的管理规定。来自疫区船舶产生的污染物,应当经有关检疫部门检疫处理后方可进行接收和处理。

(10)船舶应当配备有盖、不渗漏、不外溢的垃圾储存容器,或者对垃圾实行袋装。

(11)船舶应当对垃圾进行分类收集和存放,对含有有毒有害物质或者其他危险成分的垃圾应当单独存放。

(12)船舶将含有有毒有害物质或者其他危险成分的垃圾排入港口接收设施或者委托船舶污染物接收单位接收的,应当向对方说明此类垃圾所含物质的名称、性质和数量等情况。

(13)船舶应当按照国家有关规定以及中华人民共和国缔结或者加入的国际条约的要求,设置与生活污水产生量相适应的处理装置或者储存容器。

4. 船舶载运污染危害性货物及其有关作业

1)污染危害性货物是指直接或者间接进入水体,会损害水体质量和环境质量,从而产生损害生物资源、危害人体健康等有害影响的货物。

2)船舶载运污染危害性货物进出港口,承运人或者代理人应当在进出港 24 小时前(航程不足 24 小时的,在驶离上一港口时)向海事管理机构办理船舶适载申报手续;货物所有人或者代理人应当在船舶适载申报之前向海事管理机构办理货物适运申报手续。

货物适运申报和船舶适载申报经海事管理机构审核同意后,船舶方可进出港口、过境停留或者进行装卸作业。

3)交付运输的污染危害性货物的特性、包装以及针对货物采取的风险防范和应急措施等应当符合国家有关标准、规定以及中华人民共和国缔结或者加入的国际条约的要求;需要经国家有关主管部门依法批准后方可载运的,还需要取得有关主管部门的批准。

4)船舶适载的条件按照《中华人民共和国海事行政许可条件规定》关于船舶载运危险货物的适载条件执行。

5)承运人或者代理人办理船舶适载申报手续的,应当向海事管理机构提交下列材料:

(1)船舶载运污染危害性货物申报单,包括承运人或者代理人有关情况以及货物名称、种类、特性等基本信息;

(2)海事管理机构批准的货物适运证明;

(3)由代理人办理船舶适载申报手续的,应当提供承运人出具的有效授权证明;

(4)防止油污证书、船舶适载证书、船舶油污损害民事责任保险或者其他财务保证证书;

(5)载运污染危害性货物的船舶在运输途中发生过意外情况的,还应当在船舶载运污染危害性货物申报单内扼要说明所发生意外情况的原因、已采取的控制措施和目前状况等有关情况,并于抵港后送交详细报告;

(6)列明实际装载情况的清单、舱单或者积载图;

(7)拟进行装卸作业的港口、码头、装卸站。

定船舶、定航线、定货种的船舶可以办理不超过一个月期限的船舶定期适载申报手续。办理船舶定期适载申报手续的，除应当提交本条第一款规定的材料外，还应当提交能够证明固定船舶在固定航线上运输固定污染危害性货物的有关材料。

6)海事管理机构收到货物适运申报、船舶适载申报后，应当在24小时内作出批准或者不批准的决定；办理船舶定期适载申报的，应当在7日内作出批准或者不批准的决定。

7)货物所有人或者代理人交付船舶载运污染危害性货物，应当采取有效的防治污染措施。

8)货物所有人或者代理人交付船舶载运污染危害性不明的货物，应当由国家海事管理机构认定的评估机构进行污染危害性评估，明确货物的污染危害性质和船舶载运技术条件，并经海事管理机构确认后方可交付船舶运输。

9)曾经载运污染危害性货物的空容器和运输组件，应当彻底清洗并消除危害，取得由具有国家规定资质的检测机构出具的清洁证明后，方可按照普通货物交付船舶运输。在未彻底清洗并消除危害之前，应当按照原所装货物的要求进行运输。

10)海事管理机构认为交付船舶载运的货物应当按照污染危害性货物申报而未申报的，或者申报的内容不符合实际情况的，经海事管理机构负责人批准，可以采取开箱等方式查验。

11)船舶不符合污染危害性货物适载要求的，不得载运污染危害性货物，码头、装卸站不得为其进行装卸作业。

12)载运污染危害性货物的船舶应当在海事管理机构公布的具有相应安全装卸和污染物处理能力的码头、装卸站进行装卸作业。

13)船舶进行散装液体污染危害性货物过驳作业的，应当符合国家海上交通安全和防治船舶海洋污染环境的管理规定和技术规范，选择缓流、避风、水深、底质等条件较好的水域，远离人口密集区、船舶通航密集区、航道、重要的民用目标或者设施、军用水域，制定安全和防治污染的措施和应急计划并保证有效实施。

14)进行散装液体污染危害性货物过驳作业的船舶，其承运人、货物所有人或者代理人应当向海事管理机构提交申请材料。

15)进行船舶油料供受作业的，作业双方应当采取满足安全和防治污染要求的供受油作业管理措施，同时应当遵守下列规定：

(1)作业前，应当做到：

①检查管路、阀门，做好准备工作，堵好甲板排水孔，关好有关通海阀；

②检查油类作业的有关设备，使其处于良好状态；

③对可能发生溢漏的地方，设置集油容器；

④供受油双方以受方为主商定联系信号，双方均应切实执行。

(2)作业中，要有足够人员值班，当班人员要坚守岗位，严格执行操作规程，掌握作业进度，防止跑油、漏油；

(3)停止作业时，必须有效关闭有关阀门；

(4)收解输油软管时，必须事先用盲板将软管有效封闭，或者采取其他有效措施，防止软管存油倒流入海。

海事管理机构应当对船舶油料供受作业进行监督检查,发现不符合安全和防治污染要求的,应当予以制止。

16)船舶燃油供给单位应当如实填写燃油供受单证,并向船舶提供燃油供受单证和燃油样品。燃油供受单证应当包括受油船船名,船舶识别号或国际海事组织编号,作业时间、地点,燃油供应商的名称、地址和联系方式以及燃油种类、数量、密度和含硫量等内容。船舶和燃油供给单位应当将燃油供受单证保存3年,将燃油样品妥善保存1年。

17)船舶从事300吨及以上的油类或者相对密度小于1且不溶、微溶于水的散装有毒液体物质的装卸、过驳作业,应当布设围油栏。布设围油栏方案应当在作业前报海事管理机构备案。因受自然条件或者其他原因限制,不适合布设围油栏的,可以采用其他防治污染替代措施,但应当将拟采取的替代措施和理由在作业前报海事管理机构同意。

18)载运污染危害性货物的船舶进出港口和通过桥区、交通管制区、通航密集区以及航行条件受限制的区域,或者载运剧毒、爆炸、放射性货物的船舶进出港口,应当遵守海事管理机构的特别规定,并采取必要的安全和防治污染保障措施。

19)船舶载运散发有毒有害气体或者粉尘物质等货物的,应当采取密闭或者其他防护措施。对有封闭作业要求的污染危害性货物,在运输和作业过程中应当采取措施回收有毒有害气体。

第七章 船舶应急

第一节　船舶应急的组织与准备

一、船舶应急组织与应急准备工作要点

1. 船舶应急的概念

船舶应急又称为船舶应变，是指在船舶发生各种意外事故和紧急情况时的紧急处置方法和措施。

2. 船舶应急的种类

(1)按目前多数船上配置的船舶应急部署表中的应急部署，船舶应急分为消防、救生(包括弃船和人落水)以及油污应急。

(2)根据 ISM 规则的要求，船舶应对船上可能发生的各种紧急情况做好应急准备，并建立相应的应急反应程序，包括碰撞、触礁、搁浅、火灾、爆炸、人落水、船舶油污、船舶丧失操纵能力、船体结构损坏、船舶严重横倾、货舱进水、货物移动、货物撒漏污染、进入封闭舱室、临近战争危险、遭遇海盗、遭遇保安威胁、船员伤病、弃船等情况下的应急反应程序。

3. 船舶应急警报信号

1)通常用警铃或汽笛发送，客船上还必须用广播通知旅客。

2)在船舶应急部署表中的各类应急警报信号通常规定如下：

(1)消防：警铃或汽笛短声连放一分钟后，另加火灾部位指示信号，一声表示在船前(首)部；二声表示在船中部；三声表示在船后(尾)部；四声表示在机舱；五声表示在上层建筑居住区域。

(2)堵漏(漏损)：警铃或汽笛二长一短声，连放一分钟。

(3)人落水：警铃或汽笛三长声，连放一分钟。

(4)弃船:警铃或汽笛七或七个以上短声继以一长声,连放一分钟。

(5)油污:警铃或汽笛一短二长一短声,连放一分钟。

4. 操作级以上船员在各类应急中的岗位及职责

船舶应急部署应根据应急的性质、船员的职务、特长、工作能力以及是否有相应的培训合格证书等来安排每个人的岗位和职责。船长是船舶各类应急的总指挥;大副是船舶各类应急的现场指挥;当事故现场在机舱时,通常由轮机长担任应急现场指挥,大副在现场协助指挥。

(1)在船舶消防应急时,船长担任应急总指挥,在驾驶台负责指挥应急和操纵船舶;大副在火灾现场担任现场指挥;二副在驾驶台值班,负责通信联络、传达船长指令、执行船长的操船指令、记录应急过程;三副带领消防队负责灭火,并根据火情进入大型灭火系统控制站做好释放准备。

(2)当有人落水需要应急时,船长担任应急总指挥,在驾驶台负责指挥应急和操纵船舶;大副在主甲板(放艇时在救生艇甲板)担任现场指挥,组织对落水人员的施救;二副在驾驶台值班,负责通信联络、传达船长指令、执行船长的操船指令、记录应急过程;三副准备救生器材,并做好释放救生(助)艇的准备。

(3)撤离船舶或弃船时,船长担任应急总指挥,在驾驶台负责指挥应急;货船上的大副和三副担任指定救生艇的艇长,做好救生艇的释放准备工作;二副在驾驶台值班,负责通信联络、传达船长指令、执行船长的操船指令、记录应急过程;轮机长应率领轮机员做好弃船前的机舱设备的规定保护动作。

(4)油污应急时,船长担任应急总指挥,在驾驶台或现场负责指挥应急;轮机长担任油污现场指挥,组织清除溢油;大副在油污现场会同轮机长担任现场指挥;二副在驾驶台值班,负责通信联络、传达船长指令,或在现场做好现场记录;三副在油污现场,准备消防和防污器材与设备,如需要,指挥放艇回收溢油。

5. 船舶应急准备工作要点

船舶应急准备工作的要点包括:

1)编制应急计划

根据本船的类型、配员情况等,编制相应的应急计划,包括船舶应急部署表、船舶油污应急部署表、应急任务卡、船舶油污应急计划、船上海洋污染应急计划、船舶应急响应计划等。其中船舶应急部署表、船舶油污应急部署表等应按规定在船上有关场所张贴布置。

2)制定应急反应程序

根据ISM规则的要求,结合本船的类型、航线、挂港、货物情况等,制定相应的应急反应程序,包括船舶火灾应急反应程序、船舶爆炸应急反应程序、船舶碰撞应急反应程序、船舶触礁/搁浅应急反应程序、船舶破损进水应急反应程序、船舶油污应急反应程序、弃船应急反应程序、人员落水应急反应程序、货物移动应急反应程序、船舶严重倾斜应急反应程序、临近战争危险/遭遇保安威胁应急反应程序等。

3)熟悉应急岗位职责

通过制定船舶应急计划和应急反应程序,明确规定船员的应急岗位和应急职责,并采取船舶应急演习(练)等适当的方法,使船员熟悉各自的应急岗位和应急职责。

4)组织各种应急演习(练)

按照有关规定，以一定的时间间隔，进行应急演习（练），包括消防演习、人落水演习、弃船演习、油污演习、应急操舵演习、保安演习等。通过应急演习（练），使船员提高安全意识，熟悉自己的应变岗位与职责，熟练掌握各种应急设备的操作技能，同时检验各类应急器材、设备的技术状态，发现问题及时解决。

5）进行应急训练和授课

按照规定对船员进行船舶救生、消防设备用法的船上训练，并向船员讲授船舶消防、救生设备用法和海上救生须知方面的课程。

6）保持应急设备和器材的有效

按照计划和一定的周期对船上的应急设备和器材进行维护保养、检查和试验，确保这些应急设备和器材处在有效，随时可用的状态。

二、船舶应急反应计划

船舶在海上航行、停泊和作业所处环境复杂多变，各种紧急状况随时可能发生并危及船舶、人命、财产的安全和海洋环境，为减少和控制事故的发生和损失，每一船舶应当根据船舶类型、人员状况、设备的配备以及货物装卸等情况编制各种应变计划，明确规定在紧急情况下每个人的应急岗位、应急职责和应具体执行的应急任务，并定期进行训练和演习，使每位船员在船舶发生紧急情况时，能根据已熟悉的应急程序采取有效措施，正确使用各种应急设备，有效地控制危险局面，把事故数量和损害降低到最低限度。

1. 船舶应急部署表

将船舶的一些主要应急部署统一编制在一张表格上，将这张表格称为船舶应急部署表。

1）船舶应急部署表的配置要求

我国规定200总吨及以上的中国籍船舶应配备由国家海事管理机构认可的统一印制的货船或客船应急部署表。

2）船舶应急部署表编制原则

船舶应急部署表的编制应考虑以下原则：

（1）应结合本船的船舶条件、船员条件、客货条件以及航区自然条件；

（2）关键岗位与关键动作应指派技术熟练、经验丰富的人员；

（3）根据本船的具体情况，可以一职多人，或一人多职；

（4）人员的安排应有利于应急任务的完成。

3）船舶应急部署表的主要内容

（1）按照SOLAS公约的要求，船舶应急部署表应写明：

①通用紧急警报信号和有线广播的细则；发出警报时船员、乘客应采取的行动；弃船命令如何发出；

②指派给不同船员的应急职责，在客船上还应标明船员在组织旅客应急时的相关职责；

③有关救生、消防设备的配备；

④指明各高级船员负责保证维护救生、消防设备并使其处于完好和立即可用状态；

⑤职务与编号、姓名、艇号、筏号的对照一览表；

⑥消防应急、弃船求生、放救生艇（筏）的详细分工内容和执行人编号；

⑦航行中驾驶台、机舱、电台固定人员及其任务；

⑧指明关键人员受伤后的替换者，要考虑到不同的应急情况要求不同的行动；

⑨船舶及船公司名称，船长署名及公布日期。

(2)我国海事主管机关认可的统一印制的货船应急部署表包括以下内容：

①船名、船公司、船舶识别号；

②各类应急警报信号；

③救生设备(包括救生衣、救生服、救生圈、双向无线电话、EPIRB、SART、EEBD 等)所在位置；

④消防设备(包括消防员装备、CO_2间、手提式泡沫枪、消防栓与消防皮龙、应急消防泵、手提灭火器、国际通岸接头、消防控制站等)所在位置；

⑤船员姓名、编号、职务及其应登乘的艇号、筏号对照一览表；

⑥弃船救生动作及执行人；

⑦降放救生艇动作与任务及执行人；

⑧救生部署、消防部署；

⑨关键人员受伤后的替换者；

⑩船长签署及公布日期。

4)船舶应急部署表的编制职责与公布要求

(1)船舶应急部署表应在船舶出航前制定。在船舶应急部署表制定后，如船员有所变动而必需变更应急部署时，应修订该表，或制定新表。

(2)船舶应急部署表由三副具体编制，大副负责技术指导，经船长审核、签署后公布实施。

(3)船舶应急部署表应张贴或用镜框配挂在驾驶台、机舱、餐厅和生活区走廊的主要部位。

2. 船舶油污应急部署表

1)船舶油污应急部署表其性质与船舶应急部署表相同，是针对船舶发生油污事故后参加应变的船员的职责和应采取的应急措施所作的明确分工和规定。各船应根据本船的具体情况编制。

2)船舶油污应急部署表的主要内容包括：

(1)船名；

(2)油污警报信号；

(3)油污应变集合地点(通常为主甲板)；

(4)参加油污应变的船员的编号、职务、应变岗位以及应变职责；

(5)船长签署、公布日期等。

3. 应急任务卡和应急须知

(1)三副应根据船长批准并公布的应急部署表以及船舶应急程序文件编制应急任务卡，分派给相应的船员，或将其制成床头卡，放置在每个船员床头边的专用卡槽内。

(2)应急任务卡或床头卡内应注明应变时相应船员的应急岗位、应急职责、应急时应携带的器材、弃船时应登乘的救生艇筏的编号，以及各种应急警报信号等。

(3)货船上的应急任务卡应包括消防、人落水、弃船、溢油、碰撞、失控、触礁、搁浅；船体破损、货物移动、船员伤亡、进入战区、遭遇海盗等需要应急情况下的相应船员的应急任务。

(4)客船上应在旅客舱室、集合地点及其他乘客处所,张贴图解和应急须知,向乘客介绍集合地点、应急时必须采取的行动、救生衣穿着方法等。

4. 船上油污应急计划

150 总吨及以上的油船和 400 总吨及以上的非油船应备有经主管机关认可的船上油污应急计划(SOPEP)。该计划的编制应符合 IMO 制定的《船上油污应急计划编制指南》的要求,并使用船长和驾驶员的工作语言编写。

1)制定船上油污应急计划的目的及要求

(1)目的

制定船上油污应急计划的目的,是为了帮助船员在船舶发生意外排油时采取必要的措施,以控制或尽量减少排油,减轻油污损害。

(2)要求

①计划应切实、可行、易于操作,应能被船上人员和岸上的船舶管理人员所理解;

②应对计划定期进行评估,检查和修改。

2)船上油污应急计划的主要内容

根据 MARPOL 公约附则 I 第 26 条的规定,船上油污应急计划至少应包括四部分内容:

(1)油污事故的报告

船舶发生油污事故或可能发生油污事故时,船长或负责管理该船的其他人员需立即向最近沿岸国作出初始报告。然后,根据需要及时作出补充报告,以便对初始报告作进一步补充,或提供有关油污事态发展信息。此外,还要按照沿岸国的要求提供更详细的信息,即附加报告。

(2)需要联系的有关当局或人员的名单

发生油污事故的船舶必须以最迅速的方式与沿岸国(负责受理和处理油污事故的主管机关,或指定的海岸电台、船舶报告点,或海上搜救协调中心等)、港口(船舶代理人或公司航运代表)和船舶重要联系人(与船舶有重要利害关系的船公司、保险公司、救助单位、船舶岸上管理人员等)进行联系。有关联系人员的名单必须满足 24 小时都能联系上,并提供他们的替代人名单。有关联系人员的名单随着人员的变更和电话、电报、电传号码的变更须及时更新。

(3)为减少或控制排油应采取的应急措施

不同类型的船舶采取的应急措施可能有所不同,但船上油污应急计划至少应提供包括操作性溢油和海损事故溢油两方面的应急措施的指导。

①操作性溢油应急措施

操作性溢油是指在正常装卸和内部驳运油的过程中所发生的管系渗漏、舱柜满溢以及船体渗漏所引起的溢油。船上油污应急计划应针对上述三种情况导致的溢油,分别制定应急措施和应急反应程序。

②海损事故性溢油应急措施

船上油污应急计划应针对搁浅、触礁、火灾/爆炸、碰撞、船体损坏、严重横倾、浸水、沉没等海损事故造成或可能引起的溢油,分别制定应急措施和应急反应程序。

③其他措施

船上油污应急计划还应就优先措施、稳性和应力影响、减载等问题提供相关指导。

(4)与沿岸国或地方当局的联系和协作

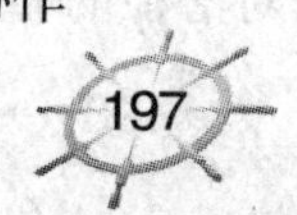

当发生油污事故,船舶在进行油污应急反应前,必须与沿岸国或地方当局取得联系,并提供相关资料,以便得到核准。船上与沿岸国或地方当局快速有效的协作对于减少污染事故的危害影响是至关重要的。因此,船上油污应急计划应提供与沿岸国或地方当局联系、请求协作的方式、注意事项,以及有关应急反应队伍的资料等。

3)除上述四部分强制内容外,船上油污应急计划中还应有计划核查程序、培训和训练程序、记录保存程序、公关事务处理程序、应急反应设备等非强制性部分的内容。

5. 船上有毒液体物质海洋污染应急计划/船上海洋污染应急计划

1)对船上有毒液体物质海洋污染应急计划的要求

每艘载运散装有毒液体物质的150总吨及以上的船舶,应备有主管机关认可的船上有毒液体物质海洋污染应急计划。该计划的编制应符合IMO制定的《船上有毒液体物质海洋污染应急计划编制指南》的要求,并使用船长和驾驶员的工作语言编写。该计划可以与船上油污应急计划合并使用。在此情况下,该计划的标题应为"船上海洋污染应急计划"。

2)船上有毒液体物质海洋污染应急计划的主要内容

根据MARPOL公约附则Ⅱ第17条的规定,船上有毒液体物质海洋污染应急计划至少应包括以下四部分内容:

(1)船长或负责管理该船的其他人员报告有毒液体物质污染事故应遵循的程序;

(2)在发生有毒液体物质海洋污染事故时应与之联系的当局或人员的名单;

(3)在事故发生后,为减少或控制有毒液体物质海洋污染应立即采取的措施的详细说明;

(4)在处理污染时,为使船舶与沿岸国、地方当局协同行动取得联系的程序和要点。

6. 应急决策支持系统

(1)根据SOLAS公约的要求,客船应在驾驶台配置一个用于处理应急情况的"应急决策支持系统"。

(2)"应急决策支持系统"除包括一个或几个纸印的应急计划外,还可在驾驶室内采用以计算机为基础的支持系统,以便提供应急计划中所有的信息、程序、检查清单,并针对预计的应急状态提出拟采取的建议方案。

(3)"应急决策支持系统"中的应急计划应包括各种可以预见到的需要应急的情况,如:火灾;船舶破损;海洋污染事故;威胁到船舶和人员安全的非法行为;人员伤亡;应急援助其他船舶等。

(4)应急计划中的应急程序应向船长提供处理各种组合应急情况的决策支持方案。

7. 船上紧急情况应急计划综合系统

为了避免各种应急计划在紧急情况下可能出现的相互冲突,有必要制定一个综合的紧急情况下的应急系统,以便对这些冲突加以协调。

1)应急计划综合系统的作用

应急计划综合系统旨在将诸多不同的应急计划综合成一个紧急情况下的应急计划系统。

2)应急计划综合系统的结构

应急计划综合系统应包括以下主要内容(模块):

(1)制定船上紧急情况应急计划综合系统的目的、最终目标以及改进要求。

(2)报告紧急情况时应遵守的程序,对潜在的船上紧急情况作出识别和反应的程序。

潜在的船上紧急情况包括但不限于火灾、船舶损坏、人员事故、货物事故、污染事故、威胁船舶及旅客和船员安全的非法行为、向他船提供紧急援助等紧急情况。

(3)使船上人员熟知本系统和计划，开展相关培训和教育的规定，以及演习和训练时间表。

(4)当船舶在航行、锚泊、靠泊、在港内或干坞中可能遇到的潜在的紧急情况时，为了保护船舶、人员、货物和海洋环境而应该采取的最佳行动。

(5)用于报告紧急情况的船方联络点、沿海国联络点、港口联络点，以及关于报告时间、报告方法、报告内容和联络人员等方面的指导。

(6)对紧急情况作出成功反应所需要的信息和执行本计划的其他要求等。

8.船舶应急响应计划和应急手册

为了避免船舶在发生海事时引起灾难性的后果。MARPOL 公约要求有关船舶应制定船舶应急响应计划，以便在需要时能够立即获得基于岸基计算机系统支持的船舶应急响应服务(ERS)。

ERS 服务机构将为每艘 ERS 注册船舶编制应急手册。该手册内容包括：ERS 程序中的呼叫和应急响应程序；在启动应急响应服务后，船方应向服务机构提交的与事故有关的信息资料；事故报告表的填写方法等。

9.各种应急计划的复查

要保持各种应急计划的完整、有效和实用，船公司、船长应根据安全管理体系的要求，定期复查这些应急计划。复查后，应及时通过修改来纠正各应急计划中发现的缺陷，但属于主管机关控制的内容(如油污应急计划中的强制部分)或公司控制的内容(如安全管理体系中的通用规定)，修改的内容必须事先获得控制方的批准。

应急计划的复查可能过下列四种方法完成：

(1)演习复查：每次演习后，应结合对演习效果的评估，复查应急计划编制的合理性和有效性，并作必要的修改。

(2)年度复查：船东或船舶经营人至少应每年复查各种应急计划一次。复查的主要内容为应急计划中联系人名称和联系方式；因船舶性能变化而需要对应急计划的修改；在应急计划的训练和演习过程存在的缺陷等，并对应急计划作出必要的修改和(或)更新。

(3)定期复查：配合主管机关对船舶安全管理体系每 5 年一次的换证审核，对船舶各种应急计划进行全面的复查和评估。

(4)事故复查：船舶发生事故，在执行了应急计划以后，船东或船舶经营人应适时评估应急计划的完整性、实用性和有效性，并作出相应的修改、补充和完善。

第二节　船舶应急行动

一、船舶自救行动

1.船舶自救的基本原则

船舶发生海事，应尽最大努力采取自救行动。船舶是海上人命生存的良好基地，在尚未严重危及人身安全时,船长、船员必须采取一切有效行动保全船舶。当确认无法避免船舶的沉没或灭失时,船长应果断下令撤离船舶或弃船求生,以保证旅客、船员的安全。

2. 船舶在紧急情况下的自救行动要点

(1)不同种类的海事应采取不同的自救行动。对于碰撞、触礁等海事导致船体破损进水,进而有沉船危险时,首先应将主要精力放在堵漏和排水,以保证船舶有足够稳性、浮力及抗沉能力。如进水速度较快,难以控制时,则应考虑选择适当的水域实施抢滩。对于火灾或爆炸等海事,应立即按照应急部署表组织船员灭火,并尽可能驶离会危及邻近船舶和设施的水域。

(2)船舶自救重点因船而异。客船的自救重点永远是旅客安全;而油船及液化气船的自救重点则在于灭火,防止发生爆炸,控制货油外泄,防止船体断裂和沉船。

(3)船舶自救组织工作应在准确地查清当时船舶所处的环境、受损情况以及可能面临的危险等基础上进行。情况不清就盲目地实施自救,可能会导致损失的扩大与险情的增加。

(4)一旦开始自救,应抓紧时机,按事先拟定的应急部署和应变程序进行。船舶自救是否能够有效实施,往往取决于能否抓住有利时机。而按事先拟定的应急部署和应变程序进行自救,是有条不紊地做好自救工作的保证,但不妨碍根据船舶实际受损情况以及可以参加应急的船员情况,临时调整应急方案。

二、在紧急情况下保护船上人命安全的行动

1. 保护人命安全的行动应遵循的原则

船舶在紧急情况下,最优先的措施是保证人命安全,因此应遵循下列原则:首先检查是否有人员伤亡,然后判断是否需要救助,最后决定是否需要撤离船舶或弃船。

2. 保护人命安全的行动要点

1)将人员撤离至安全区域

船舶发生碰撞、火灾、爆炸等紧急情况时,除迅速采取必要的应急措施外,应将旅客撤离事故现场,转移至安全区域。遭遇海盗袭击时,如有必要及可能,应将船员、旅客迅速撤至预先设定的安全区域(如安全舱)。对于武装海盗,在船员生命尚未受到严重威胁时,应审时度势,不应鲁莽地或盲目地进行抵抗,以避免遭受不必要的报复和人员伤亡。

2)伤员救治

船舶发生紧急情况后,如有人员受伤时,若在港内,可立即联系送往医院治疗,若在海上,可根据船舶的具体情况,按照船舶医疗指南的指导,由负责的驾驶员进行治疗。当因伤势严重或船上条件限制等原因无法进行有效治疗时,应在请示船舶所有人后,选择申请直升机救助,或弯航驶往最近港口寻求医疗。

3)争取外界援助

船舶发生紧急情况,特别是发生较严重的海事时,应首先立足于自救,即按应急部署尽力采取必要的应急措施进行自救。如果船舶受损程度已超出自救的可能范围,或经自救努力之后仍无转危为安的希望时,则应在继续采取自救措施以争取时间的同时寻求外界的援助。

4)决定撤离船舶或弃船

当船舶遇险并严重危及船上人员的生命安全时,船长可以决定撤离船舶;在船舶可能沉

没、毁灭的情况下，船长可以决定弃船。撤离船舶或弃船时，应按先旅客、后船员、船长最后离船的原则，有秩序地安全、迅速离船。客船决定弃船后，应按应急部署表的规定，指派船员专门负责指导、引导和保护旅客，包括：向旅客告警；指导、检查旅客穿好衣服和救生衣；召集旅客到各登乘点并登艇；维持通道及梯道上的秩序；控制旅客的动向；保证把毛毯送到艇上；检查旅客舱室有无遗漏人员等。

三、船舶应急行动基本程序

不论船舶发生哪种紧急情况需要应急，船舶在应急时不论采取哪种具体的应急方案，其应急行动的基本程序大体相同。

1. 初始阶段的应急行动基本程序

在船舶应急的初始阶段，应急行动的基本程序为：

(1)发现险情者报警；

(2)对险情进行初步控制；

(3)确定紧急情况的性质；

(4)通过一定手段获得与险情有关的信息以及应急所需要的信息；

(5)组建应急反应小组，准备应急设备和器材；

(6)确定应急方案；

(7)召集船员按应急预案或商定的应急方案进行应急行动。

2. 应急阶段的应急行动基本程序

在船舶应急阶段，应急行动的基本程序为：

(1)实施应急预案或商定的应急方案；

(2)对实施应急预案或商定的应急方案的效果予以评估；

(3)必要时调整应急方案和应急行动；

(4)必要时寻求外部援助；

(5)必要时，为保护人命安全而采取某些特别行动(如弃船等)。

3. 善后阶段的行动程序

(1)现场检查，消除隐患；

(2)记录与报告；

(3)恢复船舶的正常航行或停泊状况。

四、弃船时的应急行动

1. 弃船时的应急行动程序要点

1)在决定弃船的情况下，船长应亲自发出弃船信号或宣布弃船命令。

2)听到弃船信号或接到弃船命令后，船员应按应急部署表规定进行弃船准备：

(1)降下国旗；

(2)销毁秘密文件；

(3)关停主机、发电机和机舱内正在运转中的其他设备；

(4)关闭油舱(柜)在甲板上的透气孔、阀门；

(5)关闭海底阀、应急遥控油阀等；

(6)封死油舱在甲板上的呼吸口；

(7)做好放艇筏的准备工作；

(8)利用 GMDSS 设备发出遇险求救信息和投放卫星 EPIRB。

3)有关船员应检查并准备好携带下列物品登乘艇筏：航海日志、轮机日志、车钟记录簿、无线电日志；出事地点及附近的有关海图；国旗、船舶证书、机密文件；雷达应答器；救生圈、望远镜、便携式双向 VHF 无线电话；现金、账册和货运单证(舱单、积载图、提单副本)等。

4)机舱值班人员应坚守岗位，完成弃船前规定的保护动作，直至船长通知撤离为止。

5)各艇筏负责人在做好救生艇筏的降放准备后报告船长，船长应立即通知值班人员撤离至救生艇筏登乘甲板，登艇筏前应认真检查清点人数。

6)根据船长命令放下救生艇筏，船员有秩序地登乘艇筏，人齐后驾驶艇筏迅速驶离大船。

7)在客船上，必须执行下列撤离顺序原则：

(1)先儿童和妇女，后成年男性；

(2)先旅客，后船员，最后船长。

8)在客船上，还应指定船员负责保护和照顾旅客，并完成：

(1)向旅客告警并维持正常的秩序；

(2)指导、帮助并检查旅客正确穿好救生衣；

(3)有组织地集合旅客至指定地点；

(4)引导旅客有序地登乘救生艇筏；

(5)清点旅客人数，确保所有旅客安全登乘艇筏。

9)在弃船过程中、每位船员和指挥人员应保持镇定，确保旅客稳定，防止惊慌和恐惧情绪及其蔓延。弃船时，所有人员都必须正确穿着救生衣。

2.登救生艇筏前的告知和请示

在登救生艇筏前，各艇筏负责人应向船长请示下列事项：

(1)本船遇难地点；

(2)是否发出遇难求救信号及遇难求救信号是否有回答；

(3)可能遇救的时间、地点；

(4)驶往最近陆地或交通线的航向、距离；

(5)放多艘救生艇筏后的救生艇筏集合地点；

(6)是原地等待还是驶向指定的地点；

(7)其他有关救生方面的指示。

五、船舶发生火灾时的应急行动

1.初始阶段

(1)火灾发现者应大声呼叫报警。如火势不大，可用就近的灭火器材进行扑救；倘若火势较大，应按下就近的火灾报警装置，向全船报警。

(2)航行中，驾驶台接到火灾报警后，应立即发出消防应急警报信号。

(3)有关船员应立即按应急部署表规定的分工和职责，携带指定的器材赶到火灾现场。

(4)大副或轮机长(如火灾发生在机舱)担任应急现场指挥,现场指挥到达应急现场后应立即与驾驶台取得联系。

2.应急阶段

(1)现场指挥应尽快查清以下情况,并向驾驶台报告:火源及火灾的类别;火场周围情况;有无人员受困;是否威胁全船人员的生命安全等。如对火势、起火部位不明,可派出熟悉现场的探火员,身着消防员装备,携带必要的消防员用具,进入现场,探明火情。如发现有人员受困火场,应在控制火势的同时及时设法解救。

(2)现场指挥应与船长尽快地商定具体的应急方案,确定拟使用的灭火剂和灭火方法等,并组织实施。

(3)在确认着火处无人时应切断该处通风、关闭防火门窗;切断通往火场的电源、油路;转移或隔离火场周围的可燃物、贵重物品;喷水降低火场周围的温度;做好使用固定灭火系统的准备。

(4)在控制火势的同时,立即展开灭火。如探明为初起小火,应立即组织人员进行现场扑救。如为小面积油类火,用泡沫灭火器、干粉灭火器扑救;如为电器火,应立即切断有关部位电源,切断通风,然后再扑救。

(5)如船长指示使用固定灭火系统,应立即撤出舱内人员,隔绝火灾现场的空气流通,然后根据船长的命令开启固定灭火系统,并根据火种,一次性向火灾舱室施放规定剂量的有效灭火剂。释放灭火剂后至少要封舱24小时,开舱前必须派探火员探火,确认火已经被扑灭。

(6)如火势不能控制,危及船舶安全,应备妥救生艇、筏,做好弃船的准备。

3.应急结束后

(1)火被基本扑灭之后,应及时检查、清理现场,及时发现和扑灭余火以及隐蔽的燃烧物,防止死灰复燃。

(2)彻底检查紧靠火场的区域,确定火是否蔓延到其他地方。

(3)清点全船人数,并组织人员监视火场。

六、船舶发生爆炸时的应急行动

1.初始阶段

(1)爆炸发现者若非值班驾驶员,则应立即向驾驶台报警。

(2)航行中,当船舶发生爆炸时,驾驶台应立即报告船长和通知机舱,并向全船发出警报。若爆炸引起火灾,应发出消防应急警报信号;若爆炸引起船体破损进水,应立即发出漏损(堵漏)应急警报信号。

(3)有关船员应根据发出的警报信号,按应急部署表中规定的分工和职责,携带指定的器材到现场参加应急。

(4)大副或轮机长(如爆炸发生在机舱)担任应急现场指挥。现场指挥到达应急现场后应立即与驾驶台取得联系。

2.应急阶段

1)现场指挥应尽快查清以下情况,并向船长报告:爆炸发生的地点;爆炸事故发生的可能

原因;人员伤亡和被困情况;船体及设备损害情况;是否存在继续爆炸的可能;有无发生火灾的可能;有无可能隔离爆炸物;是否威胁全船人员的生命安全等。

2)现场指挥应与船长尽快地商定具体的应急方案并组织实施。

3)如情况允许,由大副或轮机长(如爆炸发生在机舱)亲自指挥隔离爆炸物。

4)若爆炸后发生火灾、油污染,则按相应的应急部署采取消防、控制油污等应急反应行动。

5)若出现下列情况,应根据船长命令,执行弃船应急行动计划:

(1)爆炸后船体发生严重倾斜;

(2)爆炸引起船舶迅速下沉;

(3)爆炸引起的火灾已经或将波及全船,火势无法控制,威胁到全船人员的生命安全时。

3.应急结束后

(1)及时清查现场,查找隐患,避免再次发生爆炸。

(2)采取措施,设法保持或恢复船舶的续航能力,以便驶往挂靠港、目的港或避难港。

七、船舶发生碰撞后的应急行动

1.初始阶段

(1)船舶发生碰撞后,驾驶台应立即报告船长和通知机舱。

(2)如碰撞造成油污、火灾、人落水等,应立即发出油污、消防、人落水等应急警报信号。有关船员应根据发出的警报信号,按应急部署表中规定的分工和职责,携带指定的器材到现场参加应急。

(3)大副或轮机长(如碰撞部位在机舱)担任应急现场指挥。现场指挥到达应急现场后应立即与驾驶台取得联系。

2.应急阶段

(1)大副应在现场指挥有关人员做连续测量和记录;木匠负责观察(测量)淡水舱、污水沟(井)、双层底压载舱、干隔舱等有无进水以及水位变化情况;机舱有关人员测量各油舱(柜)的液位变化情况;水手长带领水手测量船舶周围水深,尤其是船首尾的水深变化情况。

(2)在保证人身安全的前提下,大副应带领水手长检查货物有无移位、倒塌。

(3)如碰撞导致船体结构损坏、船壳破损、进水等紧急情况,应立即组织力量排水、堵漏,进水严重应设法抢滩。如碰撞引起火灾,应立即启动消防应变部署。如碰撞引起油污,应立即按船上的油污应急部署和油污应急计划进行应变。如碰撞后导致人员受伤,应立即组织抢救。

(4)如本船装有遇水燃烧或吸水膨胀的货物,应根据具体情况及时妥善处理(包括抛货)。

(5)在不严重危及自身安全的情况下,根据船长指示救助对方船上的船员及旅客,并设法尽量减轻对方船舶因碰撞而造成的损失。

(6)如本船有沉没危险,根据船长的命令迅速发出求救信号,并做好弃船准备。

3.应急结束后

(1)与相碰船互相通报船名、国籍、船籍港、始发港、目的港。

(2)迅速向有关主管当局报告。

(3)检查确认船舶的续航能力。

(4)采取措施,设法保持或恢复船舶的续航能力,以便驶往挂靠港、目的港或避难港。

八、船舶触礁、搁浅后的应急行动

1. 初始阶段

(1)航行中,船舶发生触礁或搁浅后,值班驾驶员应立即停车,并报告船长和通知机舱。

(2)如因触礁、搁浅造成油污、人落水等,应立即发出油污、人落水等应急警报信号。有关船员应根据发出的警报信号,按应急部署表中规定的分工和职责,携带指定的器材到现场参加应急。

(3)驾驶台值班人员应详细记录触礁、搁浅的时间、船舶概位,并按规定显示号灯、号型。

(4)船舶触礁或搁浅后,为防止损失进一步扩大,应避免盲目用车、舵企图脱浅或摆脱礁石。

2. 应急阶段

1)设法判断触礁、搁浅部位及船舶和货物受损害的程度。在保证人身安全的前提下,应检查货物有无移位、倒塌。

2)如船体进水或漏油,应立即执行船体破损进水应急程序或油污应急部署。

(1)大副应在现场指挥有关人员做连续测量和记录;木匠负责观察(测量)淡水舱、污水沟(井)、双层底压载舱、干隔舱等有无进水以及水位变化情况;机舱有关人员测量各油舱(柜)的液位变化情况;水手长带领水手测量船舶周围水深,尤其是船首尾的水深变化情况。

(2)轮机长应带领机舱人员检查主机、副机、舵机是否受损,能否正常工作,能否提供脱浅所需要的动力和电力。

(3)在保证人身安全的前提下,大副应带领水手长检查货物有无移位、倒塌。

3)连续测定船位,检查、判断船舶触礁、搁浅后船位是否有移动,险情是否会进一步加剧。

4)当船舶搁置在礁石上严重横倾时,应设法调整(如采用打排和移驳油水等方法)。为防止因大船严重横倾而无法放艇,应先将高舷救生艇放出,以备急需。

5)如船体进水或漏油,应立即执行堵漏或油污应急部署。

6)如触礁或搁浅导致火灾、人落水或需要弃船时,按相应的应变部署行动。

3. 起浮脱浅

(1)起浮脱浅方案必须考虑下列因素:可打排和移驳的油水、可移动的货物、本船主机功率和锚机的最大负荷、潮汐和风流、所需拖轮的功率、船体强度、待救和脱浅所需的时间等。

(2)船舶低潮时搁浅且不严重时,可根据搁浅部位,采取调整船舶载荷沿纵向或横向分布来改变船舶的纵、横倾,或利用减少载荷(排出压载水、淡水、抛货等)来减少船舶吃水,以达到争取下一个高潮时自力起浮脱浅的目的。

九、船体破损进水时的应急行动

1. 初始阶段

(1)发现者应立即向驾驶台报告,驾驶台应立即报告船长和通知机舱。

(2)发出漏损(堵漏)应急警报信号。有关船员应根据发出的警报信号,携带指定的器材到现场参加应急。

2. 应急阶段

(1)现场指挥应带领有关船员迅速查明漏损的部位,测量本船的油、水舱以及压载水舱、污水井,确定船体是否已破损进水以及进水情况。

(2)立即关闭与进水舱室相邻舱室的水密门及其他水密装置。

(3)现场指挥应对船舶的进水量进行正确地估算并报告船长。进水量与船速快慢、破损面积的大小及破损位置在水面下的深度有关,可按下式估算:

$$Q = 4.43\mu S\sqrt{H-h}$$

式中:Q——破洞每秒进水量(m^3/s);

μ——流量系数,取0.6~0.75,破口越大系数越大;

S——破洞面积(m^2);

H——破洞中心位置到舱外海面距离(m);

h——破洞中心位置到舱内水面距离(m),当舱内水面未淹及破洞中心时,h取0。

根据本船的实际排水能力,对险情的发展作出充分地估计,以便决策下一步的应急行动,包括排水状态下自力航行、请求援助、抢滩或弃船等。

(4)根据船体破损的具体情况,采用当时可行的方法,调整船舶的横倾和吃水差,以保持船舶具有适当的浮态。

3. 应急结束后

(1)继续观察和监视破损部位以及船舶的浮态。

(2)采取措施,设法保持或恢复船舶的续航能力,以便驶往挂靠港、目的港或避难港。

4. 船舶进水的探测和判断方法

船舶进水可通过直接探测、观察,也可通过某些特征来分析判断。以下是一些探测和判断的方法:

(1)测量各油、水舱和污水井,根据液位变化来判断。测量时应注意倾听空气管中有无空气被挤压出的啸声。

(2)对淡水舱,可取样尝试水中是否含有盐分来分析判断。

(3)舷侧破孔位置可在舷外用自制探测器(铁丝圈缝上帆布或铁丝缠绕泡沫板)进行探测,如发现有吸力处,则破孔就在该处。

(4)在空舱的情况下,可以派人下舱查看。但当舱内有货时,禁止下舱查看。

(5)如果观察到舷侧有气泡从水线下冒出,或船舶吃水差发生异常变化,或船舶发生横倾,应考虑有破舱的可能。

十、船舶发生溢油后的应急行动

1. 防止继续溢漏

船舶溢油后,应立即采取相应的措施,防止继续溢漏。措施包括:

(1)立即停止有关操作,通知供油船或供油设施停止供油作业,关闭管系上的所有阀门。

(2)发出溢油报警信号,实施最初的溢油应急反应程序。

(3)核实并确保甲板排水孔已堵塞,甲板溢油不至于流出舷外。

(4)将泄漏油舱中的油驳入空油舱或其他未满舱,必要并可能时,将油转驳到他船或岸上设施。

2. 防止溢油扩散

一旦出现溢油,首先要防止溢油扩散。常用的方法有:

(1)围油栏包围:围油栏是防止溢油扩散最常用的,也是较为有效的设备,但普通商船上通常没有这样的设备。

(2)化学凝聚剂阻止:在油膜周围撒布一种比溢油的扩散压大的化学凝聚剂,它在水面上扩散并压缩油膜,使油膜面积大大缩小,从而阻止溢油扩散。撒布化学凝聚剂的作业比铺设围油栏容易且迅速,对防止煤油、柴油等轻油和重油扩散是行之有效的方法。

十一、救助落水人员的应急行动

1. 发现落水人员时的紧急处置

(1)采取操船措施,避开落水者;

(2)立即投下就近的带自发烟雾信号(夜间带自亮灯)的救生圈;

(3)值班驾驶员应迅速按下 GPS 上的“SAVE”或“MOB”按钮;

(4)立即向船长报告;

(5)指派专人登高瞭望,不使目标丢失;

(6)发出人落水警报,开始实施人落水应变部署;

(7)有关人员应做好放下救助艇的准备工作。

2. 驶近落水者的操船方法

可采用单旋回法(安德森回旋法)、威廉姆逊(Williamson)旋回法、斯恰诺(Scharnow)旋回法等操船方法,将船舶驶向落水者附近。

3. 放艇救助

1)根据船长指令做好放艇前的准备工作。

2)本船驶向落水者的上风一侧,准备释放下风舷的救生艇(或救助艇,下同)。

3)最好是在本船停住后放艇。本船前进中放艇,则船速应在 5 节以下。

4)艇准备好后,2 人登艇,放艇时艇员集中于艇的中部。

5)按规定降放救生艇。

6)在救生艇降落下水前,发动艇机,以便艇降落至水面后可迅速驶离。

7)当波峰即将到达时,将艇降至水面,当下二个波峰来临之前,同时解脱前后吊艇钩,如不能同时脱钩,应先脱后钩,并解去艇缆,用外舷舵进车驶离大船。

8)救助:

(1)救生艇最好从落水者下风一侧接近,将落水者置于上风舷,利用救生圈或网具将落水者救至艇内,然后送上本船(施救船,下同)。

(2)若需立即将落水者送上本船,如风浪较大,救生艇难于驶回本船,本船应驶至救生艇的上风舷侧,放出艇缆,救生艇驶向艇缆并带好。由本船绞救生艇缆,将救生艇绞至本船边,再使用本船吊货装置或用网具从艇内将遇险人员吊起。

十二、救助遇险船舶、遇险艇筏上人员以及海上漂浮遇险人员的应急行动

1. 救助遇险船上人员的应急行动

救助海上遇险船上的人员可按下述步骤进行:

(1)如果遇险船不能放艇,而需要本船释放救生(助)艇救助遇险船上的人员时,本船(施救船,下同)应驶向遇险船的上风一侧,自本船下风舷放艇。收艇时,本船应绕航至遇险船的下风侧,等待救生(助)艇驶靠本船的下风舷后,再行收起。

(2)如遇险船可放出救生艇或救生筏时,本船应驶往遇险船的下风侧停留,并等待对方救生艇驶来。也可驶至遇险船首或船尾的近距离处,使本船位于遇险船上风,以便遇险船放下的救生艇筏来靠本船的下风舷。

(3)作为救助作业的场所,应在本船的下风舷侧张挂攀网,并在两侧备好软梯,以便遇险人员攀上本船。还应根据需要,及早备好系艇筏用的绳索。

2. 救助遇险艇筏上的人员的应急行动

1)到达载有遇险人员的艇筏之前的准备工作

(1)在本船两舷沿水线从船首到船尾各系好一条供艇筏系靠用的大缆;

(2)如条件许可,在本船两舷各备妥一根吊杆以及吊货网、盘;

(3)在本船的最低开敞甲板两侧备妥撇缆、软梯、攀网;

(4)备妥一只作为登船点用的救生筏,但在到达现场前不要充气;

(5)备好抛绳器和一根引缆、一根大缆,以便连接遇险艇筏;

(6)准备至少2根有足够强度的吊艇钢索(两端琵琶头或一端为吊钩);

(7)应采用使本船非常容易地被遇险艇筏看到的措施,如昼烟夜灯、鸣放汽笛等;

(8)做好医疗、担架准备。

2)到达后

(1)在到达载有遇险人员的救生艇筏后,一般应为救生艇筏做下风,但若艇筏漂移太快而难以靠近时,可考虑将艇筏置于本船的上风舷。

(2)本船和救生艇筏之间慢慢地靠近。

(3)当救生艇筏靠拢本船后,为艇筏带上首缆、尾缆和横缆。

(4)风浪不大时,可让艇筏上身体健壮的人员由软梯或攀网直接登船或攀爬上本船,力竭和伤病人员在本船派出水手的协助下用吊货网、盘等器材吊上本船。

(5)在风浪大、干舷高、艇上人员体能差情况下,船长应当下令释放作为登船点用的救生筏。船长可指派经验丰富、身体健壮的水手身穿救生衣经该救生筏登艇,系好吊艇钢索,并指挥本船直接将救生艇吊上本船,对有吊放环的救生筏,也可直接吊上本船。

3. 救助海上漂浮遇险人员的应急行动

1)到达现场前的准备工作

在船舶到达现场前,救助船应做好下列准备工作:

(1)如条件许可,在本船的两舷各备妥一根吊杆以及吊货网、盘;

(2)在本船最低开敞甲板两侧备妥撇缆、软梯、攀网;

(3)做好本船救生艇筏的释放准备工作;

(4)指派经验丰富、身体健壮的水手穿好救生衣,以便能进入水中援助海上漂浮的遇险人员;

(5)做好医疗急救的准备工作。

2)到达现场后

(1)通常考虑将本船驶到漂浮人员的下风不远处。

(2)对仅有少量的海上漂浮遇险人员,可采取类似于救助落水人员的应急行动,放艇进行救助。

(3)对有大量的海上漂浮遇险人员,则应:

①释放救生(助)艇或救生筏;

②让救生(助)艇或救生筏拖曳各种浮具在海上漂浮遇险人员的上风处旋回,让漂浮人员抓附;

③帮助抓附浮具的海上漂浮遇险人员登上救生(助)艇或救生筏;

④将登上救生(助)艇或救生筏的遇险人员转移到本船。

(4)对距本船较远的漂浮遇险人员,可用抛绳枪向其抛掷带浮体的救生索,让其抓附,再设法对其进行救助。

(5)对本船周围的那些还有一定体能的海上漂浮遇险人员,可采用类似于救助落水人员的应急行动放艇进行救助,首先让这些海上漂浮遇险人员登上救生(助)艇或救生筏,然后通过软梯、攀网自行攀爬上本船,或直接将救生(助)艇或救生筏吊上本船。

十三、恶劣天气条件下施放救生艇的行动

1. 大风浪中放艇

(1)大风浪中应放大船下风一舷的艇。大船尽量减速,把定航向,利用下风舷海面比较平静时放艇。应避免横风横浪导致的剧烈横摇,必要时可使用镇浪油。

(2)救生艇放至登乘甲板时,系上止荡索,带上首尾缆(首尾缆可适当带远点),使用碰垫和艇篙,以避免救生艇撞击大船船舷,保证人员安全登艇。

(3)大船横摇较大时,应等待有利时机。在二、三个大浪过后海面相对比较平静时立即解除止荡索,降艇下水,保证艇在大船横摇至中间位置时,艇已放至水面。

(4)艇处于波谷时作好准备,当艇身被波峰抬起,利用大船向救生艇一侧横摇,前后吊艇索都松弛时,立即解脱吊艇钩。在解吊艇钩时尽可能做到前、后同时脱钩,防止先脱前钩。恶劣天气中解除吊艇钩有一定困难,受到大船横摇和波浪起伏的综合作用,负责脱钩者应有一定经验,在吊艇索刚松弛之际立即操作脱钩。

(5)若大船一舷不止一艘救生艇,大船顶浪时应先放靠近船尾的救生艇。

2. 大船横倾情况下放艇

(1)固定横倾较小时应先放高舷艇,横倾较大以致高舷艇无法施放时,应立即放低舷艇。艇入水后,立即依次摘去后吊艇钩、前吊艇钩后驶离,大船有前进速度时严禁先脱前钩,以防拖翻救生艇。

(2)降放高舷救生艇时,救生艇会斜压在大船船舷上,只能依靠滑橇慢慢滑下,因此放艇速度要慢。为避免吊艇索过度松弛,艇内舷下滑受阻而倾覆,艇首尾可用艇篙抵住大船船舷,

以加强滑降能力。

(3)低舷救生艇很容易放至水面。但船艇之间间距很大,应利用定位索并装上止荡索,使艇员能够登艇。从登乘甲板继续降放时,应先解定位索,然后慢慢松出止荡索,避免救生艇在降放过程中剧烈摇晃,撞击大船。

十四、防反海盗的行动

1. 海盗活动主要水域

1)海盗袭击船舶的事件多发生在一些欠发达国家的沿海水域,而在北美、北欧、西欧、大洋洲等较为发达国家的沿海水域几乎没有海盗的踪影。

2)海盗的主要活动水域有:

(1)南中国海,包括马六甲海峡、新加坡海峡,以及印度尼西亚、东马来西亚和菲律宾等国家的沿海水域。

(2)印度洋与红海,包括孟加拉湾、亚丁湾及索马里沿海水域。

(3)西非,包括几内亚湾东岸的塞内加尔向南至安哥拉之间的沿海水域以及尼日利亚的拉格斯海域。

2. 海盗活动规律

(1)在世界范围内,一年四季都会有海盗袭击船舶事件的发生,目前亚丁湾及索马里沿海水域是海盗袭击船舶事件发生最多的地区。

(2)大多数海盗袭击船舶事件发生在沿海水域内,但索马里海盗袭击船舶有向深海延伸的趋势,袭击地点距海岸越来越远。

(3)以盗窃为主的海盗通常袭击停泊中的船舶,而以抢劫为主的海盗则既可能袭击停泊中的船舶,也可能袭击航行中的船舶。

(4)以盗窃和抢劫为主的海盗袭击多发生在下半夜,但以劫持船舶和船员为目的的海盗袭击可以发生在一天里的任何时候。

3. 海盗袭击的目标

(1)海盗袭击船舶通常并不大考虑船旗,船型也考虑的较少,途径某一特定水域的船舶都可能成为活动在该水域海盗袭击的目标。

(2)低速、低干舷、戒备松懈、自我保护措施不足、应急反应明显缓慢的船舶更易受到海盗的袭击。

(3)除索马里海盗外,大多数国家、地区的海盗一般选择在近岸、近岛屿、近主航线、便于海盗船活动的水域袭击船舶。

(4)有一定组织规模,以劫持船上货物为目的的海盗,一般根据事先得到的情报选择袭击目标。

(5)索马里海盗袭击船舶有一定的随意性,通过劫持船舶和船员进而勒索赎金,成为索马里海盗袭击船舶的主要目的。

(6)从事恐怖活动的海盗,往往对袭击的目标进行精心选择,客船、油船等为袭击的主要目标,以达到制造较大政治影响的目的。

(7)大多数海盗登船后,船长房间是海盗袭击的主要目标,驾驶台、物料间、船员生活区等

也可成为海盗袭击的目标。索马里海盗登船后以控制船舶和船上的船员为其主要目标。

4. 海盗登船方式

(1)对于停泊中的船舶,海盗一般选择在船首部位,沿着锚链攀爬,从锚链孔处进入船舶;对航行中的船舶,海盗一般选择在船舶两舷的中后部,使用专门的抓钩抓住船舷,然后攀爬进入船舶。

(2)索马里海盗通常采用"群狼战术",使用几艘或十多艘高速小艇追逐、围攻船舶,然后从船舶的左舷尾部或船尾靠近,并在这些部位使用抓钩,攀爬进入船舶。

5. 进入海盗活动区域前的防海盗措施

在进入海盗活动区域前,船舶可采取下列防海盗的措施:

(1)及时收集有关海盗活动的信息;制定反海盗的应急预案;妥善制定航行和航线计划。

(2)对全体船员进行防反海盗的教育和训练;根据本船反海盗的应急预案,模拟海盗袭击的各种场景,适时做好反海盗的演练;通过演练,掌握反海盗的方法和注意事项,确保全体船员熟悉各自的反海盗职责。

(3)规定船舶遭遇海盗袭击时的船内警报信号,确保所有船员熟知该信号。

(4)按照规定的程序对船舶保安警报系统进行测试;确保船舶保安警报系统和船舶内部警报系统处于良好的工作状态。

(5)检查船舶主机、副机、舵机、锅炉、消防泵和应急消防泵等设备,确保这些设备处于良好的工作状态。

(6)可在船舶两舷舷外安装照明灯,并在驾驶台两翼甲板准备好强光探照灯;检查船舶甲板消防管系,测试水压;在甲板两舷至少准备两只高压消防水龙,并备妥砍断缆绳用的太平斧。

(7)检查船舶所有内部通讯和外部通信设备,保证这些设备处于良好的工作状态;在驾驶台和船长室以外的地方设置一台备用的 VHF 无线电装置,以备急需;提前给对讲机或便携式 VHF 无线电话包括其备用电池充电;测试驾驶台/船首/船尾之间的有线通话或对讲系统(如有)。

(8)将甲板上所有可移动设备包括救生艇内物品全部移进储物间并锁好;甲板上不常取用东西的储藏间、油漆间、工作间的门可焊死。

(9)可根据舱室结构和有效封闭程度,在船上建立一个或几个海盗难以进入的安全区。安全区应远离船舶外部舱壁和舷窗,并配有无线电话、强光手电筒、信号发射装置以及食品、饮用水等,最好在该安全区内可控制或关闭操舵系统。

(10)准备防反海盗的设备、器材。可准备一些灌满汽油或燃油的啤酒瓶(但装有易燃易爆货物的船舶不得采用),堆放在甲板适当的位置。准备好强光手电、应急火箭、信号发射枪、木棍、铁棒以及用于砍断抓钩绳或挑落抓钩的太平斧、长杆火钩等。有条件的情况下可准备防弹头盔、防弹背心、红外线夜视望远镜、大功率探照灯、激光耀眼系统、高频声波装置(声波炸弹)等。甲板栏杆和船壳上部涂以滑油或牛油;在船舷绑上汽油桶,或用其他方法增加船舷上缘的宽度,以增加海盗登船的难度。

6. 进入海盗活动水域后防海盗的措施

进入海盗活动水域后, 船舶可采取下列防海盗的措施:

(1)除保留 1 ~2 个甲板与生活区之间的通道外(该通道的门应能很方便地从内部关闭),

将其他甲板与生活区之间的通道锁闭;主甲板和尾甲板通往其上一层甲板的室外楼梯应设法进行临时性阻断;生活区对外的所有门窗必须关闭并扣牢。船员应尽量减少到甲板上去活动。

(2)加强驾驶台的值班,采用视觉、雷达以及借助望远镜等手段保持不间断的瞭望。两部雷达应当同时打开,一台远距离扫描,一台近距离监视。应特别注意对船舶尾部和雷达盲区水域的监视,可将与本船保持同向同速的小船或尾随的小船作为疑似海盗船,进行重点监视。

(3)在通过亚丁湾及索马里沿海水域时应尽量减少对外无线电通信联系,仅保留必要的安全和保安通信。可考虑关闭 AIS 设备,如需开启 AIS,建议将 AIS 的货物信息设置为"压载"状态。

(4)安排 24 小时不间断的防海盗值班,如有必要,可安排夜间巡逻。巡逻人员应以 2 人为一组,携带对讲机,配备必要的自卫器材。在巡逻期间,应经常与驾驶台保持联系,互通情况,保持高度戒备。夜间在生活区外部巡逻时,应避免单独一个人行动。

(5)船舶在航行中,在遵守避碰规则并不影响本船航行安全的前提下,可开启舷外照明灯和生活区甲板照明灯,以照亮船舶两舷舷外水域和生活区甲板及通道。但建议在船舶航行期间仅开航行灯,除非有特别需要,才开启甲板照明。

(6)船舶在锚泊期间,应盖好锚链筒盖并保持锚链水常开;夜间除了将所有甲板照明灯打开外,还应将船舶两舷舷外装设的照明灯打开;梯口应始终保持有人值班,必要时可将梯子收起或保持悬空状态。

(7)通知机舱送甲板消防水,始终保持甲板消防水处于高压和随时可用状态。

7. 当发现海盗和海盗企图登船时的反海盗措施

(1)第一个发现海盗者,应立即通知值班驾驶员。

(2)值班驾驶员应立即向全船发出规定的遭遇海盗袭击的警报,船长应立即上驾驶台指挥反海盗应变。

(3)有关船员听到警报后,应立即按船舶反海盗应急预案,戴上防弹头盔、穿上防弹背心、到达指定部位,全力阻止海盗登船。

(4)船长应亲自操纵船舶,保持全速前进,尽可能早的采用"Z"字形航线航行,把海盗船让在上风、上浪舷。驾驶台值班人员可拉响汽笛,连续鸣放急促的短声,以营造紧张的气氛,并利用广播喇叭对海盗予以警告,表示本船已做好反击的准备,给海盗造成一定的心理压力。如在夜间,还可利用强光探照灯照射海盗船,但要注意船员的人员安全,防止被海盗用枪射伤。

(5)在甲板上阻止海盗登船的船员都应尽量隐蔽前进,其中要有人携带对讲机,并保持与驾驶台的通信和联系。当海盗船靠近本船的船旁时,可根据情况使用高压消防水喷射海盗,以影响海盗的视线,增加其登船的难度,或向其泼洒滑油或油漆。当海盗抛抓钩企图登船时,应果断地使用工具将抓钩的绳子砍断或将抓钩挑落。如舷侧绑有大油桶,可以砍断绑扎的绳索,使大油桶砸向海盗船。在采取上述行动时,不要害怕和犹豫。但任何船员都要注意保护自身安全,例如:在砍断抓钩的绳子、砸下油桶、使用高压水枪时尽可能使用长柄工具,不要轻易将身体暴露出来;在采取反海盗的行动时,应避免向舷外探头看,谨防海盗用枪或其他武器伤害船员。

(6)如果在经过海盗活动水域时关闭了 AIS,那么一旦遭到海盗袭击,建议立即启动该系统,以便护航海军对船舶信息进行确认。但船长可根据当时实际情况决定是否开启。

8. 当海盗登船后的反海盗措施

(1)一旦数名武装海盗已经登上船舶,船员不要直接与持枪的海盗对抗,应迅速撤离甲板,进入生活区,退回或据守事先设定的安全区域或安全室(何时进入安全室由船长决定),封闭通道,熄灭通道的照明,保持与海盗隔绝的状态,保持与外界的通信畅通,固守待援。此时全部船员应尽量选择待在一起。

(2)当海盗已控制船舶且已劫持一个或数个船员作为人质时,船长应当采取措施,确保人质的生命安全。如果袭击者已经控制驾驶台、机舱或劫持船员,或者可能对船舶的安全造成严重威胁,船长和值班驾驶员应当保持镇静,并在保证船舶安全、人质安全以及海盗尽早离船的前提下与海盗谈判,以让海盗主动离开为优选策略。

(3)在驱赶海盗的过程中,要坚持以保护船员人身安全为第一的原则,采取相应的应变措施,除非有十分特殊的危险,否则不要置海盗于死地。

(4)武装海盗登轮后如果收获不大,或受到威胁,或担心被认出,或想劫持整个船舶时,可能会加害船员。如海盗已在杀害船员或这种企图十分明显,在别无选择的情况下,必须采取抵抗行动,以保全自己的生命,但应注意把握时机和讲究策略。行动前应尽可能搞清楚海盗的人数、武器以及首领。一旦开始抵抗行动,就应毫不犹豫地将行动进行到底,直到制服海盗。

第三节　消防、救生设备状态的保持

一、船舶消防设备状态的保持

1. 基本要求

(1)船舶应按 SOLAS 公约、FSS 规则、国家主管部门以及各公司安全管理体系的规范要求配备消防设备、设施。

(2)三副、三管轮为船舶消防设备状态保持的责任人。

(3)对船舶消防设备的维护保养情况应分别记入“船舶消防、救生设备检查养护登记簿”和“船舶应急设备试验、检查、修理记录簿”内。

2. 维护保养、检查和试验计划

1)应为船舶消防设备制定维护保养、检查和试验计划。三副负责制订该计划,并报大副列入“船舶年度维修计划”中。

2)船舶消防设备的维护保养、检查和试验应依据所制定的维护保养、检查和试验计划进行。

3)制定船舶消防设备维护保养、检查和试验计划时,应充分考虑到在计划实施时能确保船舶消防设备的可靠性。

4)船舶消防设备维护保养、检查和试验计划应用通俗易懂的文字和图示予以表达。

5)船舶消防设备维护保养、检查和试验计划应涉及下列船舶消防设备:

(1)固定灭火系统:包括水灭火系统(消防总管、消防泵、应急消防泵、消防栓,消防皮龙、消防水枪、国际通岸接头、消防总管上的各种阀门等)、CO_2 灭火系统、机舱水雾灭火系统、自动喷水系统(供水泵、压力水柜、监控装置、喷水器)等,以及油轮上的泡沫灭火系统、惰性气体灭火系统。

(2)火灾探测和报警系统:包括固定式探火系统、火灾报警系统等。

(3)隔离系统:包括通风筒上的防火(烟)挡板、防火门及其控制系统、供电和燃油的应急切断系统、风机及其控制系统等。

(4)消防器材与装备:包括手提(便携)式灭火器、推车式灭火器、消防员装备、紧急逃生呼吸装置等。

(5)其他:包括公共广播系统、通用应急报警系统、应急发电机、应急照明系统、应急通讯系统、脱险通道等。

6)全船的消防设备状态的保持并不都是由三副亲自完成的,如船上的防火门应由木匠负责;机舱的通风装置上的挡火(烟)闸、机舱天窗和烟囱的应急速闭装置、油柜速闭阀等应由大管轮负责;风机应急速闭装置、油泵应急切断等应由电机员负责;消防泵和应急消防泵应由三管轮负责等,但三副应及时提醒这些设备的主管及时做好设备的状态保持工作。

3. 船舶消防设备状态的保持

1)固定灭火系统

(1)每周

应检查确认固定灭火系统所在处所的应急照明正常;消防栓附近没有堆积杂物;消防皮龙(水带)及水枪放置在消防栓附近的消防皮龙箱内,处于可使用状态并摆放整齐,没有被挪作他用;消防皮龙数量符合防火控制图的要求;消防皮龙箱的铰链正常,箱内均配有F或Y型扳手。

(2)每月

①应检查确认:

(a)消防栓标识清晰,各部件完好,出水阀保持活络;

(b)消防皮龙无破损和霉变,与接头连接可靠;消防皮龙接头的橡皮垫圈(密封圈)无破损、变形和老化;

(c)水雾/水柱型消防水枪的关闭和转换装置保持活络;水枪接口处的橡皮垫圈(密封圈)无破损、变形和老化;水枪喷嘴无堵塞;

(d)消防总管管路无锈蚀、破损;所有控制阀、截止阀、泄水阀阀门活络,标志清晰;

(e)所有固定式灭火系统的控制阀、截止阀处于适当的开或关位置;

(f)CO_2 间清洁、干燥,没有堆放杂物;

(g)自动喷水系统的喷头无损坏、变形,管路通畅;自动喷水系统的压力表显示工作压力正常。

②结合消防演习,启动所有消防泵及应急消防泵一次,检查出水情况、所需时间以及消防水柱的射程。

③如航行至寒冷地区,检查确认消防总管及消防栓在使用后已将管内残留的水放尽。

④检查 CO_2 气瓶的储量是否充足,有没有泄漏现象;检查 CO_2 系统的管路标识和操作说明是否清晰;检查 CO_2 间里的通风机工作是否正常;检查置于 CO_2 间里的温度计(表)工作是否正常;外观检查 CO_2 系统的管路及各释放口的情况。

⑤对 CO_2 系统的拉索、导向轮等进行加油活络。

(3)每3个月

①检查确认 CO_2 气瓶固定牢固,CO_2 瓶头与释放操纵系统夹头(卡子)间连接紧密。

②检查确认国际通岸接头处于适用状态,各附件完好无缺,没有变形损坏。

③对水灭火系统的各控制阀、截止阀、泄水阀进行加油活络。

④消防皮龙至少应取出摊开并重卷一次,使折叠处得到变换。

⑤对自动喷水系统的每一分区自动报警功能进行试验;随机检查自动喷水系统的喷嘴状况。

(4)每年

①进行泡沫固定灭火系统和机舱水雾灭火系统的工作试验。

②对 CO_2 气瓶控制拉索的传动系统进行检查,并按情况进行必要的调正。

③检查消防总管接头和自动喷水系统并进行工作试验;启动所有消防泵(包括自动喷水系统的水泵),检查其工作压力和流量。

④对所有消防栓进行工作试验;对所有消防皮龙进行水压试验。

⑤通过外观检查,确定所有固定灭火系统可以到达部位的各系统部件处于正常状态。

⑥仔细检查固定灭火系统的控制阀;对整个固定气体灭火系统进行全面检查,及时修复损坏部件。

⑦对所有固定灭火系统进行全面的除锈,油漆,并重做各类标志。

⑧CO_2 气瓶使用10年后,每年应进行总数10%的气瓶水压试验。

⑨对固定灭火系统的管路进行空气吹通试验(此为SOLAS公约要求,可由船上自己完成,但需做相应的吹通试验记录,内容包括吹通的日期、时间、船位、操作人员、吹通操作方法及过程、吹通结果等)。

(5)每2年

①对 CO_2 灭火系统中的钢瓶(含起动瓶)进行称重检查;

②对 CO_2 灭火系统的管路进行空气吹通试验(此为CCS要求,需由有资质的机构完成,并出具吹通试验报告)。

(6)每5年

进行固定式灭火系统控制阀的内部检查。

2)火灾探测和报警系统

(1)每周

对火灾探测和报警系统的主控面板进行外观清洁、检查。

(2)每月

①检查火灾探测和报警系统的电器控制部分。

②对火灾探测和报警系统进行手动测试。

③用烟雾测试剂测试每个探测头。

(3)每3个月

①对火灾探测系统进行一次试验,确认其处于正常的技术状态;查看火灾探测系统的探头有无损坏、污渍;检查火灾探测系统的电源是否可靠,符合要求。

②对火灾报警系统进行一次试验,确认其可以正常工作。

③检查船上各场所的火灾报警按钮是否完好,标志是否清晰。如有损坏,应立即修复。

3)隔离系统

(1)每月

①检查确认全船防火门处于常关状态,没有被绳或铁丝捆绑处于敞开状态,自闭器能起到自闭作用。

②外观检查防火门的完整性,并清除其周围的障碍。

③给防火门铰链和手柄加油活络。

(2)每3个月

①对通风筒上的挡火(烟)闸进行一次检查,查看是否有损坏、变形,标识是否清晰;试验通风筒的挡火(烟)闸的自动和手动开关装置能否正常工作。

②对所有防火门进行就地开关操作试验,并检查其自闭和关闭后的密封情况。

③对机舱天窗、风机应急速闭装置进行一次检查,查看开关是否正常,关闭后密封是否良好。

④对供电和燃油的应急切断系统进行就地试验,查看是否工作正常。

(3)每年

对可遥控开关的通风系统的挡火(烟)闸以及防火门进行遥控开关操作试验。

4)手提(便携)和推车式灭火器

(1)每月

对手提(便携)式和推车式灭火器检查一次,检查的主要内容有:

①灭火器的存放是否与防火控制图标识的位置一致(包括正确固定,有明显和合格的标识,易于提取)。

②灭火器压力表、安全阀铅封、安全帽泄气孔、喷嘴喷射管、推车式灭火器的行走机构、支架等零部件是否完整无缺并处于适用状态。

③灭火器的瓶壳外表有无锈蚀发生。

④铭牌、标签和标识是否清晰完好。

⑤灭火器用过后是否已及时重新充装新的灭火剂。

检查中如发现灭火器存在严重损坏,应予以报废并及时补充。

(2)每年

①CO_2 灭火器每年应至少进行一次称重检查,如灭火剂泄漏量超过10%时,应予检修并补足灭火剂。

②干粉灭火器里的干粉每年或按制造厂规定(取时间短者)进行一次性能检测,如有干粉结块或重量减少达10%时,应重新充装。干粉灭火器本身每年应结合干粉的性能检测进行一次检查。

(3)每2年

①泡沫灭火器里的灭火剂每2年或按制造厂规定(取时间短者)进行一次性能检测,如有灭火剂变质,应重新充装。

②泡沫灭火器应每隔2年或根据制造厂规定(取时间短者)由专业机构进行一次水压试验。

(4)每5年

除泡沫灭火器以外的其他形式灭火器应每隔5年或第二次充装前由专业机构进行一次水压试验。

5)消防员装备与紧急逃生呼吸装置

(1)每周

检查确认消防员装备与紧急逃生呼吸装置中的供气瓶完好、无泄漏。

(2)每月

①检查确认消防员装备的数量、位置、标志和防火控制图保持一致;消防员装备完好无损;消防员防护服各部件完整、完好;防火绳、手提灯、太平斧完整、完好;空气呼吸器装备完整、完好;供气瓶的压力在允许的范围内;手提安全灯的电量充足;所有的消防员装备处于适用状态。

②检查确认船上的紧急逃生呼吸装置按规定配足并保持在有效期内;紧急逃生呼吸装置存放位置与防火控制图标识的位置一致;紧急逃生呼吸装置外观清洁,标识清晰。

(3)每3个月

对紧急逃生呼吸装置进行外观检查,确保该装置处于可用状态,供气瓶的压力处于正常范围,必要时充气或维修。

(4)每年

①检查确认消防员装备的备用气瓶压力在允许的范围内。

②全面检查、保养消防员装备。

(5)每5年

请专业机构对自给式呼吸器供气瓶进行水压试验,保存检验证明。

6)通用应急报警系统

(1)每周

对通用应急报警系统进行外观检查,并进行测试。

(2)每个月

结合消防演习,试验一次通用应急报警系统,要求能在驾驶台进行操作,全船各处均能听到警报;测试通用报警装置的声响及灯光报警效果;抽查船上各处的应急报警按钮能否正常启动报警。

(3)每3个月

检查船上各处的应急报警按钮和警铃等设备是否完好,标识是否清晰。

(4)每年

全面检查位于驾驶台的通用应急报警系统控制装置;检查所有报警点的实际效用及报警设备(应急报警按钮和警铃等)的实际状况。

7)其他

(1)每周

①检查确认所有的公共广播系统和应急通讯系统均能正常工作。

②检查确认应急照明系统工作正常。

③进行应急发电机启动与并电试验,确认其工作正常。

(2)每个月

检查确认存放灭火设备的处所和防火控制站处于适用状态。

(3)每年

对公共广播系统进行全面检查。

二、船舶救生设备状态的保持

1. 基本要求

(1)船舶应按SOLAS公约、LSA规则、国家主管部门以及各公司安全管理体系的规范要求配备救生设备。

(2)三副、三管轮为船舶救生设备状态保持的责任人。

(3)对船舶救生设备的维护保养情况应分别记入"船舶消防、救生设备检查养护登记簿"和"船舶应急设备试验、检查、修理记录簿"内。

2. 维护保养、检查和试验计划

1)应为船舶救生设备制定维护保养、检查和试验计划。三副负责制订该计划,并报大副列入"船舶年度维修计划"中。

2)船舶救生设备的维护保养、检查和试验应依据所制定的维护保养、检查和试验计划进行。

3)制定船舶救生设备维护保养、检查和试验计划时,应充分考虑到在计划实施时能确保船舶救生设备的可靠性。

4)船舶救生设备维护保养、检查和试验计划应用通俗易懂的文字和图示予以表达。

5)船舶救生设备维护保养、检查和试验计划应涉及下列船舶救生设备:

(1)救生(助)艇、筏:包括救生艇及其属具、救生艇降落与回收装置、救助艇及其属具、救助艇降落和登乘设备及其回收装置、救生筏、救生筏存放和降落设备、静水压力释放器等。

(2)救生圈:包括救生圈、自亮灯、自发烟雾信号、可浮救生索等。

(3)救生衣:包括救生衣、救生衣上的灯、救生服(抗暴露服)、保温用具、逆向反光材料等。

(4)救生视觉信号:包括火箭降落伞火焰信号、手持火焰信号、漂浮烟雾信号等。

(5)无线电救生设备:包括双向甚高频(VHF)无线电话设备、雷达应答器(SART)、紧急无线电示位标(EPIRB)等。

(6)其他:包括抛绳器、通用紧急报警设备、有线广播等。

6)全船的救生设备状态的保持并不都是由三副亲自完成的,如对救生艇、救生艇架降落装置、承载释放装置的彻底检查需要水手长和木匠等的配合;对救生艇和救助艇的发动机的检修和试验应由三管轮负责等,但三副应及时邀请或提醒有关人员配合,及时做好有关救生设备的状态保持工作。

3. 船舶救生设备状态的保持

1)救生(助)艇

(1)每周

①所有救生艇、救助艇和降落设备均应进行外观检查,以确保其随时可用。外观检查的内容应包括:吊钩、吊钩与救生艇的连接;承载释放装置等部件的状况;救生艇体有无裂缝;艇身各固定部件是否完好;艇内是否清洁,有无积水;吊艇架和滑车有无障碍及卡死现象;艇身各标

志是否清晰,反光带是否按要求贴在救生艇相应部位。

②只要环境温度在发动机启动和运转所要求的最低温度以上,所有救生艇和救助艇的发动机均应进行运转(正、倒车)试验,总时间不得少于3分钟,或按制造商手册中规定的时间进行。

③只要天气和海况允许,货船上除自由降落式救生艇以外的救生艇,应在不载人的情况下从其存放位置作必要的移动,以证实降落设备可正常操作。

(2)每月

①只要天气和海况允许,货船上除自由降落式救生艇外的所有救生艇,应在不载人的情况下移离其存放位置(扬出)。

②只要天气和海况允许,应至少将救助艇降落下水一次,并在水面操纵。

③每月或每次开航时,按救生艇属具清册清点、检查救生艇属具及备品是否符合规定配备的数量,是否被放置在艇内,有没有被移至别处或被挪作他用。

④全面检查艇内急救药箱内的药品,清点数量,检查药品是否缺少和有效期。

⑤救生艇淡水每月更换一次(密封罐装的除外)。

⑥为吊艇钢丝抹油,防止锈蚀;为吊艇架和滑车的活动部位加油活络。

⑦检查确认吊艇钢丝通过的滑轮情况正常;吊艇机制动器和收绞装置、脱钩装置、吊艇架限位器有效可靠;蓄电瓶电量充足;供集合和弃船用的应急照明工作正常。

⑧对于封闭式救生艇洒水系统进行试验。

⑨检查确认救生艇操作规程和救生艇标志保持完好。

(3)每3个月

①结合演习,每艘救生艇应至少降落下水一次,并在水面操纵。

②给吊艇架、吊艇机、滑车等活动部分以及吊艇索和其他钢索加(抹)油,必要时应对滑车做拆装检查。

(4)每半年

检查救生艇中的救生干粮,发现过期、变质应及时更换。

(5)每年

①结合船舶年度检验,对救生艇、救生艇架降落装置、承载释放装置进行彻底的检查。

②以最大降落速度对绞车制动器进行动态试验(该检查应由制造商代表或由制造商授权的人员进行。如果制造商不能提供此项服务,可以由主管机关授权的机构进行)。

③将救生艇的内外表面油漆一次。

(6)每5年

①检查确认救生艇吊艇索已换新。

②对救生(助)艇的降落设备进行全面彻底的检查。

③对救生艇承载释放装置进行检修和操作试验。

2)气胀式救生筏

(1)每周

对救生筏及降落设备作外观检查,确认救生筏的标志保持清晰。

(2)每月

①外观检查救生筏及筏架；

②检查救生筏系固件(包括静水压力释放器、花兰螺丝、系固绳索等)，确认救生筏充气拉索处于完好状态。

(3)每年

①将救生筏送至船检部门认可的检修站检修(可向船检申请展期到17个月)。

②将静水压力释放器送至船检部门认可的检修站检修(可向船检申请展期到17个月)。

(4)每5年

彻底检查救生筏降落设备。

3)救生圈

(1)开航前

检查确认救生圈放置在指定位置，没有绑死，也未被挪作他用。

(2)每月

①检查确认所有救生圈上的编号、船名和船籍港等保持清晰。

②如救生圈上附有烟雾信号和自亮灯，检查确认其处于正常的技术状态下。

③如发现救生圈有裂痕或其系绳损坏时，应及时更换。

④检查救生圈上的反光带，必要时予以更换。

4)救生衣

(1)开航前

检查确认工作场所的救生衣按规定的数量配置，放置在指定位置，没有绑死，也未被挪作他用。

(2)每月

①检查确认所有救生衣清洁、干燥，其上的编号、船名、船籍港清晰，并附有哨笛和自亮灯；救生衣自亮灯电量充足并在有效期内。

②检查确认发给船员的救生衣，放置在各自的救生衣架上或各自床铺附近，没有被系牢，没有随意放置或被挪作他用；备用救生衣和放在客房内供旅客用的救生衣有专人负责，妥为保管。

③检查救生衣上的反光带，必要时予以更换。

5)保温救生服(浸水服)

(1)每月

①检查确认所有保温救生服清洁、干燥，其上的编号、船名、船籍港清晰，并附有哨笛和自亮灯；保温救生服自亮灯电量充足并在有效期内。

②检查保温救生服上的反光带，必要时予以更换。

(2)每3年

保温救生服应进行一次压力试验和检测(此试验和检测应由主管机关或船级社认可部门完成)。

6)抛绳器

抛绳器每个月应检查一次，查看是否干燥，火箭、药筒、绳索是否完好无损，绳索是否摆放整齐。应注意抛绳器的有效期，到期应更换。

7)无线电救生设备

(1)每月

①试验一次双向甚高频无线电话设备,注意其电池的电量和有效性。

②试验一次雷达应答器,注意其电池的电量和有效性。

(2)每3个月

试验一次紧急无线电示位标,检查其安装是否正确、自由释放能力是否受影响,电池和静水力释放装置是否在有效期内。

(3)每年

对紧急无线电示位标进行全面操作效用试验。

(4)每5年

确认紧急无线电示位标已在经认可的岸基维修站进行过维修。

8)救生视觉信号

救生视觉信号每月或每次出航时应检查一次,检查内容包括:外观是否破损;数量是否短少;是否在有效期内;是否放置在固定地点;标志是否清晰;电池发光信号灯是否电量充足。发现短缺应按规定数量补齐;对于将要超过使用期限的救生视觉信号,应予以更换。

9)通用紧急报警系统

与船舶消防设备状态的保持中的要求相同。

10)公共广播系统

每月至少检查、试验一次,以保证各个要害位置(控制站、集合和登乘地点等)之间的双向通信联系畅通无阻。如发现问题,应及时解决。

第四节　船舶应急演习与训练

一、对船舶应急演习的组织

1. 应急演习的目的

组织船舶应急演习是为了:

(1)提高船员安全意识,树立居安思危、常备不懈的思想。

(2)使船员熟悉应变岗位及职责,避免应急时惊慌失措。

(3)使船员熟练掌握各种应急设备的操作技能,以便在应急时能正确操作这些设备。

(4)检查、试验各类应急器材、设备的技术状态,发现问题及时解决,使其处于随时可用状态。

2. 应急演习的时间间隔

根据SOLAS公约及国内的有关规定:

(1)应急演习应当以适当的时间间隔进行,既要保证全船处于良好的可随时应急的状态,又不至于干扰船上的正常工作。船长可根据情况和需要,酌情增加应急演习。例如,在前往油污控制严格的国家,或前往海盗活动频繁海区时,可以临时增加油污演习或反海盗演习等。

(2)每位船员应在开航前熟悉其应急职责。

(3)每位船员每月应至少参加弃船演习和消防演习各一次,若有25%以上的船员未参加上个月的演习,应在该船离港后24小时内举行上述两项演习。

(4)客船每周进行一次弃船演习和消防演习,每次演习不必全体船员都参加,但每位船员应每月参加弃船演习和消防演习各一次。对于航行时间超过一周的客船,在离港前应举行一次全面的水密门、舷窗、泄水孔的阀及关闭装置、出灰管与垃圾管的操作演习,此后在航行中至少每周举行一次这样的演习。

(5)从事非短途国际航行的客船上,应在乘客上船后24小时内举行乘客集合演习。从事短途航行的客船上,如在离港后未能举行乘客集合演习,则应通过广播或其他有效手段,提请乘客注意"应急须知"的内容介绍。

(6)应急操舵演习每3个月应进行一次。

(7)油污应变演习每3个月,最长不超过6个月应进行一次。

3.应急演习的策划

各类应急演习尽管有一定的时间间隔规定,但船长还是需要对在什么时间、什么地点、进行哪种应急演习予以适当的安排。需要考虑的因素包括:

(1)演习对人员、船舶、设备、环境的安全性,例如放艇操作应选择在遮蔽海区或平静海面进行。

(2)港内演习或在某些敏感区域举行演习,须事先经有关主管当局的批准。

(3)是否需要对某种应急情况增加演习次数,可能的演习效果和是否需要在演习前进行必要的培训。

(4)是进行单项演习,还是进行多项演习,还是进行综合演习等。

演习是用来保障应急能力和完善应急部署的,如果在当时情况和环境下演习会严重危及船舶或人员的安全,则应另择时间、地点进行演习,并将原因记录于航海日志。

4.对应急演习的监督

成功的应急必须具备的基本条件包括:训练有素的人员;完备的应急设备和器材;高效的应急预案;正确果断的组织和指挥。为使船舶能够成功的应急,在平时组织的应急演习过程中,船长应对演习的全过程进行监督,并注意检查下列事项:

(1)在施放应急警报信号后,参加演习的船员能否在2分钟内到达指定地点;消防演习时,机舱能否在5分钟内开泵供水;弃船演习时,能否在船长下达放艇命令后5分钟内将艇放至水面。

(2)参加演习的船员能否按应急部署表或应急计划的要求正确携带指定的器材。

(3)对参加演习的船员所规定的、布置的行动是否能切实有效地进行。

(4)参加演习的船员能否熟练地使用应急设备和了解应急设备的性能。

(5)船上应急系统、设备、器材等是否处于随时可用状态。

(6)针对不同的应急情况和船舶状况,所采取的措施的有效程度。

(7)应急逃生通道是否通畅;救生艇筏的释放是否无障碍;消防栓附近有无妨碍消防皮龙连接的货物或物品;消防控制站内有无堆放杂物;应急操作说明和示意图是否张贴良好和方便阅读等。

(8)参加演习的船员对应急初期所取得成果的有效性的认识如何。

(9)通信、联络、送电、送水等有关系统的有效性。

(10)参加演习船员的应变意识,重视程度;整体配合的协调程度;对任务变换的适应能力;接替人的适任性;应变部署表的有效性;船岸协同应急的效果如何等。

5. 应急演习总结

对演习监督过程中发现或暴露出来的问题,应及时总结并迅速制定整改措施。应通过下一次演习(必要时可尽快组织补充演习)来验证整改措施的有效性。

6. 应急演习记录

由大副将演习的起止时间、地点、演习内容和有关情况,如实正确地记入航海日志的重大记事栏内。若在指定时间未举行全部应变演习或训练项目时,则应在航海日志内记述其原因和已举行演习或训练项目的范围。

7. 应急演习善后

演习结束后,演习中所使用过的应急设备应立即恢复到原状,以便能被立即用来应急。

二、对船舶各类应急演习的要求

1. 消防演习

1)SOLAS 公约规定,每次消防演习应包括下列内容:

(1)向集合地点报道,并准备执行应急部署表中规定的任务;

(2)检查是否按应急部署表上的规定携带指定的器材;

(3)检查消防员装备和其他人员的救助设备;

(4)起动一个消防泵,要求至少射出两股水柱,以表明该系统是处于正常的工作状况;

(5)检查有关的通信设备;

(6)检查演习区域内水密门、防火门、防火闸和通风系统的主要进、出口的操作情况;

(7)检查供随后弃船用的必要装置。

2)消防演习应根据消防演习计划进行。在制定消防演习计划时,对根据船型和货物而实际可能发生的各种紧急情况,应给予充分考虑。

3)在每次进行消防演习时,可分别模拟机舱着火、厨房着火、生活区着火、货舱着火,进行相应的火灾报警、鸣放警报信号、集合、关闭通风、组织探火、灭火等消防程序的演练,以及演习结束后的讲评,最后宣布演习结束。

2. 弃船演习

1)SOLAS 公约规定,每次弃船演习应包括下列内容:

(1)先使用报警系统,然后通过公共广播或其他通信系统宣布进行演习,将乘客和船员召集至集合站,并确保他们知道弃船命令;

(2)向集合地点报道,并准备执行应急部署表中规定的任务;

(3)查看船员和旅客的穿着是否合适;

(4)查看是否正确地穿好救生衣;

(5)在完成任何必要的降落准备工作后,至少降下一艘救生艇;

(6)启动并操作救生艇发动机;

(7)操作降落救生筏所用的吊筏架;

(8)模拟搜救几位被困于客舱中的乘客;

(9)介绍无线电救生设备的使用。

2)弃船演习应根据弃船演习计划进行。

3)每艘救生艇应每3个月在弃船演习时降落下水一次,并指定操作的船员进行水上操纵(演习)。在这样的演习中,救生艇在降放时可不乘载操作的船员。

4)从事短途国际航行的船舶,每艘救生艇至少每3个月下降一次,并每年降落下水一次。

5)自由降落式救生艇,每3个月至少有一次船员应登上救生艇,在其座位中正确系固并开始降落下水程序,但不必实际释放救生艇(即释放钩不应松开);在不超过6个月的间隔期内,搭载操艇船员自由降落下水,或按IMO制定的指南进行模拟降落下水。

6)在合理可行的情况下,专用救助艇应乘载被指派的船员每个月降落下水一次,并在水中操纵。无论如何,这个要求每3个月至少进行一次。

7)航行中降落救生艇、救助艇下水演习时,应在遮蔽水域进行,并在有此项演习经验的驾驶员监督下进行。

8)每次弃船演习应试验供集合和弃船用的应急照明系统。

9)在每次进行弃船演习时,应进行鸣放弃船信号、完成弃船前的甲板和机舱自我保护动作、集合、放艇(筏)前的检查、放艇(筏)、回收艇(筏)等弃船程序的演练,以及演习结束后的讲评,最后宣布演习结束。

3.人落水演习

1)在船上举行的人落水演习应包括下列内容:

(1)向船长报告,鸣放人落水警报信号,模拟观察和抛掷救生圈;

(2)向集合地点报道,并准备执行应急部署表中规定的任务;

(3)检查是否按应急部署表上的规定携带指定的器材;

(4)做好救助艇的放艇准备;

(5)检查参加演习的人员是否熟悉自己的相应的应急职责,能否按应急部署表中的规定进行人落水应急操作;

2)人落水演习应根据人落水演习计划进行。

3)在每次进行人落水演习时,应进行鸣放警报信号、操船甩尾、模拟观察和抛掷救生圈、集合、模拟放艇等人落水应急程序的演练,以及演习结束后的讲评,最后宣布演习结束。

4.油污演习

1)在船上举行的油污演习应包括下列内容:

(1)检查、试验有关油污警报和通信系统;

(2)发出油污警报,向集合地点报到,并准备执行应急部署表中规定的任务;

(3)检查参加演习的人员是否熟悉自己的油污应急职责,能否按应急部署表和船上油污应急计划中的规定进行油污应急操作;

(4)模拟向公司及有关主管机关报告;

(5)演练关闭阀门、堵塞甲板排水孔、甲板围栏和收集溢油、清除溢出舷外的溢油等油污应急行动;

2)油污演习应根据油污演习计划进行。在制定油污演习计划时,应充分考虑油污应急计

划中的要求。

3)油污演习可以和其他演习联合进行。

4)在每次进行与油污演习时,应进行鸣放警报信号、集合、关闭阀门、堵塞甲板排水孔、模拟收集溢油等油污应急程序的演练,以及演习结束后的讲评,最后宣布演习结束。

5. 应急操舵演习

1)SOLAS 公约规定,每次在船上举行的应急操舵演习应包括下列内容:

(1)在舵机间对舵机的直接控制;

(2)驾驶台与舵机间的通信程序;

(3)转换动力供应的操作。

2)应急操舵演习应按应急操舵演习计划进行。

3)每三个月至少进行一次应急操舵演习(试验),每次演习前应对应急操舵装置各部件进行检查,在演习中应模拟舵机故障及模拟故障检查和排除、在舵机间进行应急操舵、在驾驶台与舵机间进行通信、进行操舵装置的动力转换的演练。演习结束后应进行讲评,最后宣布演习结束。

三、船上训练与授课

1. 训练与授课安排

(1)应尽快地(不迟于船员上船后的两周内)进行船舶救生、消防设备用法的船上训练。

(2)在装有吊架降落救生筏的船上,应在不超过 4 个月的间隔期内应进行一次该设备用法的船上训练。

(3)应与应急演习相同的间隔,讲授船舶消防、救生设备用法和海上救生须知方面的课程。每一课程的内容可以是船舶救生和消防设备系统中的不同部分,但每 2 个月一期的课程应覆盖全部救生和消防设备。

(4)每次授课有未参加听课的值班人员应专门补课。

2. 授课内容

每位船员均应听课。课程内容包括但不限于:气胀式救生筏的操作与使用;低温保护问题;低温急救护理及其他合适的急救方法;在恶劣天气和海况中使用救生设备所必需的专门知识;消防设备的操作与使用。

3. 训练手册

1)根据公约要求编写的训练手册应存放在餐厅、娱乐室、船员舱室及其他公共场所。目前船上通常在下列场所放置训练手册:驾驶台、机舱集控室、机舱工作间、船首仓库、消防系统控制室、餐厅、娱乐室、救生艇内等处所。目前,国内船上通常配置由国家海事局组织编写的训练手册,外国籍船上通常配置由国际海事组织编写的海员手册。大的船公司通常还制定有自己的船员训练手册。

2)训练手册应使用船舶的工作语言。

3)船上训练应参考训练手册中的内容进行。

4)训练手册应包括(但不限于)以下内容:

(1)消防

不同部位消防演习的程序和步骤;灭火系统和消防设备的操作与使用;消防员装备(包括自给式呼吸器)的使用方法;有关烟气的危害、电气火灾、易燃液体和船上类似的常见危险的一般防火安全实践和预防手段;有关灭火行为和灭火程序的一般性应知、应会的内容,包括火灾报告及使用手动报警按钮的程序;火的类型、灭火原理及应选用的灭火介质;如何辨别火源,判断火势的扩延和爆炸可能性;防火门、挡火(烟)闸的操作和使用;脱险通道系统和设备的使用;紧急逃生呼吸装置的使用;在注满烟气的封闭处所如何采取安全措施;厨房火灾的应急处理;机器处所火灾的应急处理等。

(2)救生

弃船、救生演习程序和步骤;救生艇筏和救助艇的登乘、降落和离开,包括海上撤离系统的使用;封闭式救生艇在艇内的降落方法,如何从降落设备上脱开;救生艇筏和救助艇的回收,包括存放和系固;救生艇艇机启动及附件的使用方法;气胀式救生筏的操作与使用;暴露的危险和穿保温服的必要性;救生衣、救生服、浸水保温服和抗暴露服的穿着方法;低温保护、低温急救护理以及其他合适的急救方法;在恶劣气候和恶劣海况中,船舶救生设备的正确使用;降落区域照明和防护设备的用法;海锚及艇内所有救生属具的用法;无线电救生设备的用法;拯救的方法,包括直升机救助装置,连裤救生圈、海岸救生工具和船舶抛绳设备的用法;应急部署表与应急须知所列出的所有其他措施;救生设备的应急修理须知等。

第五节 有关应急措施方面图书资料的使用

一、《国际船舶医疗指南》的使用

《国际船舶医疗指南》(简称《指南》或 IMGS),是世界卫生组织(WHO)为了给船上的医疗提供规范化的指导而编写的出版物。各国也可根据自身的特点,以其他的等效出版物予以代替。一旦需要,船员可根据 IMGS 的指导,及时采取有效的行动。

该《指南》共分 19 章,主要内容包括:

1. 海上急救

IMGS 将有关急救处理的内容编排在第 1 章,该章书页右上角有红色三角标识,以便于区别和查找。另外,第 4 章是关于伤口和外伤所需要的进一步治疗,以及伤亡人员的转移与安置。紧急情况下,船员可迅速从 IMGS 中找到有关急救、人工呼吸、心脏按摩、止血等方法措施。

2. 化学毒品的医学问题

IMGS 第 2 章为毒品危害,其内容基本体现了由 IMO 出版的《危险货物事故医疗急救指南》一书的要求。

3. 各类疾病的诊断和处置方法

IMGS 第 3 章为病人的检查。该章对各类常见疾病的诊断和处置方法作了详细描述,船员可据此与病人的体征和病症加以比对作出诊断,进而采取必要的处置措施和护理。

4. 无线电医疗咨询

若船上人员对伤、病员无法作出正确诊断和采取处置措施,应立即进行无线电医学咨询。

IMGS 第 14 章介绍当需要无线电医学咨询时,如何将船上的疾病信息传递给岸上或其他船上医生以及用直升机送病人的问题。

5. 海上常见病及防治、护理基本知识

第 15 章介绍船舶的环境控制;第 16 章是疾病预防,分别叙述了如何保护船上环境,控制疾病媒介以及船员个人卫生保健知识等;有关卧床病人的用药、治疗程序、基本护理等内容在第 5 章叙述。

6. 海上死亡处理

IMGS 第 13 章介绍了对船上死亡人员的处理方法和程序。

7. 船上常用药物和必需的医疗器械

IMGS 第 17 章、第 18 章分别详细介绍了船上常用药品、药箱和应具备的医疗器械,药品按字母顺序排列便于查找,并注明其使用剂量和注意事项。

8. 附录

IMGS 附录 1、附录 2 是显示人体的生理、解剖和部位名称图谱,它有助于对病人的检查、诊断和无线电医学咨询,附录 5 是关于饮用氯消毒程序。

二、《国际信号规则》医疗部分的使用

1. 医疗部分的主要内容

规则医疗部分是以“M”字母为首,从 MAA 至 MVU 的三字母信号码语,主要为医疗方面的通信内容,包括:

(1)第一部分——请求医疗援助;

(2)第二部分——医疗指导;

(3)补充码表——医学术语表;

(4)医疗部分索引。

2. 医疗部分的使用

在使用医疗部分通信时,应注意以下几点:

(1)医疗通信应尽可能使用英语明语,并尽可能依照信号码语的说明文字进行叙述。

(2)如遇语言隔阂,可使用信号码语。

(3)请求医疗援助,在报告病况时,应按“病人的现状→病史→症状、疾病或受伤的部位→一般症状→特殊症状→已进行的诊断和初步治疗”的顺序发送信文。

三、《危险货物事故医疗急救指南》的使用

《危险货物事故医疗急救指南》(简称《医疗急救指南》或 MFAG),由 IMO、WHO、ILO 编写。MFAG 旨在利用船上所配备的有限器械,对化学中毒提供初步检查和诊断所需要的建议。MFAG 中的建议是针对 IMDG 规则所包括的物质、材料和物品以及 BC 规则附录 B 中所包括的物质。MFAG 应与 IMDG 规则、BC 规则、IBGC 规则、IGC 规则以及 EmS 指南中的资料配合使用。MFAG 建议的治疗方法分别在相应的表中提出,并在附录中的相应部分作了更全面的说明。

具有一般特性并且主要不是与化学中毒有关的疾病的治疗方面的资料见 IMGS。

MFAG 由绪论、使用说明(包括 1 个进行紧急抢救和诊断时用的问题表)、表(包括 20 个表)、附录(包括 15 个附录)四部分构成。

为了使用方便,也为了确保发生紧急情况时能迅速得到建议,使用 MFAG 时分三步走:

1)第一步:紧急抢救和诊断

在进行紧急抢救和诊断时,回答紧急抢救和诊断问题表中的提问,并根据提示参见有关的"表"和"附录"。例如,在回答紧急抢救问题表中的提问"伤员不省人事吗?",如果回答"是",则根据提示"参见表 4";在回答诊断问题表中的提问"伤员现在处于昏迷状态吗?",如果回答"是",则根据提示"参见表 4 和附录 4"。

2)第二步:查"表"

MFAG 第三部分中的 20 个表分别给出各种特殊情况处理的简要指导,如对"抢救"、"心肺复苏"、"输氧与控制通风"、"化学品引起的意识障碍"、"化学品引起的惊厥"、"中毒性精神错乱"、"眼睛接触化学品"、"皮肤接触化学品"、"吸入化学品"、"休克"等特殊情况处理的简要指导。

3)第三步:查"附录"

MFAG 第四部分中的 15 个附录提供了各种特殊情况处理的详细指导,以及药品和设备清单、物质清单等。

第八章 船舶资源管理

第一节 概 述

一、资源与管理的定义与内涵

1."资源"的定义

广义的"资源"是指一切可被人类开发和利用的客观存在。从管理的角度,狭义的"资源"是指可被管理者利用的人、财、物、时间、信息等。

2."管理"的定义

"管理"是指管理者或管理机构在一定范围内,通过由计划、组织、指挥、协调及控制等要素组成的活动,对组织所拥有的资源进行合理配置和有效使用,以实现组织预定目标的过程。

3."管理"的内涵

从管理的定义,我们认为管理具有以下内涵:管理是一个过程;管理的核心是达到目标;管理的手段是运用组织拥有的各种资源;管理的本质是协调。

也可以从多个角度来揭示管理的内涵:管理是通过计划工作、组织工作、控制工作、领导工作和协调工作来有效使用所拥有的资源,以便达到既定的目标;管理是在某一组织中,为达到目标所从事的对人力和物质资源的协调过程;管理就是由一个或多个人来协调他人的行动,以便收到个人单独活动所不能收到的效果而进行的各种活动;管理就是协调人际关系,激发人的积极性,以达到共同目标的一种活动;管理是一种以绩效责任为基础的专业职能;管理就是决策;管理就是根据一个系统所固有的客观规律,施加影响于这个系统,从而使这个系统呈现一种新状态的过程。

4.船舶资源管理的定义与作用

船舶资源管理(Ship's Resource Management,SRM),是指通过协调和利用船上人员的技

能、知识、经验和船舶内外的相关资源，以实现保障船舶安全生产和提高船舶营运效益的目标。

通过船舶资源管理这一手段，充分发挥船舶团队成员对驾驶台、机舱等船舶工作场所及工作环境内各种可供利用的资源的控制、协调和组织的管理艺术和技能，以实现船舶团队工作的预期目标——保障船舶安全、人命安全、货物安全、财产安全、海洋环境安全、船舶保安，以及船舶营运生产的效益最大化。

5. 船舶资源的构成、特点、分配与排序

船舶资源包括驾驶台资源、机舱资源以及其他可以利用的船上和岸基资源。需要进行管理的船舶资源包括：船员（船长、引航员、驾驶台和机舱值班人员）；硬件（为保证船舶正常航行和操作所需的设备、仪器、工具、备件、物品等）；软件（来自电子海图、AIS、命令簿、手册、指导书、指南、海图、计划、规范、航次计划、航海出版物等提供的信息）；其他（为保证船舶正常航行和操作所需的时间、空间、技能、经验，以及与有关部门合作和可获得支持等）。

船员资源属于人力资源，是船舶资源中最为重要的资源，在船舶资源的分配与排序时应放在首位考虑；硬件资源属于物质资源，是确保船舶正常航行和操作的基本资源，在船舶资源的分配与排序时应予以重点考虑；软件资源属于信息资源，是确保船舶正常航行和操作的必要资源，在船舶资源的分配与排序时应予以特别考虑；其他资源有助于船舶资源管理的组织目标实现，在船舶资源的分配与排序时不能忽视。

6. 船舶资源的利用与协调

1）为了合理利用船舶资源，负责船舶航行和机舱管理的人员应该掌握现代管理的基本知识与技能，通过对管理本身的计划、组织、控制、指挥和协调五大功能的运用，做到事先周密计划、现场组织和实施有效的控制，正确的操纵与指挥，并合理协调相关各方之间的关系及工作，保证各项活动不发生矛盾、重叠和冲突，从而顺利地完成船舶资源管理的组织目标——船舶安全、货物安全、人员（包括旅客）安全和防止海洋环境污染。

2）为了充分利用和协调船舶资源，在进行船舶资源管理时，应充分考虑以下界面的关系：

（1）“人—人界面”（L—L）：人—人界面是船舶安全管理系统中最为关键的界面，协调沟通能力是人—人界面关系的核心。系统中人与人之间的活动，包括领导、组织、管理、交流与协作等都属于“人—人界面”活动，如船长对船员的管理、船员给予船长的配合、船员间的合作、船长与引航员的交流、船长和船员与有关部门之间的沟通与协作等都属于“人—人界面”活动。管理者应重视人—人界面活动，团队的管理，人与人之间的有效交流、协调依赖于人—人界面活动，人—人界面活动也是提高管理绩效、降低危险的载体。

（2）“人—硬件界面”（L—H）：人—硬件界面是船舶安全管理系统中最基本的界面，人与硬件是否相互适应是人—硬件界面关系的核心。船舶硬件设备的设计、安装、放置应便于船员对其进行管理、维护、使用和操作，并考虑使用者的便利、高效和安全；船员则要尽可能了解并适应船舶硬件设备，并能安全和有效地管理、使用和操作它们。

（3）“人—环境界面”（L—E）：人—环境界面是船舶安全管理系统中重要的界面，人必须了解环境和适应环境是人—环境界面关系的核心。船员必须了解和适应自然环境和社会环境，避免因对自然环境发生感知上的差错和受到社会环境的负面影响而导致事故的发生。

（4）“人—软件界面”（L—S）：人—软件界面是船舶安全管理系统中最容易出现问题的界面，保证软件的完备、充足、可靠和可操作是人—软件界面关系的核心。船员应重视配备、保持、更新各种航海图书资料、航行指导文件、船舶与设备操作文件,同时应重视从软件中获得的信息,避免由于软件方面存在的问题和忽视从软件中获得的信息而导致事故的发生。

7. 船舶资源管理的作用与目的

船舶资源管理的作用与目的包括:

(1)分析人为失误和船舶事故的发生与预防之间的关系;

(2)注意多元文化意识对船舶安全工作的影响;

(3)强调情境意识对船舶航行安全的作用;

(4)强调船舶通信和人员交流沟通在船舶航行安全中的重要性;

(5)明确团队以及团队工作在船舶航行中的必要性;

(6)探讨船舶航行中的决策与领导工作的改进;

(7)掌握正确处理船舶航行中的工作压力和消除疲劳的方法;

(8)规范化执行规章制度和操作规程;

(9)提高船舶应急处理的技能。

第二节　人为失误与情境意识

一、人为失误

人为失误是指在某一特定系统中的操作人员在完成任务的过程中因意识、判断或行为等出现疏忽,从而不能根据当时环境和情况进行适当的操作,最终致使其无法正确处理面临的情况而发生系统运行的失常。

1. 失误链

实践证明,海上事故或灾难很少是由单一事件引起的,它们几乎都是由一系列看上去不严重的小的失误或事件相互叠加、互为因果导致的。也就是说,这些事故或灾难都是失误链或事件链发展的最终结果。换言之,一系列失误链或事件链的连续发展,将导致事故或灾难的发生。这些失误链或事件链可能是顺序地发展,也可能是无序地发展;它们之间可能有联系,也可能没有联系;它们之间的联系可能是明显的,但也可能是不明显的。无数事故证明,在事故发生以前,实际上已经存在了正在不断发展的失误链。这种失误链客观上也就形成了事件链。在常规情况下,由潜在因素而形成的失误链通过一定时间与条件的发展而进入增长期,在特定条件下,当不安全行为发生后,又发展进入了临界期,直至最后的工作差错而导致事故的最终发生。

2. 失误链形成的征兆

失误链形成的征兆与失去了情境意识的征兆是一样的,对于船舶驾驶人员和机舱管理人员来说,什么时候失去了情境意识,那么表明失误链正在形成。

失误链形成的具体征兆包括但不限于以下几条:

(1)含糊不清或不确定性。当事人对所获取的信息感到困惑、不确定,以至于无法作出正确判断。

(2)注意力分散。当事人的注意力集中在一件与当前工作无关的事情上,而无视或漠视

当前的现状。

(3)感觉不充分或困惑。当事人无法全面感受当时的局面,或对局面觉得困惑,缺乏了解,不知道下一步将发生什么。

(4)沟通中断。由于噪音、缺少共通语言、不同的程序或误解,使得当事人与团队内部以及外部的沟通出现障碍或中断。

(5)指挥或瞭望不当以及偏离计划航线。由于指挥不当、监控不力或瞭望不正规,使得当事人失去了情境意识,或造成船舶偏离计划航线。

(6)违反已建立的规则和程序。没有正当理由而背离明确规定的规则、标准、操作程序。

3.人为失误的原因

80%以上的海事是由于人为失误造成的,这已成为海运业的共识。作为船舶管理人员必须对人为失误产生的原因和特点保持清醒的认识。

人类不同于机器,人类擅长的是利用自己的知识和经验对所处的局面进行评估,并灵活解决工作过程中所遇到的问题。人类不擅长的是长时间从事重复性的工作,或精力高度集中,长时间得不到休息,这种情况下,人为失误最易发生。

人为失误产生的主要原因有以下几个方面:

1)疏忽和差错

由于疏忽或差错而导致的失误是最为常见的。它们的产生往往是与人本身对待工作的态度和自己在工作所处环境中的实际情况密切相关的。例如由于自己对工作掉以轻心而引起注意力分散,或是对船舶的安全工作重视不够而未能保持高度警惕性,或是在实际工作中因工作压力太大和由于过度的疲劳等而造成对正常可预见环境的变化不能采取适当而有效的行动。另外,心理上注意力的不稳定和分配不当也会造成疏忽和差错。

2)基于知识的失误

基于知识的失误主要是指因本身的无知而犯错,即由于自己缺乏足够的相关知识或错误理解了船舶航行或作业中的一些关键性原则,而无法或不能正确应对或处理相关的局面或情况而导致的失误。这种失误在当今受过良好教育的船舶驾驶人员中间并不多见,但客观上因自己对工作的知识理解不深和运用不当的错误还是存在的。

3)基于法规的失误

基于法规的失误主要是指:没有正确或充分考虑相应的法规,就快速、草率地作出决定;没有注意到某些法规已失效而仍去使用;由于对法规理解的不准确而错误的使用;由于完全按法规规定做太麻烦,想走捷径和省力,而简化或偏离法规规定的做法。

4)基于技能的失误

基于技能的失误主要是指因本身由于缺乏从事本职工作的操作技能而导致在实际工作中发生的失误。它往往是由于缺乏足够的训练或缺少实际工作的实践经验而发生的,当然这也和自己与同事间相互交流经验过少有关。这类失误在一些担任船舶驾驶与轮机管理工作时间不长或工作经历还不多的船舶驾驶和轮机管理人员中屡有发生。

5)基于文化背景差异造成的失误

基于文化背景差异造成的失误是指因本身工作环境中的团队人员由于文化意识与背景的不同而产生的局限性所引发的失误。许多在陆地上用于保障社会稳定的文化背景方面的习惯,在船舶这样一个命令性的操作氛围中并不适用。西方传统的航海文化往往过分强调等级观念和下级对上级的服从意识,不愿意指出上级所犯的错误,也易导致失误的发生或升级。多国船员组成的船舶团队,常常由于文化背景的差异,造成沟通上的障碍或中断;由于不同语言的使用与理解,或缺乏上下级人员之间的交流与质询,或可能对意图的误解和毫无疑问地服从等具体原因而产生的失误。船舶团队在国外港口与引航员、拖轮、带缆工人、装卸工人、理货人员的合作也存在着文化背景差异造成的沟通问题,而沟通不畅常常造成各种失误。

6)基于违反安全惯例的失误

基于违反安全惯例的失误是指本身因未能严格遵守实际工作中形成的通常的安全习惯做法所引发的失误。导致这类失误的发生常与自己的过于自信或自满,对工作中良好的通常习惯做法与安全之间的关系不够重视,喜欢凭个人经验办事,不注重团队工作的作用,忽视别人的建议,查阅的书或出版物有误以及背离原定的计划航线有关。

4. 人为失误的预防措施

1)全面认识人的因素与船舶事故的关系

为了预防船舶事故的发生,船舶领导和团队成员必须充分考虑和结合自己行为模型中的错觉和在实际工作中对信息处理、决策和操作过程中可能产生的失误及其对本职工作的影响,从思想上全面认识人为失误与船舶事故之间的密切关系。

2)认真分析船舶事故中涉及人的综合影响因素

为了降低航行风险,保证航行安全,船舶领导和团队成员除了应全面认识人的因素与船舶事故的关系外,还应对船舶事故的综合因素加以认真分析,以有利于制定有效的措施来消除或减少人为失误。

3)注意调节生理与心理状态

(1)保持良好的生理状态

船员在生病的情况下继续坚持工作,往往会因为自身生理问题而产生对外界情况的观测不全面或因反应不灵敏而产生误判断、误动作,或者是操作不到位,从而发生事故。

(2)避免不正常的心理状态

心理状态是人的心理活动在某一段时间内的特征,如分心、疲劳、激情、镇定、紧张、松弛、克制、欲望等。为了确保船舶航行的安全,不但需要保持良好的生理状态,也必须避免侥幸心理、盲目自信与麻痹心理、逞能好强心理、捷径心理、胆怯心理、逆反心理等不正常的心理状态。

4)及时识别和破断安全工作中的失误链与事故链

为了能及时发现失误链与事故链的存在及其发展过程,船舶领导和团队成员首先必须通过保持高度的情境意识,了解自己船舶内外部的实际情况,掌握和知晓周围局面对本船将产生的影响,从而能在发现失误链与事故链的存在后及时采取相应的措施来终止它们的发展。

在及时识别失误链与事故链和果断采取措施将其破断的过程中,必须做好一些具体的细节性工作。实际上,在船舶航行中只要能注意好一些细节问题,就能做好失误链与事故链的识别与破断工作。

二、工作态度

1. 概念

(1)态度是个体在一定环境中对事物或对象作出积极或消极反应的心理倾向。

(2)工作态度是个体在一定环境中对工作作出积极或消极反应的心理倾向。

2. 工作态度与责任心

工作态度与责任心紧密相关。一个人的责任心如何,决定着他在工作中的态度。如果一个人没有责任心,即使很有才能,也不一定能做好工作。只有有了责任心,才会认真地对待工作,才会在责任心的驱使下认真地、主动地、积极地、勤奋地工作;才会以工作为重,主动承担责任,努力克服困难;才会积极思维,缜密考虑,力避失误和差错,主动寻找方法,为实现既定目标,做好自己的工作。反之,没有责任心,就不可能认真地对待工作,在工作中就极易出现疏忽、过失和差错。

3. 工作态度与人为失误

疏忽是导致人为失误的主要原因之一,而疏忽的产生往往与人的责任心有关。责任心不强导致工作态度不认真,在工作时马马虎虎、掉以轻心,注意力不集中、心不在焉;对工作、劳动、作业中的危险不能保持应有的警觉;或明知有危险,却存在侥幸心理,明知是违章,却觉得可以试一试,总认为采取安全行为要付出的代价高,而采取不安全行为也不一定每次都出事故,在这样一种心态下,疏忽、大意、过失在所难免。不认真的工作态度,必然就会有不负责任的行为表现。事不关己、敷衍了事、玩忽职守、漫不经心、投机取巧、争强好胜、消极退缩、得过且过、行为随意、操作随便,这样的一些工作态度和行为表现均是引起人为失误的根源,而人为失误是导致事故和灾难的主要原因。

三、情境意识

1. 概念

情境意识是指在特定的时间段内对影响船舶的因素和条件的准确感知,是人们对于事故发生的一种预知和警惕。情境意识不是一种特定的行为,而是工作态度的产物,属于思维和思想活动的范畴,它决定着人的行为与动作。

船舶运动充满了复杂性和偶然性,这就要求我们对船舶所处环境和条件的复杂性与偶然性有更加全面的、综合的和动态感的了解。为保证船舶的航行安全,保持对船舶运动的情境意识是十分必要的。

2. 情境意识的构成

1)经验与训练

情境意识最基本的影响因素是经验与训练。经验和训练是获取知识的重要途径。知识越丰富,理解力、判断力和适应性强,情境意识自然越高。

尽管不同的船舶和不同的职务要求船员知识的深度和广度会有差别,但为使船舶安全营运所必需的知识是不可缺少的。而且船舶越复杂,自动化程度越高,所要求的知识水平就越高。船舶驾驶和机舱管理人员日常工作中的传统习惯和经常性的做法,即运用船舶作业人员所对应职责应具有的知识、经验、技能和在各种情况下所要求的戒备以避免危险的习惯作法,

都可以作为成功应付不同条件和局面的经验，而这些经验可以认为是情境意识的基本内容之一。

2）操纵与操作技能

技能是构成情境意识的重要因素。操纵与操作技能越强，理解力和适应性也越强，情境意识越高。

技能与知识虽有密切关系，但在本质上却各有其特殊的内容与要求。技能是通过实际技术训练才能获得的能力，特别是船舶实际操纵技术，必须能够适应经常不断变化的外界条件的要求。又必须能够及时跟上不断更新的技术与设备的发展，因此除了经由一定数量的切身体验来掌握实际技能之外，难有其他捷径。

3）身体与心理状态

情境意识非常重要的构成因素是健康状况，它是充分运用自己知识和技能的基本条件。不良的身体状态会降低各感官的功能，容易出现疲劳，甚而无精打采。航海中许多误操作引发海事的严重教训，重要原因之一正在于此。

情境意识的构成因素也包括心理状态。极高的政治责任心、极强的安全意识、极高的道德水准、顽强的战胜困难的意志与毅力、忠于职守的热忱与执著、模范的工作习惯以及临危不惧巧于应变的能力等，都是应有的心理状态。在这种心理状态下，船舶驾驶和机舱管理人员的注意力非常集中，情境意识高。无上述心理状态，丰富的技术知识、熟练的技能和健康的体魄便失去了发挥的基础，情境意识更是无从谈起。

4）对情况的适应与熟悉程度

对情况的熟悉程度越高，认识过程中对局面和条件的感知越容易，在思考、分析和判断上容易达成与实际情况相一致的结论，情境意识自然也越高。从某种意义上来讲，船员不断地改变服务船舶种类，不断地改变服务船舶航线，对团队情境意识是一个负面的影响，所以船长对本船的团队情境意识和综合能力时刻要有一个清醒的认识。

5）领导与管理技能

船舶作业是一个多部门多人员相协同的工作。单凭个人的力量是不可能保持高水平的情境意识的。要想得到良好的情境意识，充分发挥每一成员的作用与功能和相互之间的支持和监督是十分必要的。

安全管理工作的具体目的就是要消除物的不安全状态和人的不安全行为。任何一艘船舶，要做到绝对安全，消除“物”的不安全状态是很困难的，也是很难办到的。但无论物的不安全状态怎样，只要发挥人的主观能动性，主动地去认真检查，物的不安全状态就可消除。而人的行为是受思想所支配的，是不易控制的，也是会出现不安全行为的。因此，安全管理中，在注意物的不安全状态的同时，要密切注意人的不安全行为。正因为如此，领导与管理技能的高低与船舶团队成员所形成的情境意识有着密切的联系。

3. 良好的情境意识

良好的情境意识表现为：

(1)能迅速地感知工作现场的实际情况与变化趋势；

(2)能敏捷地觉察现场周围的实际情况与变化趋势；

(3)能正确地判断现场周围情况变化对安全的影响；

(4)能准确地预测船舶即将面临的局面和安全状况。

4. 情境意识丧失

情境意识的丧失表明失误链正在形成。

情境意识丧失的迹象包括:

1)不确定性

实际的或真实的信息与接受或处理的信息不对称,就会形成不确定性。不确定性出现就难以正确感知信息,极易出现行为过失,从而形成过失链。

2)注意力分散

一般情况下,人必须将注意力集中在重要的事务上,并剔除不相关的信息。虽然我们可以转移注意力,但当所有的过多的重要信息需要人来同时处理时,问题就随之产生了,我们就可能出现注意力分散,或者说我们的注意力可能游离于一些使我们分心的信息中。

导致注意力分散的原因有:

(1)领导与指挥的失误

错误的领导与指挥会导致船舶人员不能把有限的资源用在关键的地方,导致人员的注意力分散。

(2)信息过载

当所有过多的重要信息需要人来同时处理时,危险就随之产生了,我们的注意力可能分散,游离于一些对我们不是很关键的信息中,发生顾此失彼的现象。

(3)压力和疲劳

压力和疲劳会使人信息处理能力进一步下降。能力的下降就便船舶航行注意力分散,并拒绝接受其他信息。

(4)紧急情况

在紧急情况下,人们的心理状态发生变化,出现惊惶失措,高度紧张,往往不知该怎么办,注意力不能集中。

(5)经验不足

由于经验不足,人们面对稍微有点复杂的局面时就会不知该如何作为。将注意力集中在一些细枝末节上,而忽略了非常关键的信息。

同时,我们还要充分认识到,注意力过于集中在一个问题或某一方面,它可吸引一个人的全部注意力,而忽视了其他情况,忽视了其他需要处理的更为紧迫的事件。这是注意力分散的另一种形式。

不论何种形式的注意力分散都是情境意识丧失的表征。

3)感知不全面或混乱

对局面的正确感知,是情境意识的重要信息来源。它不仅能确认船舶目前所处的情况,同时可预测随后将会发生什么。对局面失去感知或感知混乱是情境意识丧失一种迹象。

4)通信中断

通信是信息传递的重要形式和手段。船内通信可能被物理因素干扰,例如噪声等。也可能因缺乏共同语言或不同的处理方法而中断。外部通信的中断可能是没有共同语言或误解造成的。不正确或不良的通信将导致指令不能被正确执行,要求重复指示,丢失信息,不能完整的接受和理解计划等。不论何种通信,若被中断,会造成情境意识的丧失。

5)指挥不当

指挥不当可能是由于对环境和局面不能做出正确的感知所造成。指挥不当是丧失情境意识的一种迹象。

6)偏离计划航线

由于在船舶航行中的指挥或监控不当而造成驶离计划航线,是丧失情境意识的迹象,尤其是在可航水域受到限制的水域。这种情况通常是由于以下情况发生的:未制定或落实好航次计划,未制定或落实好背离航次计划的内容,未能采取进一步的措施达到已制定计划的目的与要求等。

7)违反已建立的规则或程序

建立规则或程序的根本出发点是通过规范对船舶安全与防污染的管理,提高船岸人员的质量管理意识和实际管理水平,进而有效降低人的因素造成事故的几率。没有正当理由而背离明确规定的规则和标准操作程序,这些都是丧失情境意识的迹象。

8)自满

自满意味着过于自信或盲目自信,容易产生不重视危险的心理。在这样的心理状态支配下,船舶驾驶与机舱管理人员往往凭经验、印象、习惯进行操作,未能在作业过程中判断自己操作方法中的错误,会忽视异常情况,反而自我认为很安全。当突然出现与预料相反的客观条件变化时,由于没有心理准备,往往表现为惊慌失措、手忙脚乱,未能采取有力措施,终于造成事故。另外,船舶驾驶与机舱管理人员对手中的工作与任务过于熟悉,不考虑和轻视潜在问题也是自满的一种表现。这些想法都是丧失情境意识的迹象。

5. 驾驶台情境意识的保持

为了保持良好的情境意识,及时发现事故链形成的迹象和中止事故链,以达到船舶航行安全的目的,驾驶台团队成员应当:

(1)培养和提高个人的情境意识;

(2)提前做好周密详尽的计划和准备;

(3)在平时工作中养成安全的做法和习惯;

(4)灵活地把握注意力的转移和集中;

(5)避免由于个人的错觉以及主观臆断造成的失误;

(6)充分认识和发挥其他驾驶台团队成员的作用;

(7)重视通信、交流与沟通中的反馈;

(8)进行有效地相互检查和监督;

(9)对航行风险等级进行预见性评估,并制定与风险等级对应的戒备措施。

6. 情境意识与船舶安全

船舶团队成员如果丧失情境意识,表明事故链正在形成,事故正在逼近。因此,船舶团队成员的情境意识越好,发生事故的概率就越小;反之,情境意识越差,发生事故的概率就越大。为了保持船舶的航行安全,要求船舶团队成员具有和保持良好的情境意识。

第三节　通信与沟通

一、通信

有效通信意味着有效交流。对发送者来说,必须清楚地认识到通信的目的、传递路线及接受者可能作出的反应。对接受者来说,则必须学会如何听,不但能懂得信息的内容,而且能听出发送者在信息传递中同时表达出来的感情和情绪。

1. 建立通信

在建立通信前,发送方首先应明确或确定5个W:

(1)Why:为什么要发送信息?即发送信息的原因。

(2)Who:向谁发信?即需要确定信息的受体是谁,明确通信的对象。

(3)What:发送什么样的信息?即需要发送的信息内容是什么,应当考虑按接受者易于理解的方式来安排发送信息的内容。

(4)When:在什么时间发送信息?应当考虑选择适宜的时机,不要在充满压力的时候发送信息。

(5)Where:在哪里发送信息?应当考虑选择适宜的发送信息的地点,尽量避开环境干扰。

2. 完整的通信过程

完整的通信应该是一个闭环式通信过程,包括以下闭环通信过程:

(1)需求:发送方希望向接收方发送信息。

(2)发送:选择合适的方式和手段,有效传送信息。

(3)接收:接收方接收并准确理解信息,如有任何疑问应当要求发送方作进一步澄清。

(4)反馈:接收方确认收到的信息,并根据情况及时向发送方反馈。

(5)完成:通信完成并终止。

以上过程可以船舶无线电通信工作中得到充分体现,比如VHF无线电话通信信息交换程序包括六个步骤:初始呼叫,回答呼叫,确定工作频道,发送信文,回答信文和终止发送。初始呼叫是由呼叫台为开始建立信息交换而进行的信号发送,回答呼叫是呼叫台或呼叫船对初始呼叫的回答,由于呼叫频道往往不是工作频道,在不知道通信工作频道的情况下,一般使用70或16频道进行呼叫,但不能在该频道占用较长时间,因此要进行一般信息的交换,必须确定另一频道作为工作频道。及时和正确建立联系的主要目的是发送信文,根据需要,每一信文的内容有长有短,但应当尽量做到既要表达清楚,又要言简意赅。对信文内容回答,如果信文内容较长,发信台应当将信文内容分为若干段落,多次发送;收信台也应当多次回答信文。表示相互间的信息交换已经完结,终止发送一般由呼叫台执行。

3. 船舶通信的实现

1)船上发送信息

船上信息的发送必须目的明确、思路清晰、注意表达方式。在信息交流之前,信息发送者应当考虑好自己将要表达的意思,抓住中心思想。在通信过程中要使用双方都理解的用语和示意动作,并恰当地运用语气和表达方式,措词不仅要清晰、明确,还要注意情感上的细微差

别,力求准确,使对方能有效接收所传递的信息。信息发送者有必要对所传递信息的背景、依据、理由等作出适当的解释,使对方对信息有明确、全面的了解:假如你要分配一项任务,那么要对任务进行全面分析,这样你才能正确地对任务进行说明;假如你面临的是纪律问题,那么在批评和处罚之前,应当对情况进行全面了解,取得了真凭实据,这样的处理就会取得圆满的效果。

2)船上接收信息

船上信息的接收必须注意力集中,认真理解信息。在信息交流之时,信息接收者应当听或读,仔细理解内容,抓住中心内容。在通信过程中要借助双方都理解的对象,必要时,为了澄清而进行询问或质疑。应答时,除非特别告知不这样做,否则,即使仅仅是确认收到信息也要应答。必要时,信息接收者应当给出反馈。

4. 准确的通信

要准确地实现通信,除了做到以上要求外,还必须注意通信中信息的表达问题。一个好的信息要符合4C原则,即:完整性(Complete)、连贯性(Coherence)、简洁性(Conciseness)、准确性(Correction)。为简易有效地到达以上目标,使用标准词语、短语是有效的方法。

5. 通信障碍

通信障碍指任何干扰,阻碍或影响通信的因素,如通信中断。障碍可能是物理的或人为的。

物理障碍在船舶通信中通常表现有通信设备的噪声、船舶设备工作的干扰、船舶震动、风浪声响,驾驶台设备同频干扰等。因此,要保障船舶通信正常进行,应当尽力减少或排除物理干扰。

人为障碍指信息的传递者和接受者个人的障碍。主要表现在由于所使用的语言方面(母语与外国语,标准话与地方方言等)而存在的障碍。语言通信中,还有语气、语调、清晰度、速度、节奏等问题。当然,在通信中的人为障碍还会表现为工作负荷、注意力分散、压力、疲劳等问题引起的通信障碍。

二、沟通

沟通是人与人之间、人与群体之间或群体与群体之间思想、感情、信息、指令的传递和反馈,是信息传与受的行为。发送者凭借一定的渠道,将信息传递给接收者,并寻求反馈,以达到相互理解的过程。

1. 沟通的方式及特点

在团队中,沟通的形式是多样化的,按照不同的分类标准,沟通可分为不同的类别,并具有相同的特征。

1)按照沟通的表现形式来分

按照沟通的表现形式来分,可分为口头沟通、书面沟通和非语言沟通。

(1)口头沟通

传递信息最主要的方法就是口头沟通,它是指运用口头语言进行的沟通,如演讲、集体讨论、报告等都是口头沟通最普遍的形式。

(2)书面沟通

书面沟通是运用书面文字符号进行的沟通,包括备忘录、书信、电子邮件、传真,以及其他通过文字或符号形式沟通信息的方式。

(3)非语言沟通

除口头、书面表达形式以外,现实生活中的非语言交流也是客观存在的,例如,表情、手势、语气、眼神等。非语言沟通是语言沟通的重要补充形式。

2)按照沟通的方向来分

按照沟通的方向来分,沟通可分为上行沟通、下行沟通和平行沟通。

(1)上行沟通

上行沟通主要是指团队成员通过一定的渠道与团队领导者所进行的信息交流。上行沟通可以是一层层传递,如水手长向大副反映近一段时间上甲板的保养情况,大副再向船长反映近来船体的维修保养情况;上行沟通也可以是越级反映,这指的是减少中间层次,团队成员直接与团队领导者进行信息交流,如二副向船长汇报本航次的航行计划。

(2)下行沟通

即从高职务向低职务方向所进行的自上而下的沟通。一般而言,决策、计划、指挥、协调、控制等管理职能信息的传递都是通过下行沟通的方式达成的。自上而下沟通常用于团队领导者向团队成员分配工作目标,作出工作指示,向团队成员说明工作程序等。

(3)平行沟通

当沟通发生于同一层级同一工作群体的团队成员之间,或同一层级不同一工作群体的团队成员之间,或同一层级不同工作群体的团队领导者之间,或任何具有相同地位的同一团队成员之间时,这种沟通即是所谓的平行沟通。平行沟通是团队中最普遍的沟通形式。如船上水手之间的交流、二副和三副之间的沟通等。平行沟通有利于节省时间和协调成员关系。

3)按照组织的结构特征来分

从组织系统来看,可以分为正式沟通和非正式沟通。

(1)正式沟通

正式沟通是指在团队内,依据一定的组织原则所进行的信息传递与交流。正式沟通的优点是,沟通效果好,比较严肃,约束力强,易于保密,可以使信息沟通保持权威性。其缺点是由于依靠组织系统层层的传递,所以较刻板,沟通速度慢。

(2)非正式沟通

在正式沟通渠道之外进行的所有信息的传递和交流都属于非正式沟通。例如,团队成员之间私下交换意见,议论某人某事及船舶小道消息等都属于非正式沟通。非正式沟通的优点是,沟通形式不拘,直接明了,速度很快,并且常常能提供大量的通过正式渠道难以获得的信息,真实的反映员工的思想、态度和动机。其缺点在于,非正式沟通难以控制,传递的信息有时不确切,易于失真、曲解,而且它可能导致形成小集团、小圈子,影响人心稳定和团队的凝聚力。

2. 沟通障碍

1)造成沟通障碍的原因

沟通障碍指任何干扰、阻碍或影响沟通有效进行的因素。沟通障碍可能是物理的,也有可能是人为的。船舶沟通中的物理障碍主要有:各种噪音、设备所处的场所和位置造成的障碍、环境因素及船舶设备工作的干扰等。如船舶抛起锚时,锚机的轰鸣声会影响船首与驾驶台的沟通;起货设备的操作人员可能看不到甲板上指挥者的手势等。人为障碍主要包括:缺少共同语言、不用专业术语、对传递的信息没有很好的组织、没有遵循标准的沟通程序等。另外,文化背景、宗教信仰等方面的差异、工作负荷太大、注意力分散、压力、疲劳等都会造成人为的沟通障碍。作为团队的管理者应该有针对性地采取措施,来减轻或消除这些障碍。

2)克服沟通障碍的方法

虽然沟通障碍不可能完全避免,但是尽量克服障碍,改进信息沟通进而达到组织成员之间的有效沟通还是有必要的。

以下原则可以帮助克服沟通中的障碍,提高沟通的效果。

(1)信息发送者必须对他要传递的信息有清晰的想法;

(2)不能脱离实际制定信息沟通的计划;

(3)要考虑信息接收者的需要。无论何时,信息都要有用,或在短期内,或在较远的未来,沟通内容对于接收者来说都要有价值;

(4)要注意多种沟通方式的协调使用;

(5)要注意反馈;

(6)要注意沟通中的情感运用;

(7)要强调沟通双方的责任。有效的信息沟通,不仅是发送者的职责,也是接收者的职责。

3.船上重要的沟通

船舶日常工作中,有许多重要的沟通,这些沟通如果出现障碍或中断将直接影响到船舶的安全,应当引起船舶驾驶人员的高度重视,如:

(1)船舶安全工作会议中的沟通;

(2)船舶驾驶台与机舱的沟通;

(3)船舶驾驶台与船首尾部的沟通(靠离码头、抛起锚、狭窄水道航行等);

(4)船长航行(夜航)命令;

(5)船长及驾驶台团队与引航员的沟通;

(6)船舶驾驶台与引航站、VTS及港调等管理部门的沟通等。

4.船上沟通的技巧

良好的沟通可以消除误解,增加团队的凝聚力,可以提高船舶指挥人员的情境意识和工作效率,保证船舶这样一个命令型的结构系统正常运作,减少人为事故的发生。因此,作为船舶指挥人员,应当掌握一定的沟通技巧。

1)沟通途径与工具的选择

信息传送的方式有很多。船舶内部的口头沟通方式有:各种会议、工作前的安排说明、工作后的情况小结、电话沟通、对讲机和广播系统沟通等;书面沟通方式包括:值班命令(船长命令、夜航命令)、船舶操作手册、布告或公告等。船舶与外部的口头沟通工具主要有:电话、VHF、MF/HF等;船舶与外部的书面沟通工具包括:信函、电子邮件、传真、电传等。应当根据需要选择最佳的沟通途径和工具,以期达到最佳的沟通效果。

2)沟通注意事项

(1)应当遵守标准的沟通程序,比如,舵令、车钟令必须遵守发出指令、重复指令、执行指

令和反馈的程序;

(2)保证信息交流准确、清晰、简洁并切中要点;

(3)发送者尽量减少、限制那些多余的、没必要的信息传送;

(4)接受者要学会耐心聆听,以准确理解发送者的意图。如有任何疑问应及时要求澄清;

(5)应当使用标准的专业术语和IMO标准航海通信用语;

(6)对有些复杂的口头沟通最好先做书面准备。

3)质询与回应是一种重要且必要的沟通

(1)如果发现有背离原计划、标准程序、操作规程,或认为有违规行为、不良船艺、错误指令的情况发生,应表示疑问,提出质询,要求立即澄清。被质询对象经核对后应作出回应,如有失误行为应立即纠正。

(2)船长和部门长应营造质询的氛围,船舶团队成员应积极支持和参与质询和回应,在设定的界限内,有疑问必须提出质询,有质询必须给予回应。

(3)领导者应注意在质询和回应方面可能存在的障碍,这些障碍有可能属于质询方的原因(内向、缺乏信心、不自信、等级观念、缺乏责任感、人际关系紧张、不良经历等),也有可能属于被质询方的原因(权威受到威胁的感觉、缺乏自信、缺乏信心、情绪性回应、不擅长沟通、管理能力较差等)。

5.在船人员的沟通

1)船长和驾驶员的沟通与交流

(1)为了和驾驶员建立有效的沟通与交流,船长应组织航前准备会。在航前准备会上,船长应:向驾驶员介绍航线计划;与驾驶人员进行相互交流;对驾驶人员提出相关要求;向驾驶人员指出航线中可能存在的控制薄弱的航区。

(2)船长应:告知驾驶人员有责任通报各自情况以及协调其中的具体操作;在驾驶台建立一种开放的、互动的、闭环的交流与沟通方式;航行中向驾驶人员传达遇到的具有重要意义的情报;鼓励所有驾驶人员勇于质询和相应的回应;航行中或航次结束后尽快会同驾驶人员总结航行中遇到的重要情况。

(3)在航次结束后召开总结会,在总结会上船长应带领驾驶员总结正、反两方面的情况。在总结会上不要对个人进行指责,应通过总结会积极地学习总结经验,制定一个可及早发现并改正错误的改进计划。

2)驾驶员与引航员的沟通与交流

(1)引航员上驾驶台后应与驾驶员进行充分的沟通和交流,引航员应尽可能多地让驾驶员清楚自己的操作(纵)计划。

(2)引航员应向驾驶员简述当地的环境和交通规则。对航向或航速所做的任何改变,除了告诉船长外还应告知驾驶员。对于任何通航,天气,能见度,流的改变或预期改变的情况,告知驾驶员。

(3)驾驶员应将自己通过正规瞭望获得的信息及时告知引航员。对引航员的指令或行为或意图如有任何疑问,应向引航员求证或要求澄清,必要时应立即报告船长。

(4)如果引航员没有遵守做详尽情况介绍以及充分交流的原则,在不影响权威的前提下,值班驾驶员应该用恰当的方式加以指出。

3)驾驶员之间的沟通

值班驾驶员应该积极支持和参与所有的情况介绍和工作总结活动。在值班交接的时候应确保已经进行了详尽的情况介绍和妥善的交流。积极地参与到支持有效交流原则的工作环境中去。

4)驾驶台与机舱之间的沟通

(1)驾驶台与机舱之间的通信要保持简短、准确,把多余的通信降到最少。

(2)驾驶台与机舱应保持密切的联系和及时沟通,尤其是发生特殊情况时,更应及时通报,并协调对策。

5)与船舶交管站和港口当局的沟通

按有关国际公约和国内规定,船舶进出港口时应使用通信设备,按照规定向 VTS 报告。在报告与交流中,须注意以下方面:保持交流简短准确,把多余的交流降到最少。如航次计划报告,将有关船舶的主要信息(包括进港、出港、过境;船名、国籍、总长度、总吨位、吃水、最大高度;始发港、目的港、预靠泊位或锚位、预抵时间;载货种类与数量和旅客人数)给予报告,而多余的情况尽量减少。

在报告前先写好信息对减少报告时间是有帮助的。

第四节　团队与团队管理

一、团队

1. 团队概念

团队是由两个或两个以上的人组成的,通过人们彼此之间的相互影响、相互作用,在行为上有共同规范的一种组织形态。通俗地说,团队是由一起工作以完成共同任务的个体组成的一个群体。

2. 团队的特点

(1)团队成员有着共同的目标,为了完成这一目标,成员之间彼此合作,这是构成和维持团队的基本条件。团队成员之间有着和谐、成熟的人际关系,相互理解,具有一致的想法和情感,大家彼此信任、相互支持。

(2)团队成员之间分工不同,能有效的领导,但每个人又都为了实现共同的目标而承担着一定的责任。

(3)团队成员具备实现目标所必需的技术和能力,而且相互之间有能够良好合作的个性品质,从而能够出色完成任务。

二、船舶团队管理

1. 船舶团队

船舶团队是指在同一艘船上工作的,由船舶驾驶人员、机舱管理人员,以及为团队服务的支持人员组成的为实现团队共同目标的一个群体。通过船舶团队的合作,互相监督、互相提醒、互相支持,并发挥团队中每一个成员的主观能动性,实现船舶安全、货物安全、人员安全和

环境安全的共同目标。

2. 船舶团队管理

(1)船舶管理人员应当将船上所有人员看作是一个有共同目标的团队,不断强化船员的团队意识。每个成员在工作中经常会需要其他队员所拥有的经验和技能,成员之间必须相互协作、相互支持才能更好地完成船长确定的工作目标。

(2)船舶团队应当能够很好地与临时加入的第三方进行合作。例如与引航员、拖轮、带缆工人、装卸工人、理货人员等的合作。

(3)应防止船上任何人员孤立地工作。由于船舶特殊的工作环境,即使在人员紧张的情况下,也应保证单独工作的船员能够随时与其他队员进行有效的沟通,并随时可以得到相应的支持。

(4)如果条件允许,船长在确定工作目标时应与自己的团队共同讨论,使相关人员能够充分地表明自己的观点,在此基础上制定详细的实施计划。

(5)团队领导者应当坚定,但又不失灵活和友好。应当尽力避免形成过于专制的领导方式,同时,也应当避免放任不管的领导方式。

(6)团队中每一队员都有自己明确的职责并恪尽职守,这样船长就有更多的时间来监控船舶的安全。团队每一成员都应随时留心周围发生的一切,以便及早地发现失误并避免事故链的形成。团队成员之间要有良好的沟通,不要害怕向船长或引航员询问他的操作意图。

(7)团队管理者要意识到每个成员的贡献都是有价值的,这会对团队产生强烈的激励作用。

(8)团队工作应当始终按规定的标准操作程序进行。船上任何决定的作出都要依据事实,而不是个人偏见和主观臆断。船舶团队应当能对各种突发事件、紧急情况及环境的突然改变作出迅速准确地反应。

(9)船舶团队长期工作在复杂多变的环境中,他们的工作可以说是在压力下承担责任。因此,船舶团队成员应当做到:保持不间断的警觉;加强情境意识;对重要事件预先予以考虑;做事应当分清轻重缓急,警惕对小问题纠缠不清,避免因小失大;保持良好的联络与沟通;建立质询和回应的氛围,工作中有疑虑时及时澄清;习惯性地进行相互检查;保持身心健康。

(10)船舶团队成员要警惕以下倾向:过分依赖无线电助航设备和自动系统;不愿寻求帮助;不愿指出上级犯的错误;因小问题分心而忽视了需优先考虑的大问题。

第五节　决策与领导力

一、决策

决策就是为了实现某一特定目标,借助于一定的科学决策程序,在分析、评价、比较的基础上,从两个或两个以上的可行方案中选择一个最优方案的全部过程。

决策就是为了实现某一特定目标,借助于一定的科学决策程序,在分析、评价、比较的基础上,从两个或两个以上的可行方案中选择一个最优方案的全部过程。

1. 决策的内涵

1）决策的主体是人

在决策活动中，人是处于主动状态下的主体。这体现在两个方面：一是决策的设想是由人提出的；二是所有涉及决策的客观条件的取舍也是由人作出的。

2）决策有明确的目标性

决策的明确目标性表现在：一方面，决策具有针对性，即决策总是针对特定的对象进行的，另一方面，决策是为了推动事物向预定的方向发展，以实现决策者的预期目标。

3）决策是人心理活动的反映

在进行决策时，尤其是在作出重大决策时，人们的心理活动将涉及到很多方面，其内在的潜力也会被最大程度地得到现实性的发挥。

4）决策是人思维活动的最终成果

在决策过程中，人的思维活动起着关键性作用。它是对所有涉及与决策有关信息的高度加工和处理，然后分门别类地形成若干个备选方案供选用。

5）决策是对方案分析、比较和选择的过程

作为决策的主体，人们决策的过程中将对若干个备选方案进行分析、比较，最终选择一个与预期目标一致性程度最高的可实行的行动方案。

2. 决策的类型

决策的分类有多种，根据决策工作内容及时间上的要求，可以分成以下三种类型：

1）紧急情况下的决策

当发生意外而又紧迫的局面或问题，为了能及时处置和应对，在这种没有太多的时间做审慎的考虑情况下作出的决策，称为紧急情况下的决策。

2）一般情况下的决策

原定的计划或安排因为生产或工作的变化而无法继续实施，或是遇到一些新的问题，必须作出一些新的决策，在这种情况并不紧急，可以有一定的时间来考虑的情况下所做的决策，称为一般情况下的决策。

3）日常工作中的决策

在平时工作中，根据计划、任务、进度或操作规程，作出常规性的决定，称为日常工作中的决策。

3. 决策的方式

决策的方式包括个体决策和群体决策

1）个体决策

个体决策是指管理者根据自己所掌握的知识作出决策，然后向群体解释并使其接受。

个人决策的有效与否，不仅同科学的决策程序、方法有关，而且很大程度上取决于管理者的决策个性风格。所谓风格，就是指人们做事的习惯、方式或手段。所谓决策风格，就是指人们决策的习惯和方式。决策风格对于决策效果和效率有着非常明显的影响。决策过程与结果往往与决策者的年龄、心理素质、知识、经验、阅历、性格、习惯等有着直接关系，同时还受到所处社会环境和时代风尚的影响。诸多不同的因素，使决策者对待决策的态度、方法也各有不同，久而久之，就形成不同的决策习惯，进而形成各有所长的决策风格。

个体决策的优点之一就是快速。个体决策不需要召集会议并花费大量时间来讨论各种方案,因此需要迅速作出决策时,个体决策有着自身的优势。个体决策的另一优点是职责清晰,谁制定了决策,谁就应当对后果负责。

2)群体决策

群体决策是指对组织中的重大问题,在领导的主持下通过集体讨论作出最合理的决定的过程。

群体决策的优点在于通过集思广益,能够提供更加丰富的信息和知识,能够给决策过程带来异质性,还可增加观点的多样性,因而就会有更多的方法和选择。群体决策能增加个体决策的认可程度,因为这个决策是他自己作出的。群体决策的缺点是浪费时间,有从众压力,责任不清。

个体决策与群体决策孰优孰劣要视情况而定。关键问题是看效率与效果孰轻孰重。就效果而言,群体决策能提供更多选择,更富有创造性,更准确。但是,个体决策比群体决策更有效率。

4. 决策的过程

决策过程包括以下步骤。

1)确认决策的必要性

决策的目的是为了实现和达到一定的目标,所以制定决策首先要做好分析和确定决策必要性的工作。

2)明确决策的目的

在分析了决策的必要性后,还要有针对性地研究将要采取的措施必须达到什么样的效果,也就是说要明确决策的目的。

3)收集决策所需资料

在明确了决策的目的以后,就必须根据决策的要求,详尽地收集相关的资料与信息,以便于能在全面了解和掌握真实情况的基础上,有针对性进行分析研究,做好制定对策的准备工作。

4)拟定决策的方案

在全面了解和掌握真实情况的基础上,就可以为实现目标来研究和制定可采取的各种对策及其相应的具体措施和主要步骤。

5)选择最终的对策

决策的本质和最终的工作是选择对策。而要进行正确的选择,就必须对所拟的多种备选方案进行分析、比较和排列。在这过程中,决策者必须最终从多种备选方案中选择出最佳的应对方案。

6)实施应对方案

决策者最终选择出最佳的应对方案后,根据需要加以实施。选择的对策在具体实施的过程中,还需要不断地跟踪和查核它们的实际效果并做好评估工作。

5. 决策的要点

为了保证决策的正确性和可行性,决策者在决策的过程中应当注意以下要点:

1)决策前

(1)首先明确自己所需要解决的问题和决策的最终目的,以保证所作的决策能有的放矢。

(2)积极调动团队成员的工作积极性,让他们共同参与决策工作,集思广益。

(3)认真做好资料收集工作,有针对性地和尽最大可能获取更多的信息。

2)决策时

(1)决策者应当根据所需要解决问题的轻重缓急来考虑进行相应的决策。在紧急情况下,必须在最短的时间内沉着果断地作出决策。但这种决策不能因为时间的紧迫而草率行事。

(2)对收集到的各种资料和信息加以充分的分析与研究,仔细考虑所有可能的情况,以确保这些资料和信息的真实性。

(3)在作出相应决定的同时,应当认真考虑采用该决定后可能发生的情况,作好最坏情况的打算,并制定好一旦发生其他特定情况下的替代性方案。

3)决策后

(1)决策一旦付诸实施,就应当及时和连续地监督其实际进展情况,并不断核实所采取的决定和方法能否发挥预期的效果。

(2)在监督决策的实施和查核其有效性的过程中,还应当对其进行评估。如果发现新的情况与所作决策有冲突,不要急于假设决策或情况有误,而要再次认真地考虑和分析局面,重新全面地考虑问题。

(3)通过对决策方案的查核和评估,结合所收集到的经验与教训,在必要时对决策方案加以改进和完善,以便能真正充分利用好所有的资源。

6. 驾驶台团队决策

(1)在船舶航行过程中,需要作出决策的驾驶台团队成员包括船长、驾驶员和引航员。驾驶台团队成员所作的决策必须是明确的。这些决策的最终目的是在船舶安全的前提下,确保船舶航行的正常与顺利进行。由于船舶航行具有一定的复杂性和可变性,驾驶台团队成员在航行过程中的决策应是他们根据自己的经验与技能,并在高度综合性的心理活动中所作出的。

(2)驾驶台团队成员在决策前应当利用一切可获得的时间进行收集、了解和分析相关的资料和情况,仔细考虑所收集到的信息和所有可能发生的情况(包括最不可能的情况),并充分利用所有可利用的船舶驾驶台资源,决不能根据自己不完全的判断与意愿随意行事;决策作出后,则应当把握正确时机,及时加以实施并监督其进展情况和查核效果;必要时对所采取的措施加以调整,最终达到保证船舶安全航行的目的。

(3)驾驶台团队成员应当在自己的工作中充分考虑针对不同问题所作不同决策的优先,注意对不同风险程度的评估和应当优先考虑的因素,以保证决策的应变性、适应性和有效性。

(4)驾驶台团队成员在进行决策时,必须尊重驾驶台团队的全体人员,加强与驾驶台团队其他成员之间的交流;了解自己的决策风格与驾驶台团队其他人员决策风格的异同,通过取长补短来提高决策的有效性。

(5)驾驶台团队成员在时间许可的情况下,应当协助船长的工作,积极提供信息和参与决策的制定。在认真落实和实施相关决策的过程中,应当及时发现和处理好因工作条件或外界因素发生变化对所作决策的影响,必要时应当立即向船长汇报,尽可能地提出自己的修改意见,以便船长能进一步改进和完善原定的决策。

二、领导力

1. 团队领导者

广义的"领导者"是指在正式的社会组织中经合法途径被任命担任一定领导职务、履行特定领导职能、掌握一定权力、肩负某种领导责任的个人和集体。狭义的团队"领导者"是指在某个特定的团队中被指定或推选担任一定领导职务、肩负领导责任并履行特定领导职能的个人或集体。以下提及的领导者均是指这种团队领导者。

2. 领导者的作用

一般认为领导者的作用有三点:

1)指挥作用

需要领导在团队活动中有清晰的思路、运筹帷幄,为下属指明方法和方向,指引团队共同前进。

2)协调作用

在团队实际工作中,每个人的世界观、价值观、工作作风、方法、思路等都不相同,这就需要领导起到协调作用,引领团队共同前进。

3)激励作用

在工作中不可避免的会出现挫折、困难,这时需要领导不断地激励团队成员,并且为他们排除困难,带领团队成员共同前进。

3. 领导者的基本条件

作为一名领导者,要想带领下级去完成本部门的既定目标,首先就必须建立起自己的领导权威。权威就是权力与威信的统一,是由领导者的素质及其行为所形成的。一个优秀的领导者,能团结与其共同工作的同事和下属,充分调动他们的工作积极性,并通过自己的良好素质与魅力来创建其威信。这些良好的素质包括:高尚的品德;高深的专业知识;丰富的工作经验;敏锐的观察能力;冷静的思考判断;巧妙的沟通影响;充沛的精神活力;坚定的意志目标;公正的立场和评判。

4. 对领导者的要求

一名优秀的领导者应当具备进取心、领导愿望、诚实与正直、自信、智慧、和工作有关的知识。一名优秀的领导者应当具备良好的政治素质、思想素质、道德素质、文化素质、业务素质、身体素质和心理素质,以及领导和管理能力等。

5. 领导的类型

领导者在实际工作中都会根据具体的要求,结合自己领导工作的经验和风格而从事具体的领导工作,他们也会因工作要求和具体的实施方式的不同而产生以下多种领导的类型和风格。

1)民主型

民主型的领导在工作中常采用民主协商的方式,听取下属的意见,并鼓励他们积极发表改进工作中的意见,从而提升自己组织管理上的灵活性和下属本身的责任感。

2)激励型

激励型的领导往往注重下属的个人情感,运用物质激励的管理方式,创造下属积极向上的氛围，不轻易对下属完成自己工作的方式进行不必要的责难，以最有效地调动他们的积极性。

3）制度型

制度型的领导要求下属一切按制度做，即要求下属以任务为中心工作，通过制度来约束自己的行动。

4）教育型

教育型的领导要求由我来教你怎么做，并给予大量的指导和反馈，促使下属自觉采取符合领导者意图的行为。

5）榜样型

榜样型的领导通过自己以身作则、率先示范的行动来树立自己的权威，依靠个人的人格魅力的影响和职位上的优势来领导和带动下属，引导他们仿而效之。

6）专制型

专制型的领导独断独行，通过下达命令来要求下属绝对服从。这种类型的领导可能具有一定的工作能力与魄力，敢于承担责任。在面临困境或者碰到危急关头往往非常果断，常能发挥速战速决的作用。

7）放任型

放任型的领导一般都会将工作任务与问题交付下属人员处理，自己不愿多加过问，也不想多担负工作的责任。

6. 领导的风格

鉴于以上不同类型领导在实际工作中的特点，他们各自的领导风格也会各不相同。这些不同的领导风格主要包括：

1）命令型

具有命令型领导风格的领导往往采用下达命令的方式来要求下属必须完成的工作任务。他们会给出明确的指令，包括要求他们做什么、如何做、在何时与何地做等细节。

2）指示型

具有指示型领导风格的领导往往采用发出指示的方式来布置具体的工作任务。他们会向下属提供框架性的指示和要求，并要求下属通过自己的努力去完成相关的任务。

3）参与型

具有参与型领导风格的领导往往能在发出指示和布置具体工作任务的同时，自己主动地和下属一起共同参与讨论和决定完成工作任务与解决问题的最佳方案。

4）委托型

具有委托型领导风格的领导往往只是向下属发出指示和布置具体工作任务，他们很少向下属提供如何完成工作任务或解决问题的具体指导和人员支持，也不愿多承担责任和义务。

7. 领导者的影响力

影响力一般指人在人际交往中影响和改变他人心理与行为的能力。领导影响力就是领导者在领导过程中，有效改变和影响他人心理和行为的一种能力或力量。在领导过程中，领导者如果不能有效影响或改变被领导者的心理或行为，那他就很难实现领导的功能，团队目标也就无法实现。

构成领导影响力（或者说权力）的基础有两大方面，一是权力性影响力；二是非权力性影响力。权力性影响力又称为强制性影响力,它主要源于法律、职位、习惯和武力等等。权力性影响力对人的影响带有强迫性、不可抗拒性,它是通过外推力的方式发挥其作用。在这种方式作用下,权力性影响力对人的心理和行为的激励是有限的。

与权力性影响力相反的另一种影响力是非权力性影响力,非权力性影响力也称非强制性影响力,它主要来源于领导者个人的人格魅力,来源于领导者与被领导者之间的相互感召和相互信赖。构成非权力性影响力的因素主要有品格、才能、知识、情感等因素。

(1)品格是指反映在人的一切言行中的道德、品行、人格、作风等的总和。优良的品格会给领导者带来巨大的感召力,使群体成员对其产生敬爱感。

(2)能力是指能够胜任某项工作的主观条件。如果一个领导能够在安排下属的工作中,避其所短,扬其所长,使下属的专长得到充分的发挥,使团队的各项工作更加井然有序,这就是领导者识人、用人的本领和能力。

(3)知识是指人们在改造客观世界的实践活动中所获得的直接经验和间接经验的总和。知识是一个人的宝贵财富,是领导者领导团队成员实现团队目标的重要依据。丰富的知识会给领导者带来良好的感召力,会使下属对其产生依赖感。

(4)情感是人对客观事物(包括人)主观态度的一种反映。领导人平易近人,时时体贴关心下属,与下属建立良好的情感,就容易使下属对其产生亲切感,下属的意见也容易反映到领导处,从而在领导做决策时可以根据团队成员的工作情况和思想状况作出更科学、合理的决策。

三、权威与自信

1. 权威

权威是权力在人的头脑中的主观反映,是对权力的一种自愿的服从和支持。对权力安排的服从可能有被迫的成分,但是对权威的安排的服从则属于认同。

2. 自信

(1)自信就是相信自己,相信自己的判断和能力,相信自己所追求的目标,自己对自己的能力予以正面的肯定。

(2)自信的人:外向,好交际,易亲近,人际关系好;勇敢、坚定,敢说敢做;有目标,相信自己是对的,坚持自己的看法,想做的事一定去做,不屈不挠;控制力好,主动,不迷信,遇事镇静、不乱。不自信的人:不合群,人际关系较差,与人交流有障碍;没有主见,易从众,易动摇,无原则,不能坚持自己的观点;目标不明确,瞻前顾后,畏首畏尾,犹豫不决,不主动积极;惧怕权威,怕独立做事,怕承担责任,害怕失败;遇到挫折立即掉头,受到质疑容易改变。

(3)自信的人认为自己一定行;不自信的人认为自己不一定行;自卑的人认为自己一定不行;自傲的人认为只有自己行;自负的人认为自己毫无疑问绝对行。

(4)自信的人在面临困难时能想方设法去克服,在面临危险时能临危不惧去决策,在面临挑战时能毫不犹豫去接受。不自信或自卑的人,怀疑自己的能力,在遇到问题时不敢面对,遇到危险时不知怎么办,面临挑战时立即回避,需要决策时犹豫不定。

3. 权威和自信

1)权威和自信的不平衡

(1)过高的权威和过低的自信

拥有过高权威的领导者个性张扬，而过低自信的下属对这样的领导唯唯诺诺，什么事都是领导者一个人说了算，没有质疑，缺乏质询，有可能导致决策的错误。

(2)过低的权威和过高的自信

除了职务，下属在各方面明显优于领导者，虽然领导者有疑惑，没有完全按自己的想法行事，但因具体工作由下属完成，下属也自信有能力完成，风险不大。

(3)过高的权威和过高的自信

这是一种危险的组合，在紧急情况下，会出现技术上的分歧，对决策可能意见不一，都想指挥和控制，因自尊而各不相让，导致争吵，延缓行动或行动不力。

(4)过低的权威和过低的自信

最危险的组合，都意识不到问题，不做决定或决定不及时，或由于缺乏质询而使决策不正确。

2)导致过高权威和过低自信的原因

(1)权力欲过高，希望全面控制；缺乏与团队成员的沟通技巧；不善于将工作和任务委派给适当的团队成员；只注重结果，希望通过职务权威来获得结果；想证明自己等是造成权威过高的主要原因。

(2)因对领导者的职务权力而产生的畏惧；对自己的能力有怀疑；对结果如何无预见；缺乏与领导者的沟通技巧；人际关系紧张等是造成自信过低的主要原因。

4. 自信的培养

一个人由于缺乏成功的经验，缺乏客观的期望和评价，消极的自我暗示抑制了他的自信心，加上心理上的缺陷、不良的成长环境等原因导致了自卑心理的产生。因此自信心的培养要从以下几方面入手：

1)缺乏自信心的人应：

(1)要有意识地选择与那些性格开朗、乐观、热情、善良、尊重和关心别人的人进行交往。在交往过程中，通过有意识的比较，可以正确认识自己，调整自我评价，提高自信心。

(2)不断提高对自我的评价，对自己作全面正确的分析，多看看自己的长处，多想想成功的经历，并且不断进行自我暗示，自我激励。

(3)想办法不断增加自己成功的体验，寻找一些力所能及的事情作为试点，努力获取成功。如果第一次行动成功，使自己增加了自信心，随着成功体验的积累，自卑心理就会被自信所取代。

(4)不断提高自己各方面的能力，拥有丰富的知识、技能、经验，具备良好的身体素质和心理素质，才能让自己充满自信。

2)领导者应：

(1)为缺乏自信心的人营造一个宽松的氛围，多给他话语权的机会。

(2)鼓励自信心较低的人勇于质询，鼓励他与人交流，鼓励他坚持自己的观点，鼓励他承担一定的责任。

(3)鼓励对自己能力有怀疑的人通过更多的实践而获得相应的知识、技能和经验，从而提高自己的能力。

(4)正确评价缺乏自信心的人的实际能力,安排他去做适当的甚至是稍稍超出他的能力的工作,让缺乏自信心的人在成功面前感到喜悦和对自我的肯定。

(5)对缺乏自信心的人适时地给予切合实际的表扬与称赞,以及公正的评价,不要轻易地批评。

(6)鼓励自信心较低的人借鉴他人成功的经验,利用想象力提升自信,逐步建立真实可靠的自信。

第六节　疲劳与压力

研究与统计表明,很多事故是由于疲劳与压力对人体机能所产生的影响所致。

一、疲劳

疲劳又称疲乏,是主观上一种疲乏无力的不适感觉,是一种人的保护性生理反应。疲劳是由于工作时间过长、劳动强度过大、心理压力过重以及得不到足够的休息和睡眠而导致精疲力竭、学习或工作效率下降的一种现象。

1. 疲劳的分类

疲劳的分类有很多种,如常见的将疲劳分为生理疲劳和心理疲劳两类。

1)生理疲劳

生理疲劳,即肌肉疲劳。人在连续从事体力活动一定时间以后就会产生生理疲劳,这时在人体内发生了生理活动变化,分解代谢和合成代谢难以维持,肌肉收缩变弱,中枢神经系统产生抑制作用,全身感到精疲力竭,渴望休息或睡眠。

2)心理疲劳

心理疲劳,即精神疲劳。引起心理疲劳的主要原因有:工作单调、缺乏兴趣;困难较多;技能不熟练;劳动条件较差;心里感到不舒服;人际关系紧张、精神负担重;不愉快;工作压力过大等。

2. 疲劳产生的原因

产生疲劳的原因很多,受到生理、心理及社会等因素的影响,对于船员来说,引起疲劳的主要原因是缺少睡眠、休息质量差、压力和工作量大。

3. 人对疲劳的反应

人对疲劳的主要反应在于:身体和头脑反应迟钝,缺少必要的警觉,易于忘事,不能很好地做出判断,难于决策;变得脾气暴躁、喜怒无常;注意力分散,意志减弱,缺少积极性,对身边的事无动于衷;处理信息缓慢,动作缺乏准确性甚至出现失误。

4. 疲劳可导致的后果

疲劳可导致以下后果:

(1)注意力不能集中,不能组织有效的活动。

(2)记忆力下降,遗忘掉某一项任务或任务的某一个部分,忽略连贯性工作程序中的一些步骤。

(3)决策能力降低,错误的判断,为了节省精力常会选择一些具有高风险的工作策略。

(4)对非正常或紧急情况的反应迟钝,需要更长的时间对变化进行感知和反应。

(5)活动失去控制,不能保持清醒和自制,语言发生障碍。

(6)态度和行为改变,沉默寡语,沮丧、易发怒。

5.疲劳对于船员的影响

疲劳对船员的工作产生不利的影响,它会干扰船员的注意力,降低船员身体和大脑的反应能力,减弱船员做出各种合理决定的能力。

6.减少船员疲劳的措施

1)减少船员疲劳的最有效的方法是保证船员获得高质量、足够的和有效的睡眠。

2)睡眠是解决疲劳的最有效的策略。一个有效的睡眠必须同时具有以下3个条件:

(1)适当的持续时间

每个人所需睡眠时间不尽相同,通常认为平均7~8小时是合适的。

(2)高质量的睡眠

每个人保持自己的睡眠处于深睡的过程中。

(3)较好的连续性,睡眠不应被打断

实践证明,一个持续7小时的睡眠其效果远胜于7个持续1小时的打盹。

3)减少船员疲劳的另一有效的方法是设法让船员得到足够的休息。除了睡眠以外,对于维持人体机能来说,休息或小睡是必须的。研究表明,短暂的小睡作为短时间的缓解措施可以帮助在较长时间的清醒中保持身体机能。小睡最有效的时间是20分钟。也就是说,如果有机会就应该小睡。但是小睡也有某些缺点,一个潜在的危险是小睡如果长于30分钟,将会导致睡眠惯性,而情境意识将会受到影响,醒来之后的20分钟内将会头昏眼花和迷失方向。小睡也可能会干扰后来的睡眠,在应该睡眠时可能感觉不困。

4)根据人体生理节奏,人类正常的睡眠周期受体温节奏的控制。这种节奏在夜间会积极促进睡眠,在白天则会使人保持清醒。因此,夜间工作可能会使人更加疲劳,一个人不可能在白天休息的时间里获得宁静的睡眠,所以在同样长的时间里,人们在白天将会比晚上获得较少的睡眠。此外,人在白天睡觉不扎实,容易受到嘈杂声、温度等因素的影响。显然,在管理过程中必须对这个因素予以考虑,从而缓解在特殊情况下需要夜间作业而给船员带来的疲劳。

二、压力

压力是一种主观上的感受。压力是心理压力源和心理压力反应共同构成的一种认知和行为体验过程。

1.压力源

压力的产生原因是复杂的,我们将带来压力感受的事件或环境称为压力源。压力源包括:

1)生物性压力源

指那些直接对人的躯体发生刺激作用而造成身心紧张状态的事件或环境。包括躯体疾病、创伤饥饿、睡眠剥夺、噪音、气温变化等。

2)精神性压力源

指那些直接阻碍和破坏个体正常精神需求的内在事件和外在事件。包括心理冲突与挫

折、不切实际的期望、不祥预感、与工作责任有关的压力和紧张等

3)社会环境性压力源

指那些直接造成个人生活方式上的变化,并要求人们对其做出调整和适应的情境与事件。如重大社会变革、重大家庭变故、家庭长期矛盾、船上人际关系不适应问题等。

2. 压力过大带来的危害

适度的压力可以激励人进步,但如果压力过大,时间过长,就会给个人和团队带来危害。

1)对个体的危害

(1)情绪:出现恐惧、焦虑、抑郁、烦躁、疲倦、消沉、紧张、缺乏兴趣等反应。

(2)身体:出现心跳加快、血压升高、肌肉紧张、大量出汗、口干、呼吸困难、肠胃功能紊乱、尿频等反应。

(3)健康:出现人体免疫力降低、头痛、偏头痛、睡眠紊乱以及血液、胆固醇及肾上腺素增加等反应。

(4)精神:出现失去自信、忧虑、无助感、绝望感,甚至认知功能失调、思考困难、对工作不满、沮丧、易怒、失落等反应。

(5)行为:出现人际关系紧张、酗酒、吸毒、过度吸烟、语无伦次、工作失误频繁等反应。

(6)思维:难以做出决定、解决问题缺乏创造性、记忆力下降、反应迟钝、对批评过于敏感等反应。

2)对团队的危害

(1)工作积极性明显降低;

(2)失误和事故明显增多;

(3)工作表现不稳定;

(4)同事间人际关系紧张,团队成员之间或部门之间交流、沟通不畅;

(5)工作效率明显下降。

3. 压力与事故

压力与事故的发生是密切相关的,而且彼此互为因果。压力可以诱发事故,而事故的发生又会造成人的压力。

4. 船员减压措施

压力产生的原因不同,应对的措施也不尽相同。压力的产生不外乎有生理的、心理的、认知的、人际关系的、社会的、文化的和制度上的等原因。只有找准压力产生的原因,应对或减压措施才能做到有的放矢,对症下药。

为减轻船员来自生理、心理以及工作上的压力,可以采取以下应对措施:

(1)通过采取多种方法与措施引导船员正确对待工作压力和心理压力,包括:学习和掌握心理学基础知识;在需要时寻求心理咨询和进行心理调适;展开文体娱乐性活动等。

(2)船员无论在工作还是生活上遇到什么困难和压力,都要加强与船舶领导和同事之间的沟通与交流,尤其是在遇到困难和情绪低落的时候,沟通与交流是排解压抑情绪,舒缓心理压力的最好方式。

(3)船上人员应定期进行相应的专业技术培训,熟练地掌握相关的知识和技能,减少因不熟悉自己的工作和欠缺相关的知识和技能而带来的工作压力。

(4)公司应为每艘船舶配备足够的能够胜任其工作的合格船员，避免船员在船上超期工作而导致的身体上疲惫和精神上的懈怠。

(5)公司应尽可能为船员提供符合相关国际公约要求的舒适的生活和工作环境，以减轻船员在船工作期间因不良的生活和工作环境带来的身体不适和负面情绪。

(6)船员应学会管理好个人的时间，保持充足有效的睡眠，减少因疲劳而感到的生理上的不适。

(7)船上的工作程序应尽可能的人性化，每一项工作都应按照标准的程序进行。船员个人即使在紧张的工作中也要注意用幽默和愉悦的心态来减轻自己的压力。

(8)船员应对船上存在的潜在的压力局面要有充分的了解并有必要的心理准备。复杂的操作一定要采取团队协作的方式，不要把所有的责任和担子加于自己一人身上。

(9)船舶管理人员要对船员进行有关压力知识的培训，并能够进行适当的心理咨询。

第七节　船舶资源管理案例分析

一、船舶资源管理案例分析概述

1. 目的

船舶资源管理案例分析的目的在于为了更好地的学习、理解船舶资源管理的原理、知识与方法，进一步提高自己在船舶资源管理方面的正确理念，掌握现代管理知识在船舶资源管理方面的应用方法。

2. 方法

1)船舶资源管理案例分析与其他类型的事故分析有很大的不同，主要是从船舶资源的控制、管理、协调和组织的角度，查找导致事故发生的原因，而不是从船舶操作的技术性层面去分析存在的问题和原因。

2)在进行船舶资源管理案例分析时，应认真分析案例中相关人员的：

(1)工作态度和情境意识；

(2)文化意识与文化差异；

(3)相互之间的沟通方式；

(4)质询与回应情况；

(5)个人权威与自信以及适度平衡情况；

(6)与团队其他成员的协作；

(7)对船舶各种资源的管理、利用与协调；

(8)决策与领导力；

(9)对压力与疲劳的处理；

(10)对船舶应急情况的掌控以及危机管理技巧等。

3)在全面了解案例情况的基础上，将事故原因中涉及人的因素与失误的内容逐项与上面列出的内容加以对照分析，从而得到案例中所存在的相关船舶资源管理方面的问题以及产生的原因。

4)在找出的相关船舶资源管理方面的问题与原因基础上,通过进一步的分析和研究,探讨如何防止类似案例的发生的具体方法与措施。

3. 在分析时应注意的事项

船舶资源管理案例分析是一项综合性分析工作,在进行分析时应注意以下各点:

1)首先应寻找和分析在事故发生和发展过程中与人有关的因素(重点是人的失误),以及这些因素(失误)与后果之间的关系。

2)在事故发生过程中人的有关因素中,寻找失误链的存在及其形成原因,包括相关人员中所具有的任何对安全产生危害影响的想法与行为;

3)在案例分析过程中,可分析案例中是否存在以下问题:

(1)未能布置好任务和落实责任;

(2)未能处理好工作的先后次序;

(3)未能对过程加以有效的监督;

(4)未能充分利用已有的数据、资料和设备;

(5)未能认真地进行有效的交流和沟通;

(6)未能及时发现和质疑存在的问题;

(7)未能认真做好计划和执行计划;

(8)未能严格执行和遵守操作程序;

(9)未能切实保证船员的基本休息时间;

(10)未能合理调节船员的工作压力等。

4)应尽可能地对案例进行较为系统的分析,不要过于注意细小的技术性问题,而要着重分析和查找船舶资源管理中存在的具体问题。

5)在案例分析的基础上,结合自己所学的船舶资源管理原理与知识,总结出日后防止类似事故发生的方法与措施。

二、船舶资源管理事故案例

20 世纪 90 年代初,巴拿马国旗的集装箱船“VICTURY”号(以下简称“V 轮”)正在欧洲易北河口附近航行。“V 轮”总长 230 米,型宽 28 米,首吃水 12.5 米,尾吃水 12.7 米,船上载有 2789 个标准集装箱。

0230:当时能见度约 5 海里,船舶接近易北河口引航站,二副唤船长上驾驶台。驾驶台上还有值班水手两人,其中一名操舵,另一名协助瞭望。1 部雷达和 1 台电罗经在工作,电罗经有 1°E 的误差。船上的测深仪上个航次就发现工作不正常,误差太大,尽管打开了该设备,但没有使用它测量水深。

0320:船抵易北河口灯船,引航员登船。引航员曾多次引领“V 轮”进出汉堡港,因此登船后没有再向船长询问任何事情,直接从船长手中接过船舶指挥权,开始引领船舶。很快引航员命令以“前进三”(24 节)的速度向易北河口航行,值班水手开始执行引航员指令。

0338:船长因故离开驾驶台,走前向二副做了一个简单交代,向引航员打了个招呼。

0358:大副上驾驶台接二副班。按照船上的值班安排,大副班的值班水手由 2 人减为 1 人。此前在进出鹿特丹港、安特卫普港以及伦敦外港 TIRBERY 时,船舶在马斯河、斯海尔德河、泰晤士河中航行期间，大副被安排在船首带领瞭望，到港后又要负责货物装卸以及甲板部一些日常管理工作，因此已整整 6 天没有得到充分休息，极为疲惫。接班前大副刚刚得到 4 小时的休息时间，但仍然感到非常疲乏。

0402：机舱跳电，1 分钟后恢复供电。因为经常发生机舱跳电，驾驶台习以为常，没有打电话询问机舱原因。事后得知，当时只有一台副机（发电机）在工作，而正常情况下，需要 2 台副机并车工作。

0403：引航员命令改驶 091°，得到操舵水手确认，并执行舵令。引航员事后在法庭上作证指出，自己对航线熟悉，用不着驾驶员的参考建议和查看海图。实际上大副由于当时比较疲劳，认为有引航员引领船舶，不用担心，因此没有查看海图，也没有对引航员的转向命令提出任何异议。

0408：更换海图。更换后的海图上没有易北河口 Koblenz 礁附近浅水区域的标记，但是被换下的海图上有，因为那张海图经过海图修正。在更换后的海图上，计划航线经过 Koblenz 礁附近的浅水区域，船长在审核计划航线时认为，航线附近海图水深最浅处为 11.2 米，加上潮高 2 米，有 0.5 米的富余水深，船舶在这条航线上行驶是安全的，上个航次也是使用这条计划航线，事实证明了船舶可以安全通过，所以无需多虑。后经海事调查，“V 轮”在以 24 节的速度高速通过该浅水区域，由于船体下沉，富裕水深才 0.1 米，因为这个未在海图上标注的浅水区域实际水深只有 10.9 米。

0410：大副定位，没有发现什么问题，也没有感到有什么异常。

0414：船舶发生剧烈的颤动。船长慌忙赶到驾驶台，在经过海图室时向放在海图桌上的海图匆匆看了一眼。

0415：引航员下令停车。船长事后在法庭上证实，当他上驾驶台时认为本船可能与他船发生了碰撞；而引航员则在法庭上证实，他当时怀疑船舶发生了主机故障什么的。两人都没有想到船舶搁浅。

0420：经雷达观察以及到驾驶台两翼甲板瞭望，证实没有发生船舶碰撞，经与机舱联系证实没有发生任何机械故障，这时船长和引航员才恍惚觉得——船舶搁浅了。

0425：驾驶台火灾报警装置突然报警，显示机舱着火，船长打电话到机舱询问情况，但无人接听。船长事后在法庭上作证时表示，当时他以为是火灾将电话线路烧毁，因为仅仅在 5 分钟前机舱还在向驾驶台报告没有发生任何机械故障。船长此时感到有些无措，不知是应该先去处理搁浅事故，还是先去处理火灾事故。大副主动和船长商量，认为有必要将救生艇先放出，以备万一，船长同意，大副遂带人去做放艇准备。正在值班的水手被派往机舱了解情况，此时驾驶台仅留下船长和引航员，船长也没搭理引航员。船长在考虑如何处置机舱灭火的事，最后决定先启动消防应急，并决定等派往机舱的水手回来报告情况后再采取进一步行动。引航员这时离开了驾驶台，引航员事后在法庭上作证时称，他当时有些紧张，船舶搁浅与他指挥有关，此时船长将他晾在一边，没有和他进行任何沟通，看来也不想听取他的意见，他感到尴尬和无趣，因此决定到驾驶台的外面去待一会儿。

0430：派往机舱了解情况的水手回来，转达轮机长的报告，称机舱部分防火门已自动关闭，有大量烟雾从机舱的一些道门冒出，机舱内部情况不太清楚。听到水手转达的报告，船长愈发感到事态严重，命令已赶到驾驶台的三副去消防控制站准备释放 CO_2。在此期间，船长既没有鸣放应急警报,也没有向沿岸主管当局报告,也没有向船公司报告,在突然发生的这一系列的事情面前,他感到紧张、茫然、不知所措。

0435:三副打电话报告已做好 CO_2 释放准备,问是否需要释放,船长担心机舱内还有人,告诉三副等等再说。一会儿接到轮机长报告,说机舱里 2 名值班人员(1 名值班轮机员和 1 名值班机工)均未离开机舱,但机舱内冒出的烟雾越来越小,而且感到机舱内不像是发生火灾。事后的海事调查证明,由于船舶在搁浅时发生剧烈震动,导致一未关紧阀门的日用滑油柜里的滑油溢出,流淌到下面的高温设备上,产生浓烟,致使整个机舱里很快浓烟滚滚,烟雾弥漫。

0438:大副打电话询问是否需要将救生艇推出降落,船长说再等等,大副坚持认为应该将救生艇先推出降落到水面,如果不需要使用,可以再绞上来。船长没有再坚持,让大副自己酌情处理,而大副理解成船长命令放艇,也没有再要求确认,遂指挥水手长和其他现场人员释放左舷的救生艇。在释放救生艇的过程中,由于慌乱,救生艇首钩突然脱落,救生艇一头倒挂,正在艇上的两名水手,其中一人机敏地抓住艇钩,后经别人帮助脱险,另一人则因无物可抓,落入海里,第二天被在出事海域 7 海里以外发现,因为没有穿救生衣,早已淹溺身亡。

0445:轮机长通知船长,机舱实际上并没有着火,但同时告诉船长一个不幸的消息,正在机舱值班的大管轮和一名值班机工被发现躺在靠近集控室的一个机舱门口,2 人均已窒息身亡。在后来的海事调查报告中推论,机舱两名值班人员在发生火灾时正在集控室里值班,如果继续呆在集控室内,并无生命之虞;或者带上集控室里配有的紧急逃生呼吸器(EEBD),可以轻易地逃出机舱。但不知是不会使用,还是嫌麻烦,两人均没有使用紧急逃生呼吸器,在没有弄清楚情况也没有接到命令的情况下,选择了屏住气向机舱门处奔跑,试图逃离机舱,但还是发生了不幸,没有跑出那十几米外的机舱门槛。调查人员评论,大管轮已经 40 多岁,应该具有一定的工作经验和生活经验,在危急关头,如果能够正确做出决策,不仅可以自己保命,也可以同时拯救另一条只有 20 岁的年轻生命。

0450:引航员终于决定给船长一点建议,告诉了船长如何与最近的港口当局联系。

0600:2 艘拖轮抵达事故现场。船长不愿签署"无效果、无报酬"救助合同,坚持要签雇佣救助合同。拖轮认为有风险,不同意,双方争执不下。船长对和远在美国的航运公司总部联系有顾虑,由于有 6 个小时的时差,总部那边正值深夜,船长犹豫不决,想等到总部白天,也想等待事态的进一步发展再做决定。其实船上有一部电话,可以和总部联系,只是由于船舶所处水域离岸稍远,信号不太好。除此以外,当时船长还可以利用多种通讯手段(包括遇险通讯手段)和途径与公司取得联系,但船长都没有使用。在海事调查过程中,船长声称当时自己紧张,加上有些犹豫,所以没有及时和公司联系,听取指示。调查人员认为,船长陈述的这些理由都是令人难以接受的理由。

1300:美国航运公司总部同意签署"无效果、无报酬"的指示终于收到,但此时 2 艘拖轮已无能为力,由于白天风力渐大,已将"V 轮"推向 Koblenz 礁。"V 轮"左舷船尾触礁,形成一个约 5 平方米的破洞,造成 300 多吨燃油溢出。海事调查发现,"V 轮"搁浅后,由于随后又发生了火灾以及人员落水等一系列事情,船长根本不清楚应该先处理哪件事情为好,整个船舶应急杂乱无章,也没有人向船长询问此时应该做些什么,更没有人对船长的抛单锚固定船位的命令提出质疑,匆忙抛锚后也没有核定锚位,也没有对搁浅船舶周围的水深进行测量,对船舶搁浅处的水文情况完全不知，以致在单锚抓力不足的情况下船舶走锚，在风流的作用下，船舶飘向Koblenz礁。尽管拖轮方面多次提醒“V轮”，该轮正面临的危险，但船长以为这只是一种要挟手段，未予理会，最终船舶触礁。

1700：另2艘拖轮抵达事故现场，在4艘拖轮的协助下，“V轮”趁潮起浮，离开礁石并最终脱浅。事后根据海损理算，此次搁浅事故及污染事故共造成：修理费用100多万美元；救助费用400多万美元；油污清理和赔偿费用2000多万美元；船期损失150多万美元；事故导致3人死亡、1人受伤。

第九章 远洋货运单证

在国际海上货物运输过程中，从托运人办理货物托运开始，到承运人接收货物、装船、卸货直至货物交付，在整个运输过程中需要编制各种单证。这些单证一方面起着货方与船方之间办理货物交接的证明作用，另一方面也是货方、船方、港方等有关单位之间从事业务工作及划分责任的依据。

远洋货运单证种类很多，在各个国家、各个港口都不完全一致，但主要货运单证的基本内容与作用却大致相同。现介绍一些国际上比较通用的远洋货运单证。

第一节　装货港单证

装货港单证是指在装货港编制和使用的与远洋货物运输有关的单证，主要包括托运单、装货单、收货单、提单、装货清单、载货清单、载货运费清单、危险货物清单、货物配载图、货物实载图等。

一、托运单

托运单(Booking Note)是由托运人或其代理人根据货物买卖合同和信用证的有关内容填写的，向承运人或其在装货港的代理人申请办理货物托运的单证。

二、装货单

装货单(Shipping Order)由托运人根据托运单填写，经承运人签认后，凭以命令船长将其上记载的货物装船运输的单证。托运人凭承运人签发的装货单，连同与货物有关的其他单证，向海关办理出口货物报关手续。如经海关查验，准予出口，则在装货单上加盖海关放行图章，表示该票货物允许装船出口。此时的装货单习惯上称为“关单”。船长或大副依据“关单”接受货物装船承运。

三、收货单

收货单(Mate's Receipt)是指货物装船后,由承运船舶的大副签署给托运人,作为船方已收到该票货物并已装上船舶的凭证。习惯上收货单又称为“大副收据”。

1. 收货单的主要作用

1)划分船、货双方责任的重要依据

承运人对货物承担的责任通常是从装船开始的,对于装船前发生的货损,承运人不承担责任。所以,货物装船时,承运船舶的大副必须仔细核对货物的实际情况与装货单的记载是否相符。如发现包装不当或不固,或有损坏现象,或有明显的迹象表明可能损坏,大副有权在收货单上加以批注,从而可在一定程度上使船方减轻或免除赔偿责任。

2)据以换取已装船提单的单证

货物装船后,经大副签字的收货单由理货公司转交,退还给托运人,托运人持收货单到承运人或其在装货港的代理人处付清预付运费,换取已装船提单。如果收货单上附有大副批注,除非经承运人同意,凭托运人提交的保函换取清洁提单外,承运人应如实地将大副批注转批到提单上。

2. 正确掌握大副批注的基本要求

在收货单上记载有关货物外表状况不良、缺陷或短少的情况称为“大副批注”。一旦收货单上有了此类批注,此时的收货单便称作不清洁收货单。

大副在收货单上进行批注时应掌握以下基本原则:

(1)避免在收货单上作含糊不清的批注。

(2)批注的内容应与事实相符,既不应扩大,也不要缩小。

(3)注意防止两种倾向:一种是不管货物是否完好,件数是否正确,一概不加批注,而使得承运人负担本来不需承担的责任。另一种是不问有否损坏或短缺,为了减轻承运人的责任,吹毛求疵地一概加以批注,而给货主增加不必要的麻烦。

(4)在货物装船时,如发现其外表状况不良,包装有破损、污渍,缺少标志或标志不清等,势必影响货运质量和交付的,应要求货主调换或重新包装、标志,否则,应将实际情况在收货单上如实批注。如发现货物在装船时已存在严重的残损,应拒绝收货。

(5)在货物装船时,如发现其数量上有短少或重量不足,应要求货主立即补足,否则,应将货物短少的具体数字在收货单上如实批注。

(6)如无合适的方法对装货重量进行核实时,可在收货单上注明“托运人提供的重量”。如与货主就装货重量有争议,必须在收货单上注明“关于货物重量有争议”或“争议中”等字样。

(7)根据货物本身价值的高低,掌握不同的批注分寸。一般来说对贵重货物、大件货物、成套进口设备等应严格把关,只要发现其表面状况有缺陷,就应拒绝收货。不要轻易地采取批注装船的方式处理此类货物。

(8)对于在有关海上货物运输合同中已经列明的承运人可以免责事项,不必在收货单上重复批注。

四、装货清单

装货清单(Loading List)是指承运人根据装货单留底,将全船待装货物按目的港和货物性质归类,依航次靠港顺序排列编制的装运货物汇总清单。装货清单是承运船舶的大副编制配载计划的重要依据。因此,这一单据的内容是否正确,对能否正确、合理地编制配载计划具有十分重要的影响。

装货清单主要内容包括装货单编号、货名、件数、包装形式、毛重、估计尺码及对装运特种货物的要求或注意事项的说明等。

如有增加或取消货载情况发生,则承运人或其代理人须及时填制加载清单,或取消载货清单,并及时通知船上。

五、提单

提单(Bill of Lading)是承运人签发给托运人,用以证明海上货物运输合同和货物已经由承运人接收或装船,并保证据以交付货物的单证。

六、载货清单

载货清单(Manifest)是由船公司或其在装货港的代理人根据收货单或提单按卸货港分票编制的全船实际载运货物的汇总清单。根据船舶办理出口和进口报关的不同,载货清单可分为"出口载货清单"、"进口载货清单"和"过境货物载货清单"。若船舶在港口未进行装货,办理船舶出口报关手续时,也应向海关提交一份经船长签字并注明"无货出口"字样的出口载货清单;反之,船舶未载货进口,应向海关提交一份经船长签字并注明"无货进口"字样的进口载货清单。

七、载货运费清单

载货运费清单(Freight Manifest)又称运费清单或运费舱单,是由船公司或其在装货港的代理人按卸货港及提单序号逐票列明的所载运货物应收运费的明细表。

八、危险货物清单

危险货物清单(Dangerous Cargo List)是船公司其在装货港的代理人编制的全船载运危险货物的汇总清单。危险货物清单的主要内容除了载货清单所记载的事项外,特别增加了货物的性能和装船位置两项。

为了确保危险货物的装卸和运输安全,很多国家的港口都规定,凡载运危险货物的船舶都必须单独编制危险货物清单。为了便于识别,该单证常用红色并附加特别标志制成。而且通常各港口的海事管理机构都规定,装运危险货物的船舶必须向当地的海事管理机构申请监装或监卸。装船完毕后由负责监装的海事管理机构签发一份"危险货物安全装载证书"或等效文件,该证书或等效文件是船舶载运危险货物时必备单证之一。

危险货物清单不仅是船舶、货物进出口报关和船舶配载的必需单证,而且是装卸货港口的有关当局对危险货物进行监管的必要凭证,也是船员了解船上所载危险货物的情况,保证货物的装卸和运输安全的单证。

九、货物配载图和实载图

货物配载图（Cargo Plan）是承运船舶的大副在装货前，根据装货清单以及船舶的结构、货物的重量、体积、性质和到港顺序，以图示的形式绘制的表示货物在船舱内的计划装载位置的单证。也称货物积载计划。货物实载图（Stowage Plan）是货物装船完毕后，由理货长根据货物实际装载情况重新绘制的货物实际积载图。

货物配载图的作用是明确货物的计划装舱位置，同时也是指导理货人员理货、船员监装和装卸公司装载货物的依据。货物的配载图必须经大副和船长签字确认后，才可以据此安排货物的装载。

货物在实际装船过程中，货载计划可能发生变化，实际货载情况与托运人提供的情况有可能不一样，如有些货物不能及时装船，或者船舶临时加载，或者在装货过程中，货物的实际装载位置与预配时不同等，因而货物实载图和货物配载图不一定完全一样。货物实载图主要作用是船方进行货物运输、保管、卸船等工作必要的查阅资料，也是卸货港安排卸货作业和理货人员进行理货的重要依据。

第二节　卸货港单证

卸货港单证是指在卸货港编制和使用的与远洋货物运输有关的单证，包括过驳清单、卸货报告、货物残损单、货物溢短单、提货单等。

在卸货港，承运人的代理人收到装货清单、货物积载图、分舱单等由装货港编制寄送的货运单证后，就开始办理船舶进口报关手续和卸货准备工作，同时向收货人发出到货通知。在卸货和交付货物过程中，为明确交接责任，通常要签发一些能够证明船方与装卸公司或收货人之间交接货物实际情况的单证。在不同国家和港口所使用的卸货单证名称可能不同，但其内容及作用大体相同。

一、过驳清单

过驳清单（Boat Note）是卸货港采用驳船作业时，作为证明货物交接和表明所交货物实际情况的单证。过驳清单是根据卸货时的理货单证编制，主要内容包括：驳船名、货物标志、号码、件数、品名、舱口号、卸货港、卸货日期、过驳清单编号及所卸货物的残损情况和程度。过驳清单须由理货组长和船上的大副共同签字确认。

日本及欧洲的一些港口多使用过驳清单，不使用过驳清单的港口则通常使用卸货报告。

二、卸货报告

卸货报告（Outturn Report）是按照起运港编制的出口载货清单和在卸货港卸下的全部货物重新按票汇总的一份详细进口载货清单。卸货报告比装货港的出口载货清单增加了：卸货方式、实交数量、溢短数量、残损情况和备注等。卸货报告是船方和理货人员共同签署的，用以证明货物已卸船交付及表明货物实际情况的单证。对货物外表状况、溢短等可在卸货报告备注栏内批注,并经理货组长、装卸公司或收货人和大副共同签认。

在卸货时若发现有货损货差,不要轻信理货人员的意见,大副应到现场去观测货物实际损坏情况,实事求是地签认货物的残损情况。否则,如果船方轻率在卸货报告或过驳清单上签认,以后在货方向承运人索赔的过程中,将构成对承运人不利的证据。

三、货物残损单和货物溢短单

在我国,卸货时使用货物残损单和货物溢短单作为货物交接证明的单证。

货物残损单(Broken & Damaged Cargo List)是指货物卸完后,现场理货人员根据卸货过程中发现的货物破损、水湿、汗渍、油渍、污渍等情况汇总编制的表明货物残损状况的单证。货物残损单可作为事后处理货物残、损及划分承运人与货方责任的原始资料和依据之一。

货物溢短单(Overland & Shortland Cargo List)是在卸完货后,发现所卸货物与提单(或载货清单)所载数量不一致时,由理货人员汇总编制的表明货物溢卸或短卸情况的单证。货物溢短单是船公司日后处理货物短少索赔的原始依据,也是向船舶本航次中所挂靠港口发送货物查询单的依据。

由于货物残损单和货物溢短单是船公司理赔的重要原始单据之一,且必须由理货人员和船方共同签署后才有效,所以船方在签字时应认真核对,确保情况属实。如果存在不同意见,最好与装卸公司及理货人员协商一致,否则签字时应按实际情况在单证上作适当的批注。

四、提货单

提货单(Delivery Order)是船公司或其卸港代理人,根据收货人或提单持有人提交的提单,签发给收货人或提单持有人的凭以在仓库或船边提取货物的凭证。

第十章 定期船运输

第一节 班轮运输

一、班轮运输的概念与特点

1. 班轮运输的概念

船舶的基本营运方式有定期船运输和不定期船运输。定期船运输又称班轮运输(Liner Shipping),是指船舶按事先公布的船期表在特定的航线上,以既定的挂靠港口顺序,经常地从事航线上各港间的船舶运输。

2. 班轮运输的种类

班轮运输按船舶是否严格执行船期表划分,可分为定线定期班轮与定线不定期班轮。前者是指船舶严格按照预先公布的船期表运行,抵、离港口的时间固定不变;后者是指船舶虽有船期表,也有固定的始发港与目的港,但船舶抵、离港的时间可有一定的伸缩且中途挂靠港可视货源情况临时增减。随着集装箱运输的发展,班轮运输又进一步分为传统的杂货船班轮运输和集装箱班轮运输。

3. 班轮运输的特点

班轮运输主要具有以下特点:

(1)适合小批量的件杂货运输;

(2)托运人通过向承运人订舱,建立海上货物运输合同关系;

(3)提单作为海上货物运输合同的证明、交接货物的证明和解决运输中所产生争议的依据;

(4)通常在码头仓库或船边交接货物;

(5)承运人承担货物装卸费用;

(6)承运人按公司的运价表计收运费,且运价内已包括装卸费用;

(7)在港时间不计算装卸时间以及滞期费或速遣费。

二、班轮运输合同——提单

1. 提单的概念

提单(Bill of Lading),是指用以证明海上货物运输合同和货物已由承运人接管或者装船,以及承运人保证据以交付货物的单证。货物由承运人接管或者装船后,应托运人的要求,承运人或其代理人应当签发提单。

提单在海上运输,特别是班轮运输中被广泛使用。

2. 提单的作用

1)提单是承运人与托运人之间达成的海上货物运输合同的证明

提单不论是在托运人手中,还是转移至收货人或提单受让人手中,它只是海上货物运输合同的证明,而不是合同本身。实际上,在提单签发之前,托运人向承运人订舱,承运人同意承运,双方达成海上货物运输的意思表示一致时,海上货物运输合同即告成立。货物由承运人接管或装船后签发提单,这只是承运人履行合同的一个环节。

提单不仅证明在承运人与托运人之间存在海上货物运输合同,同时,它也是合同内容的证明,即提单上的条款,除承运人与托运人事先另有协议外,是海上货物运输合同的组成部分。托运人在订舱时,对船公司事先印制并公开的提单上的条款,如没有提出异议,推定托运人同意接受。除非托运人能证明,他与承运人另有协议,或在订舱时,不能事先知道提单条款的内容。

2)提单是承运人接管货物或将货物装船的证明

提单签发表明承运人已接管其上所记载的货物,因此提单具有货物收据的作用。当提单在托运人手中时,它是承运人已按其上所记载情况收到货物的"初步证据",即如承运人实际收到的货物与提单上记载的内容不符,承运人可以提出反证。但提单转让至善意的第三者收货人或提单受让人手中,除提单上订有有效的"不知条款"外,提单成为承运人按其上记载的内容收到货物的"绝对证据",承运人不得提出相反的证据,证明其实际收到的货物与提单上记载的内容不符。即使提单记载的内容与事实不符系托运人错误申报所致,承运人亦不得以此对抗善意的第三者收货人或提单受让人,而只能就货物的短少或损害,在向收货人或提单受让人作出赔偿后,再向托运人追偿,以保护善意的第三者的利益。所谓善意,指收货人或提单受让人不知道提单记载的内容与事实不符。

3)提单是承运人保证据以交付货物的凭证

承运人在卸货港(或目的地)交付货物时,应当将货物交付给凭提单有权提货并请求提货的人。我国《海商法》规定:提单中载明的向记名人交付货物,或者按照指示人的指示交付货物,或者说向提单持有人交付货物的条款,构成承运人据以交付货物的保证。如果承运人未将货物交与提单持有者,则应对根据提单有权提货的人因此造成的损失负赔偿责任。上述规定同时表明,收货人应凭提单提取货物,如果收货人向承运人要求提货时不提交提单,承运人有权拒绝向其交付货物。

3. 提单的种类

1)已装船提单和收货待运提单

按货物是否已装船,提单可分为已装船提单和收货待运提单。

(1)已装船提单

已装船提单(Shipped B/L,On Board B/L)是指整票货物全部装船后由承运人、其授权代理人或船长根据大副收据签发给托运人的提单。这种提单除载明一般事项外,通常还必须注明装载货物的船舶名称和装船日期。

(2)收货待运提单

收货待运提单(Received for Shipment B/L)是承运人在收到托运人提供的货物后,但还没有装船时,应托运人的要求而签发的提单。由于货物尚未装船,所以提单上未载明所装船名和装船时间。

货物装船后,托运人凭收货待运提单向承运人换取已装船提单,或者提单签发人在收货待运提单上加注船名和装船日期并签字盖章,使之成为已装船提单。

2)记名提单、指示提单和不记名提单

按提单上收货人的记载不同,提单可分为记名提单、指示提单和不记名提单。

(1)记名提单

记名提单(Straight B/L)是指提单正面收货人一栏内载明特定的收货人的提单。承运人在目的港应向该特定的收货人交付货物。记名提单除可从托运人转移至其上载明的收货人外,一般不能用以流通转让。

(2)指示提单

指示提单(Order B/L)是指提单上收货人一栏内载明"凭指示"或"凭某某指示"字样的提单。指示提单又可分为托运人指示提单,记名指示人提单和选择指示人提单。如果在收货人栏内只填写"凭指示"字样,则称为托运人指示提单;如果收货人栏内填写"凭某某指示",则称为记名指示提单;如果收货人栏内填写"某某或指示",则称为选择指示提单。

(3)不记名提单

不记名提单(Bearer B/L)又称空白提单,是指提单正面收货人一栏内,不记载具体的收货人或由某人指示,通常只注明"持有人"或"交与持有人"字样的提单。这种提单无需背书即可转让。不记名提单具有很强的流通性,但容易因遗失或被盗而给买卖双方带来风险,因而实践中很少采用。

3)清洁提单和不清洁提单

按提单上有无货物外表状态不良或缺陷的批注,可分为清洁提单和不清洁提单。

(1)清洁提单

清洁提单(Clean B/L)是指提单上没有关于货物外表状态不良批注的提单。它表明承运人在接收货物时,货物的外表状态良好。

所谓外表状态,通常指承运人凭目力所能观察到的货物状况。外表状态良好,并不排除货物内容存在缺陷或其他通常目力不能及的缺陷。承运人一旦签发了清洁提单,货物在卸货港卸下后,如发现有残损,除非是由于承运人可以免责的原因所致,否则承运人必须承担赔偿责任。

(2)不清洁提单

不清洁提单(Unclean B/L)是指承运人在提单上加注了有关货物外表状态不良等批注的提单。

在收到托运人提供的货物时,如货物外表状态不良,大副签发大副收据时,会作相应的批注。在签发提单时,如把大副收据上的批注转移至提单上,提单便成为不清洁提单。承运人在目的港交货时,对于货物的损害,只要不超出批注的范围,即可免除责任。

载有下列批注的提单,不构成不清洁提单:不明显地指出货品或其包装不能令人满意,例如旧箱、旧桶、包装材料脆弱、没有包装等;强调对于货物性质或包装所引起的风险,承运人不予承担;否认承运人对货物内容、数量、尺码、质量或技术规格的确知等。

4)直达提单、海上联运提单和多式联运提单

按货物运输方式的不同,提单分为直达提单、海上联运提单和多式联运提单。

(1)直达提单

直达提单(Direct B/L)是指规定货物在装货港装船后,中途不经过换船,直接运至目的港卸船交货的提单。只要提单上没有规定货物在中途换船,或改换其他运输方式运至目的港,这种提单即为直达提单。直达提单不排除船舶中途挂靠港口。

(2)海上联运提单

海上联运提单(Ocean Through B/L)也称转船提单,是指货物在装货港装船后不直接运往目的港,而需在中途港卸船,转交给其他承运人用其他船舶接运至目的港,在这种情形下,由首程承运人签发的提单。签发海上联运提单的承运人,称为联运承运人;接运货物的承运人称为接运承运人或实际承运人。

(3)多式联运提单

多式联运提单(Multimodal Transport B/L)是指承运人将货物以包括海上运输在内的两种或两种以上的运输方式,从一地运至另一地而签发的提单。这种提单多用于集装箱运输。

5)无船承运人提单和船公司提单

(1)无船承运人提单(Non-vessel Operation Carrier B/L,House B/L)

无船承运人提单又称货运代理提单,是指由无船承运人或其代理人签发给托运人的提单。

托运人向无船承运人托运货物,由无船承运人签发给托运人一份无船承运人提单,收货人拿到该提单后向无船承运人在目的港的代理提取货物,或换取提货单直接向实际承运人提取货物。无船承运人提单可以流通转让,具有物权性。

(2)船公司提单(Ocean B/L,Master B/L)

船公司提单是指由载货船舶的所有人、经营人或其代理人签发给无船承运人的提单。这种提单主要用于凭以交付货物,不具有流通性、物权性。

通常情况下,货物运抵目的港之前或之后,无船承运人凭船公司提单到船舶所有人或经营人在目的港的代理人那里换取以货物买方或其货运代理人为收货人的提货单,然后,货物买方或其货运代理人凭无船承运人提单到无船承运人的交货代理人那里换取提货单,并凭提货单提取货物。

6)特殊提单

(1)倒签提单

倒签提单(Anti - dated B/L)是指在货物装船后,以早于货物实际装船日期为签发日期的提单。当货物实际装船日期晚于信用证规定的装运期,托运人往往要求签发此种提单,以便其能顺利结汇。

虽然托运人要求签发倒签提单时常常出具保函,但承运人签发此种提单仍需承担一定的风险,特别是市场上货价下跌时,收货人可以以"伪造提单"为借口拒绝收货,并提出损失赔偿请求。承运人接受保函签发倒签提单,有违民事活动诚实信用的基本原则,甚至构成与托运人串通,对善意的第三者收货人或提单持有人进行欺诈。如果因此造成第三者收货人的损失,承运人应承担赔偿责任。

(2)预借提单

预借提单(Advanced B/L)是指在货物尚未装船或尚未装船完毕的情况下签发的已装船提单。这种提单通常是在信用证规定的装船日期和交单结汇日期行将届满时,应托运人要求签发的。

签发预借提单,可能构成承运人与托运人合谋对善意的第三者收货人或提单受让人进行欺诈,承运人可能需要承担较大的风险。签发预借提单的法律后果表现为:首先,在货物尚未装船或尚未装船完毕签发提单的情况下,对以后货物实际装船时的外表状态失去了批注的权利,未经大副检查就签发了清洁提单,可能增加承运人的赔偿责任;其次,签发提单后,可能由于其他原因导致改变原定的装运船舶,或者发生货物灭失、损坏或退关,从而使收货人很容易掌握预借提单的事实,以欺诈为由向承运人索赔损失;最后,有些国家的法律规定和判例表明,在签发预借提单的情况下,承运人不但要承担货物损失赔偿责任,而且丧失责任限制和免责的权利。

相比于倒签提单而言,承运人签发预借提单承担的风险更大。我国法院对承运人签发预借提单的判例表明,承运人不但应承担由此引起的一切后果,赔偿货款损失和利息损失,而且还应赔偿收货人因此而造成的经济损失。

4.提单背面条款

提单的背面印有各种条款,只要不违背约束提单条款的国际公约或国内法规的强制性规定,并与承运人和托运人事先达成的协议不相抵触,便是承运人、托运人之间海上货物运输合同内容的证明。

普通杂货船提单中通常订有下列背面条款:

1)定义

在提单背面条款中通常首先需要对托运人、发货人、受货人、收货人、提单持有人和货物所有人进行定义,将其统称为货方。但这些人在海上货物运输合同中的法律地位并不相同,与承运人之间的权利、义务关系也不同。

2)承运人责任期间

承运人责任期间是指承运人按照法律或合同规定,对货物负责的一段时间。在承运人责任期间,货物发生灭失或者损坏,除承运人可以免责的原因外,承运人应当负赔偿责任。如果造成货物灭失或者损害的原因发生在规定的承运人责任期间,并且承运人对此不能免责,但货物的灭失或者损坏发生在承运人责任期间届满之后,承运人亦应对货物的灭失或者损坏负责。

根据适用于提单的不同国际公约和国内法的规定,承运人的责任期间是不同的。我国

《海商法》将货物分为集装箱货物和非集装箱货物,并分别为其规定了承运人责任期间。对于集装箱货物,承运人责任期间为从装货港接收货物时起至卸货港交付货物时止,货物处于承运人掌管之下的全部期间;对于非集装箱货物,承运人责任期间为从货物装上船时起至卸下船时止,货物处于承运人掌管之下的全部期间。同时我国《海商法》允许承运人对非集装箱货物在装船前和卸船后所承担的责任达成任何协议。

3)承运人权利与义务

在提单中列入此条款的目的是为了明确承运人在承运提单上所列货物时有哪些基本的权利与义务。如果提单中已有首要条款,便无需订立此条款。

承运人权利是指根据法律或合同承运人在海上货物运输中应享有的权利,主要包括免责的权利和享有赔偿责任限制的权利。承运人义务是指承运人在海上货物运输中应承担的最低限度的义务,主要包括保证船舶适航和谨慎管货两大义务。

4)货物损失通知与诉讼时效

在提单中列入此条款的目的是为了明确当货物发生灭失或损坏时,灭失或损坏的通知应在什么时间内提出,以及有关货物索赔的诉讼时效为多长。

对于普通杂货,一般规定,根据提单有权提取货物的人,除非在卸货港将货物灭失或者损坏的一般情况,在货物移交其保管之前或当时,书面通知承运人或其代理人,否则这种移交应作为承运人已按提单交付货物的初步证据。如果货物灭失或者损害不明显,则应在交货后若干天之内提交此种通知。如果交付时已对货物的状态作联合检验或检查,则无须提交书面通知。对于货物的灭失或者损坏,除非自交付货物或本应交付货物之日起 1 年内提起诉讼,否则承运人和船舶均被免除其对货物的灭失或者损害的一切赔偿责任。

5)装货、卸货和交货

提单中的装货、卸货和交货条款通常规定:货方应以船舶所能装卸的速度,尽快地昼夜及时提供和提取货物。承运人可以不预先通知受货人即开始卸货。若受货人不能及时将货物迅速从船边提取或拒绝提货,或发现无人认领货物,承运人可以将货物卸在仓库或者其他适当场所,由此产生的费用和风险由收货人承担,承运人应被视为已经履行其交付货物的义务。如果在一合理时期内无人认领货物或者货物将变质、腐烂或失去价值,承运人可对其自行予以变卖、抛弃或处置而不负担任何责任。

6)危险货物

危险货物条款规定托运人托运危险货物,应当依照有关海上危险货物运输的规定,妥善包装,作出危险品标志和标签,并将其正确的技术名称和性质以及应当采取的预防危害措施,书面通知承运人。托运人未通知或者通知有误的,承运人可以在任何时间、任何地点根据情况需要将其卸下、销毁或使之不能为害,而不负赔偿责任。托运人对承运人因运输此类货物所受到的损坏,应当负赔偿责任。承运人知道危险货物性质并同意装运的,仍然可以在该种货物对于船舶、人员或其他货物构成危险时,将其卸下、销毁或者使之不能为害,而不负赔偿责任,但应参加共同海损分摊。

7)舱面货

所谓舱面货是指提单中注明装于舱面,且实际上也装于舱面上的货物。承运人在舱面上装载货物应当同托运人达成协议;或者符合航运惯例(如木材装于舱面),或者符合有关法律、

法规的规定(如可将某些危险品装于舱面等)。

《海牙规则》将舱面货排除在“货物”的定义范畴之外。因此,根据《海牙规则》精神订立的提单中的舱面货条款通常规定:承运人对于提单中注明装于舱面,而实际上也装于舱面的货物,由此产生的特殊风险造成的货物灭失或损坏,不负赔偿责任。但对于既没有与托运人达成协议,又不符合航运惯例或有关法律和法规的规定,而将货物装于舱面,致使其遭受灭失或损坏的,承运人应当负赔偿责任。

承运人对装于舱面的货物不承担运输风险,但这不等于说承运人就可以对运输舱面货物掉以轻心。承运人谨慎处理货物的责任,并不因运送标的的不同而发生变化。

8)活动物

和舱面货一样,由于活动物在海上运输中的特殊风险,《海牙规则》也将其排除在“货物”的定义范畴之外,因此,承运人同样有必要就其运输在提单中订立专门条款。

提单中的活动物条款通常规定:因运输活动物的固有的特殊风险造成活动物灭失或损坏的,承运人不负赔偿责任。但是,承运人应当证明业已履行托运人关于运输活动物的特别要求,并证明根据实际情况,灭失或者损坏是由于运送此类活动物固有的特殊风险所造成。

9)集装箱货物

为了明确承、托双方在运输集装箱货物时的权利与义务,提单中一般都订有集装箱货物运输条款。

集装箱货物条款通常规定:承运人可以将货物装入集装箱进行运输,并且,不论是承运人装箱,还是托运人自行装箱,承运人均可将集装箱装于甲板。如货物由托运人自行装箱,则对由于装箱方式不当;或货物不适合集装箱运输;或者由于其装箱之前或装箱当时,通过合理检查可以发现的集装箱本身的缺陷所造成的货物灭失或损坏,承运人不予负责。承运人因此遭受损害,或承担对第三者的赔偿责任时,可向货方索赔或追偿。

10)冷藏货物

提单中的冷藏货物条款通常规定:承运人在冷藏货物装船前,应获得验船师或其他合格人员签发的,表明冷藏舱室和冷藏设备适合货物运输的证书。在冷藏货物的运输过程中,承运人应保持证书中提出的要求和条件,以及按照托运人的要求谨慎保管货物。当船舶在卸货港准备好交付货物时,收货人应立即提取货物,否则,承运人可以将货物卸在岸上,而不承担风险和费用。

11)选港货物

选港货物是指承运人与托运人在货物装船前约定并在提单中注明,对该货物的卸货港,收货人在一定的条件下可以加以选择的货物。

提单中选港货条款通常规定:收货人应在船舶驶抵提单中注明的可供选择的卸货港口中的第一个港口之前若干小时(一般规定为48小时),对该选港货物的卸货港加以确定,并以书面通知承运人在上述第一个港口的代理人,否则承运人有权将货物卸于该港或其他任一选卸港,运输合同视为已履行。

除上述的提单条款外,提单中还会订有其他一些常见的条款。例如:法律选择条款;管辖权条款;首要条款;运费和其他费用条款;错误申报条款;转运、换船、联运条款;留置权条款;共同海损条款;互有过失碰撞条款;新杰森条款;战争、检疫、冰冻、罢工条款;地区条款等。这些条款在各提单中可能有些差异,在使用提单时,应对这些条款加以注意,并给予正确理解。

第二节　集装箱运输

集装箱运输是以集装箱作为运输单位进行货物运输的一种先进运输方式,目前已成为国际货物运输中一种重要的运输方式。由于本身的特点和各类运输工具的专用性,在运输过程中,集装箱既是货物的一部分,又是运输工具的一部分。

一、集装箱的概念

1. 集装箱运输应具备的条件

集装箱,又称货箱或货柜,应具备以下基本条件:

(1)具有足够的强度,能长期反复使用;

(2)运输途中转运时,可以不移动箱内货物而直接换装;

(3)设有便于装卸和搬运的装置,可以从一种运输工具方便地换装到另一种运输工具;

(4)便于货物的装满和卸空;

(5)具有1平方米以上的内容积。

2. 集装箱运输的优点

集装箱运输是一种高效率的运输方式,其优越性主要是由运输现代化的大生产方式和海陆联运相结合的特征而产生的。

与普通的杂货船运输相比较,集装箱运输具有下列显著的优越性:

(1)提高装卸效率,减轻劳动强度;

(2)加速船舶周转,提高运输能力;

(3)减少货损货差,提高货运质量;

(4)减少中转环节,便于货物联运;

(5)节省包装费用,简化理货手续;

(6)减少营运费用,降低运输成本。

二、集装箱货物的装箱与交接方式

1. 集装箱货物的装箱方式

根据集装箱货物的装箱方式可分为整箱货和拼箱货两种。

1)整箱货(Full Container Load,FCL)

指货方自行将货物装箱后,以一个集装箱为单位交运的集装箱货物。通常情况下,发货人一次托运的货物能装满一个或多个集装箱。发货人在自己的工厂或仓库自行装箱,海关人员在装箱现场进行监管,货物装妥并办理货物出口报关手续且经海关检验后,对集装箱施加铅封,船方以整箱为单位接收和交付集装箱货物。在整箱货交接形态下,一般只有一个托运人和一个收货人。

2)拼箱货(Less Than Container Load,LCL)

指由承运人或其代理人将分属不同货主的同一目的地的单件货物分类整理后,集中适当

批量装入集装箱内,经海关检验并对集装箱加以铅封后予以运输的货物。拼箱货的收货、装箱、拆箱和交付在码头集装箱货运站或内陆站进行,承运人和货方对拼箱货的交接以集装箱货运站或内陆站为界。在拼箱货交接形态下,每个集装箱的货物一般有多个发货人和多个收货人。

2. 集装箱货物的交接地点

在集装箱运输中,集装箱货物的交接地点有三种,即集装箱堆场(Container Yard,CY),集装箱货运站(Container Freight Station,CFS)和集装箱“门”(Door)。

1)集装箱堆场

集装箱堆场包括集装箱码头堆场和集装箱内陆货运站、中转站的堆场。集装箱堆场交接,一般意味着发货人应自行负责装箱及集装箱到堆场的运输,承运人(集装箱运输经营人)或其代表在堆场接受货物,责任开始。货物运达后,承运人在堆场上向收货人交付货物,责任终止,由收货人自行负责集装箱货物到最终目的地的运输和拆箱。在集装箱堆场交接的货物都是整箱交接。

2)集装箱货运站

集装箱货运站一般包括集装箱码头货运站和集装箱内陆货运站、中转站。在货运站进行的货物交接一般是拼箱货的交接。因此集装箱货运站交接一般意味着发货人自行负责将货物送到集装箱货运站,承运人或其代理人在集装箱货运站以货物原来的形态接受货物并负责安排装箱,然后组织海上运输或陆海联运。货物运到目的地货运站后,承运人或其代理人负责拆箱,并以货物原来的形态向收货人交付,收货人自行负责提货后的事宜。

3)集装箱“门”

集装箱“门”是指由发货人的工厂或仓库交付。“门”交接的集装箱货物都是整箱交接,一般意味着发货人或收货人自行装箱或拆箱。承运人负责自接受货物地点到交付货物地点的全程运输。

3. 集装箱运输中货物的交接方式

在集装箱运输中,根据实际交接地点不同,集装箱货物的交接有多种方式。在不同的交接方式中,承运人与货方承担的责任、义务不同,承运人的运输组织的内容、范围也不同。

集装箱货物的交接方式有以下几种:

1)整箱接,整箱交(FCL/FCL)

(1)门到门(Door to Door)交接方式

指承运人在发货人的工厂或仓库,接受由发货人装箱并经海关铅封的整箱货,负责将其运至收货人的工厂或仓库,整箱向收货人交付。

(2)门到场(Door to CY)交接方式

指承运人在发货人的工厂或仓库,接受由发货人装箱并经海关铅封的整箱货,负责将其运至卸货港的码头堆场或内陆货运站堆场,在那里整箱向收货人交付。

(3)场到门(CY to Door)交接方式

指承运人在装货港的码头堆场或内陆货运站堆场,接受由发货人装箱并经海关铅封的整箱货,负责将其运至收货人的工厂或仓库,整箱向收货人交付。

(4)场到场(CY to CY)交接方式

指承运人在装货港的码头堆场或内陆货运站堆场,接受由发货人装箱并经海关铅封的整箱货,负责将其运至卸货港的码头堆场或内陆货运站堆场,在那里整箱向收货人交付。

2)整箱接,拆箱交(FCL/LCL)

(1)门到站(Door to CFS)交接方式

指承运人在发货人的工厂或仓库,接受由发货人装箱并经海关铅封的整箱货,负责将其运至卸货港的码头货运站或内陆货运站,在那里经拆箱后按件向各收货人交付箱内所装的货物。

(2)场到站(CY to CFS)交接方式

指承运人在装货港的码头堆场或内陆货运站堆场,接受由发货人装箱并经海关铅封的整箱货,负责将其运至卸货港的码头货运站或内陆货运站,在那里经拆箱后按件向各收货人交付箱内所装的货物。

3)拼箱接,整箱交(LCL/FCL)

(1)站到门(CFS to Door)交接方式

指承运人在装货港的码头货运站或内陆货运站,接受发货人按件交运的货物,在那里进行拼箱和海关铅封,并负责将拼箱后的集装箱运至收货人的工厂或仓库,整箱向收货人交付。

(2)站到场(CFS to CY)交接方式

指承运人在装货港的码头货运站或内陆货运站,接受发货人按件交运的货物,在那里进行拼箱和海关铅封,并负责将拼箱后的集装箱运至卸货港的码头堆场或内陆货运站的堆场,在那里整箱向收货人交付。

4)拼箱接,拆箱交(LCL/LCL)

指承运人在装货港的码头货运站或内陆货运站,接受发货人按件交运的货物,在那里进行拼箱和海关铅封,并负责将其运至卸货港的码头货运站或内陆货运站,在那里经拆箱后按件向各收货人交付箱内所装的货物。

第十一章
不定期船运输

第一节　不定期船运输概述

一、不定期船运输的概念及特点

1. 不定期船运输的概念

不定期船运输(Tramp Shipping)又称租船运输。它和班轮运输不同,没有既定的船期表,也没有固定的航线及挂靠港,而是根据货源情况,安排船舶的航线,组织货物运输。

2. 不定期船运输的特点

不定期船运输具有以下特点:

(1)没有既定的船期表,也没有固定的航线、装卸港及船期,而是按照船舶出租人与承租人双方签订的租船合同安排船舶航线,组织货物运输;

(2)可以租用整艘船舶,也可以租用船舶的部分舱位;

(3)适合于大宗散货运输,如粮食、石油、煤炭、钢材等;

(4)船舶营运中的相关费用及其风险由谁承担,根据租船合同的类别及合同条款确定;

(5)船舶出租人与承租人之间通过签订租船合同明确双方的权利与义务;

(6)租船运输的运费或租金水平的高低,直接受租船合同签订时的航运市场的行情影响。

二、不定期船运输的种类

租船运输的基本营运方式包括航次租船、定期租船、光船租赁,以及包运租船等。

1. 航次租船

1)航次租船的概念

航次租船(Voyage Charter;Trip Charter)又称程租船,是指出租人向承租人提供船舶的全

部或部分舱位,装运约定的货物,在指定的港口之间进行一个或多个航次,由承租人支付运费的一种租船方式。

2)航次租船的特点

航次租船具有以下特点:

(1)出租人(船舶所有人,下同)负责配备船长、船员,并负担船员工资及伙食费等;

(2)出租人负责船舶安全航行和内部事务管理;

(3)出租人负责船舶的营运调度;

(4)出租人承担燃料费、淡水费、物料费、港口使费、修理费等船舶营运的固定成本及可变成本,货物装卸费由谁负担需在租船合同中订明;

(5)按船舶装载货物的数量及双方约定的费率计收运费;

(6)规定货物装卸时间,并计算滞期费和速遣费。

3)航次租船的分类

按照约定应完成的航次数量,航次租船可分为:

(1)单航次租船(Single Trip Charter)

即洽租一个单程航次的租船。船舶出租人负责将指定的货物由一个港口运往另一个港口,货物运到目的港卸货完毕后,航次租船结束。

(2)往返航次租船(Return Trip Charter)

即洽租一个往返航次的租船。船舶出租人完成一个单航次后,紧接着在上一航次的卸货港(或其附近港口)装货,运回原装货港(或其附近港口)卸货完毕后,航次租船结束。

(3)连续单航次租船或连续往返航次租船(Continuous Single or Return Trip Charter)

即洽租连续完成几个单航次或几个往返航次的租船。在这种租船条件下,同一艘船舶需在同方向、同航线上,连续完成规定的两个或两个以上的单航次或来回航次时,航次租船才结束。

2. 包运租船

1)包运租船的概念

包运租船(Contract of Affreightment)是指船舶出租人以一定的运力,在确定的港口之间,按事先约定的期限,每航次以较均等的运量,完成与承租人约定的全部货运量运输的一种租船方式。

2)包运租船的特点

包运租船具有以下特点:

(1)只确定承运货物的数量及完成期限,不具体规定航次数和船舶艘数;

(2)不确定履行合同的具体船名、国籍,仅规定船舶的船级、船龄和船舶技术规范等,出租人可以选择合适的船舶装运约定的货物。船舶运力的安排,完全由船舶出租人灵活控制;

(3)所承运的货物主要是干散货或液体散装货物。由于货运量通常很大,因此在较长时间内能保证船舶有比较充足的货源,使运费收益有较稳定的保障;

(4)租期长短取决于货物的总量及船舶航次周期所需的时间;

(5)航次中的时间损失由出租人承担,而港内装卸作业中的时间损失通常由承租人承担;

(6)运费按船舶实际装载数量及约定的费率计收,通常按航次结算;

(7)即使承租人实际装船的货物数量少于规定的装载能力,也应按照合同的约定支付总运费。但是,若出租人未能按照合同的约定提供装载能力,承租人可以提出要求,降低总运费。

从上述特点可见,包运租船在很大程度上具有"连续航次租船"的基本特点。因此,国际航运界的一些人士认为,包运租船是航次租船派生出来的一种租船方式。

3. 定期租船

1)定期租船的概念

定期租船(Time Charter)又称期租船,是指船舶出租人向承租人提供约定的由出租人配备船员的船舶,由承租人在约定的期间内按照约定的用途使用,并支付租金的一种租船方式。

在定期租船的租期内,承租人可以安排船舶的营运,既可以将租来的船舶用于班轮运输,也可以作为不定期船使用。

2)定期租船的特点

定期租船具有以下特点:

(1)出租人负责配备船长、船员并负担船员工资及伙食费等;

(2)出租人负责船舶安全航行和内部事务管理;

(3)承租人负责船舶的营运调度,船长在船舶营运方面应听从承租人的指示;

(4)承租人承担燃料费、港口使费、货物装卸费及运河通过费等船舶营运可变成本;出租人承担船舶的折旧费、维修保养费、船用物料费、润滑油费及船舶保险费等船舶营运固定成本;淡水费由谁负担需在租船合同中订明;

(5)租金按船舶的装载能力、租期长短及约定的租金率计算;

(6)租船合同中通常订有关于交船与还船、停租与撤船的有关规定。

3)定期租船与航次租船的区别

(1)在定期租船条件下,出租人收取的是租金,按承租船舶的时间长短计算,航次租船条件下出租人收取的是运费,按装载货物的数量或按船舶吨位计收。

(2)在定期租船条件下,出租人在租期内需保持船舶适航,如船舶不能正常营运连续一定的时间,承租人可以因此而停租并不付租金;在航次租船条件下,如果出租人在开航前和开航时已尽适航义务,则在运输过程中因船舶故障或其他原因出现延迟,承租人不得因此而拒付运费。

(3)在定期租船条件下,承租人除了按承租时间支付出租人的租金外,承租人还需支付船舶的营运费用,如装卸费用、船舶燃油、港口使费等费用。在航次租船条件下,承租人一般仅按所载运货物的数量支付运费和按双方约定承担装卸费用。

(4)在定期租船条件下,承租人负责船舶的营运,并承担有关的费用,因而定期租船合同中订有船速与燃油消耗率条款,承租人承担了船舶航速及货物装卸的时间风险。由于承租人负责货物的装卸,因此,定期租船合同中无装卸时间条款;在航次租船条件下,出租人负责船舶的营运并承担有关的费用,因而无燃油消耗条款,同时双方约定装卸货的时间,因此,航次租船合同中有装卸时间条款。

(5)在定期租船条件下,承租人对租船期间的时间损失负责;在航次租船条件下,出租人对租船期间的时间损失负责。

(6)在定期租船条件下,承租人有权获得一定比例的海难救助报酬;在航次租船条件下,承租人无权获得海难救助报酬。

4. 光船租赁

1)光船租赁的概念

光船租赁(Demise Charter;Bareboat Charter)又称船壳租船、光租、光船租船,是指出租人将一艘不配备船员的空船出租给承租人使用一定时期,并由承租人支付租金的一种租船方式。在光船租赁期间,由承租人占有、使用和营运船舶。

2)光船租赁的特点

光船租赁具有以下特点:

(1)出租人向承租人提供的仅是一艘空船;

(2)承租人负责配备船长、船员并负担其工资及伙食费等;

(3)承租人负责船舶安全航行和内部事务管理,所有船员应听从承租人的指挥;

(4)承租人负责船舶的营运调度,并承担船舶在租期内的时间损失;

(5)承租人承担船舶营运的可变成本和部分固定成本;出租人承担船舶折旧费;船舶保险费有谁支付需依照合同的约定;

(6)租金按船舶的装载能力、租期长短及约定的租金率计算;

(7)对船舶转租进行了严格限制,未经出租人同意,承租人不能转租;

(8)在光船租船期间发生的救助报酬由承租人享有。

第二节　航次租船合同

一、航次租船合同概述

1. 航次租船合同的概念

航次租船合同,是指船舶出租人(Owner)向承租人(Chatterer)提供船舶或者船舶的部分舱位,装运约定的货物,从一港运至另一港,由承租人支付运费的合同。

航次租船合同规定了在航次租船条件下,出租人与承租人之间的法律关系,以及他们各自的权利和义务。

航次租船合同属于海上货物运输合同。

2. 航次租船合同中应包括的主要内容

我国《海商法》规定,航次租船合同的内容,主要包括出租人和承租人的名称、船名、船籍、载货重量、容积、货名、装货港和目的港、受载期限、运费、滞期费、速遣费以及其他有关事项。

航次租船合同中一般订有船舶说明条款、预备航次条款、出租人责任条款、运费支付条款、装卸条款、滞期费和速遣费条款、租船合同下提单条款、合同解除条款、承租人责任终止条款、双方互有过失碰撞条款、共同海损条款、新杰森条款、战争条款、罢工条款、冰冻条款、仲裁条款、佣金条款等。

二、航次租船合同主要条款

1. 船舶说明

船舶说明是出租人对船舶的情况在合同中所作的陈述。船舶说明是承租人了解船舶可能遭遇危险的程度、船舶的技术状况和载运能力的主要依据。当出租人所提供的船舶与合同中所陈述的船舶情况不符时，承租人可以视误述的程度，决定是否租用船舶。如果因船舶的误述而促使承租人订立合同，且这种误述破坏或严重妨碍了承租人租用船舶所要达到的商业目的，则承租人可以解除合同，并要求损失赔偿。

2. 预备航次

预备航次是指在签订了航次租船合同后，船舶从合同规定的装货港的前一港口（有时是前一合同规定的卸货港）驶往装货港，此一空放航次被称为预备航次。

预备航次是船舶出租航次的一个组成部分，合同中有关出租人权利和义务的规定，同样适用于预备航次。出租人有义务将船舶驶往装货港或船舶所能安全抵达，并始终保持浮泊的地点。有的合同规定船舶开始预备航次的日期，但更多的是规定船舶应以合理的速度，尽快完成预备航次。在预备航次中，不应有不合理的延误。

3. 受载期和解约日

1）受载期

受载期（Laydays）是指船舶预期到达装货港或地点，并做好装货准备的日期。受载期通常以“从×月×日至×月×日抵达装货港”的形式来规定的，习惯上一般将这段时间设定在10至15天，也可以具体规定为某一天。

2）解约日

解约日（Cancelling Date）又称为解除合同日，是指船舶必须抵达合同中指定的装货港或承租人通过“宣港”最后选定的装货港，并做好装货准备的最后期限。如果船舶未能在这一期限之前抵达装货港并做好装货准备，承租人有权解除合同。

4. 装卸港口

1）装卸港口的指定

在航次租船合同中，可以明确规定装卸港口，也可以明确一个地理区域或数个港口作为装卸港口。对于后者，承租人有选择的权利，但这一权利必须按合同的规定及时行使。通常采取“宣港”的形式向出租人通知最后确定的装卸港港名。如果承租人没有按合同约定的地点或期限向出租人宣港，由此而造成的船舶滞期或绕航损失应由承租人负责，包括出租人为保持“适航平衡”状态下驶往第二卸货港而发生的倒舱、卸载和重装货物的费用。

2）安全港口的概念

为了保证船舶进出港口的安全，通常要求承租人指定的装卸港口必须是“安全港口”。

所谓“安全港口”，是指在没有突发事件的情况下，某一特定船舶能够安全驶入、停留和驶出，不会遭受任何用良好船艺也无法避免危险的港口。

一个安全的港口，首先必须地理上是安全的，包括港口航道水深、助航设备、系泊设备以及气象条件应能满足安全上的要求；其次政治上必须是安全的，包括船舶不会遭遇战争、敌对行为、恐怖活动、因政治上的原因而被没收等风险。

如果所指定的装卸港口或泊位,船舶只有在大潮时才能到达;或者在港内只能装载一部分货物,其余部分须在船舶出港后,在港外装载;或者船舶进入卸货港前,必须在港外驳卸一部分货物后才能进港卸货,此类港口或泊位应视为是安全的。

航次租船合同中通常都不规定港内的具体装卸地点。如果指定的装卸港口有几个通常用以进行装卸的地点,则承租人可以选择其中一个地点进行装卸。除非这个通常用以装卸的地点对船舶来说是不安全的,否则,船长应执行承租人的指示。

5. 货物

航次租船合同中,可以以某种货物的名称来规定运送货物的种类,除非经出租人同意,承租人不得以其他货物来代替约定货物,否则,出租人可视情况拒装,并请求损失赔偿。

在航次租船合同中,关于货物运送的数量,通常只记载一个大概的数字。这是因为在签订合同时,对将要履行的航次中需要携带的燃油、淡水及供应品的数量等,还难以作出精确的计算,所以要等到货物装船前,船长根据将要履行的航次情况,确定燃油、淡水等的储备量,最后计算出该航次的净载重量,才能向承租人宣布可以承运货物的数量。这种向承租人宣布本航次可以承载货物数量的做法,就是通常所说的"宣载"。宣载需以一定的书面通知形式进行,各港都有一定的书面通知格式。

船长宣载的装货数量具有合同效力。承租人有按照船长宣载的数量,提供满载货物的义务。如果承租人提供的货物数量不足,则应向出租人支付亏舱费,作为对出租人因此受到的运费损失的赔偿;反之,如果船舶实际装载能力达不到船长宣载的数量,出租人应向承租人赔偿短装损失,包括承租人根据贸易合同所遭受的损失、货物的退关费用、仓储费用和回运费用等。如承租人根据船长的宣载,把准备好的货物全部装船后,船舶并未达到满载,对于多余的舱容,出租人可以要求承租人"加载",但这必须取得承租人的同意。

6. 装卸费用

航次租船合同中,应对装卸费用由谁负责予以明确。这里所说的装卸费用是指从码头船边将货物装入舱内和从舱内将货物卸至码头船边的费用。这笔费用应由谁支付,要看航次租船合同中的有关装卸费用条款中所使用的装卸费用分担术语确定。

装卸费用条款的内容,除约定装卸费用由谁负担外,通常还包括由谁雇佣装卸工人,并承担装卸作业中的责任与风险。例如,班轮条款除表明货物装卸费用由出租人负担外,他还应雇佣装卸工人,并承担装卸作业中的风险和责任。

7. 装卸时间

航次租船条件下,在港装卸时间的长短直接影响到完成航次时间的长短,因此,必须在租船合同中对装卸时间加以规定。当实际装卸时间超过了合同中规定的装卸时间,承租人需向出租人支付滞期费;当实际装卸时间少于合同中所规定的装卸时间,出租人向承租人支付速遣费。

1)装卸时间的概念

装卸时间是指合同双方当事人协议的,出租人应使船舶适于装卸,承租人在运费之外不需向出租人支付费用的时间。

2)装卸时间的规定方法

在航次租船合同中,装卸时间的规定方法有以下两种:

第一种,规定具体的装卸日数或规定一定的装卸定额。如"装卸时间为×日";"每晴天工作日每工作舱口××吨"等。

对上述装卸时间规定中的"日"的概念需要弄清楚,否则会在装卸时间的具体计算方面引起争议。根据《1993 年装卸时间解释规则》,对航次租船合同中装卸时间条款里经常出现的"日"的概念,可作如下解释:

日(Days)或连续日(Running Days):是指从 0000 时(午夜)到 2400 时(次日午夜),连续 24 小时的时间。不足一天的时间按比例计算。

工作日(Working Days,WD):是指没有明文规定从装卸时间中扣除的日期。

晴天工作日(Weather Working Days,WWD);或 24 小时晴天工作日(Weather Working Days of 24 Hours);或连续 24 小时晴天工作日(Weather Working Days of 24 Consecutive Hours):是指连续 24 小时的工作日,但天气妨碍船舶装货或卸货的时间,或者如果进行装卸作业,天气将会妨碍装货或卸货的时间除外。

为避免争议和便于计算,往往需要在"日"的后面作进一步规定。例如,"晴天工作日,星期天和节假日除外"(Weather Working Day,Sunday and Holiday Excepted,WWD. SHEX.),还可再进一步规定"除非已使用"(Unless Used,UU)等。"晴天工作日,星期天和节假日除外,除非已使用"(WWD. SHEX. UU)的含义比较清楚,据此计算装卸时间也就不会有太大的争议。

第二种,不直接规定具体的装卸日数或装卸定额,而是规定一个合理的装卸时间。如"按港口习惯尽快装卸"(Customary Quick Dispatch,CQD);"以船舶能够收货或交货的速度"(As Fast as the Vessel can Receive/Deliver)。由于这种方法规定的装卸时间不确定。很容易产生争议,因而在合同中很少采用。

3)装卸时间的起算

关于装卸时间的起算,各国的法律规定或习惯并不一致,通常按照租船合同中的约定办理。一般都规定在船长向承租人或他的代理人递交了"装卸准备就绪通知书"(Notice of Readiness,NOR),经过一段规定的时间后,开始计算。

(1)递交装卸准备就绪通知书的意义

船长在船舶到达装货港或卸货港,并在各方面为装货或卸货做好准备后,必须立即向承租人或他的代理人递交装卸准备就绪通知书。递交装卸准备就绪通知书的意义有二:其一是船方宣布已做好了装卸货的准备工作,可以开始装货或卸货;其二是装卸时间可以按规定开始计算。

(2)递交装卸准备就绪通知书的条件

船长递交装卸准备就绪通知书时,船舶应具备下列三个条件:

①必须到达合同中规定的港口或指定的泊位

如果合同要求船舶应到达规定的港口,则船舶必须抵达该港口才算是到达船舶。这种合同称为"港口租船合同"(Port Charter)。《1993 年装卸时间解释规则》中对"港口"的定义是:港口是指船舶装卸货物的区域,而不论是在泊位、锚地、浮筒或类似地点装货或卸货,港口包括通常等候地点或受命等候或被迫等候地点,而不论这些地点离装卸货物的区域多远。

如合同规定船舶必须到达合同中规定的或承租人指定的泊位,则船舶只有到达并靠妥该泊位时,才视为到达船舶。这种合同称为"泊位租船合同"(Berth Charter)。在这种合同中,出租人为了在港口拥挤,船舶不能立即靠泊时,避免等泊引起的时间损失,常常要求列入"到达即可靠泊"(Reachable on Arrival),"不论靠泊与否"(Whether in Berth or Not),或者"等泊时间亦应计入装卸时间"(Time Waiting for Berth to Count)等规定。这些规定对出租人及早起算装卸时间是有利的。

②已在各方面都做好了装货或卸货的准备;

包括吊杆、起货机及其他装货或卸货设备应处于随时可用状态;货舱已打扫干净,清洁、干燥、无异味、无虫害,处于适货状态;按货方要求,对装运特种货物做好了特殊准备工作,取得了相应的验舱合格证书等。

③已通过各项检查,办妥了各项手续;

船舶必须已按所在港口有关法规的要求,通过海关、移民、港务监督、卫生检疫等部门的各项检查,办妥手续,并且取得了规定的证书或文件。

船舶只有具备了上述三个条件,才算是"到达船舶"(Arrived Vessel),才可递交装卸准备就绪通知书。如果船舶没有满足上述三个条件,即使船长已经递交了装卸准备就绪通知书,通常也不得起算装卸时间。有时待实际装卸准备就绪后,船长需要再次递交装卸准备就绪通知书,才可开始起算装卸时间。

(3)递交装卸准备就绪通知书和起算装卸时间的时间

通常航次租船合同都规定,装卸准备就绪通知书应在承租人的办公时间内递交,如合同中对此没规定,则应按港口习惯的时间递交。在一般情况下,递交装卸准备就绪通知书后,经过一段规定的时间,就可起算装卸时间。比如"金康"合同规定:"上午办公时间递交装卸准备就绪通知书,装卸时间从下午一时起算;下午办公时间内递交装卸准备就绪通知书,装卸时间从下一个工作日上午6时起算。"

实务中,如果在装卸准备就绪通知书递交之前,承租人实际上已经开始了装卸工作,在这种情况下,装卸时间应从什么时间开始计算?如果不将这段提前装卸的时间计入装卸时间,就可能因装卸工作在原定应完成装卸工作的时间之前结束,而使出租人必须支付本来不需支付的速遣费,很显然,这对出租人来说是不利的。为了防止这种情况发生,出租人可以在航次租船合同关于装卸时间起算时间的规定中,附加"除非提前开始"(Unless Sooner Commenced);或"所有已使用时间均计入装卸时间"(All Time Used Shall Count as Laytime)等用语,以约定在合同中所规定的装卸时间起算以前,装卸工作已开始,如果装卸时间应从实际装卸工作开始时起算。

4)装卸时间事实记录

装卸时间事实记录(Laytime Statement of Fact),是用以记载船舶从到达引航锚地直至装卸货完毕时止的这段时间内,进行各项工作的起止日时和各种待时的起止日时的记录。内容包括:船舶到港日时;递交和接受装卸准备就绪通知书的日时;装卸工作开始的日时;装卸过程中因故中断工作后,重新进行装卸工作的起止日时;星期日、节假日、天气不良、装卸设备故障、等待货物等停止工作或待时的起止日时;装卸工作完毕的日时及装卸货物的数量等。

装卸时间事实记录是计算实用装卸时间和速遣或滞期时间的依据。通常它是由出租人委托的代理人,按照船舶在港期间的作业过程,随时地、不间断地记录的。当货物装卸完毕后,船长应对这一记录进行核对,如没有异议,可对其签认,以便代理据以编制"装卸时间表"(Time

Sheet)，和计算实用装卸时间以及滞期、速遣时间。当船长对装卸时间事实记录有异议时(以船上详细记载的航海日志为依据)，可以在签字时加以批注，如“在抗议下签字”；“在争议中”等，以保护出租人利益。

5)装卸时间的止算

航次租船合同中通常不规定装卸时间的止算时间。实务中，习惯上都以货物装完或卸完时间，作为装卸时间的止算时间。这里所指的“装完或卸完货物”应理解为装/卸作业已完全结束，船舶处于可随时开航状态。

8. 滞期与速遣

1)滞期(费)、速遣(费)的概念

当承租人未能在约定的时间内将货物装完或卸完，而需要给予适当时间的延长，这一段延长的期间称为滞期(Demurrage)。对于不是因出租人的原因或承租人可以免责的原因造成的船舶滞期，承租人应按约定的费率给予出租人补偿，称为滞期费(Demurrage)。滞期费率的确定，通常按本船的期租租金率为基础来考虑。

在滞期内，承租人必须向出租人支付滞期费。但如果船舶延滞时间过长，将会使出租人遭受更大的损失，因此，一般在合同中要对滞期规定一个期限(比如10天)，超过规定的滞期期限后，就进入“超滞期”(Over Demurrage Period)。在超滞期内，承租人如要求船舶继续滞留，以完成货物的装卸，则需另向出租人支付高于滞期费率的滞留损失赔偿金(Indemnity of Detention Damages)。当进入超滞期后，船长可以根据出租人的指示，不经承租人的同意而开航。

承租人在租船合同中约定的装卸时间以前完成货物装卸，称为速遣(Dispatch)。在提前完成货物装卸作业以后，船舶出租人向承租人支付一定的费用，称为速遣费(Dispatch Money)。速遣费的费率通常为滞期费费率的一半。

2)滞期费、速遣费的计算

滞期或速遣时间的计算是以装卸时间事实记录为依据。滞期时间等于实用装卸时间与合同规定的可用装卸时间之差；速遣时间等于合同规定的可用装卸时间与实用装卸时间之差。滞期费或速遣费按照滞期或速遣时间以及滞期或速遣费费率计算。但是，一旦发生滞期，在滞期期间的星期日、节假日、因雨或其他原因而停工的时间是否也作为滞期时间计算滞期费，或者，在计算速遣费时，是否应扣除星期日、节假日或不良天气及其他原因而停止工作的时间等，常是承租人和出租人之间比较容易发生争议的问题。为了避免纠纷，租船合同中，必须使用一些具有一定含义的术语来明确滞期时间或速遣时间的计算方法。如规定滞期时间计算方法的“滞期时间连续计算”(Demurrage Runs Continuously)、“一旦滞期，永远滞期”(Once on Demurrage, Always on Demurrage)、“按装卸时间计算”(Per Like Laytime)等；规定速遣时间计算方法的“节省全部时间”(All Time Saved)、“节省全部工作时间”(All Working Time Saved)等。

在计算滞期费或速遣费时，还会遇到能否将装卸两港的装卸时间进行统算的问题。一般来说，装卸时间的计算，应以装货港和卸货港分别计算为原则。在有两个或两个以上装货港和卸货港的情况下，也应以各港分别计算为原则。但是，由于滞期费高于速遣费，这样的计算方法对承租人来说不利。因此，从承租人的利益考虑，在航次租船合同中，也常用一些专门的术语来明确装货时间和卸货时间是否可以统算以及如何统算。这些术语有：

“装卸时间平均计算”(To Average Laytime)：是指分别计算装货时间和卸货时间，用一个

作业中节省的时间抵消另一作业中超用的时间。即可用装货港的节省时间或滞期时间抵补卸货港产生的滞期时间或节省时间,从而达到节省或减少通常以速遣费的加倍费率支付滞期费的目的。

"可调剂使用的装卸时间"(Reversible Laytime):是指承租人有权选择将约定的装货时间和卸货时间加在一起计算。如果行使了选择权,结果如同约定一个装卸作业的总时间一样。在装货港节省的装货时间可以加在卸货港的卸货时间,从而使卸货港的可用时间延长;在装货港滞期的时间也允许从卸货港可用时间中扣除,从而使卸货港可用时间缩短。

"装卸时间平均计算"与"可调剂使用的装卸时间"的区别主要在于两者进入滞期的时间不同,因而所计算出来的滞期长短以及滞期费常常不同。

第三节　定期租船合同

一、定期租船合同概述

1. 定期租船合同的概念

定期租船合同(Time Charter Party),又称期租合同,是指船舶出租人向承租人提供约定的由出租人配备船员的船舶,由承租人在约定的期间内按照约定的用途使用,并支付租金的合同。

定期租船合同规定了在定期租船条件下,出租人与承租人之间的法律关系,以及他们各自的权利和义务。

对于定期租船合同的性质,学术界有争议,很多海商法学者们认为,定期租船合同具有财产租赁合同和运输合同的双重性质。

2. 定期租船合同中应包括的主要内容

我国《海商法》规定,定期租船合同的内容,主要包括出租人和承租人的名称、船名、船籍、船级、吨位、容积、船速、燃料消耗、航区、用途、租船期间、交船和还船的时间和地点以及条件、租金及其支付,以及其他有关事项。

定期租船合同一般订有船舶说明条款、交船条款、租期条款、合法货物条款、航行区域条款、出租人提供的事项条款、承租人提供的事项条款、租金支付条款、还船条款、停租条款、出租人责任与免责条款、使用与赔偿条款、转租条款、双方互有过失碰撞条款、共同海损条款、新杰森条款、战争条款、罢工条款、冰冻条款、仲裁条款、佣金条款等。

二、定期租船合同主要条款

定期租合同中,通常订有以下条款:

1. 船舶说明

在定期租船合同中,船名、船舶国籍、船级、船舶吨位以及船舶位置等有关船舶说明(Description of Vessel)事项,均与航次租船合同相同或相似。

2. 船速与燃料消耗量

定期租船合同中,有关良好天气下船速与燃料消耗量的约定,具有条件条款的性质。在定

期租船的情况下，船舶由承租人负责营运调度，燃料费也由承租人负担，因此，船速与燃料消耗与承租人有直接利害关系。出租人有义务在交船时提供符合合同规定的船速与燃料消耗量的船舶。如果出租人提供的船舶的船速与燃料消耗量与合同规定的值有差距，对因此而造成的时间损失或燃料消耗量的增加，承租人可以向出租人索赔。如与约定的数值相差过远，承租人可以解除合同。当然，只要在交船时，船舶达到合同规定的船速与燃料消耗量，即使在租期内船速下降，或者燃料消耗量增加，不视为出租人违约，除非合同中另有相反的规定。

3. 交船

出租人应在合同规定的交船期内，将船舶交给承租人使用。通常将规定的交船期的最后一天或其后的某一天作为解约日。如果出租人未能在解约日这一天之前，将船舶按约定条件交给承租人使用，承租人有权决定是否解除合同。如因出租人过失，而延误交船，致使承租人遭受损失的，出租人应负赔偿责任。当出租人将船舶延误原因和船舶预抵交船港的日期通知承租人时，承租人应在接到通知后的 48 小时内，将是否解除合同的决定通知出租人。

合同中关于交船地点，一般规定为某一具体港口，有的合同则进一步明确港口内具体交船的泊位或地点。交船地点必须是能使船舶始终保持浮泊的安全地点。

关于交船时的船舶状态，合同中通常要求船舶在交给承租人使用时，出租人应做到谨慎处理，使船舶处于适航状态，并保证交付的船舶应适于约定的用途，否则，承租人有权解除合同，并有权要求赔偿因此遭受的损失。此外，合同中一般都规定交船时船上所剩燃料的数量，承租人应按当时当地的价格，购买交船时船上所剩的燃料。

4. 租期

租期是承租人租用船舶的期限，通常以日历月（Calendar Month）为基础规定，即按日历月的实有天数作为一个月，但是，也有租船合同是以平均 30 天为一个月的。租期可以是 3 个月、6 个月、12 个月或者更长一段时间。租期届满时，承租人应将船舶还给出租人。但由于海上运输的特点，租期届满之日与承租人使用船舶的最后航次结束之日很难吻合，因此，合同中通常规定一宽限期。承租人在宽限期内延期还船或提前还船，均不视为违约。

5. 货物

通常规定，在定期租船条件下，承租人只能使用船舶装运合法货物，并列明不得承运某些特殊货物，如危险货物、违禁品、活牲畜等。如果承租人指示船舶装运非法的或合同不允许的货物时，船长有权予以拒绝。

6. 安全港口

定期租船合同中的“安全港口”概念与航次租船合同中的一样。承租人应保证，在租期内根据其指示，船舶前往的港口或泊位应是一个安全港口或泊位。承租人不能命令所租船舶驶往一个不安全港口。如果在承租人给船长下达命令后，由于不可预料的异常事情发生，使原本安全的港口变为不安全，承租人有义务取消原来的命令，并向船长指定一新的安全港口。

7. 航行区域

定期租船合同中，一般都规定船舶的航行区域，有的还特别订明船舶不能前往的地区，如战区、冰冻区、与船旗国处于敌对状态的国家或地区、传染病流行区、高纬度地区等。承租人必须在合同规定的航行区域内给予船长航行指示。如果超出规定的航行区域，除非事先征得出租人同意，船长有权不执行该指示。

8. 停租

在租期内,当承租人不能对船舶按合同规定予以使用时,可以停付租金(Suspension of hire)。对可停付租金的事项,一定要在合同中清楚地订明。合同中规定的可以停付租金情况包括:船舶不符合约定的适航状况;船员或燃料不足;船员罢工或有不法行为;船体、船机或设备损坏;船舶遭受海损事故;船舶入坞修理等。遇到合同中规定的可以停付租金情况,使得船舶不能正常营运超过一定连续时间(一般为24小时),无论出租人有无过错,承租人均可办理停租,停付租金,除非上述情况的发生是承租人应负责的原因所致。

9. 还船

原则上,承租人应在约定的租期届满之时,将船舶还给出租人。但是,在很多情况下,船舶最后航次结束之日不是租期届满之时,因而有时是延期还船,有时是提前还船。

如经合理计算,完成最后航次的日期约为合同约定的还船日期,但可能超过合同约定的还船日期,承租人有权超期用船以完成该航次任务。超期期间,承租人应当按照合同约定的租金率支付租金,市场的租金率高于合同约定的租金率的,承租人应当按照市场租金率支付租金。

承租人提前还船时,出租人应接受船舶,但有权就因此遭受的租金损失向承租人索赔。如果承租人提前还船,出租人应采取措施,以减少损失。

关于还船地点,通常规定一个地点或一个区域。当规定在某地还船时,承租人必须保证在租期届满之前,将船舶到达该地点,否则,视为违约。当规定在某个区域范围内还船时,承租人有权选择具体的还船地点。

承租人向出租人交还船舶时,该船的货舱、装卸设备等,应具有与出租人交船时相同的良好状态,但是,船舶本身正常的自然磨损除外。船舶的货舱、装卸设备等如未能保持与交船时相同的良好状态,承租人应负责修复或者给予赔偿。对还船时船舶存在的损坏中,哪些属于正常的自然磨损,可以通过比较交船检验报告和还船检验报告予以确定。因此,在交、还船时,对船舶进行认真的检验,并编制详细的检验报告是非常必要的。

和交船时的要求一样,一般规定对还船时船上所剩的燃料,出租人应按当时当地的价格购买。

10. 承租人指示

在定期租船条件下,船舶在营运方面,应接受承租人的指示,例如指定货载、装卸港、航线等。对承租人发出的符合合同规定的有关船舶营运方面的指示,船长及船员应予以执行,并在各种习惯上应进行的工作方面,给予承租人协助。对于承租人违反合同规定发出的指示,或带有欺诈或其他违法性质的指示,船长有权拒绝执行。在任何情况下,承租人都应对船长服从其有关船舶营运方面的指示的后果负责。

承租人根据正当理由,可以向出租人提出关于对船长或船员的意见,甚至要求更换。

11. 船舶出租人责任

在定期租船条件下,货物的装载、积载、卸货均由承租人负责。但合同中通常又规定,上述工作须"在船长监督之下"进行,甚至有的合同还在监督一词后附加"及负责"的字样,意味着出租人对于货物的装载、积载及卸货需要负责。

除以上责任外,保证船舶适航是船舶出租人的另一主要义务。定期租船合同中的适航概念和前面在提单中以及航次租船合同中介绍的适航概念相同,但出租人保证船舶适航的时间与班轮乃至航次租船的适航时间不同,它并不要求船舶在整个租期内都保持适航,也不要求在租期内每一航次开航前保证船舶适航,而只要出租人保证在交船时船舶处于适航状态即可。但是,当发生海事而影响船舶的适航性能时,出租人应采取合理措施,在合理的时间内恢复船舶的适航状态。

12. 其他条款

除上述条款外,定期租船合同中通常还订有租金支付与撤船条款、使用与赔偿条款、转租条款、双方互有过失碰撞条款、海难救助条款、共同海损条款、新杰森条款、战争条款、罢工条款、冰冻条款、仲裁条款、佣金条款等。

第十二章 沿海运输有关法规、规范与实务

第一节　国内水路货物运输规则

一、适用、定义

1. 适用范围

中华人民共和国沿海、江河、湖泊以及其他通航水域中从事的营业性水路货物运输适用本规则。

2. 定义

(1)“水路货物运输合同”是指承运人收取运输费用，负责将托运人托运的货物经水路由一港(站、点)运至另一港(站、点)的合同。

(2)“班轮运输”是指在特定的航线上按照预定的船期和挂港从事有规律水上货物运输的运输形式。

(3)“航次租船运输”是指船舶出租人向承租人提供船舶的全部或者部分舱位，装运约定的货物，从一港(站、点)运至另一港(站、点)的运输形式。

(4)“承运人”是指与托运人订立运输合同的人。

(5)“实际承运人”是指接受承运人委托或者接受转委托从事水路货物运输的人。

(6)“托运人”是指与承运人订立运输合同的人。

(7)“收货人”是指在运输合同中托运人指定接收货物的人。

(8)“货物”包括活动物和由托运人提供的用于集装货物的集装箱、货盘或者类似的装运器具。

(9)“单元滚装运输”是指以一台不论是否装载货物的机动车辆或者移动机械作为一个运输单元，由托运人或者其受雇人驾驶驶上、驶离船舶的水路运输方式。

(10)“集装箱货物运输”是指将货物装入符合国际标准(ISO)、国家标准、行业标准的集装箱进行运输的水路运输方式。

二、运输合同的订立

1. 原则

运输合同,应当按照公平的原则订立。

2. 形式

(1)当事人可以根据需要订立单航次运输合同和长期运输合同。

(2)订立运输合同可以采用书面形式、口头形式和其他形式。

三、运输合同当事人的权利、义务

1. 托运人

(1)及时办理港口、海关、检验、检疫、公安和其他货物运输所需的各项手续,并将已办理各项手续的单证送交承运人。因托运人办理各项手续和有关单证不及时、不完备或者不正确,造成承运人损失的,托运人应当承担赔偿责任。

(2)托运货物的名称、件数、重量、体积、包装方式、识别标志,应当与运输合同的约定相符。

(3)托运以件运输的货物,承运人验收货物时,发现货物的实际重量或者体积与托运人申报的重量或者体积不符时,托运人应当按照实际重量或者体积支付运输费用。

(4)托运需要具备运输包装的货物,托运人应当保证货物的包装符合国家规定的包装标准;没有包装标准的,货物的包装应当保证运输安全和货物质量。

(5)托运需要随附备用包装的货物,托运人应当提供足够数量的备用包装,交承运人随货免费运输。

(6)托运危险货物,托运人应当按照有关危险货物运输的规定,妥善包装,制作危险品标志和标签,并将其正式名称和危险性质以及必要时应当采取的预防措施书面通知承运人。

(7)托运人应当在货物的外包装或者表面正确制作识别标志。识别标志的内容包括发货符号、货物名称、起运港、中转港、到达港、收货人、货物总件数。

(8)托运人应当根据货物的性质和安全储运要求,按照国家规定,在货物外包装或者表面制作储运指示标志。识别标志和储运指示标志应当字迹清楚、牢固。

(9)同一托运人、收货人整船、整舱装运的直达运输货物可以不制作识别标志。外贸出口货物到港口不变换原包装的可以使用原包装的商品标志作为识别标志。

(10)除另有约定外,托运人应当预付运费。

(11)托运人托运货物,可以办理保价运输。货物发生损坏、灭失,承运人应当按照货物的声明价值进行赔偿,但承运人证明货物的实际价值低于声明价值的,按照货物的实际价值赔偿。

(12)除另有约定外,运输过程中需要饲养、照料的活动物、有生植物,以及尖端保密物品、稀有珍贵物品和文物、有价证券、货币等,托运人应当向承运人申报并随船押运。托运人押运其他货物须经承运人同意。

驾驶专业

(13)托运笨重、长大货物和舱面货物所需要的特殊加固、捆扎、烧焊、衬垫、苫盖物料和人工由托运人负责,卸船时由收货人拆除和收回相关物料;需要改变船上装置的,货物卸船后应当由收货人负责恢复原状。

(14)托运易腐货物和活动物、有生植物时,应当与承运人约定运到期限和运输要求;使用冷藏船(舱)装运易腐货物的,应当在订立运输合同时确定冷藏温度。

(15)承运人将货物交付收货人之前,托运人可以要求承运人变更到达港或者将货物交给其他收货人,但应当赔偿承运人因此受到的损失。

(16)托运人不履行合同义务或者履行合同义务不符合约定的,应当承担继续履行、采取补救措施或者赔偿损失等违约责任。

(17)托运人因不可抗力不能履行合同的,根据不可抗力的影响,部分或者全部免除责任。迟延履行后发生不可抗力的,不能免除责任。

2. 承运人

1)承运人应当使船舶处于适航状态,妥善配备船员、装备船舶和配备供应品,并使干货舱、冷藏舱、冷气舱和其他载货处所适于并能安全收受、载运和保管货物。

2)承运人应当按照运输合同的约定接收货物。

3)承运人应当妥善地装载、搬移、积载、运输、保管、照料和卸载所运货物。

4)承运人应当按照约定的或者习惯的或者地理上的航线将货物运送到约定的到达港。承运人为救助或者企图救助人命或者财产而发生的绕航或者其他合理绕航,不属于违反前款规定的行为。

5)承运人应当在约定期间或者在没有这种约定时在合理期间内将货物安全运送到约定地点。货物未能在约定或者合理期间内在约定地点交付的,为迟延交付。对由此造成的损失,承运人应当承担赔偿责任。

6)因不可抗力致使不能在合同约定的到达港卸货的,除另有约定外,承运人可以将货物在到达港邻近的安全港口或者地点卸载,视为已经履行合同。

7)托运人所托运的危险货物和需包装货物没有按标准包装的,承运人可以拒绝运输。

8)货物运抵到达港后,承运人应当在24小时内向收货人发出到货通知。

9)应当向承运人支付的运费、保管费、滞期费、共同海损的分摊和承运人为货物垫付的必要费用以及应当向承运人支付的其他运输费用没有付请,又没有提供适当担保的,承运人可以留置相应的运输货物。

10)承运人对收集的地脚货物,应当做到物归原主;不能确定货主的,应当按照无法交付货物处理。

11)收货人有权就水路货物运单(以下简称运单)上所载货物损坏、灭失或者迟延交付所造成的损害向承运人索赔;承运人可以适用本规则规定的抗辩理由进行抗辩。

12)承运人将货物运输或者部分运输委托给实际承运人履行的,承运人仍然应当对全程运输负责。

13)承运人对运输合同履行过程中货物的损坏、灭失或者迟延交付承担损害赔偿责任,但承运人证明货物的损坏、灭失或者迟延交付是由于下列原因造成的除外:

(1)不可抗力;

(2)货物的自然属性和潜在缺陷;

(3)货物的自然减量和合理损耗;

(4)包装不符合要求;

(5)包装完好但货物与运单记载内容不符;

(6)识别标志、储运指示标志不符合规定;

(7)托运人申报的货物重量不准确;

(8)托运人押运过程中的过错;

(9)普通货物中夹带危险、流质、易腐货物;

(10)托运人、收货人的其他过错。

14)散装液体货物只限于整船、整舱运输,由托运人在装船前验舱认可后才能装载。

15)单件货物重量 5 吨或者长度超过 12 米的,应当按照笨重、长大货物运输:

16)运输笨重、长大货物,应当在运单内载明总件数、重量和体积(长、宽、高),并随附清单标明每件货物的重量、长度和体积(长、宽、高)。

17)承运人在舱面上装载货物,应当同托运人达成协议,或者符合航运惯例,或者符合有关法律、行政法规的规定。承运人与托运人约定将货物配装在舱面上的,应当在运单上注明"舱面货物"。

18)承运人依照上述规定将货物装载在舱面上,对由于此种装载的特殊风险造成的货物损坏、灭失,不承担赔偿责任。承运人擅自将货物装载在舱面上,造成货物损坏、灭失的,应当承担赔偿责任。

19)因运输活动物、有生植物的固有的特殊风险造成活动物、有生植物损坏、灭失的,承运人不承担赔偿责任。但是,承运人应当证明业已履行托运人关于运输活动物、有生植物的特别要求,并证明根据实际情况,损坏、灭失是由于此种固有的特殊风险造成的。

20)承运人应当将与托运人约定的运输易腐货物和活动物、有生植物的运到期限和运输要求。

四、运输单证

(1)运单是运输合同的证明,是承运人已经接收货物的收据。

(2)运单一般包括下列内容:承运人、托运人和收货人名称;货物名称、件数、重量、体积(长、宽、高);运输费用及其结算方式;船名、航次;起运港、中转港和到达港;货物交接的地点和时间;装船日期;运到期限;包装方式;识别标志;相关事项。

(3)承运人接收货物应当签发运单,运单由载货船舶的船长签发的,视为代表承运人签发。

五、货物的接收与交付

1)除另有约定外,散装货物按重量交接;其他货物按件数交接。

2)散装货物按重量交接的,承运人与托运人应当约定货物交接的计量方法,没有约定的应当按船舶水尺数计量,不能按船舶水尺数计量的,运单中载明的货物重量对承运人不构成其交接货物重量的证据。

3)散装液体货物装船完毕,由托运人会同承运人按照每处油舱和管道阀门进行施封,施封材料由托运人自备,并将施封的数目、印文、材料品种等在运单内载明;卸船前,由承运人与收货人凭舱封交接。

4)托运人要求在两个以上地点装载或者卸载或者在同一卸载地点由几个收货人接收货物时,计量分劈及发生重量差数,均由托运人或者收货人负责。

5)收货人接到到货通知后,应当及时提货,不得因对货物进行检验而滞留船舶。

6)承运人交付货物时,应当核对证明收货人单位或者身份以及经办人身份的有关证件。

7)收货人提取货物时,应当验收货物,并签发收据,发现货物损坏、灭失的,交接双方应当编制货运记录。

8)收货人在提取货物时没有就货物的数量和质量提出异议的,视为承运人已经按照运单的记载交付货物,除非收货人提出相反的证明。

9)下列情况,应托运人或者收货人的要求,承运人可以编制普通记录:

(1)货物发生损坏、灭失,按照约定,承运人可以免除责任的;

(2)托运人随附在运单上的单证丢失;

(3)托运人押运和舱面货物发生非承运人责任造成的损坏、灭失;

(4)货物包装经过加固整理;

(5)收货人要求证明与货物数量、质量无关的其他情况。

10)货运记录和普通记录的编制,应当准确、客观。货运记录应当在接收或者交付货物的当时由交接双方编制。

11)收货人在到达港提取货物前或者承运人在到达港交付货物前,可以要求检验机构对货物状况进行检验;要求检验的一方应当支付检验费用,但是有权向造成货物损失的责任方追偿。

六、航次租船运输的特别规定

(1)出租人应当按照合同的约定提供船舶舱位;经承租人同意,出租人可以更换船舶。但提供的船舶舱位或者更换的船舶不符合合同约定的,承租人有权拒绝或者解除合同。

(2)因出租人责任未提供约定的船舶舱位造成承租人损失的,出租人应当承担赔偿责任。

(3)出租人在约定的受载期限内未提供船舶舱位的,承租人有权解除合同。

(4)因出租人责任延误提供船舶舱位造成承租人损失的,出租人应当承担赔偿责任。

(5)承租人可以将其租用的船舶舱位转租;转租后,原合同约定的权利、义务不受影响。

(6)承租人应当提供约定的货物;经出租人同意,可以变更货物。但是,更换的货物对出租人不利的,出租人有权拒绝或者解除合同。因承租人责任未提供约定的货物造成出租人损失的,承租人应当承担赔偿责任。

(7)航次租船运输形式下,收货人是承租人的,出租人与收货人之间的权利、义务根据航次租船运输形式下运输合同的内容确定;收货人不是承租人的,承运人与收货人之间的权利、义务根据承运人签发的运单的内容确定。

七、集装箱运输的特别规定

(1)承运人向托运人提供集装箱空箱时，托运人应当检查箱体并核对箱号；收货人返还空箱时，承运人应当检查箱体并核对箱号；承运人、托运人、收货人对整箱货物，应当检查箱体、封志状况并核对箱号；承运人、托运人、收货人对特种集装箱。应当检查集装箱机械、电器装置、设备的运转情况。

(2)集装箱交接状况，应当在交接单证上如实加以记载。

(3)根据约定由托运人负责装、拆箱的，运单上应当准确记载集装箱封志号；交接时发现封志号与运单记载不符或者封志破坏的，交接双方应当编制货运记录。

(4)根据约定由承运人负责装、拆箱的，承运人与托运人或者收货人对货物进行交接。

(5)集装箱货物装箱时应当做到合理积载、堆码整齐、牢固。集装箱受载不得超过其额定的重量。

八、单元滚装船运输的特别规定

(1)单元滚装运输方式下运输合同的履行期间为运输单元进入起运港至离开到达港。

(2)承运人应当对运输单元的表面状况进行验收，发现有异常状况的，应当在运单内载明。

(3)运输单元进入起运港时承运人应当在运单上签注，离开到达港时托运人应当在运单上签注，并将签注后的运单交还给承运人。

(4)单元滚装运输不得运输危险品。

(5)运单上应当载明车牌号码、运输单元的重量、体积(长、宽、高)。

(6)托运人对车辆或者移动机械所载货物应当绑扎牢固。运输单元在船舶上需要特殊加固绑扎的，托运人应当在托运时向承运人提出，并支付相关费用。承运人应当备妥加固绑扎的物料，并为防止运输单元滑动而进行一般性绑扎和加固。对有特殊绑扎要求的，由双方另行约定。

(7)运输单元驶上或者驶离船舶时，司乘人员应当遵守有关规定，服从船方指挥，按顺序和指定的行车路线行驶。运输单元进入指定的车位后，司机应当关闭发动机，使车辆处于制动状态。

(8)运输单元的实际重量、体积与运单记载不符的，托运人应当按照实际重量或者体积支付运输费用。

(9)从事单元滚装运输的船舶应当分设供旅客和运输单元上下船的专用通道；船舶只设有一个通道时，旅客与运输单元上下船时必须分流。

(10)承运人应当在船舱内配备照明、通风等设施。

第二节　水路包装危险货物运输规则

交通部于1996年11月4日发布了《水路危险货物运输规则(第一部分)水路包装危险货物运输规则》，并自1996年12月1日起实施。

一、总则

1. 目的

为加强水路危险货物运输管理,保障运输安全,防止事故发生,适应国民经济的发展,根据国家有关法律、法规、制订本规则。

2. 适用范围

在中华人民共和国境内从事危险货物的船舶运输、港口装卸、储存等业务,除国际航线运输(包括港口装卸)、军运、散装危险货物另有规定外,均适用本规则。

3. 危险货物分类

凡具有爆炸、易燃、毒害、腐蚀放射性等特性,在运输、装卸和储存过程中,容易造成人身伤亡和财产毁损而需要特别防护的货物,均属危险货物。

二、包装和标志

1. 包装

1)危险货物包装应进行性能试验。申报和托运危险货物应持有交通运输部认可的包装检验机构出具的"危险货物包装检验说明书",符合要求后,方可使用。

2)盛装危险货物的压力容器和放射性物品的包装应符合国家主管部门的规定。

3)根据危险货物的性质和水路运输的特点,包装应满足以下基本要求:

(1)包装的规格、形式和单件质量(重量)应便于装卸或运输;

(2)包装的材质、形式和包装方法(包括包装的封口)应与拟装货物的性质相容,并能防止货物移动和外漏;

(3)包装应具有一定强度,能经受住运输中的一般风险;

(4)包装应干燥、清洁、无污染,并能经受住运输过程中温、湿度的变化。

(5)容器盛装液体货物时,必须留有足够的膨胀余位(预留容积),防止在运输中因温度变化而造成容器变形或货物渗漏;

4)危险货物包装重复使用时,应完整无损,无锈蚀。

5)危险货物的成组件应具有足够的强度,并便于用机械装卸作业。

6)使用符合规定要求的可移动罐柜盛装危险货物。对适用于集装箱条款定义的罐柜还应满足船检部门《集装箱检验规范》的有关要求。

2. 标志

(1)每一盛装危险货物的包装上均应标明所装货物的正确运输名称,名称的使用应符合规定。包装明显处、集装箱四侧、可移动罐柜四周及顶部应粘贴或刷印危险货物标志。具有两种或两种以上危险性的货物,除按其主要危险性标贴主标志外,还应标贴副标志(副标志无类别号)。标志应粘贴、刷印牢固,在运输过程中清晰、不脱落。

(2)集装箱、可移动罐柜和重复使用的包装,其标志应符合规定,并除去不适合的标志。

(3)按本规则规定属于危险货物,但国际运输时不属于危险货物,外贸出口时,在国内运输区段包装件上可不标贴危险货物标志;外贸进口时,在国内运输区段,按危险货物办理。

国际运输属于危险货物,但按本规则规定不属于危险货物,外贸出口时,国内运输区段,托运人和作业委托人应按外贸要求标贴危险货物标志；外贸进口时，在国内运输区段，托运人和作业委托人应按进口原包装办理国内运输。

如本规则对货物的分类与国际运输分类不一致，外贸出口时，在国内运输区段，其包装件上可粘贴外贸要求的危险货物标志；外贸进口时，国内运输区段按本规则的规定粘贴相应的危险货物标志。

三、托运与承运

1. 托运

(1)危险货物托运人或作业委托人应了解、掌握国家有关危险货物运输的规定，并按有关法规和港口管理机构的规定，向海事管理机构办理申报并分别同承运人和起运、到达港口经营人签订运输、作业合同。

(2)运输危险货物应使用红色运单；港口作业应使用红色作业委托单。

(3)运输本规则未列名的危险货物，托运前托运人应向起运港口管理机构和海事管理机构提交经交通运输部认可的部门出具的危险货物鉴定表，由港口管理机构会同海事管理机构确定装卸、运输条件，经交通运输部批准后，按本规则相应类别中“未另列名”项办理。

(4)托运装过有毒气体、易燃气体的空钢瓶，按原装危险货物条件办理。

(5)性质相抵触或消防方法不同的危险货物应分票托运。

(6)个人托运危险货物，还须持本人身份证办理托运手续。

2. 承运

1)装运危险货物时，承运人应选派技术条件良好的适载船舶。船舶的舱室应为钢质结构。电气设备、通风设备、避雷防护、消防设备等技术条件应符合要求。

2)客船和客渡船禁止装运危险货物。客货船和滚装客船载客时，原则上不得装运危险货物。

3)船舶装运危险货物前，承运人或其代理应向托运人收取有关单证。

4)载运危险货物的船舶，在航行中要严格遵守避碰规则。停泊、装卸时应悬挂或显示规定的信号。除指定地点外，严禁吸烟。

5)装运爆炸品、一级易燃液体和有机过氧化物的船、驳，原则上不得与其他驳船混合编队、拖带。如必须混合编队、托带时，船舶所有人(经营人)要制定切实可行的安全措施，经海事管理机构批准后，报交通运输部备案。

6)装载易燃、易爆危险货物的船舶，不得进行明火、烧焊或易产生火花的修理作业。如有特殊情况，应采取相应的安全措施。在港时，应经海事管理机构批准并向港口公安消防监督机关备案；在航时应经船长批准。

7)除客货船外，装运危险货物的船舶不准搭乘旅客和无关人员。若需搭乘押运人员时，需经海事管理机构批准。

8)船舶装载危险货物应严格按照“积载和隔离”的规定和特殊积载要求合理积载、配装和隔离。积载处所应清洁、阴凉、通风良好。

9)装载危险货物遇有下列情况，应采用舱面积载：

(1)需要经常检查的货物;

(2)需要近前检查的货物;

(3)能生成爆炸性气体混合物,产生剧毒蒸汽或对船舶有强烈腐蚀性的货物;

(4)有机过氧化物;

(5)发生意外事故时必须投弃的货物。

10)船舶危险货物的积载,在确保其安全和应急消防设备的正常使用及过道的畅通。

11)发生危险货物落入水中或包装破损溢漏等事故时,船舶应立即采取有效措施并向就近的海事管理机构报告详情并做好记录。

12)滚装船装运"只限舱面"积载的危险货物,不应装在封闭和开敞式车辆甲板上。

13)纸质容器(如瓦楞纸箱和硬纸板桶等)应装在舱内,如装在舱面,应妥加保护,使其在任何时候都不会因受潮湿而影响其包装性能。

14)危险货物装船后,应编制危险货物清单,并在货物积载图上标明所装危险货物的品名、编号、分类、数量和积载位置。

15)承运人及其代理人应按规定做好船舶的预、确报工作,并向港口经营人提供卸货所需的有关资料。

16)对不符合承运要求的船舶,海事管理机构有权停止船舶进出、出港和作业,并责令有关单位采取必要的安全措施。

四、装卸和交付

1.装卸

1)船舶载运危险货物,承运人应按规定向海事管理机构办理申报手续,港口作业部门根据装卸危险货物通知单安排作业。

2)装卸危险货物的泊位以及危险货物的品种和数量,应经港口管理机构和海事管理机构批准。

3)装卸危险货物应选派具有一定专业知识的装卸人员(班组)担任。装卸前应详细了解所装卸危险货物的性质、危险程度、安全和医疗急救等措施,并严格按照有关操作规程作业。

4)装卸危险货物,应根据货物性质选用合适的装卸机具。装卸易燃、易爆货物,装卸机械应安置火星熄灭装置,禁止使用非防爆型电器设备。装卸前应对装卸机械进行检查,装卸爆炸品、有机过氧化物、一级毒害品、放射性物品,装卸机具应按额定负荷降低25%使用。

5)装卸危险货物,应根据货物的性质和状态,在船—岸,船—船之间设置安全网,装卸人员应穿戴相应的防护用品。

6)夜间装卸危险货物,应有良好的照明,装卸易燃、易爆货物应使用防爆型的安全照明设备。

7)船方应向港口经营人提供安全的在船作业环境。如货舱受到污染,船方应说明情况。对已被毒害品、放射性物品污染的货舱,船方应申请卫生防疫部门检测,采取有效措施后方可作业。

8)起卸包装破损的危险货物和能放出易燃、有毒气体的危险货物前,应对作业处所进行

通风,必要时应进行检测。如船舶确实不具备作业环境,港口经营人有权停止作业,并书面通知海事管理机构。

9)船舶装卸易燃、易爆危险货物期间,不得进行加油、加水(岸上管道加水除外)、拷铲等作业;装卸爆炸品(第1.4S除外)时,不得使用和检修雷达、无线电电报发射机。所使用的通讯设备应符合有关规定。

10)装卸易燃、易爆危险货物,距装卸地点50米范围内为禁火区。

11)没有危险货物库场的港口,一级危险货物原则上以直接换装方式作业。特殊情况,需经港口管理机构批准,采取妥善的安全防护措施并在批准的时间内装上船或提离港口。

12)装卸危险货物时,遇有雷鸣、电闪或附近发生火灾,应立即停止作业,并将危险货物妥善处理。雨雪天气禁止装卸遇湿易燃物品。

13)装卸危险货物,现场应备有相应的消防、应急器材。

14)装卸危险货物,装卸人员应严格按照配载图装卸,不得随意变更。装卸时应稳拿轻放,严禁撞击、滑跌、摔落等不安全作业。堆码要整齐、稳固、桶盖、瓶口朝上,禁止倒放。包装破损、渗漏或受到污染的危险货物不得装船,理货部门应做好检查工作。

15)爆炸品、有机过氧化物、一级易燃液体、一级毒害品、放射性物品,原则上应最后装最先卸。

16)装有爆炸品的舱室内,在中途港不应加载其他货物,确需加载时,应经海事管理机构批准并按爆炸品的有关规定作业。

17)对下列各种情况,港口管理机构有权停止船舶作业,并责令有关方面采取必要的安全处置措施:

(1)船舶设备和装卸机具不符合要求;

(2)货物装载不符合规定;

(3)货物包装破损、渗漏、受到污染或不符合有关规定。

2. 交付

(1)抵港危险货物,承运人或其代理人应提前通知收货人做好接运准备,并及时发出提货通知。交付时按货物运单(提单)所列品名、数量、标记核对后交付。对残损和撒漏的地脚货应由收货人提货时一并提离港口。

(2)对无票、无货主或经催提后收货人仍未提取的货物,港口可依据国家"关于港口、车站无法交付货物的处理办法"的规定处理。对危及港口安全的危险货物,港口管理机构有权及时处理。

五、消防和泄漏处理

1. 消防和应急

(1)港口经营人、承运船舶应建立健全危险货物运输安全规章制度,制订事故应急措施,组织建立相应的消防应急队伍,配备消防、应急器材。

(2)承运船舶、港口经营人在作业前应根据货物性质配备《船舶装运危险货物应急措施》中要求的应急用具和防护设备。作业过程中(包括堆存、保管)发现异常情况,应立即采取措施,消除隐患。一旦发生事故,有关人员应按《危险货物事故医疗急救指南》的要求在现场指

挥员的统一指挥下迅速开展施救,并立即报告公安消防部门、港口管理机构和海事管理机构等有关部门。

2. 泄露处理

(1)船舶在港区、河流、湖泊和沿海水域发生危险货物泄漏事故,应立即向海事管理机构报告,并尽可能将泄漏物收集起来,清除到岸上的接收设备中去,不得任意倾倒。

(2)船舶在航行中,为保护船舶和人命安全,不得不将泄漏物倾倒或将冲洗水排放到水中时,应尽快向就近的海事管理机构报告。

(3)泄漏货物处理后,对受污染处所应进行清洗,消除危害。

(4)船舶发生强腐蚀性货物泄漏,应仔细检查是否对船舶造成结构上的损坏,必要时应申请船舶检验部门检验。

(5)危险货物运输中有关防污染要求,应符合我国有关环境保护法规的规定。

第三节 船舶与海上设施法定检验规则

一、救生艇、筏和救助艇的配备

1. 一般要求

(1)按规定配备的救生艇、筏、海上撤离系统(如设有)应尽可能沿船长左右舷均匀分布。

(2)如救生艇及其降落和回收设备也符合对救助艇的要求,则可以接受此救生艇作为救助艇而不必另外配备救助艇,该救生艇的额定乘员人数也可计入要求的救生艇容量之中。

(3)对客船,为船上人员总数弃船所需配备的所有救生艇筏,应能在发出弃船信号后,船上人员集合在指定的集合站,从开始登乘救生艇、筏和/或从海上撤离系统撤离起 30 分钟内,载足全部乘员及属具后降落水面。

(4)对客船以外的船舶,为船上人员总数弃船需配备的救生筏(不包括质量 185 公斤及以下的从最轻载航行水线以上少于 4.5 米高度的甲板上登乘的救生筏),应能在发出弃船信号后 10 分钟内,载足全部人员及属具后降落水面。

2. 客船

(1)每艘客船全船配备的救生艇、救助艇、筏的乘员定额数对船上总人数的百分比应不少于表 12-1 的规定。

(2)Ⅰ级客船和船长 85 米及以上的Ⅱ级客船,除应符合表 16-1 的规定外,全船救生艇、救助艇(如设有时)总数与救生筏的比值不得小于 1:9。

(3)载客 500 人及以上的Ⅱ级客船,救生设备的配备应符合Ⅰ级客船的规定。

(4)载客 500 人及以上的Ⅲ级客船,救生设备的配备应符合Ⅱ级客船的规定。

(5)载客 1000 人及以上的Ⅲ级客船,救生设备的配备应符合Ⅰ级客船的规定。

(6)对仅航行于琼州海峡的客船,表 12-1 所述抛投式救生筏可用开敞式两面可用救生筏替代;

(7)海上撤离系统可替代表 12-1 中的等效容量的吊架降落救生筏。

客船救生设备的配备(%)　　表 12-1

<table>
<tr><th>船舶等级</th><th>船长 L</th><th>救生艇</th><th>气胀救生筏</th><th>全船总容量</th><th>救助艇</th></tr>
<tr><td>Ⅰ</td><td>—</td><td>30</td><td>95</td><td>125</td><td>1 艘</td></tr>
<tr><td rowspan="2">Ⅱ、Ⅲ</td><td>$L \geq 85$ 米</td><td colspan="2">110</td><td>110</td><td>1 艘</td></tr>
<tr><td>$L < 85$ 米</td><td>—</td><td>110</td><td>110</td><td>1 艘</td></tr>
</table>

3. 货船

1)除另有规定外,货船的救生设备应按下列规定配备(表 12-2 ~ 表 12-5)。

2)航行于远海航区的货船,救生艇筏应按下列要求配备:

(1)所有油船、化学品液货船和气体运输船和船长 $L \geq 85$ 米 的其他货船(表 12-2)。

油船/化学品船/气体船/船长 $L \geq 85$ 米的其他货船救生设备的配备(%)　　表 12-2

<table>
<tr><th>全封闭救生艇</th><th>气胀救生筏</th><th>救助艇</th><th>附加救生筏
(存放间距 >100 米)</th><th>总容量</th></tr>
<tr><td rowspan="2">每舷 100</td><td>100
(可舷对舷转移)</td><td rowspan="2">1 艘
(不计入总容量)</td><td rowspan="2">1/2 艘
(不计入总量)</td><td>300</td></tr>
<tr><td>每舷 100
(不可转移)</td><td>400</td></tr>
<tr><td colspan="5">或</td></tr>
<tr><td>自由降落救生艇</td><td>气胀救生筏</td><td>救助艇</td><td>附加救生筏
(存放间距 >100m)</td><td>总容量</td></tr>
<tr><td>100</td><td>每舷 100</td><td>1 艘
(不计入总量)</td><td>1/2 艘
(不计入总量)</td><td>300</td></tr>
</table>

(2)$L < 85$ 米的货船(表 12-3)。

$L < 85$ 米的货船救生设备的配备(%)　　表 12-3

<table>
<tr><th>气胀救生筏</th><th>救　助　艇</th><th>总容量</th></tr>
<tr><td>每舷 100
(可舷对舷转移)</td><td rowspan="2">1 艘
(如为全封闭救生艇,可计入总量)</td><td>200</td></tr>
<tr><td>每舷 150
(不可转移)</td><td>300</td></tr>
</table>

(3)$L \leq 45$ 米的货船(表 12-4)。

$L \leq 45$ 米的货船救生设备的配备(%)　　表 12-4

气胀救生筏	总容量	气胀救生筏	总容量
每舷 100 (可舷对舷转移)	200	每舷 150 (不可转移)	300

3)航行于近海航区、沿海航区和遮蔽航区的货船,救生艇筏应按下列要求配备:

(1)除(2)至(4)另有规定外,货船和载运闪点超过 60℃(闭杯试验)货物的液货船,配备的救生艇筏的乘员定额数对船上总人数的百分比应不少于表 12-5 规定:

货船救生设备的配备(%)　　表 12-5

<table>
<tr><th>航 区</th><th>船长 L(米)</th><th>救生艇</th><th>气胀救生筏</th><th>总容量</th><th>救助艇</th></tr>
<tr><td rowspan="3">近海航区</td><td>L≥85</td><td colspan="2">100
(每舷)</td><td>200</td><td>1 艘</td></tr>
<tr><td>L<85</td><td>—</td><td>100
(每舷)</td><td>200</td><td>1 艘</td></tr>
<tr><td>L≤45</td><td>—</td><td>100
(每舷)</td><td>200</td><td>—</td></tr>
<tr><td>沿海航区、遮蔽航区</td><td>—</td><td>—</td><td>100
(每舷)</td><td>200</td><td>—</td></tr>
</table>

(2)载运闪点不超过 60℃(闭杯试验)货物的油船、化学品液货船和气体运输船,每舷配备经认可的能容纳船上总人数的耐火救生艇。此外,全船还应配备一艘救助艇和能容纳船上总人数 50% 的气胀救生筏。

(3)载运散发有毒蒸汽或毒气的货物的油船、化学品液货船和气体运输船,在每舷配备经认可的有自备空气补给系统的能容纳船上总人数的救生艇。此外,全船还应配备一艘救助艇和能容纳船上总人数 50% 的气胀救生筏。

(4)表 12-5 中 $L \geq 85$ 米货船以及(2)和(3)要求的救生艇筏配备可用以下要求等效替代:

①至少 1 艘能在船尾自由降落下水的救生艇,其总容量应能容纳船上人员总数;

②每舷至少配 1 只气胀式救生筏,其容量应能容纳船上人员总数,并至少船舶一舷的救生筏应使用降落设备;

③1 艘救助艇。

4)对所有货船,如从船首最前端或船尾最末端至最靠近的救生艇筏存放地点最近一端之间的水平距离超过 100 米,除配备上述要求的救生筏外,还应在合理和可行的范围内配备 1 只救生筏,其应尽量靠前或靠后存放;或配备 2 只救生筏,1 只尽量靠前,另一只尽量靠后存放。该救生筏或 2 只救生筏可按能用人力脱开的方式系牢,并不必为能用认可的降落设备降落的类型。

二、个人救生设备的配备

1. 救生圈

1)Ⅰ级客船,按表 12-6 配备。

Ⅰ级客船救生圈配备　　表 12-6

船长(米)	最少救生圈数(只)	船长(米)	最少救生圈数(只)
60 以下	8	120 至 180 以下	18
60 至 120 以下	12	180 至 240 以下	21

2)远海航区和近海航区货船,按表 12-7 配备。

远海航区和近海航区货船救生圈配备　　表 12-7

船长(米)	最少救生圈数(只)	船长(米)	最少救生圈数(只)
100 以下	8	150 至 200 以下	12
100 至 150 以下	10	200 及以上	14

3）其他客船和货船，按表 12-8 配备。

其他客船和货船救生圈配备　　表 12-8

船舶类型/等级	船长 L（米）	救生圈总数（只）	带自亮灯	
			总数（只）	其中带烟雾信号（只）
Ⅱ、Ⅲ级客船	45 > L ≥ 20	4	2	—
	60 > L ≥ 45	8	4	每舷至少 1 只
	120 > L ≥ 60	12	6	
	180 > L ≥ 120	18	9	
	240 > L ≥ 180	24	12	
沿海航区、遮蔽航区货船	45 > L ≥ 20	4	1	—
	75 > L ≥ 45	6	3	—
	100 > L ≥ 75	8	4	每舷至少 1 只
	150 > L ≥ 100	10	5	
	200 > L ≥ 150	12	6	
	L ≥ 200	14	7	

4）船舶每舷应至少有 1 只救生圈设有可浮救生索，其长度不少于其存放处在最轻装载工况航行水线以上高度的 2 倍，或 30 米，取大者。

5）救生圈自亮灯及烟雾信号应按以下要求：

① 对Ⅰ级客船、远海航区和近海航区货船，不少于总数一半的救生圈应设有自亮灯，这些救生圈中不少于 2 只还应带烟雾信号，并应能自驾驶室迅速抛投；设有自亮灯的和设有自亮灯及自发烟雾信号的救生圈，应均匀地分布在船舶两舷，这类救生圈不应是装有救生索的救生圈。

② 对Ⅱ、Ⅲ级客船和沿海航区及遮蔽航区货船，救生圈自亮灯及烟雾信号应按表 16-8 配备。

2. 救生衣

（1）除另有规定外，所有船舶，船上每人至少应配备 1 件救生衣；

（2）应为值班人员和在远处的救生艇筏站配备足够数量的救生衣。供值班人员使用的救生衣应存放在驾驶室、机舱控制室和任何其他有人值班的地方；

（3）客船还应配备至少为船上乘客人数 5% 的适合儿童穿着的救生衣。

（4）客滚船和货船上配备的每件救生衣应配备 1 盏救生衣灯，其他客船应在 50% 的救生衣上配备 1 盏救生衣灯。

3. 救生服

（1）除另有规定外，对货船，应为每个船员配备一件救生服；

（2）对客船，救助艇艇员、海上撤离系统的每个工作人员应配备一件救生服；

（3）一直在珠江口以南水域航行的船舶，可不必配备救生服。

第四节　国内船舶油污责任与损害赔偿相关规定

一、我国船舶油污损害赔偿的法律适用

目前,适用于我国的船舶油污损害民事责任限额的有关的公约、法律法规主要有:《1969年国际油污损害民事责任公约1992年议定书》、《2001年国际燃油污染损害民事责任公约》、《中华人民共和国海商法》、《关于不满300总吨船舶及沿海运输、沿海作业船舶海事赔偿限额的决定》和《中华人民共和国船舶油污损害民事责任保险实施办法》等,分别规定了各自的适用船舶及其责任限额。

二、我国《海商法》中的有关规定

《海商法》中没有单独的船舶油污损害民事责任限额,只规定了人身伤亡和非人身伤亡的海事赔偿责任限制,其中船舶油污染损害适用于非人身伤亡请求的赔偿限额。但《海商法》第208条第2款指出,中华人民共和国参加的国际油污损害民事责任公约规定的油污损害的赔偿请求,不适用本法第11章(海事赔偿责任限制)的规定。即,对于具有涉外因素的油污损害事故,应依据《1969年国际油污损害民事责任公约1992年议定书》进行处理,而不适用我国《海商法》的有关规定。

三、中华人民共和国船舶油污损害民事责任保险实施办法

《中华人民共和国船舶油污损害民事责任保险实施办法》由交通运输部颁布,自2010年10月1日起施行。以下为该办法的主要内容。

1. 船舶油污损害民事责任保险及额度

1)在中华人民共和国管辖海域内航行的船舶应当按照以下规定投保油污损害民事责任保险或者取得其他财务保证:

(1)载运散装持久性油类物质的船舶,投保油污损害民事责任保险,其保险标的应当包括持久性油类物质造成的污染损害;

(2)1000总吨以上载运非持久性油类物质的船舶,投保油污损害民事责任保险,其保险标的应当包括非持久性油类物质造成的污染损害和燃油造成的污染损害;

(3)1000总吨以上载运非油类物质的船舶,投保油污损害民事责任保险,其保险标的应当包括燃油造成的污染损害;

(4)1000总吨以下载运非持久性油类物质的船舶,投保油污损害民事责任保险,其保险标的应当包括非持久性油类物质造成的污染损害。

2)在中华人民共和国管辖海域内航行的载运散装持久性油类物质的船舶,投保油污损害民事责任保险或者取得其他财务保证,应当不低于以下额度:

(1)5000总吨以下的船舶为451万特别提款权;

(2)5000总吨以上的船舶,除前项所规定的数额外,每增加1总吨,增加631特别提款权,但是,此总额度在任何情况下不超过8977万特别提款权。

3)在中华人民共和国管辖海域内航行的载运非持久性油类物质的船舶,以及1000总吨以上载运非油类物质的船舶,投保油污损害民事责任保险或者取得其他财务保证,应当不低于以下额度:

(1)300总吨至500总吨的船舶,为167000特别提款权;

(2)501总吨至30000总吨的船舶,除167000特别提款权外,每增加1总吨,增加167特别提款权;

(3)30001总吨至70000总吨的船舶,除第(2)项所规定的数额外,每增加1总吨,增加125特别提款权;

(4)70001总吨以上的船舶,除第(3)项所规定的数额外,每增加1总吨,增加83特别提款权。

4)从事中华人民共和国港口之间货物运输或者沿海作业的船舶,投保油污损害民事责任保险或者取得其他财务保证,其额度按照上述额度的50%计算。

2. 船舶油污损害民事责任保险证书

1)中国籍船舶投保船舶油污损害民事责任保险或者取得其他财务保证之后,应当按以下规定向船籍港所在地的直属海事管理机构申请办理相应船舶油污损害民事责任保险证书:

(1)载运持久性油类物质的船舶,应当办理《油污损害民事责任保险或其他财务保证证书》;

(2)1000总吨以上的载运非持久性油类物质的船舶,应当办理《燃油污染损害民事责任保险或其他财务保证证书》和《非持久性油类污染损害民事责任保险或其他财务保证证书》;

(3)1000总吨以下的载运非持久性油类的船舶,应当办理《非持久性油类污染损害民事责任保险或其他财务保证证书》;

(4)1000总吨以上的载运非油类物质的船舶,应当办理《燃油污染损害民事责任保险或其他财务保证证书》。

2)中国籍船舶申请办理船舶油污损害民事责任保险证书,应向海事管理机构提交以下材料:

(1)申请书;

(2)有效的船舶油污损害民事责任保险单证或者其他财务保证证明;

(3)船舶国籍证书。

3)海事管理机构应当对申请材料进行审核,对符合本办法规定的,在受理之日起7个工作日内,向船舶签发相应的船舶油污损害民事责任保险证书。

船舶油污损害民事责任保险证书的有效期不得超过船舶油污损害民事责任保险合同或者其他财务保证证明的期限。

4)船舶油污损害民事责任保险证书不得伪造、涂改,并应当随船携带,以备海事管理机构查验。

船舶油污损害民事责任保险证书遗失的,应当书面说明理由,附具有关证明文件,向原发证机关申请补发。

5)海事管理机构应当加强对船舶油污损害民事责任保险证书、保险单证或其他财务保证证明的查验。

第十三章 船舶修理

第一节 船舶修理的概念与种类

一、船舶修理的概念

船舶在运营过程中,由于受多种因素的影响,船体和船舶设备不断受到磨损和腐蚀,在交变应力和外界冲击力的影响下,船体和船舶设备还会产生不同程度的变形和扭曲,甚至产生裂缝、直至断裂等损坏。这些都会影响船舶的技术状态,也会逐渐对船舶的正常营运产生影响,给船舶安全带来威胁。此外,意外海损事故会给船体和船舶设备带来重大损坏,甚至使船舶丧失航行能力。

船舶修理是保证船舶正常营运的重要环节,其目的是为了消除船舶存在的缺陷,恢复或维持船舶的原始性能及强度,从而使船舶在营运期间能优质低耗安全运转,同时也为了满足保持船级及适航性要求。

二、船舶修理的种类

一般情况下,船舶修理分为计划修理和临时修理。计划修理(Planned Repair)多结合船舶的各种检验有计划、周期性地进行,包括坞修、小修和检修。临时修理(Occasional Repair)是由于意外事情而进行的非计划修理,包括航修和事故修理。

1. 计划修理

1)小修(Current Repair)

按规定周期有计划地结合船舶的期间检验或年度检验而进行的厂修和坞修工程称为小修,也称为岁修(Annual Repair)。主要是对船体和机舱主要设备进行检查、保养和修理,使船舶能安全营运到下次计划修理。其基本工程有:船体除锈油漆;修换部分船体构件;对主机、副

机及管系等进行一般检查和修理。小修间隔期客船和客货船常为12个月,钢质货船为12~18个月。

2)检修(Overhaul Repair)

检修是船舶修理的最大修理类别,是按规定周期结合船舶的定期检验或特别检验而进行的厂修和坞修工程,其目的是对船体和全船所有设备及各类系统进行全面检查、维护和修理,使船体强度、各主要设备和主要系统能安全营运到下一次检修。除小修工程外,检修的基本工程还包括船体测厚、主机解体检查修理、副机解体检查修理、各管系的彻底检查修理等。检修一般在2~3次小修后进行一次。

3)坞修(Dock Repair)

在船坞内对船体水下部分的构件和设备进行检查和修理的工作称为坞修,一般结合船舶坞检进行。

2. 非计划修理

1)航修(Voyage Repair)

航修是船舶运营过程中产生的影响正常运营而必须由船厂或航修站进行的一般修理工程。它通常在船舶航次间停靠港时进行。为缩短修理时间,减小对正常营运的影响,有条件的,可随船抢修。

2)事故修理(Accident Repair)

由于意外事故致使船体和设备遭受损坏,因此要作临时性修理以恢复船舶原有的技术状态,这种临时性修理称为事故修理。

3. 自修(Self Repair)

在船舶营运过程中或船舶进厂修理时由船员自己完成的修理项目称为自修。自修可以是计划性修理项目,也可以是临时性修理项目,可以在营运中进行,也可在修船时进行。自修不仅可以提高船舶的营运效率,降低修理费用,减少非生产性停泊时间,还可以提高船员的业务技术水准,合理地进行维护保养,及早消除隐患,保持船舶良好的技术状态。

小修、检修和坞修属于计划性修理,是按一定周期进行的。航修和事故修理属于随机性的临时修理,常不列入计划。自修若结合维护保养的计划进行,为有计划的修理,若结合突发性事故引起的修理则是随机性修理,是没有计划的。

三、修船的基本要求和原则

1. 修船的基本要求

船舶修理必须以原样修复为主,一般不进行改建。修理应以恢复机械、设备的原有性能为目的,并以船舶的使用年限为重要依据。

1)船舶种类和船龄不同,其修船方针不同

船舶的种类和船龄不同,对其修理的要求也不一样。杂货船、多用途船其使用年限为20~25年;散货船、木材船、滚装船、集装箱船和客船其使用年限为15~20年;油船其使用年限为10~15年;化学品、液化气和天然气船其使用年限为8~12年。上述船舶在分别达到20年、15年、10年、8年时,称为老龄船。

对于不同船龄的船修理要求分别为:对营运期不到1/3使用年限的船舶,按设计要求进行

驾驶专业

修理,应尽可能使其保持基本性能良好;对营运期达到1/3以上但不到2/3使用年限的船舶,修理时应在原结构和设计的基础上,按照营运期的要求进行修理,满足入级要求,保证船舶营运安全和保持其计划使用年限;对营运期已超过2/3使用年限的船舶,即老龄船舶进行维持性修理,维持船级的最低要求,同时采取适当减载和限制功率的措施,以保证船舶的强度和航行安全。

2)远洋船舶应按入级标准进行修理

远洋船舶应按入级标准进行修理,但为达到原入级要求而修理范围过大,经技术论证又不合算时,应按改变入级航区或改为沿海使用的要求进行修理。

3)保证修船的质量

完成修理单上预定的修理项目,保证修理质量,修理的项目必须达到质量标准,应满足验船规范、修理标准、技术说明书等有关规定,做到牢固可靠、经久耐用、性能良好。修船厂应对修理的质量负责。修船质量保证期,固定件为6个月,运动件为3个月。

4)缩短修船时间

修船时间直接影响船舶营运率,因此,应努力缩短修船时间,以减少对船舶的营运损失。

5)降低修船成本

修理费为船舶可变成本,是航运企业重要的经济指标。修船要勤俭节约,重点把主要设备修好,努力降低各类船舶不同类别的修理费限额。

2.修船的基本原则

(1)坚持日常保养与计划修理、船员自修及厂修相结合的原则;

(2)鼓励船员自修,逐年扩大自修范围和确保自修质量;

(3)船舶重大修理、设备更新和技术改造项目应进行技术和经济论证,并报公司审批。

第二节 修船工程组织和准备

一、修船工程组织

1.修船组织分工

1)全船在船长领导下分甲板和轮机两大部门。船舶所属公司的机务部门为船舶修理的业务主管部门,负责对船舶修理进行指导和安排。

2)甲板部由大副负责,领导和安排甲板部人员分工管理甲板部各工程项目的监工、安全和验收。

3)修船期间,各部门可对部门内船员进行组织分工,分成自修组、安全组和厂修组。

(1)自修组:主要负责船员及雇用人员进行的自修工程。

(2)安全组:负责船厂人员、船员和船舶本身的安全。

(3)厂修组:主要是监督和协助厂修的各项工程,按照日程计划,注意进度,对各项设备的检查和修复,由厂修组的分管人员现场检验,发现问题及时解决。

2.相关人员的职责

1)船舶负责人在修船工作中的职责

(1)在修船施工工程中要密切配合修船主管,共同确保修船工作项目的落实和实施。

(2)严格遵守船舶修理过程中的船舶与机械、设备的技术标准、工程质量的检查与验收。

(3)组织领导修船工作中对船员工作的安排、安全监督质量和进度要求以及值班作息的布置安排与调整。

(4)严格掌握和控制在修船过程中的设备、零部件以及材料工具等的领取和使用情况。

(5)严格遵守执行公司对修船工作所制定的各项规章制度。

(6)修船过程中对出现的较大技术问题或变更扩大工程项目应及时向修船主管提出说明和要求。

(7)在修船工作中,船长不允许随意追加变更和扩大原定工程项目。

2)修船主管的职责;

(1)在船舶修理过程中对工程项目的落实、工程质量的监督检查、工程进度的动态以及修理费用支付的情况等方面负有管理和实施的责任。

(2)配合、协助和指导船员在修船中的工作。

(3)负责船舶修理进厂前后与厂家、船检等方面的联系沟通工作。

(4)负责收集整理编写技术资料和修船总结报告。

(5)负责与修船有关部门单位的联系沟通等方面的衔接工作。

3. 安全工作

安全工作是安全组船员的主要职责,如负责船厂人员、船舶工作人员及船舶本身的安全等。船舶修理时,因工程繁多,且有大量的明火作业,修理的各项工程几乎同时展开,进而造成船上的作业点多、人员多、人员上下频繁等状况。为保证安全,必须认真做好安全工作,主要的安全措施应从防火、防坠落、安全用电、防滑和防冻等方面考虑。

1)防火

是安全措施中首要的。所有易燃、易爆物品均应妥善集中存放,并用醒目标志标明。明火作业现场应按规定备妥数量合适且适用的消防器材与设备,同时派专人监视。每次作业后应对作业现场及相邻处所仔细检查。在整个修船期间均应妥善管理消防器材与设备,以确保随时可用。装上通岸接头,备好消防管系,熟悉消防单位的地址和联系电话。

2)防坠落

脚手架要系牢固,木板宽度应不小于600毫米,高空、舷外作业时应系好安全带,船岸间的跳板要有栏杆,其下应张好安全网,梯口与开口处须设栏杆,夜间应有足够的照明。

3)安全用电

需临时照明的场所,若使用活动行灯,则必须使用36伏特以下的低电压电源,若用110伏特以上电压的临时线路,应系挂在高处,并做明显标志,用后及时拆除。

4)防滑

用木屑及时消除甲板油污,油污的扶梯把手应用草绳包扎。冬天甲板和露天过道结冰时,应及时铲除或撒沙防滑。

5)防冻

冬季修船时各种管系内残水要放尽,灭火器要包棉套防冻裂,消防水管要用草绳包扎。

二、编制船舶修理单

1. 甲板部负责的修船范围

根据部门分工情况,甲板部应负责的修船范围包括:

(1)船体:包括船壳、各层甲板、舱室及各骨架构件等;

(2)舱内设施:包括舱盖、舱口围板、舱内梯子、污水沟(井)、各种管系及罩壳等;

(3)系泊设备:包括系缆桩、导缆设施(孔、钳等)、绞缆机械和缆车等;

(4)锚设备:包括锚、锚链、锚链筒、锚链管、锚链舱、制链器、弃链器和锚机等;

(5)起重设备:包括吊杆、桅、起重柱、起货机、滑车、各转动轴、地令和眼板等;

(6)舵设备:包括舵杆、舵叶、操舵装置等;

(7)救生与消防设备:包括吊艇架、救生艇、救生筏等,各种救生用品的支架,各种固定消防系统的管路及消防用品的支架等;

(8)舱室内部及厨房设施;

(9)各种甲板管系及水密设施;

(10)声光信号及航海仪器设备和火警监测仪等;

(11)舷梯及其附属设施。

2. 船舶修理单的编制

1)船舶修理单(Repair List)上列出船舶修理工程的项目、程度、范围和要求,是船舶与公司机务部门向船厂提出修船的正式文件,是机务部门安排修船计划、分配修船费用的依据,也是船厂估工估料、编制各种作业计划及材料供应计划、确定修船时间、签订修船合同的依据。因此,船舶修理单的编写应力求修理部位表述清楚,修船技术要求合理。一份正确的修理单对节约修船经费、缩短修期和提高修船质量均有决定性作用。

2)修理单分甲板部和轮机部两部分,分别由大副和轮机长负责汇总编写。

3)船舶修理单编写的主要依据

(1)查阅历次修船记录,特别是上一次的;

(2)查阅日常养护记录和保养修理计划;

(3)根据船舶应接受各种检验的要求;

(4)实际使用中发现的需要修理的地方;

(5)查阅损坏记录、测量记录及缺陷清单;

(6)结合规范和法规中的技术标准。

4)编写船舶修理单的注意事项

(1)写明修理部位名称(即应修理构件的名称与部位);

(2)写明损坏情况,如属于何种损坏及损坏的程度和范围等;

(3)写明修理要求和方法,但工艺方法和技术标准可不写;

(4)写明对材料的要求,如材料名称、规格、型号和数量;

(5)写明因修理工程所引起的附带(附加)工程;

(6)对平时无法拆检的隐蔽工程,应注明待进厂拆检后决定修理内容,但应估计需换零部件的材料名称、规格、型号和数量等;

(7)写明检验修船质量的标准,如试验报告、检验报告等;

(8)其他认为应写明的。

5)修理单的提交

在修理单上应注明船舶修理类别,因为“航修”、“小修”和“检修”的修理范围不同,并注明船舶检验机构要求的修理工程,以便船厂在修理过程中安排验船师进行监督和检验,对修理工程签证或换发船级证书。

编写的修理单应一式三份,其中两份上交公司机务部门,一份留船。船舶“检修”应在进厂前4个月将修理单送交公司机务部门审核批准。

3. 追加、扩大、变更工程及重要零部件报废规定

1)追加、扩大、变更工程项目

(1)在修船工作中原则上不追加、变更和扩大工程项目、增加修船费用(隐蔽项目除外),但确因需要必需追加变更、扩大时,需由修船主管提出书面报告,经公司机务部经理审批后方可立项实施。

(2)由船、厂双方私下确定并扩大工程支付费用时,公司不承担义务,应由当事人承担责任。

(3)凡符合新的公约、法规、条例强制性要求而追加、变更、扩大的工程项目,不履行其他手续。

2)重要零部件报废、更换手续

(1)修船工作中报废换新的零部件由船舶或厂方在检测结果的基础上提出申请,由修船主办工程师办理。

(2)报废、更换零部件,必须持检测数据书面报告、厂家或检测部门出示的证明以及超极限或损坏零部件原件为依据,经鉴定后方可报废更新。

(3)大型的、价值较高的零部件还要经公司机务部主管备件负责人的核实和批复。

三、修船的准备工作

1. 修船的基本准备工作

(1)根据船舶状态及船检部门的要求,首先要确定本次修船的规模及项目、修理天数、经费数额及修船日期。

(2)准备好修理工程单,报几家船厂询价。

(3)重大的备件要提前半年至一年订货,进厂前必须到货。

(4)准备好船舶有关的图纸。

(5)安排好厂修和自修工程,对船员进行组织分工,做到分工明确,互相协作。

2. 厂修准备工作

进厂前甲板部的准备工作:

(1)向全体船员说明本次修船的范围、重点和防范事项。

(2)进行组织分工,将船员分成自修组、安全组和厂修组。

(3)根据平时的检修与测量记录,结合有关规定,在动员各主管人员及全体甲板部船员的基础上,由大副负责最后汇总填写好甲板部船舶修理单,并上报船长。

(4)将油舱、油柜、管路和污水井内的残油、残水和船上垃圾清理干净,如需进坞或上台修理时还要做好船舶本身的调水准备工作。

(5)吊杆放平,货舱打开,双层底舱、深舱、边舱、船首尾尖舱、淡水舱等人孔盖打开,污水系统打开,以备检查。

(6)妥善处置易燃、易爆危险物品和高压容器等设备。

(7)一切暂不用且可移动的备件和物品装箱入库。

(8)凡要送厂修理的零部件,拆下后应及时标记并挂上标记牌。

(9)对进厂、进坞或舱内须动用明火作业修理的船舶在进厂施工前,除备留所需燃油外应全部调出燃油。

3. 坞修准备工作和注意事项

1)主要坞修工程

(1)船体重载水线以下船壳板的测厚、除锈、油漆或局部换新;

(2)船名、水尺和船籍港标志的油漆;

(3)水尺的校验和船体纵向变形的测量;

(4)防腐锌板的更换;

(5)双层底、深舱、油水柜和污水沟(井)的清洁、测厚、除锈油漆或涂水泥、换新;

(6)各船底塞的拆装检查和封搪水泥,海底阀的拆装研磨;

(7)助航仪器船底装置的检查;

(8)舵的拆装检查与舵设备间隙测量;

(9)尾轴与螺旋桨的拆装检查与间隙测量。

2)进坞前的准备工作

进坞修理前除应做好厂修时的各项准备工作外,还应做好:

(1)彻底清除全船油舱、油柜、双层底、深舱、污水沟(井)内的油脚和污水;

(2)清除全船垃圾,封闭厕所、浴室和厨房;

(3)收进舷外突出物;

(4)尽量减轻船舶重量,调整船舶纵倾不超过$1\%L$,横倾不超过$1°$;

(5)备妥进坞图(Docking Plan)和舵结构图(Rudder Construction Plan)及其他有关图纸,了解坞墩排列情况,坐墩位置应与上次错开,避免测深仪和计程仪的通海装置、船底塞、海底阀的出口坐落在坞墩上;

(6)备妥系泊设备,主机、舵机及锚机能用的应备妥,若不能用应事先通知厂方。

3)坞修注意事项

(1)坞内水排干后即应会同厂方检查坐墩情况;

(2)接妥电话、岸电与消防水龙,增设消防器材;

(3)油水杂物不可倒入坞内,禁用厨房、厕所和浴室;

(4)航海仪器的船底装置应用白纸贴封;

(5)拆船底塞时,大副和木匠应在场;

(6)海底阀应封锁好,做好标记,以防误拆修;

(7)进入油水舱作业,应严格按照有关作业规程操作;

(8)进行水压试验前,应检查人孔和船底塞是否封妥,水压是否符合要求;

(9)工程完成后出坞前,应检查所有坞修工程是否确实完成,并应检验合格。同时还应仔细检查船底塞、海底阀是否封好、航海仪器的船底装置纸贴封是否撕掉和完好、防腐锌板是否装妥并不得涂油漆(可事先用牛油将防腐锌板的四周涂好,再刷船壳板油漆);

(10)为减小船舶起浮后的吃水差,出坞前可适当压载;

(11)如需做倾斜试验可在坞内放水后进行。

4)进浮船坞的注意事项

(1)严禁在浮坞开锚范围内抛锚;

(2)进坞前船应无横倾,纵倾幅度与浮坞负责人协商,但最大不超过1%L;

(3)在风力增大至一定程度时,应尽可能出坞以保证浮坞安全,待风过后再重新进坞;

(4)凡在浮坞内需放水、调整压载水或补充水等都必须事先征得浮坞负责人的同意。

第三节　修船工艺

一、修船工艺术语

《中华人民共和国国家标准船舶工艺术语——修船工艺》(GB/T 15094—2008)规定了船舶有关坞修、船体、轮机等方面的修理工艺术语及其定义。

1. 坞修

(1)进坞:将浮于水面的船舶移至干船坞或浮船坞内的作业。

(2)出坞:将坞内船舶移至坞外的作业。

(3)上排:使船舶沿倾斜的纵向或横向船排滑道牵引上升而露出水面的作业。

(4)坞内找正:船坞排水过程中,随时调整使船舶按要求的位置坐墩的过程。

(5)船底望光:根据船底基线两端某两点的连线,用光线望通的办法,测量龙骨线各点相对于此连线的垂向差,判定船底龙骨局部变形的方法。

(6)水下维修:在水下对船体水下部分及附属装置进行的维护和修理,包括水下检查、清洗、涂装、堵漏、焊接、切割、更换与维修等。

(7)水下粘合:使用水下粘合剂封补水下破损船体的特殊工艺。

(8)轴套粘接:使用粘合剂将轴套固定在螺旋桨轴、舵杆,舵销等轴类零件上的工艺过程。

(9)螺旋桨修理:对螺旋桨因海水腐蚀、气蚀和碰撞等作用而产生的缺损、裂纹、弯曲变形或断裂等所进行的修复。

(10)高压水清洗:采用高压喷射的水流冲击作用去除船体表面的污垢、锈层、旧涂层以及水溶性的腐蚀产物等的清理方法。

(11)喷丸除锈:采用压缩空气向钢材表面喷射铁丸或钢丸,以除去氧化皮和铁锈的除锈方法。

(12)机械除锈:采用人工持电动或风动工具进行除锈的方法。

(13)喷砂除锈:利用压缩空气喷射砂粒的除锈方法。

(14)湿喷砂除锈:采用水和砂混合为喷砂介质的喷砂除锈方法。

(15)喷涂:采用喷枪等喷射工具把涂料雾化后,喷射在被涂工件表面上的涂装方法。

(16)滚涂:采用滚筒蘸上涂料,在工件表面滚动。使涂料覆盖于工件表面的涂装方法。

(17)喷浆法:将砂浆通过喷枪装置,喷射成型的抹浆方法。

2. 船舶修理

(1)改装:为改变船舶用途和性能,在满足规范要求的前提下,对船舶的船体、设备、系统、结构等的改装。

(2)洗舱:对船舱进行冲刷,清理的作业。

(3)测爆:为保证施工安全,使用专用仪器对已经清洗的空载油舱进行可燃气体含量测量的工作。

(4)船体外板测厚:测量船体外板厚度的工作。

(5)换板:割除损坏或有缺陷的船体钢板,焊上与原板材性能和几何形状相同钢板的工艺过程。

3. 轮机修理(部分)

(1)吊缸:气缸盖取下,吊出活塞,对活塞、活塞杆、气缸套等进行检查、测量的工艺过程。

(2)冲车:利用压缩空气启动的柴油机,为去除积存在柴油机活塞顶上的油、水和杂质,同时检查柴油机空气启动系统是否正常,在启动前打开示功阀,将操纵装置安放在启动位置,使压缩空气转动柴油机数转的过程。

(3)启动:采用人力、电能或压缩空气等使曲轴转动到柴油机能自行连续工作的发动过程。

(4)磨合:为使相互运动摩擦面有利于润滑,使其能迅速承受全负荷所做的空负荷或低负荷运转。

(5)试车:船舶柴油机在正式投入营运前进行各项性能调整及试验运行的工艺过程。

二、营运船舶船体结构与设备的腐蚀磨耗控制值

1. 营运船舶船体结构的腐蚀磨耗控制值

营运船舶船体结构的腐蚀磨耗控制值是指船体构件与设备的变形、锈蚀和磨损有一个不允许超过的规定限值。

1)总纵强度衡准

$L \geqslant 65$ 米的船舶,船中 $0.4L$ 区域内在甲板处和船底处的船体梁剖面模数应不小于 0.9 倍的规范所要求的船体梁剖面模数。

2)局部强度衡准

对于 1983 年 1 月 15 日及以后安放龙骨的按 CCS 规范建造的船舶,船体各板材和构件的腐蚀磨耗厚度应不大于原建造厚度乘以表 13-1 所列的百分数。

对不是按上述要求设计的船舶,船体各板材和构件的腐蚀磨耗可参考上述标准执行。

2. 营运船舶甲板设备的腐蚀磨耗控制值

1)舵杆(销)等允许蚀耗值

(1)舵杆(销)一般在下舵承处(或舵销处)的轴颈应大于非工作部分的轴颈,否则应进行修理或换新。舵杆工作轴颈表面允许存在少量分散的锈蚀斑点,但深度不应超过舵杆(销)直

径的1%；舵杆非工作轴颈允许减少量为原设计直径的7%。

船体各板材和构件的腐蚀磨耗标准　表13-1

构 件 名 称	腐蚀磨耗极限	
	$L \geqslant 90$ 米	$L < 90$ 米
①强力甲板、外板、内底板、纵舱壁、顶(底)边舱斜板等； ②纵向主要构件,如纵桁、连续舱口围板等； ③横向主要构件,如强肋骨、强横梁、双层底实肋板等； ④货舱内横舱壁板、深舱的水密舱密板、舱壁顶(底)凳	20%	25%
其他板和构件,如开口线内甲板、纵骨、肋骨、肘板等	25%	30%

(2)舵销与舵钮,或舵叶与舵托平面极限间隙一般为安装间隙的50%。舵承和舵杆如超过磨耗极限时,应予以换新。

2)锚设备的腐蚀极限

(1)锚链环、连接链环、锚卸扣、转环及其环栓磨耗后的平均直径,不得小于原规范直径乘以下列百分数:Ⅰ类航区88%;Ⅱ、Ⅲ类航区85%。

(2)锚链链环的变形:有档链环伸长不超过原长度的7%,无档链环或卸扣伸长不超过原长度的8%。

(3)锚的失重不应超过原锚重量的20%。

(4)锚机基座蚀耗达原厚度25%时,应予换新或加强,底座螺栓、螺母蚀耗严重时,应予换新。

(5)链轮的轮齿磨损不超过原厚度的10%;如有个别轮齿断裂,应及时修复;蜗轮蜗杆磨损不大于原齿厚的15%。

(6)锚销允许磨损在原直径的10%以内。

(7)锚杆、锚爪和锚冠大横销磨损变形严重或锚爪、锚杆有晃动时,销轴应予更换。经验船师同意,可在锚头两端轴孔镶套作临时修理。

3)起重设备固定及可卸零部件的腐蚀极限

(1)吊杆轴线挠度不应超过其长度的1/1500,臂架轴线挠度不应超过其长度的1/1000。

(2)起货设备固定及活动零部件的最大磨损超过原尺寸的10%、销轴的最大耗蚀超过原直径的6%或发生裂纹或有显著变形者均不得使用。

(3)使用吊货钩前,需做变形、磨损、锈损和裂纹检查,如有裂纹或钩尖开口部分的伸长超过原有间距的15%时,必须换新。

(4)钢丝绳在其10倍于直径的长度内,发现有5%钢丝断裂或整股断裂或钢丝绳有过度磨损、腐蚀及其他显著损坏,则必须换新。

(5)滑车的滑轮衬套或轮毂有显著磨损、轮缘折断或裂纹、滑车轴及耳环弯曲或显著磨损(大于10%)时,不能继续使用。

(6)钢质桅、吊杆、起重机的金属结构壁厚的蚀耗超过原厚度的20%时,应予换新或加强。

(7)吊杆、臂架、桅柱等金属结构件的焊缝表面应均匀,不得有裂纹、焊瘤、咬口、气孔、夹渣及未填满的凹陷存在。

(8)对于转环或转钩,当其环栓上发现有显著变形或不能保证转动时,则不许继续使用。

(9)对起货设备的制动装置,当发现制动衬垫有显著磨损而露出铆钉时,必须换新。

(10)起货机齿轮上有损坏的牙齿或弯折的轮缘或轮毂及车壳上有裂纹时,则不许继续使用。少数牙齿损坏时,进行修补后仍可继续使用。

4)舱底水、压载水、甲板排水及货油等管系的腐蚀极限

上述管系应接受外观、无损检测及液压(压水)三项检查与试验。受内压钢管管壁厚度的腐蚀极限:

(1)淡水管为0.8毫米;

(2)货油管为2.0毫米;

(3)海水管为3.0毫米。

除经工作压力下的压水试验无泄漏可限期使用者外,当钢管管壁腐蚀厚度超过上述极限时,一般应予换新。

三、船体结构与设备的修理要求

1.船体修理要求

1)船体结构修理的基本原则

(1)各种船体结构的修理,应避免将焊缝布置在应力集中处。

(2)船体结构中的平行对接焊缝的间距应不小于100毫米,且应避免尖角相交;对接焊缝与角接焊缝之间的平行距离应不小于50毫米。

(3)所用材料应满足规范要求。重要部位使用的材料级别应与原材料等同,同时应提交合格证明。

(4)未经验船师同意,不得任意拆除或移动船体强力构件或在强力甲板、舷侧外板及水密舱壁上临时开口。

(5)船体水密结构修理后,均需进行密性试验,必要时应进行无损探伤。

(6)除紧急情况下允许覆板临时修理外,原则上覆板修理不应作为船体结构的永久性修理。

2)几种典型缺陷的处理

(1)分散坑点腐蚀

如腐蚀坑点直径在15~50毫米之间,深度超过原建造厚度的50%时,一般可允许堆焊填补。堆焊前应进行表面清洁,焊后表面应磨平。

(2)局部疤状腐蚀

如疤状宽度大于50毫米、深度达到原建造厚度的40%时,原则上要求局部割换。

(3)均匀腐蚀(包括麻点腐蚀)

如均匀腐蚀超过蚀耗极限时,应予换新。

(4)裂纹的修理一般采取局部割换,或在裂纹两端打止裂孔,彻底铲除,开V型坡口重新焊补。

(5)船体构件变形,钢板皱折与凹陷的修理一般采取割换或矫正,必要时进行加强。

(6)对船壳板蚀耗后的修理

一般不准使用覆补方法。对拆换船壳板确有困难或维持使用的老旧船舶,经验船师同意,

可局部采用覆补。凡采用覆补的水密构件,如内底板、深舱舱壁、水密肋板等,覆补前均应做密性试验,确定无漏后,才许覆补。覆板与被覆板之间表面应涂防腐涂料。在骨架理论线处应进行间距不大于30倍板厚的塞焊。所有覆板的焊缝完成后,应进行密性试验。起货机、锚机等基座处的钢板(平台)超耗时,一般要求割换。经验船师同意后也可采用覆补,但覆板厚度不得大于被覆板的原厚度,塞焊间距≤300毫米。

(7)焊缝修理

当角焊缝焊脚的腐蚀超过最大允许腐蚀极限(规范规定的20%)及对接焊缝腐蚀后其边缘低于钢板表面时,应进行堆焊修理,施焊前金属表面应进行除锈和清洁。

2. 舵设备的修理要求

舵承和舵杆(销)如超过磨耗极限,应予换新或修理,舵销和舵杆表面一般不允许堆焊修理。在进行堆焊修理时应进行预热,并在整个施焊过程中保持预热温度,焊后应做消除内应力的退火处理。舵杆裂纹允许用焊补方法修复。舵设备经修理安装后,应进行舵设备性能试验。

3. 锚设备的修理要求

(1)对于变形的锚爪、锚杆应火工校正,锚爪、锚杆的裂纹允许电焊修理。其方法是在施焊前应先将裂纹两端钻直径为8毫米的止裂孔,再将裂纹磨去,然后才能补焊。当含碳量超过0.27%时,应预热至100℃,并在整个施焊过程中保持预热温度,焊后进行退火处理。修复后应做拉力试验。

(2)锚链环上如有裂纹,应将裂纹均匀磨去避免出现应力集中的凹痕,若磨去裂纹后,平均直径大于允许值,可以继续使用;若小于允许值应堆焊修理或换新。

(3)铸钢链环上如有砂眼,应补焊修理。验船师认为必要时,需进行热处理。

(4)锚链环有弯曲变形时,应予火工校正修理,并作拉力试验。

(5)锚链横档(撑档)松动时,应采取烘火紧档,如采用电焊时,只在横档的一端与链环焊牢。

四、修船工艺简介

1. 水尺校验与船体纵向变形的测量

坞修中,对水尺校验与船体纵向变形的测量,通常采用船底望光法,如图13-1所示。

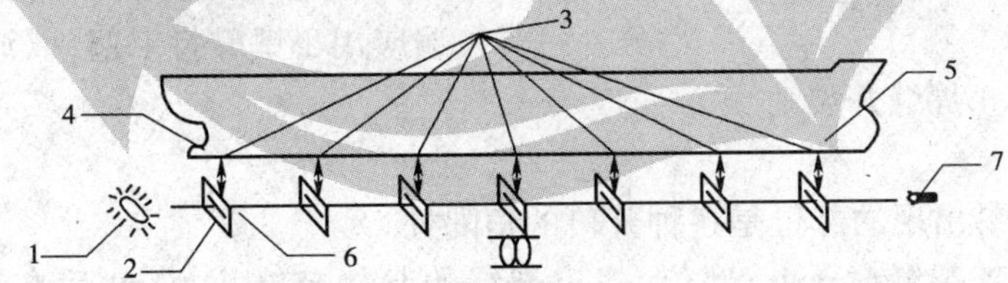

图13-1　船底望光

1-扁光源;2-遮板横缝;3-测量站;4-尾端;5-首端;6-光线;7-目测

具体方法是:在船底水平部分的首、尾两端各设一有横缝的遮板,两横缝距船底的距离相等(一般为150~200毫米),在尾端(或首端)的遮板外侧与遮板横缝等高处设一扁光源,在船中以及相隔一定距离处选取若干测量站(为避免因局部变形而影响测量的准确性,应尽可能设在隔舱壁处),依次在各站竖起有同样横缝的遮板,然后在首端(或尾端)进行观测。图中当光线从尾端、各测量站和首端等各横缝相继透过时，则说明全部遮板的横缝位于同一水平线上，此时测量各测量站遮板横缝至船底板的距离，即可得到船底的望光记录(表13-2)，从而达到掌握船体纵向变形的情况。

船底望光记录　表13-2

肋位	10	40	70	100	130	160	189
测量距离(毫米)	150	130	115	110	120	135	150

2. 钢板厚度的测量

测厚的方法，以前是用钻孔法，费工费时，且所钻之孔需重新补焊妥；目前，普遍采用超声波测量仪测量钢板厚度。具体做法是：先将被测钢板用砂轮打到露出钢板本色，在其上涂一点水玻璃以改善探头与钢板的接触，将探头紧压在该处便可直接在仪器表盘上读出钢板的厚度，然后用白漆将测得厚度记在被测点旁边，并记录在外板展开图、甲板图或舱壁图上。

3. 钢板的割换

对超过腐蚀极限或某些局部烂穿的钢板都需进行割换或挖补。新钢板应进行拉力、冷弯和冲击物理试验。

1)整张钢板的割换

先将要拆钢板与骨架之间的焊缝割开，并将四周留存钢板与骨架的焊缝也割开一段，长约300毫米左右，然后将新钢板按尺寸割好装上。用压马(角尺马)和铁楔将板的端接缝和边接缝压平，再用电焊点焊几处固定，最后按钢板与骨架的焊缝、端接缝和边接缝的次序全部烧妥电焊。图13-2为压马与铁楔铮平钢板示意图。

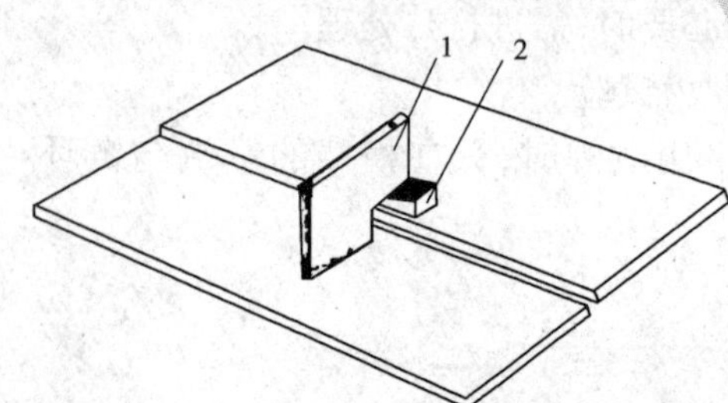

图13-2　压马与铁楔
1-压马(角尺马)；2-铁楔

当需同时拆换钢板与骨架时，则应先拆骨架，且拆换骨架的长度应超过板宽(或板长)，新骨架与原骨架的连接缝应距钢板的边接缝(或端接缝)100毫米以上。

2)挖补

若是方形(或长方形)挖补，则开口的四角必须呈圆弧形，以免应力集中而使钢板产生裂缝。焊接时，应先将横缝与竖缝的直线部分焊妥，再焊四角的圆弧部分。每焊一遍应用小锤敲打一遍，以清除内应力(同时也可清除焊渣)，防止焊缝开裂。

4. 裂缝的修理

船上裂缝较容易出现的部位是各种开口的角隅处。

首先应仔细检查裂缝(crack)部位，找出裂缝的起始与终止点，然后在该两点处钻直径8～12毫米的止裂孔(stopper hole)，并作好记录，最后再对裂缝进行补焊或挖补。

裂缝不能用覆补的方法修复，因为覆补加强作用小，且影响继续对裂缝的观察。

5. 凹陷与弯曲的矫正

凹陷与弯曲原则上应进行割换修理。

1)钢板凹陷的矫正

钢板凹陷的矫正方法视具体情况分下列几种，即红火木锤敲打法、使用矫正卡板(俗称排)、红火与千斤顶配合法、红火锤打与油压机压平法。

当钢板较薄且凹陷面不大时,可在钢板凸出面逐次一点一点用氧乙炔火焰加热,加热点的大小视板厚和变形程度而度,一般为直径 50 ~ 100 毫米的圆形范围。每加热一个点后即用木锤敲打加热点及四周,再用冷水浇在该点上,使其冷却收缩产生反变形而达到使钢板恢复平整的目的。

对较厚或凹陷面较大且较深的钢板,可用矫正卡板(俗称排)来进行,也可在钢板凸出面装置千斤顶,采用在凹陷面加热的同时用千斤顶顶出。但顶推的动作应缓慢且均匀,以防钢板产生裂缝。

当钢板凹陷面很大且连同骨架一起变形时,一般是将变形部分连同骨架一起割下,送船体车间用红火、锤打和用油压机压平矫正后再装复。

2)骨架弯曲变形的矫正

骨架弯曲变形后,一般用水火矫正,即用氧乙炔火焰局部加热,同时用水对其急剧冷却,使骨架产生反变形以抵消原有变形而得到矫正。

第四节 修船工程的验收

为确保船舶修理质量,必须对各项修理工程进行检查、验收与试验。

一、施工期项目的检查或检验与验收

从施工开始至完工的整个修船期间,对修理项目的检查或检验与验收应根据厂方修理工程的进度交叉进行,对不符合修理要求的应及时指出纠正,以免造成返工而影响工期。凡是须经船检部门验收的项目,必须由授权的验船师现场检查或检验。

1. 修船工程竣工试验交船的有关规定

1)凡修理工程项目完全达到竣工标准经试验合格的可签署竣工单。

2)对竣工工程的结算必须提交主修签署的“项目竣工”及“工程项目结算单”。

3)工程费用的结算必须由主修署名并经技术部经理审阅签署后方可结算。

4)船舶试验交付使用的几点规定:

(1)船舶试验包括系泊试验和航行试验。

(2)船舶的系泊和航行试验须按试车大纲要求和规定执行,航行试验须在系泊试验完成并解决存在问题后方可进行。

(3)船舶试验时须有厂方、船方和技术部主管人员及指导轮机长的共同参与下进行,必要时还要请技术部经理参加指导。

(4)经过试验一切合格的船舶方可投入正常运营。

2. 修船工程竣工检查或检验与验收的项目及标准

1)对所选用的材料、配件及属具等是否具有合格标记及证书的检查与验收。

2)对照修理单检查外板、甲板和构件等割换安装时是否符合要求,同时检查相邻区域的状况。

3)锚链的换节连接应牢固可靠。

4)舵和螺旋桨的安装应符合标准;船底塞水泥的封搪应光滑、牢固。

5)防腐锌板的分布应符合防腐要求,船尾、舭部等重点部位应占40%,其他部位占60%。

6)修复后的各管系应符合规范的布置要求,并应畅通无阻。对测量管和空气管还应检查其管口的盖子和封闭装置是否完好。

7)对焊缝(包括焊补)的质量检查与缺陷修补:

(1)外观检查(External Examination)

在有足够亮度的前提下,主要用肉眼和焊缝卡板、量具进行,必要时可借助低倍放大镜。

应对所有焊缝进行外观检查。焊缝表面应成型均匀、致密、平滑地向母材过渡,无裂纹和过大的余高以及不应有的焊瘤、弧坑、气孔、裂纹和咬边等缺陷存在。

(2)内部质量检查(Internal Examination)

对一些重要的构件和部位应用X光、γ射线、超声波、磁粉探伤或其他适当的方法进行无损检测,以查明焊缝内部是否有气孔、裂纹、夹渣和未焊透等缺陷。船体焊缝无损检测的数量和位置可根据实际情况由船厂和授权的验船师商定,检查长度一般取焊缝总长度的1%。无损检测的工艺和评定标准应经验船部门同意。

(3)密性试验(Watertight Test)

对船体外板、双层底舱、深舱、各层甲板、舱壁、舵叶、舱口盖、舱口围板、各水密门窗及海底阀箱等水密构件和设施,在修复后都应进行密性试验,检验是否达到规定的标准,未达标准的,应修复重新试验。密性试验根据具体情况采用下述方法:

①压水(灌水)试验(Water Test):把水注入检验的舱柜内查看有无渗漏的现象。双层底舱、水舱的水位应达空气管顶,深油舱或货油舱水位高度应至舱顶以上2.4米,应用直径不小于50毫米的水管来调节水压力,注水10~15分钟后,保持在规定的水压高度(压头)下检查有关结构和焊缝,不应有变形和渗漏现象。(见表13-3)

有关舱室压水试验压头要求 表13-3

项　目	压水试验要求压头	空气气密试验要求压力
深舱、燃油舱、尖舱、压载舱、顶边舱	至舱顶最高点以上2.4米	0.02MPa
双层底舱、底边舱、边舱	最大工作压力或至溢流管顶,取大者	
用于压载的货舱	至舱顶最高点以上2.4米(舱口除外)	不适用
液货舱、隔离空舱、空舱		0.02MPa(化学品船不适用)
水密门(客舱)	至舱壁甲板(安装前)	不适用
顶边舱—边舱—双层底组合舱	至舱顶最高点以上2.4米	
舵叶、导流管	2.4米的水压头	0.02MPa

②冲水试验(Hose Testing):用具有一定压力的水枪冲射试验部位,喷水出口处的压力至少为0.2MPa(或试验时水柱高度不小于10米),喷嘴直径不小于12毫米,喷嘴距焊缝的距离不大于1.5米,应采用正向冲射的方式且对垂直焊缝应自下而上冲射。

③淋水试验:用水淋洒在被试的接缝上,检查其渗漏情况。

④空气气密(充气)试验(Gastight Test):

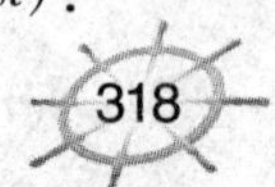

用压缩空气对试验舱充气，检查是否泄漏，空气气密试验压力在0.02MPa以上，但应不大于0.03MPa，保持上述压力60分钟后，压力再降至0.015MPa，用肥皂水作渗漏检验。

压水试验可用空气气密试验代替，但制造技术和焊接程序规定必须进行压水试验者除外。对全部液舱均采用空气气密试验时，则至少应对每种类型的液舱提供一个作压水试验。

充气试验应考虑结构强度是否允许，常要求钢板厚度大于6毫米。

⑤煤油试验：在被试焊缝的一面涂上一层白粉，宽度应有50毫米以上，在焊缝另一面涂上足够的煤油，经过30分钟后，检查涂白粉的一面是否有油渍渗出。本试验方法目前已较少采用。

各国船级社对船体各部位结构密性要求不同。详细的规定和试验方法参阅《海船入级与建造规范》。

(4)缺陷修补(Imperfection Mend)

若检查表明焊缝缺陷超过标准允许值时，应在船体完工试验前，对缺陷处进行修补。

①外观检查发现的缺陷，通常应在无损检测前修补完毕，表面微小缺陷可用砂轮磨去。

②所有需要焊补的缺陷，应在焊补前彻底清除干净。必要时可用无损检测的方法进行检查，以证实缺陷确已清除。

③焊缝经修补后应对该处进行外观检查和相应的无损检测，并应符合验收标准。

二、系泊试验

完工后的系泊试验(Mooring Test)是在船厂码头边进行的一系列试验，是航行试验的准备。试验的主要内容有：

1. 密性试验

对有水密要求的船体结构在建造或修复后均应进行密性试验。

2. 锚、舵、起重及系泊设备试验

试验内容详见本系列教材《船舶结构与货运》中的有关章节。

3. 消防、救生设备

检查各种消防、救生设备的布置、数量、种类是否符合规范要求及有关船用产品证书。

4. 各种管系

对污水、压载、通风、甲板排水及消防管系等进行系统检查，并对管路进行试压和效用试验，以确认是否符合规范要求。

5. 舷梯

检查舷梯的转动、翻身等灵活性，并作强度试验。

6. 航行与信号设备

检查其布置、数量、规格和能见距离是否均符合法规和规范要求，并对各种助航仪器设备及信号设备进行效用试验，同时尽可能测定其误差。

7. 通信设备

检查通信设备配备的种类、数量，并对无线电通信设备和船内通信设备进行效用试验。

8. 倾斜试验

倾斜试验(Inclining Test)是指船舶在建造或改装完成或接近完成时，处于或接近设计规定的空船状态下进行的试验，其目的是确定空船状态实际排水量及其重心的实际位置，由船方和船厂共同来进行，试验报告由船厂负责编制。

空船系指处于可正常航行的船舶，但没有装载船用消耗备品、物料、货物、船员和行李，且除机械和管系液体(如处于工作状态的润滑油和液体油)外，没有任何其他液体。

三、航行试验

为全面检查船舶各项设备的适航情况与操纵性能，在系泊试验合格后，还应进行航行试验(Navigation Test)，其试验内容主要有：

1. 主机试验

测定主机功率，在各档速度时正车与倒车的转速、转速表的正确性，主机启动与停车所需时间及可靠性，主机换向所需时间，灵活性及可靠性等。

2. 惯性试验(冲程试验)

试验内容详见本系列教材《船舶操纵与避碰》中的有关章节。

3. 旋回试验

试验内容详见本系列教材《船舶操纵与避碰》中的有关章节。

4. 操舵系统航行试验

(1)按舵设备航行试验内容要求进行操舵试验；

(2)"Z"形试验，详见本系列教材《船舶操纵与避碰》中的有关章节；

(3)航向稳定性试验，详见本系列教材《船舶操纵与避碰》中的有关章节。

5. 深水抛锚试验

详见锚设备中深水抛锚试验要求。

6. 通信设备与各种助航仪器设备的试验

进行实际的船岸通信和应急通信的效用试验，检查其工作情况、可靠性、稳定性和频率的正确性等。对各种助航仪器设备的试验是测试其性能是否达到规定的技术标准和误差是否在允许的范围内。

参考文献

[1] 张晓,姜朝妍.船长业务.北京:人民交通出版社,2008
[2] 张晓.船舶管理.北京:人民交通出版社,2010
[3] 龚雪根.船舶管理(驾驶).大连:大连海事大学出版社,2009
[4] 方泉根.船舶驾驶台资源管理.北京:人民交通出版社,2007
[5] 王凤武,张卓.驾驶台资源管理.大连:大连海事大学出版社,2008
[6] 张晓.船舶保安培训教程.北京:人民交通出版社,2003
[7] 中远集装箱运输公司.船舶报表大全.北京:人民交通出版社,2000
[8] 夏国忠.船舶结构与设备.大连:大连海事大学出版社,1999
[9] 马家法,孙广.船舶结构与设备.大连:大连海事大学出版社,2000
[10] 金永兴,武生春.船舶结构与设备.北京:人民交通出版社,2004
[11] 吴宛清.船舶防污染技术.大连:大连海事大学出版社,2010
[12] 李品芳.船舶管理(轮机).大连:大连海事大学出版社,2006
[13] 中国船舶工业行业协会.现代船舶修理新工艺新技术与修理质量验收标准全书.北京:中国科技文化出版社,2006
[14] 中华人民共和国海上交通安全法.北京:法律出版社,2001
[15] 中华人民共和国海洋环境保护法.北京:法律出版社,2000
[16] 中华人民共和国海商法.北京:法律出版社,2001
[17] 中华人民共和国国境卫生检疫法及实施细则.北京:法律出版社,2003
[18] 中国交通运输部.中华人民共和国船员条例.北京:人民交通出版社,2007
[19] 中国交通运输部.中华人民共和国船舶和海上设施检验条例.北京:人民交通出版社,2005
[20] 中国交通运输部.中华人民共和国国际船舶保安规则.北京:人民交通出版社,2004
[21] 交通运输部合作司,译.2006 年海事劳工公约.大连:大连海事大学出版社,2007
[22] 交通运输部合作司,译.国际船舶和港口设施保安规则.大连:大连海事大学出版社,2004
[23] 交通运输部合作司,译.固体散装货物安全操作规则.大连:大连海事大学出版社,2007
[24] 交通运输部合作司,译.国际海事条约汇编(第 10 ~ 13 卷).大连:大连海事大学出版社,2005 ~ 2012
[25] 中国海事局,译.1978 年海员培训、发证和值班标准国际公约马尼拉修正案.大连:大连海事大学出版社,2010
[26] 中国海事局.STCW 公约马尼拉修正案履约指南.大连:大连海事大学出版社,2010
[27] 中国海事局.中华人民共和国海船船员适任考试大纲.大连:大连海事大学出版社,2012
[28] 中国海事局,译.联合国海洋法公约.北京:人民交通出版社,2004

[29] 中国海事局. 船舶与海上设施法定检验规则(国内航行海船法定检验技术规则 2011). 北京:人民交通出版社,2011

[30] 中国海事局. 船舶与海上设施法定检验规则(国际航行海船法定检验技术规则 2008). 北京:人民交通出版社,2008

[31] 中国海事局. 船舶与海上设施法定检验规则(国际航行海船法定检验技术规则 2006 ~ 2011 年修改通报). 北京:人民交通出版社,2006 ~ 2011

[32] 中国海事局. 中华人民共和国海上海事行政处罚. 大连:大连海事大学出版社,2003

[33] 中国海事局. 国际安全管理规则相关文件. 大连:大连海事大学出版社,2002

[34] 中国海事局. 国内安全管理规则相关文件. 大连:大连海事大学出版社,2002

[35] 中国海事局. 海事法规汇编. 北京:人民交通出版社,2001 ~ 2011

[36] 中国海洋局. 中华人民共和国海洋法规汇编. 北京:海洋出版社,2001

[37] 江苏海事局. 常用国际海事公约研究与应用. 大连:大连海事大学出版社,2006

[38] 山东海事局. 船员管理法规汇编. 青岛,2006

[39] 中国船级社,译. 国际海上人命安全公约(2009 年综合文本). 北京:人民交通出版社,2010

[40] 中国船级社,译. 73/78 MARPOL 公约(2006 年综合文本). 北京:人民交通出版社,2007

[41] 中国船级社. 法定检验实施指南(国际航行船舶). 北京:人民交通出版社,2011

[42] 中国船级社. 船舶安全管理体系认证规范. 北京:人民交通出版社,2010

[43] 中国船级社. 海事劳工条件检查实施指南. 北京:人民交通出版社,2009

[44] 中国船级社. 钢质海船入级规范(2009 年综合文本). 北京:人民交通出版社,2009

[45] 中国船级社. 钢质海船入级规范(2007 ~ 2011 年修改通报). 北京:人民交通出版社,2007 ~ 2011

[46] 中国船级社. 船上油污应急计划编写指南. 北京:人民交通出版社,2007

[47] 中国船级社. 船舶压载水管理计划编制指南. 北京:人民交通出版社,2006

[48] 中国船级社,译. 国际消防安全系统规则. 北京:人民交通出版社,2001

[49] 中国船舶工业集团公司. 船舶工艺术语 修船工艺(GB/T 15094 - 1994). 北京:国家技术监督局国标出版社,1995

[50] 大连危险货物咨询中心. 国际海运危险货物规则(35 - 10 版). 大连:大连海事大学出版社,2011

[51] 中国远洋运输公司. 远洋船员职务规则. 北京,2005

[52] 中国远洋运输公司. 中远船舶安全规章制度汇编(海务部分). 北京,2008

[53] 中国远洋运输公司. 特殊天气及特殊水域船舶安全操作指导. 北京,2006

[54] 中华人民共和国政府网网站资料

[55] 中华人民共和国交通运输部网站资料

[56] 中华人民共和国国家质量监督检验检疫总局网站资料

[57] 中华人民共和国海事局网站资料

[58] 中国船级社网站资料

[59] 中国船员网网站资料

[60] 国际海事组织网站资料

[61] 国际劳工组织网站资料

[62] 国际卫生组织网站资料

[63] 巴黎备忘录组织网站资料

[64] 东京备忘录组织网站资料